六零学人文集

书写·图像·景观

汪涛自选集

汪 涛 著

中西书局

编 辑 则 例

1. "六零学人文集"遴选出生于 20 世纪 60 年代的人文科学研究者的自选集。

2. 作者自选的学术论文和学术批评结集,文责自负。

3. 入选文集经学者推荐、匿名评议产生。

4. 入选学者来自历史学、考古学、艺术史、科技史、文献学等领域,本丛书将向其他人文学科开放。

5. 本丛书不设主编,由作者自序,不强求体例统一。

6. 本丛书提倡学术的自主性、严肃性、多样性。

目 录

西方汉学界的中国出土文献研究

——一点个人的回顾(代序)

　　这个题目本来是严肃的学术论文,但我这里其实是一个比较松散的讨论,主要是个人的回顾——就西方(特别是英国)汉学界关于中国出土文献研究谈一些自己个人的经历与感受,太过于主观,也没有仔细核查资料,实不登大雅之堂。因为看到现在国内的一些研究者对西方的研究了解不多,或是觉得外国人研究中国学问,特别是出土文献一定是隔靴搔痒,有点不屑一顾;或是总以为外国人的研究做得很好,于是常常说要与国际接轨。实际上,中国和西方的研究有区别也有交流,打个比喻,像是两股道上跑的车,并行交叉都可以,轨是没法接的。我在英国先读书后教书,一共二十多年,对国外汉学界的情况略略有所了解。现在看一下西方汉学领域里研究中国出土文献这一段路是怎么走过来的,西方学者在某些领域里做出了开创性工作,虽然屈指可数,还是可以为我们提供新的视野。

　　首先,要从哪个范围来界定西方的中国出土文献研究? 英文著作中比较有影响的是在芝加哥大学任职多年的华裔学者钱存训(Tsuen-Hsuin Tsien)发表的《书于竹帛》(*Written on Bamboo and Silk*),此书最初发表于1962年,2004年又出了第二版,增加了李学勤先生写的序,和夏含夷(Edward L. Shaughnessy)写的后记,对新出土的材料作了分析和补充。钱氏对"出土文献"的介绍很系统,所罗列的范围包括了甲骨文、金文、简帛、石鼓文、碑文,还有纸质的文书,这些都可以归入出土文献的范畴里。下面,我就从几个主要门类分别来谈谈那些有历史意义的西方研究;或者说,回顾一下直到今天有没有值得我们记住的著作和研究者,结合个人的经历,理清一下脉络,对自己是个总结,对其他感兴趣的研究者也提供一个参考。

甲 骨 文 研 究

　　对殷墟出土甲骨文的研究,在欧美与在中国差不多是同时起步的。甲骨文发现的时间,一般认为是1898或1899年,最早由王懿荣发现于北平的中药店里,但真正的发表是1903年刘鹗的《铁云藏龟》。其实,在这个时候,一些西方传教士也开始收藏有字甲骨,最有名的是加拿大传教士方法敛(F. H. Chalfant)和英国的库寿龄(S. Couling),一般称作"库方二氏"。他们从中国古董商人那里买到了一些真真假假的有字甲骨,再转手给欧美的博物馆和学术机构,所以西方有着研究甲骨文的第一手资料。方法敛于1906年在美国的学术刊物上发表了一篇关于中国文字的论文,首次公布了他收藏的一些有字甲骨。在中国学者例如孙诒让等开始释读甲骨文的同时,一些外国学者,例如金璋(L. C. Hopkins)也开始研究和考释甲骨文字。金璋是当时英国驻天津的一位外交官,不是严格意义上的汉学家,他对中国传统文字学,特别是金文感兴趣,翻译过宋代戴侗的《六书故》,熟悉训诂等传统的学术方法。他当时通过一些传教士(主要是方法敛)购买了一些刚出土的甲骨进行研究。他一开始是独立研究,没有参考其他中国学者如孙诒让、罗振玉、王国维等人的成果,所以从某种意义上来说他是与中国学界同时起步的第一位西方学者。今天来看他对甲骨文的考释成果,虽然绝大多数都站不住脚,但还是有一些值得肯定的地方。他先天不足的一个缺陷是对甲骨文辨伪不够严,所以搜罗的很多甲骨都是后人伪刻的,根据这些假的甲骨文写了一些考释文章,结论当然靠不住。他先是把甲骨文作为周代的文字来研究,后来看到了罗振玉、王国维的论著,考证甲骨文为商代文字,并对比出了与《史记》基本相同的商王朝世系。一开始金璋还不相信,后来才意识到这些文字确实是商代的文字,于是接受了罗、王的观点,纠正了自己的错误。

　　关于金璋的甲骨文研究,比较有名的就是他对"家谱刻辞"的考释。这至今为止是一件尚未解决的甲骨文研究公案。这一片家谱刻辞,现藏于英国国家图书馆,原是库寿龄为大英博物馆所购买,入藏时间很早,在1918年之前,上面刻了一些奇奇怪怪的人名。金璋最早对这片甲骨刻辞进行了释读,除了大英博物馆这一片,还有四五片差不多内容的,金璋自己就收藏了两片,他认为都是真的,并写文讨论。但在当时就有人认为这片刻辞是假的,比如德国女汉学家安娜·勃汉娣(Anna Bernhardi)就著文论述,认为"家谱刻辞"是现代人伪刻,最主要的理由是刻辞文例跟其他的甲骨文很不一样,所以两人之间就发生了一场争辩。后来,在中国学者中,于省吾和胡厚宣之间也有过同样的争论。于老认为这片卜辞是真的,而胡老认为是假的。他们的文章都已经公开发表过,两方的意见到最后还没统一,但他们自己都没有亲眼看过这片刻辞。这片甲骨很长时间一直在大英博物馆展厅陈列,我也陪一些中国学者去看过,他们的意见也不一致。李学勤先生看过后认为是真的;胡先生的学生范毓周去看过跟我说是假的;齐文心也看过,没有发表意见。我有次在北京看望胡厚宣先生时,他说最大的遗憾就是没能亲自到伦敦看一看这片甲骨。随着殷墟考古发掘的深入,子组卜辞大量出现;殷墟之外也出土了一定数量的甲骨文,现在可以看到更多商朝的但非王室系统的卜辞。现在回头再看这片家谱刻辞,很大可能是非王系统的,所以上面的祖先名大多不见于其他甲骨。

前面说过把金璋称为汉学家不太准确。他出生于书香世家,家里出过很多诗人和学者,因为迷上了中国古文字,三十多岁就从外交生涯退休,全身心投入研究甲骨文。他从中国回到英国后就当了"寓公",成为一名"业余学者"。现在所谓专业学者,一般指在大学或博物馆供职的研究者。在欧洲,例如法国、德国,要称为"汉学家",一定是经过严格的训练才有资格发言,否则不会受到尊敬,而且学者一般供职于大学和研究所。相比之下,英国虽然很早就有了汉学研究,但从某种程度上说不是建立在学院派的基础上。英国有个组织,叫皇家亚细亚学会(Royal Asiatic Society),历史悠久,19世纪英国人在上海成立了一个分会,它的会员绝大部分不是职业汉学家,而是对中国历史和文化有兴趣的其他人士,这里面可能有传教士、外交人员,也可能有军人或做生意的,成分复杂,有不少像金璋这样的"业余"学者。这是当时英国学术界的一个特点,常常是单枪匹马,个人英雄主义。例如有名的英国汉学家魏理(Arthur Waley),自学中文,用一本中文字典,很快就能把楚辞、唐诗读通,并翻译成通畅优美的英文;他原来在大英博物馆任职,但后来辞职回家专心自己的研究和翻译,写了很多有分量的文章,他的影响比当时其他在大学里任职的专业汉学家都大。可见,西方的汉学从一开始就不是铁板一块,而是百花齐放。这在某种程度上也造成了西方的汉学研究比较松散,学术机构也没有长期规划,个别突出学者退休之后,往往后继无人。

金璋本人当了二十多年皇家亚细亚学会的会长,在他之后,英国古文字研究方面难以为继。放眼当时整个欧洲,他是把全部精力都放在中国古文字研究上的唯一的学者。金璋去世之后,悼词上写到他是"欧洲的一盏明灯",只有他一个人孤独地自得其乐地研究中国的甲骨文。他的研究水平其实不错,我整理过他的论著目录,也浏览过他大部分的文章。我觉得今天还可以对他的研究做一个重新整理,纠正一些错误,把他的一些想法结合新材料进行补充,应该是有价值的。但是在英国,至今没有人认真整理他的藏品(东西捐给了剑桥大学,保存在大学图书馆里),几十年都没人碰这些东西,几乎被人遗忘了。倒是中国社会科学院的年轻学者郅晓娜几年前来访英伦,到剑桥大学仔细看了这些旧藏,还写了文章介绍给国内学界。剑桥大学图书馆的中文图书部主任是英国人艾超世(Charles Aylmer),自己曾经到北大留学,听过高明先生讲的古文字课,回国后还写过一本介绍古文字的小册子。

　　我是 1986 年底到伦敦,次年进了伦敦大学亚非学院(英文简称 SOAS),跟艾兰(Sarah Allan)老师攻读中国古代文化史博士学位。艾兰是美国人,从加州大学伯克利分校取得硕士和博士学位。她在伦敦大学亚非学院任教二十多年,之后又回到美国,在达特茅斯学院当讲席教授。艾兰的学术背景是先秦文化和神话研究,所以她的研究重点不是在考释文字上面,而主要是利用古代文献和考古材料研究商周时代的神话体系和先秦思想史,是从西方结构主义的角度来研究的,有很强的理论性。1980 年代初,李学勤先生到英国访问,提出整理英国所藏的甲骨。英国国家图书馆、爱丁堡皇家博物馆等单位都藏有甲骨,加上私人收藏的,总计有 3 000 多片,十分重要,但是一直没有人系统整理。于是李先生和艾兰,还有齐文心先生一起合作,四处走访联络,很快整理出版了《英国所藏甲骨集》。艾兰用显微镜观察甲骨刻辞的刀痕,在分析刻辞方法和甲骨真伪辨别方面都有所发明;她通过刻痕观察来研究大英图书馆所藏的家谱刻辞,结论是家谱刻辞为真,而不是后加的伪刻。

　　伦敦大学亚非学院当时是汉学研究的重镇,学院图书馆的中国藏书在全英首屈一指,而且全开架,让刚从中国来的我兴奋不已,如饥似渴,几乎每天都想睡在里面。亚非学院开设的中文课程从先秦、明清,到现代文学都十分齐全,教上古课程的除了艾兰,还有谭朴森(Paul Thompson),已经退休的大名鼎鼎的葛瑞汉(Angus C. Graham)几乎每天都来学校图书馆,也常给学生开讲座。每天下午学校的酒吧都坐满了老师学生,一起喝酒聊天。我一开始并没有想专门进行甲骨文方面的研究。当时英藏甲骨整理工作已经做完了,由中华书局出版。我在国内读的专业是中文和美学理论,最感兴趣的是先秦文化史,想结合西方的理论和方法来研究中国古代祭祀和思想史,于是选了人类学和考古学的课。我那时开始着手翻译艾兰的一些论文和她刚完成的专著《龟之谜》,里面有很多商代考古和甲骨文的内容,引起我浓厚的兴趣,于是开始学习甲骨文。我起步比较晚,研究甲骨主要靠自学,每天在图书馆里看李孝定的《甲骨文字集释》和摹写《甲骨文合集》里的拓片,这对辨认字体特征很有用,后来做甲骨贞人分组派上了用场。我很幸运,李学勤先生那段时间常访问伦敦,我遇到问题可以向他请教。记得有一次我问李先生关于甲骨缀合的经验,李先生指着拓片对我说:"你得先确认出这是在龟甲或兽骨的具体哪个部位;甲骨文重复内容很多,但每一片的出处不一样,解释也不一样。"我豁然开朗,原来读甲骨文不仅是读文字,而且是考古! 在伦敦读书还有个好处,可以到英国国家图书馆去上手看甲骨片,看背面的钻凿和灼印。在研读甲骨文时,我注意到一些关于颜色的卜辞,以前许多学者认为那是偶然现象,没有太多的规律可循。可是,卜辞为什么要专门对祭牲颜色进行占卜呢? 我于是意识到商人祭牲颜色反映了一个潜在的系统,跟他们的宗教思想有关,也影响到后来的"五行说"。我试着写了一篇短文,参加了1989年在安阳召开的殷商文化研讨会。会间,裘锡圭先生仔细阅读了我的论文,并提出了细致的批评和修改意见。裘先生的指点让我摸到研究古文字和甲骨文的门径。当我的博士论文《商代晚期的颜色象征》写出初稿后,裘先生又到伦敦访问,近两个月每天见面,辅导我修改论文。之后,每次到国内,裘先生都给我介绍他的学生,一起切磋,受益匪浅。

1993年初我完成了博士论文答辩。论文主要包括两部分:甲骨文颜色词的考释和颜色系统重新构建,还有就是甲骨卜辞里关于祭牲颜色的分析。同年,我到了美国参加每年一届的亚洲学会年会,在伯克利校园第一次见到了吉德炜(David Keightley),他是西方研究甲骨文的权威,所著《商代史料——中国青铜时代的甲骨文》(*Sources of Shang History: The Oracle Bone Inscriptions of Bronze Age China*)功力深厚,是所有学习甲骨文人的必读书;由他主编的《早期中国》(*Early China*)也是西方汉学界最重要的刊物之一。他推荐我到美国读博士后。可是,我幸运地得到了留校的机会,开始在亚非学院新成立的艺术与考古系任教。我博士论文的一部分先在《亚非学院学报》上发表了,那时殷墟花园庄刚出土了大量带字甲骨,其中有许多关于祭牲颜色的内容,我于是想等新材料发表后再补充我的论文,所以又等了几年才修改第二部分正式发表。将近二十年后,上海古籍出版社出版了我博士论文的中文版,是社科院年轻学者郅晓娜翻译的,书中还收录了几篇我写的跟颜色有关的论文,据说书销量不错,颜色研究近年在国内似乎成了一门显学。

我本人走上学术之途与甲骨文有一段比较亲密的关系,本来应该继续深入地研究甲骨文,但由于在亚非学院给学生开设中国考古学这门课程,涉及的范围就不仅仅限于古文字和甲骨文,还要兼顾考古学和美术史,包括青铜器、玉器、陶瓷等内容。我现在仍然对甲骨文抱有浓厚兴趣,有机会仍会写点文章,但很难称为一个甲骨文专家了。所以比较遗憾地说,我在亚非学院教了二十年书,也给硕士班开过一门课"古文字学与书法学",讲一些甲骨文的内容和研究方法,但一直没有培养出甲骨文方面的研究生。其间也有几位学生申请过读博士,但由于各种原因没能如愿。照目前的情况看,短期之内很难看到(当然我希望我说错)有英国本土的学生选择甲骨文作为研究的方向,研究古代的学生现在找工作比较难。也许中国的留学生选择这个专业的可能性要高一些。

我在英国没有太多同行,不过欧洲其他国家倒是有一些研究甲骨文的学者。苏联解体后,跟西欧的交流多了起来。我于是结识了1960年代在中国留过学的刘克甫(M. Kryukov),他的汉语说得十分流利,而且有北京味,他在甲骨语法方面用功颇深。他的儿子刘华夏(V. M. Kryakov)也是一位汉学家,主攻金文,后来在台湾教书,可惜英年早逝。在台湾辅仁大学教书的雷焕章神父(Jean Lefeuvre)是法国人,他收集出版了欧洲大陆(法国、德国、瑞士、荷兰、比利时)收藏的甲骨文,成绩卓越;不过他从天主教的角度阐释商代文化,有些让人费解。在巴黎,法国国家科学研究院东亚语言研究所一直是古汉语研究的重镇,1990 年代任所长的罗瑞(Redouane Djamouri)就是研究古汉语的学者,专门写过甲骨和金文研究的论文。所里还有游顺钊先生(Yau Shun-chiu),原来是研究手势语的语言学家,但对甲骨文情有独钟,他请了李学勤、裘锡圭先生到巴黎访学,还培养了一位研究甲骨文的法国女学者麦里筱(Chrystelle Maréchal)。2000 年他们在巴黎组织了海外唯一的一场纪念甲骨文发现 100 周年的研讨会,海内外的知名学者共聚一堂,记得我和吴振武先生同住一屋,其乐融融。出席此会的还有另外一位法国年轻学者凤仪诚(Oliver Venture),当时他刚完成博士论文,后来到巴黎第七大学任教,也是欧洲甲骨文研究的骨干。

总之,在欧洲使用甲骨文材料直接做研究的人数加起来不会超过一个巴掌,西方研究甲骨文的主力军还是在北美。明义士(James Menzies)当年收藏的甲骨都入藏于加拿大多伦多的皇家安大略博物馆。在华盛顿大学教书的比利时裔天主教神父司礼义(Paul Surreys)可以说是甲骨语言学研究的奠基者,他的学生高岛谦一在温哥华不列颠哥伦比亚大学教书,是西方甲骨学界最活跃的人物,自己著述颇丰,也培养了好几位这方面的研究生。从某种角度看,美国学者对甲骨文研究作出了独特的贡献,最值得一提的就是关于卜辞命辞是否问句的讨论。吉德炜和司礼义最早提出卜辞命辞大部分应该是陈述句而不是问句。这个观点后来被李学勤、裘锡圭先生接受,并进一步深化。中美学者之间反复辩论,成为一段佳话。吉德炜本人退休以后,仍然勤于著述,2017 年去世前还发表了几本利用甲骨文研究商代历史的专著。2012 年,伯克利分校的中国研究中心为庆贺吉德炜 80 岁生日,委托夏含夷组织了一场甲骨文研究小型学术研讨会,我被邀请参加,其他与会的有纽约大学古代文明研究所的江雨德(Roderick Campbell)、宾夕法尼亚大学的亚当斯密(Adam Smith)等。Campbell 是哈佛大学毕业的博士,曾经在安阳实习;Smith 在北大读的硕士,然后到加州大学洛杉矶分校跟着罗泰(Lothar von Falkenhausen)读了博士。还有夏含夷在芝加哥大学培养的博士史亚当(Adam Schwartz),他的论文专门研究花东卜辞。这些年轻学者代表了美国这几年新涌现出来的甲骨文研究新方向,各自开拓了一些新的课题。芝加哥大学的夏含夷教授是继吉德炜之后,在古文字学界最活跃的学者。不过他近些年的研究重心多集中在金文和新出土的简帛上。

金 文 研 究

西方对中国古代青铜器感兴趣,应该比甲骨文还要早,但很难说早期研究有多少价值。我有一次在伦敦旧书店见到一本英文书,书名就是《商代青铜器》(*A Dissertation on the Ancient Chinese Vases of the Shang Dynasty from 1743 to 1496 B. C.*),出版日期是 1851 年。我很惊讶,以为那么早英国就有人开始研究中国青铜器了,可翻开书一看,发现其实只是个混杂性的简介,从《西清古鉴》等古书中搜集了一些木刻的插图,没有一件真正的古代青铜器,也谈不上任何研究,除了作为一本稀罕的善本书,没有太多的学术价值。不过,比较值得一提的是所谓的"晋侯盘",上面有 500 多个字的长篇铭文,它是英国驻北平领事馆的医生卜士礼(Stephen Bushell)于 1870 年从一位清朝王公载敦处购买的,后来 Bushell 捐给了维多利亚·阿尔伯特博物馆(国家工艺美术馆)。这件器物一看就是明清仿制的假古董,可是却骗过了英国的收藏家和博物馆。不过,欧洲学者中很快就有人(包括金璋)指出这是件赝品。

二十世纪初期,英国的一些收藏家开始建立了古代青铜器的收藏,最重要的就是尤摩弗帕勒斯(George Eumorfopoulos)。尤氏收藏的中国艺术品,当时应该是英国数量和品质最高的私人收藏;他收藏的青铜器由叶芝(Walter Perceval Yetts)执笔,于 1925 年出版了两大册的图录。提到叶芝,他也是类似金璋这样的业余学者,本来是军医,在中国住了十几年,精通古文,专门研究古代青铜器,勤于著述,跟英国几位大收藏家相熟,1930 年被伦敦大学聘为首任中国艺术考古学的讲师,后来升为教授。这是西方学术史上,中国考古艺术史第一次作为一个专门的学科在大学设立教席。有意思的问题是,叶芝为什么能从"业余学者"变成一个中国艺术考古学的教授? 从个人角度讲,他是一个非常喜爱艺术的人,擅长绘画,他画的水彩画现在还挂在伦敦大学亚非学院教师喝茶的休息室里,我给学生上课还用过他早年制作的玻璃幻灯片。更重要的是,在十九世纪到二十世纪初,西方收藏家主要感兴趣的还是中国瓷器,但到了 1920 年代,随着安阳殷墟的发现和考古的开展,收藏家和博物馆都开始关注高古的器物,特别是商周青铜器。随着大量的青铜器流入西方,叶芝是当时极少数能读懂金文并发表论文的西方学者,他因此受到重视。当时,英国收藏界和学术界都意识到了中国考古与艺术的重要性,与青铜器艺术相关的研究正变成一门世界性的学问,英国的大学里一定要培养这方面的专门人才。于是,通过私人捐款,后来英国庚子赔款的管理委员会又捐了大约 20—25 万英镑,在伦敦大学设立了中国艺术考古学专职教席。现在 20 万英镑似乎不多,但当时是很大一笔钱。中国艺术与考古的教职起先是设在 The Courtauld Institute of Art,后来才转到亚非学院,使亚非学院成为了西方研究中国考古与艺术史最悠久的学术机构。叶芝本人曾经临访安阳殷墟的考古发掘,并在伦敦大学教了不少学生,包括 1930 年代的中国留学生吴金鼎、曾昭燏、夏鼐,都是有名的考古学家。吴金鼎的博士论文写的是史前陶器;夏鼐因为不太满意叶芝的老式教育方法,改去学埃及考古学;只有曾昭燏在叶芝的指导下研究青铜器。曾昭燏是曾国藩家族后代,1930 年代到英国自费留学,她当时本想跟夏鼐一样,去攻读埃及学或西方的学问,但是不太容易。由于她在南京跟胡小石学过古文字,再加上导师叶芝本人也是研究青铜器的,于是就选择了跟金文有关的论文题目,硕士论文《中国古代铜器铭文与花纹》("The Evolution of Script in the Chou Period")后来翻译成中文,收入她的文集,这可以说是第一位中国学生在英国用英文写的金文专著。当时是第二次世界大战期间,英文稿没有公开发表,她亲手将硕士论文原文装订成了一个册子,现在收藏在伦敦大学图书馆,我曾经调出来阅读过。

　　西方学界公认的对金文研究有独特贡献的学者首推澳洲国立大学的巴纳(Noel Barnard)教授。古文字学者张光裕先生就是巴纳的高足,两人合编过《中日欧美澳纽所见所拓所摹金文汇编》。巴纳是西方研究中国古代青铜器和铭文的权威,形成了一套自己的古文字解读方法,时常得出一些匪夷所思的结论,例如他认为毛公鼎铭文是假的。1960 年代,美国弗里尔美术馆整理出版馆藏的中国古代青铜器,专门请巴纳去研究铭文,可是巴纳用自己的方法从铭文推断弗里尔藏品中许多是赝品,这跟弗里尔美术馆通过科学检测的结果大相径庭,结果双方不欢而散。1995 年,张光裕在香港中文大学举办了第二届中国古文字学国际研讨会,我在会上见到了巴纳,一位极其和蔼可亲的老先生,只是耳聋,听不见别人的问话,只顾自己发表看法。

　　西方研究古汉语的语言学家对金文研究也作出了贡献。瑞典学者高本汉(Klas Bernhard J. Karlgren)不仅是最早尝试将中国古代青铜器进行分期的学者,他还对金文中的借词同组词发表了自己的看法,他编写的《汉文典(修订本)》(Grammata Serica Recensa)是西方学者研读古文(包括金文)的必备参考书。德国学者 Axel Schuessler 近年编了一本导读(Minimal Old Chinese and Later Han Chinese: A Companion to Grammata Serica Recensa,2009),补充了新的研究成果。从语言学的角度,1960 年代加拿大不列颠哥伦比亚大学的杜百胜(Dobson)教授也对金文语法作了系统研究,写了一本《上古汉语》(Early Archaic Chinese),并翻译了一些典型青铜器的铭文,这些对我们学习金文十分有益。这里应该提到另一位在金文研究方面有着非凡成就,而学术界知之甚少的德国学者 Ulrich Unger。他是著名的学府明斯特大学的汉学教授,在汉语音韵学方面造诣很深,代表了欧洲古典文献学的传统,他也写了金文研究的论文,并编撰了古汉语百科全书。他于 2006 年去世,现在苏黎世大学任教的毕鹗(Wolfgang Behr)教授在悼词中称他为"最优秀的汉学家、真正的文献学家"。毕鹗本人也是这一领域目前西方最重要的学者之一,特别注重金文的音韵学研究。

在美国,很早把金文作为历史资料研究的是著名学者顾立雅(Herrlee Creel),他是研究西周历史的专家,对甲骨文金文都有研究,著述颇丰,所写的《中国的诞生》(*The Birth of China*)十分流行;他 1930 年代到中国学习,考察过殷墟,收藏了一些甲骨和青铜器,后来都捐给了芝加哥大学;1940 年代,他还请了董作宾到芝大访学;他一辈子都在芝大任教,使芝大成为北美中国古代史与古文字研究的中心之一。国内学界熟悉的夏含夷先生目前就是芝大的"顾立雅讲座教授"。夏含夷原来是斯坦福大学倪德卫(David Nivison)的学生,倪德卫恐怕是当时美国大学里唯一开设金文课的老师,他对西周年代学有独到的看法。夏含夷的博士论文是研究《周易》,他善于利用新出土的资料,1980 年代初就到中国参加古文字方面的学术会议,发表中文论文;他研究的范围很广,从甲骨文、金文到新出土简帛文书,都卓有建树。学术传统上,除了他的老师倪德卫,还受到吉德炜影响,他 1991 年出版的《西周史料:青铜器铭文》(*Sources of Western Zhou History: Inscribed Bronze Vessels*),跟吉德炜的《作为史料的甲骨文》一样,也是学习金文的入门书;后来他又编了一本《中国上古史新资料导读》(*New Sources of Early Chinese History*, 1997)。里海大学的柯鹤立教授(Constance Cook)和宾州大学的金鹏程教授(Paul Goldin)近年合编的一本新的《中国古代金文导读》(*A Source Book of Ancient Chinese Bronze Inscriptions*, 2016),可以跟夏含夷的书互相参照。夏含夷在芝大培养了一些很优秀的学生,哈佛大学的普鸣教授(Michael Puett)和纽约哥伦比亚大学的李峰教授都是夏含夷的学生。李峰近年在西周历史方面研究成果硕然,对一些重要的金文研究问题提出了新的看法。他跟另一位也是汉学研究的重量级人物,加州大学洛杉矶分校的罗泰教授之间,就青铜器铭文是"记事"还是"纪念"的问题展开了争议。罗泰是德国人,曾到北大考古专业留学,跟 78 级同班,后到哈佛大学跟张光直先生读了博士,研究方向是西周青铜乐器,但也做田野考古,范围颇广,是一位无所不能的百科全书式学者。他和他培养的学生已经成为西方学界的一支生力军。

总的说来,虽然欧美有一些从语言学和历史学方面研究西周金文的成果,但影响基本上是在专业圈子内,受众面很窄。西方研究中国青铜器多从艺术史着眼,对金文本身的研究还是很少。这也许是一种先天不足,西方收藏家对中国青铜器价值的估量,器形纹饰往往是第一标准,艺术史学家也多是关注器物的断代和装饰的意义,对铭文重视不够。许多关于中国青铜器的图录几乎不注明铭文。这个现象近年似乎有些改变。2009 年,时任大英博物馆东方部主任的罗森夫人(Jessica Rawson),她本人是研究西周青铜器的权威,举办了一个上海博物馆收藏的古代青铜器玉器展,请我把青铜器铭文都翻译和注解了一遍。我在亚非学院读书期间,逢值艾兰请了北大的高明先生到英国做访问学者,给我们几个研究生开了一学期的金文选读课,我用功不多,学到些皮毛。我觉得金文比起甲骨文来不像是第一手书写,更像是从木简上转抄过来的,但我们今天还没有找到西周时候的简牍。

战国秦汉简牍研究

在近代学术史上,西方对中国出土简牍的关注非常早,从某种程度上甚至可以说比中国学者还要早。斯坦因(Marc Aurel Stein)1900—1931 年间先后四次到中亚及中国探险,做考古调查,在中国西北敦煌、新疆一带发现大量文物文书,包括不少木简。斯坦因从中亚及中国带回来的文物和写本最早都存放在伦敦的印度事务部和大英博物馆,最早由斯坦因本人组织了一个整理小组进行工作。因为斯坦因的头三次中亚考察都受到英殖印度政府的资助,一部分文物后来送归印度,现收藏于新德里的印度国家博物馆。1970 年代,英国国会通过了一项议案,将大英博物馆中的图书馆分设出来,成立英国国家图书馆。斯坦因藏品中的文书部分与原印度事务部的档案也一并归属英国国家图书馆。该馆的新馆于 1998 年在伦敦市区圣潘科司(St. Pancras)地区建成,目前,斯坦因藏品作为图书馆的特藏,妥善地保存在该馆地下书库里。

斯坦因藏品中的木简最早是交给当时欧洲汉学界公认的权威——法国汉学家沙畹(Edouard Chavannes)和他的学生马伯乐(Henri Maspero)整理。这里可以比较一下上面讨论过的甲骨文和金文研究,很有意思。当时沙畹和马伯乐对甲骨和古代青铜器有一种怀疑态度,据说他们曾和章太炎交流过,认为甲骨是假古董,卜士礼收藏的晋侯盘也是明清仿品,没什么意思;而木简是西方考古学家通过实地考察发现的真东西,所以才值得花精力去研究。沙畹的整理成果于 1913 年出版,主要包括了斯坦因第二次考察所获汉文材料,当然也包含了简牍。马伯乐整理的主要是斯坦因第三次考察所得到的材料,由于欧洲战争原因,他的整理成果延迟到 1953 年才发表。其间,在巴黎留学的中国学者张凤把他从马伯乐处得到的简牍照片编为《汉晋西陲木简汇编》一书,于 1931 年出版。通过以上出版物,学界对斯坦因收藏品中的汉文简牍有了初步的了解,也开展了一些重要的研究工作。1980 年代,中国学者林梅村、李均明根据已经发表的材料,再一次对这批简牍作了整理,发表了《疏勒河流域出土汉简》。他们按考古遗址出土点对斯坦因藏品中的木简重新加以编排,并增加了夏鼐等人于1944年在敦煌一带发掘出的44枚汉代简牍,共得951号。1990年代,日本学者大庭脩又再次对英国国家图书馆的简牍进行整理研究,发表了《大英图书馆藏敦煌汉简》一书,基本上包括了沙畹和马伯乐已经公布过的所有汉代简牍,重新作了简文考释,并附加了300余幅原来没有发表过的木简照片。

可是,对这批材料的进一步深入研究受到了各种阻碍,其中最明显的就是材料的公布不够完全。英国国家图书馆所藏的数千枚汉简中还有大量未公布的残片,这些残片大部分都是从木牍上削刮下来的柿,亦称为"削衣";它们虽然残破,长度一般在3—10厘米之间,但基本上都带字迹,内容是汉代人读书识字用的《仓颉篇》。不论是从考古,还是古文字学的角度来说,这批残简对全面了解敦煌出土简牍具有十分重要的意义。我本人因为参加了这个项目,就利用这个机会把情况介绍一下。

这批材料迟迟得不到发表,最主要的原因是它们的保存情况很差。斯坦因在他所有的收集品上都细心地标明出土地点和编号。可是在这一批残简上却找不到任何编号,而只有一个总的收藏号OR8211/1733—3326。OR8211一般是指斯坦因第二次考察的收集品,1733—3326是图书馆为这批简牍所预留的号。从残简的书法及状况判断,它们有可能确实来自斯坦因二探,是斯坦因在疏勒河流域的汉代烽燧遗址中发掘的。也许沙畹最初在整理这批材料时,因为木简的状况太差,就没有进行下去。但是,也不能完全排除其中含有三探的东西;斯坦因第三次中亚考察时,再次回到他二探已经发掘过的地点,又找到不少文物。我们已经发现过斯坦因二探、三探收集品混在一起的情况。另外,斯坦因所获简牍的实际情况比较复杂,除了汉简之外,还有较晚的晋简,甚至是明代的简牍。而且,是否百分之百都是考古发掘品,还是有部分来自沿途的购买,这些问题仍然是个悬案。

由于没有编号,英国国家图书馆无法向外公布这些材料。多年以来,这些大大小小的削柿都分别装在特制的小盒子里,除了有时让个别专家学者过目一下,全面的整理工作一直没有开始。大庭脩先生在写作《大英图书馆藏敦煌汉简》时,曾经提出要求,希望将这些未公布的残片一起拍照发表。他在书的前言里,批评了英国国家图书馆没有满足他的要求,并且说从照片上看出来图书馆的木简保存状况不好。而实际的情况是,要对他所需要的所有木简进行拍照十分不容易,出版社退回了许多图书馆专门为此书拍摄的照片,原因是它们不如早年沙畹和马伯乐书中的照片清晰,大庭脩先生也由此而断言这些木简的保存每况愈下。其实,并不是木简本身有问题,而是当时的摄影技术和原来不一样。早期的玻璃底片可能为了增加文字的可读性,而有意地增加了对比度和修饰。但是,1980年代的英国国家图书馆的专业摄影师所遵循的原则是不对所拍文物照片做任何加工,所以拍出来的片子从清晰度上没有超过早期的玻璃底片。这种不同理念和技术背景的差距可能也是导致大庭脩先生产生误会的原因之一。

1992年,当时裘锡圭先生到伦敦访问,我陪他一起去看这批没有编号的木简残片。裘先生仔细看过并做了笔记,临离开时向图书馆中文部主任吴芳思(Frances Wood)指出,这批材料具有重要学术价值,并建议整理公布,以利学界。1997年,台湾"中研院"历史语言研究所的邢义田先生访问伦敦,我们又一起在书库里浏览了这批简牍。邢先生也对这批材料的整理十分热心,提出可以跟史语所的简牍研究小组合作,一起整理这批东西。次年我到台北访问,也专门到史语所简牍小组参观了他们整理居延汉简的设备,听取经验。可惜这项合作计划后来由于某种原因没有实现。1999年,我到北京参加学术研讨会,经裘锡圭先生介绍,与胡平生先生相识,并初步探讨了如何整理英藏汉文简牍的问题。2000年,我争取到中英学者基金(Sino-British Fellowship Trust)的资助,请胡平生先生来到伦敦,通过共同的讨论,我们对如何整理这部分未刊简牍有了一些相对成熟的想法。胡平生先生也积极地联络了国内出版社。

一直到2002年,我们先从最基本的取像开始。在没有任何启动资金的情况下,我利用一台普通的数码相机(Nikon CoolPix 995)开始对分别装在小盒子里的残简进行拍照。我和吴芳思两人在图书馆地下书库里,小心翼翼地将装有简牍的抽屉打开,把微小的削柿一片片取出,在桌子上铺平,给每一简都编上临时的号码,然后爬上移动脚手架,一组一组地拍下来。这项工作进行得很顺利,在一周左右的时间里,我们拍了近300张数码照片。这份简单的图像档案,不仅让图书馆有了一份未刊简牍的基本流水号,而且使我们可以很容易地将这些照片复制成光盘,以便交给对此有兴趣的学者进行研究。

2003年初,我们把复制好的光盘寄给了我们知道的和向我们提出需要的各国学者,请他们对这些没有发表过的简牍进行初步研究。同时,我们也向"蒋经国国际学术交流基金会"提出申请,准备举办一次关于这批材料的小型研讨会。学者们对我们的邀请作出了积极的反应;"蒋经国国际学术交流基金会"也很快同意了我们的申请,答应资助我们的研讨会。这样,为期两天的研讨会终于在2004年7月12日—13日在伦敦召开。研讨会得到了英国国家图书馆和伦敦大学亚非学院的支持。与会的学者不少,除了吴芳思和我之外,还有亚非学院谭朴森,大英博物馆汪海岚(Helen Wang),德国明斯特大学纪安若(Enno Giele),日本埼玉大学籾山明,中国文物研究所胡平生、李均明，甘肃省文物考古研究所张德芳，甘肃省社会科学院郝树声，中国社会科学院历史研究所张海晏，以及英国国家图书馆的工作人员葛汉（Graham Hutt）和莫里森（Alastar Morrison），图书馆副馆长马克乐（Beth Mckillop）代表英国国家图书馆致了欢迎辞。在伦敦夏天怡人的气候中，来自世界各地的学者在一起进行了认真而又轻松的讨论。代表们还参观了英国国家图书馆国际敦煌项目的工作室。遗憾的是，北京大学裘锡圭先生和台湾"中研院"史语所邢义田先生由于其他活动安排冲突，未能亲自与会，但给我们寄来了长篇的论文。这次研讨会所收到的论文都收录在 2007 年出版的《英国国家图书馆所藏未刊斯坦因简牍》第二部分"研究篇"中。

此书的第一部分是从未公布过的简牍削柿的图版与释文。简号从 OR8211/1926 开始，结尾号为 OR8211/3835，总共 1 909 个号，但中间的 OR8211/3230—3242 有 12 个缺号，因为这些号原先已经被用来编排其他的木简了。这些削柿的个体编号都是重新确定的，跟我们最早制作光盘时采用的编号有所不同。书里发表的简牍图像也不是我们最初用普通数码相机所拍摄的照片。从 2003 年底开始，英国国家图书馆国际敦煌项目决定将这批未刊简牍用高精度数码相机拍摄，同时对每一枚残简都确定了新的编号。国际敦煌项目的莫里森先生对此作了详细说明。

另外，胡平生先生 2000 年在伦敦工作期间，我们还把英国国家图书馆新发现的斯坦因第四次中亚考察所获 26 枚汉文简牍拍了红外线照片并作了释文。这批汉文简牍是在新疆尼雅遗址发现的，内容十分重要。关于斯坦因第四次中亚考察的经过，兰州大学王冀青教授已经做了很好的研究，发表了专著《斯坦因第四次中国考古日记考释》（2004 年）；之前，他对这批汉文简牍也作过一个初步的释读，有关论文《斯坦因第四次中亚考察所获汉文文书》发表在《敦煌吐鲁番研究》第 3 卷（1998 年）。由于我们的释文跟王冀青的不尽相同，我们决定把这 26 枚简牍的图版和我们所作的释文作为附录，一并列在《英国国家图书馆所藏未刊斯坦因简牍》书尾，以供学者参考。这次合作项目让我跟国内研究简牍的学者建立了友谊，后来还参加了张德芳先生和中国人民大学孙家洲教授组织的考察团，一路参观西北地区的木简出土遗址和博物馆。

比较遗憾的是英国剑桥大学的鲁惟一教授（Michael Loewe）没能参加我们整理研究英藏简牍的工作。他最早曾在伦敦大学亚非学院任教，1960 年代到日本游学，与京都大学的大庭脩、藤枝晃等相熟，他的博士论文题目就是居延汉简，主要是把居延汉简作了新的分类，文字考释等方面没有太多涉及，他的论文现在已经翻译成中文出版，这在西方汉学界也算是一个里程碑的东西。鲁惟一主攻秦汉史，主编过像

《剑桥中国史》这样的大部头著作,他对中国新出土简牍例如睡虎地秦简的发现都作了综合性介绍。鲁惟一跟荷兰莱顿大学的何四维教授(Anthony Hulsewé)都是西方秦汉简牍研究的权威。何四维早年到中国学习,据说教他中文的是梁启超的弟弟梁启雄,他的研究方向主要是中国古代法律史,所以对中国西北以及湖北出土的简牍第一手材料极为重视,尤其是对睡虎地秦简有很深的研究。

　　近年来,随着考古发现的简帛越来越多,这方面的研究也成为国际学术界的热点,西方研究的学者也增多了。1998年湖北郭店出土了有关《老子》的竹简,艾兰很快在达特茅斯学院组织了首次郭店简国际研讨会,与会者济济,讨论热烈,可谓盛况。研讨会论文集由艾兰和魏克彬(Crispin Williams)编辑出版。魏克彬是艾兰的关门弟子,博士论文研究侯马盟书,他也在北大跟高明和裘锡圭先生进修过,论文毕业答辩时是我和毕鹗一起担任答辩委员。魏克彬现在美国堪萨斯大学任教。艾兰早些年在亚非学院还指导过另一位女学生,苏格兰人,专门研究睡虎地出土的《日书》,她也到北大跟着裘锡圭和李家浩进修过,可惜后来放弃了学业,改行做其他工作了。

　　西方目前研究新出土简帛的学者众众,研究成果也很丰富。但我在这里专门要提到的是谭朴森先生。谭朴森也是我在亚非学院的老师,后来又做了邻居。他因患癌症于2000年6月去世,把所有藏书都留给了我,我已经转赠给复旦大学出土文献与古文字研究中心。艾兰先生和谭朴森是亚非学院几十年的老同事,给他写悼词的时候说:他是哪国人没有人知道,他在爱尔兰出生,在中国长大,在美国念书,到英国工作,但他在精神上是个典型的“中国绅士”,汉语极好,行为举止都像中国文人。在西方,他是对中国文献校勘具有突出贡献的学者之一。他父亲是爱尔兰传教士,住在河北,1936年全家被侵华的日本人关进集中营,住了好几年。日本人投降后,回到美国念书,开始念的是神学,1950年代美国的军队招兵,把他送到日本去培训,在日本学习中文。他热爱上了中国文化,就跑到台湾,一住五六年,当时外国人学中文很稀罕,大家都很热情,谁都愿意教他。回到美国,到华盛顿大学学习,一位有名的教授说让他写几个汉字看看,结果他很流利地写了古文,教授说,你不用学了,直接念研究生;他博士论文一做就是十多年,没毕业就到亚非学院担任教职。他当时很年轻,才30多岁,那时亚非学院是西方汉学研究的重镇,教授中包括葛瑞汉、刘殿爵(D. C. Lau)等大牌学者,谁都想去那学习,他先给当时任远东系系主任的刘殿爵写了封信,被邀请到伦敦讲课,刘殿爵听了很欣赏,就让他留下来工作。他后来完成了博士论文《慎子异文》(“The Shen Tzu Fragments”),把西方校勘《圣经》的方法运用到中国古籍的研究上,形成了自己的体系。后来他为了出版该书,将汉字一个个手工填写进去,费时费力,于是下决心致力于发明能够处理中文数据的计算机,把最后二三十年的精力用在了研制中文计算机上。我到亚非学院念书的时候,他的中文计算机已经做好了,可以自动选词打出完整的中文句子,这确实是最早的中文计算机系统之一,但可惜没流传开。他退休后参加了台湾"中研院"数字化的古籍标点项目,那几年他大部分时间都在台北,利用计算机数据库做先秦古籍标点。谭朴森才华横溢,绝顶聪明,但惜墨如金,述而不作,一生出版的著述很少。除了很少几篇英文文章和一部《慎子异文》外,为国内学者所知的就是郭店楚简国际研讨会上发表的论文,翻译成中文,许多人都说看不太懂,太复杂;其实他的思维和方法是很清晰的,把自己建立起来的文献校勘方法结合郭店楚简,做出了示范性的分析例子。他生前还对马王堆汉墓出土的帛书下过功夫,可惜作品没能面世。

敦煌文书研究

斯坦因于 1907 年在他的第二次中亚考察行程中到达了敦煌,并从莫高窟藏经洞取走了数千件文书和绢画。法国学者伯希和(Paul Pelliot)随之而来,也拿走大量的重要文书。他们把文物分别带回了伦敦和巴黎,这使敦煌从此扬名世界,敦煌学也成为国际学术史上的显学。斯坦因文书被带到英国后,负责整理的是当时大英博物馆负责中文写本部的翟林奈(Lionel Giles,中文译名有人用翟理斯,容易跟剑桥大学的汉学教授 Herbert Giles 相混)。他做了斯坦因敦煌文书的初步编目《大英博物馆藏敦煌汉文写本注记目录》,是一个主要的贡献,但他对来访的中国学者比较冷淡,据说王重民当时去欧洲考察敦煌文书,在伦敦就吃了闭门羹。1980 年代,李学勤先生常来伦敦访问,他当时是中国社科院历史研究所副所长,于是牵头和艾兰共同发起了英藏敦煌文书整理项目。这个项目后来成为英国国家图书馆、伦敦大学亚非学院、中国社科院历史研究所、中国吐鲁番学会的多家合作项目。我当时跟艾兰读博士,就半工半读地做了项目的助理。记得当时社科院历史所的宋佳钰先生、张弓先生,首都师范大学的宁可先生,国家图书馆的方广锠先生,北大的荣新江先生,兰州大学的王冀青先生、郭峰先生,中山大学的林悟殊先生等不少人都来伦敦做文书研究工作。社科院的考古学家王㐨和王亚蓉先生,还有佛教协会的庄小明来到伦敦拍摄文书图片,还有国家图书馆和湖南省博物馆的修复专家来做保护工作。我的工作主要就是帮助找房子、安排日程、英文翻译等杂事,有时也跟着他们一起看些卷子。我本人从中也学到了不少敦煌研究的知识,跟学者们相处得很好,后来都成了好朋友。《英藏敦煌文献(汉文非佛经部分)》1995 年由四川人民出版社出版,是最早海外藏敦煌文书整理出版的成果，还得了国家图书奖。后来国内还出版了《法藏》《俄藏》等丛书。我自从在亚非学院开始教书后，又去敦煌考察过多次，给学生开了一门"丝绸之路考古与艺术"的课程，也包括一些敦煌文书的内容。英国国家图书馆后来专门成立了"敦煌研究国际项目"，由亚非学院毕业的博士魏泓女士（Susan Whitfield）负责，把馆藏的敦煌文书数字化，上网公布，对推动敦煌研究和学术交流起到了重要的推动作用。听说魏泓最近离开了英国国家图书馆，自己专心写作，刚出版了一本关于丝绸之路的畅销书。

这份回顾写到这里，觉得有点长，我想最后简单总结一下：一直到1980年代之前，西方的中国出土文献研究成绩不菲，但主要靠个别学者的努力，一只手掌就可以数过来。1980年代以后，研究数量和质量大大提高，重要的研究成果几乎都是在与中国学者的互动，或直接参与下取得的。我身逢其时，自己的研究得益于国内和国外前辈和同辈学者的帮助。我的感觉是，以后要发展什么新的研究领域，推动的主要力量一定还是来自中国，包括中国的考古材料和学者的研究成果。西方汉学界本身的先天不足并不是说对资料研究不深，由于学科重心的转移，以及学生培养的难度，西方的古文字学研究越来越式微，不过近年新出土了不少重要简帛材料，风行一时，倒是给上古研究注入了一线生机。我希望今后从学者的研究方向到学生的培养会有一些别开生面的发展。现在学术交流越来越国际化，不同国家的学者可以经常坐到一起开会，或者只要通过网络或微信朋友圈就可以面对面交流。也许今后再谈这样的题目，就不再是中国研究什么、西方研究什么了，而是我们共同研究了什么。

作者曾就这个题目于2010年3月20日在复旦大学出土文献与古文字研究中心作过即席演讲。这次借编《自选集》之机，增补了一些内容。是为序。

甲骨学新研

余复据此种材料作《殷卜辞中所见先公先王考》,以证《世本》《史记》之为实录;作《殷周制度论》以比较二代之文化。然此学中所可研究发明之处尚多,不能不有待于后此之努力也。

——王国维:《最近二三十年中国新发见之学问》,1925 年

甲骨文中的颜色词及其分类

先秦汉语中的一些重要的颜色词大都可以在商代甲骨文中找到前身,例如赤、骍(羍)、白、物(勿)、黄、黑(莫)、幽、戠。这些颜色词在甲骨文里多用来形容动物的颜色,特别是祭牲;而且,某一种颜色常常出现在某种特定的占卜和祭祀场合。这篇文章将利用甲骨文本身提供的线索对这些颜色词的用法作一番探讨,并试图重建商代的颜色分类系统。

甲骨文中用来表示红颜色的基本词(basic term)是"赤",虽然从汉藏语的关系看,它应该跟"血"的词根有联系;①可是在许慎《说文解字》里,它却是一个会意字:"赤,南方色也;从大从火。"这种解释跟甲骨文"赤"字的字形分析相符;它一般情况下写作"⚡"或是"⚡"。用作形容词时,它通常是修饰马的颜色。例如:

乙未卜,景贞:自贾入赤驳,其剢不尔,吉。

《合集》28195

乙未卜,景贞:在渗田,黄,右赤马,其剢……

《合集》28196

癸丑卜,景贞:左赤马,其剢不尔。

《合集》29418

这几条都是何组卜辞,卜的是同一件事,即用来驾车的马是否驯服。"驳"在《诗经》里出现过多次,《鲁颂·有驳》"有驳有驳,驳彼乘黄",《毛传》:"驳,马肥强貌。"

还有一条宁组卜辞,其文中亦见"赤"字:

戊午卜,殼贞:我狩𪊭,擒。之日狩,允擒,获虎一,鹿卅……犯百六十四,

---

① 参见 Paul K. Benedict, *Sino-Tibetan: A Conspectus*, ed. J. Matisoff (Cambridge, 1972), p.46.

麋百五十九，⊞赤屮友三，赤小……四……

《合集》10198f

这里的"赤"是什么意思不太容易确定，或许是某种动物的名字。"赤"在历组卜辞中有作人名的例子：

　　　甲寅，贞：……射比赤。

《合集》33003

　　除了"赤"字之外，甲骨文中另一个常见的表示红色的字是"羍"（❦）。这个字在后来的文献里写作"骍"，或"骍"。《鲁颂·駉》"有骍有骐"，《毛传》："赤黄曰骍。"《鲁颂·閟宫》"享以骍牺""白牡骍刚"，《毛传》："骍，赤牺纯也。"秦石鼓文中亦有"牲"字，当是以"牛"作形符、"辛"作声符的形声字。《说文》中没有"羍"字，但有以"羍"作声符的几个形声字"墷""觲"。在今本《毛诗》里，"觲"已经写作"骍"了，可见"羍""辛"发音一定很接近，不然不会互换。有意思的是《陈骍壶》，"骍"字写作"❦"，互相替换的是"羊"符。

　　甲骨文中的"羍"可能是一个合文，我们在历组里找到了两条卜辞：

　　　丁丑卜，王其彳瀷牛于……五牢。

《合集》29512

　　　登瀷牛，大乙白牛，重元……

《合集》27122

这里的"瀷牛"可能就是"骍牛"。等到了无名组和黄组里，这个词就一般写作合文"羍"了。带"羍"的例子很多，这里略举数例：

　　　……羍，新祖乙。

《合集》32564

　　　妣辛岁，重羍、吉。
　　　重犂。

《屯南》2710

　　　丙午卜，贞：康祖丁祊，其牢、羍。

《合集》36003

　　　三牢，王受祐。
　　　重羍。
　　　重勿牛。

《合集》29519

辛卯卜：妣辛羍，重羊。

重勿。

《合集》27441

值得注意的是，在"羍"出现的同时，同样是祭牲的"勿牛"有时写作"犁"，有时又简作"勿"。这透露出"羍"虽然是合文，但可能仅读为单字。一些稍晚的铭文中，"羍"仍然保留了原来的书写形式：《大簋》"王……易（锡）刍羍牭"，《晋侯马盟书》"羍義"，《者减钟》"不帛不羍"。这些例子里的"羍"已经完全用作形容词了。

　　白色在甲骨卜辞中很突出，传统文献历来有"殷人尚白"之说。裘锡圭先生在最近的一篇文章里专门讨论了商人对白马格外重视的问题。[①] 其实，卜辞中提到用"白"修饰的祭品还有"白牛""白羊""白豕""白毚""白豭""白黍"，略举数例：

重白牛燎。

《屯南》231

乙丑卜：燎白豕。

《合集》34463

辛巳，贞：其羍生于妣庚、妣丙、牡、牝、白豭。

《合集》34081

……重白毚……毓有祐。

《合集》11225

重白黍登。

《合集》32014

这些白色的祭品都是用来奉献祖先的，而且，"白牛"一类的重祭似乎多用于祭祀王亥、上甲、夒等"高祖"：

贞：侑于王亥，重三白牛。

《合集》14724

……殻……刿侑大甲白牛，用。

《合集》1423

辛酉卜，宁贞：燎于夒白牛。

---

① 裘锡圭：《从殷墟卜辞看殷人对白马的重视》，《古文字论集》（北京，1992年），第232—235页。原文最早发表在《殷墟博物苑苑刊》第1期（1989年）。

《京都》0001

卜辞甚至还有用"白羌""燎白人"的例子(《合集》:1039,293),但很难说它是不是读作"百"。^① 另外还有一些是狩猎,获"白鹿""白犰""白兕"的记录(《合集》37448、37449、37499、37398,《佚存》517)。

关于甲骨文中的颜色词,争议较大的是"物"字。王国维最早把它读作"物"(杂色牛),^②后来不少学者提出非议,认为应当释作"犁",指黑色牛。^③ 这两个字在甲骨文里其实是分开来的,金祥恒先生已经注意到了,"物"或"犂"本来是"勿牛"的合文。^④ 最近,裘锡圭先生又比较详细地讨论了这个"勿"字。他认为"勿"最初的含义可能跟"刿"(区分开来)有关系,作颜色词用时,仍然应该理解作杂色牛。^⑤ 从甲骨文和先秦文献里所发现的证据看,这种解释比较可信。

甲骨文中"勿"(⅔)是一个单独的字,当作形容词修饰名词时,它可以跟该名词写在一起,例如犂、物、牣、牳、物、物,也可以分开来写。有时上下文比较明白,就可以把被修饰的名词省略掉,只写"勿"即可。例如:

> 癸亥,贞:甲子……上甲三勿牛。

《合集》32377

> 辛丑卜,旅贞:祖辛岁,重勿牝。

《合集》22985

> 癸丑卜,何贞:弜勿,
>
> 癸丑卜,何贞:重勿。

《合集》27042

上海博物馆新发现的一条出组卜辞中,"勿"字的用法有些特别:^⑥

> 癸丑卜,行贞:翌甲寅毓祖乙岁,
>
> 重幽勿牛,兹用。
>
> 贞:重黄勿牛。

---

① 参见于省吾《甲骨文字释林》(北京,1979年),第450页。
② 王国维:《观堂集林》(北京,1959年重印),第287页。
③ 见郭沫若《甲骨文字研究》(北京,1962年重印),第79—88页。
④ 金祥恒:《释犂》,《中国文字》第30期(1962年),第3—4页。
⑤ 裘锡圭:《甲骨文中所见的商代农业》,《古文字论集》,第165页。原文载《农史研究》第8期(1989年)。
⑥ 见沈之瑜《甲骨卜辞新获》,《上海博物馆集刊》第3期(1989年),第157—159页。

沈之瑜先生认为这条卜辞给读"勿"为黑色提供了例证。^① 可是，如果我们从语义逻辑的角度来看，就会发现把"勿"读作黑色根本讲不通，因为不可能有"黑色的黑牛"这样的说法。相反，要是把它理解作"偏黑的杂色牛"就合理多了。

在先秦文献里，"物"字的含义比较复杂。它主要有两种用法。1. 作名词。《周礼·保章氏》"以五云之物辨吉凶水旱降丰荒之祲象"，郑玄注："物，色也；视日旁云气之色。"孙诒让正义："凡物各有形色，故天之云色，地之土色，物之毛色，通谓之物。"2. 作动词，有"观察""区分"的意思。《周礼·草人》"掌土化之法以物地"，郑玄注："物，占其形色为之种。"

"物"字的复杂性当然不仅如此。前面提到这个字也可以读作"犁"；甲骨文里有一个"𥝩"，释作"利"。从音韵学上讲，"物"属明纽物母，"犁"属来纽脂母，两者相通的可能性是有的。而且"犁"在古书里既表示黑色，又可以理解作"杂色"。《山海经·东山经》"其状如犁牛"，郭璞注："犁，皮似虎文者。"郝懿行案："郭氏注《上林赋》，云：禺禺鱼，皮有毛，黄地黑文。与此注似。"《论语》"犁牛之子骍且角"，何晏注："犁，杂文。"《战国策·秦一》"面目犁黑"，《四部丛刊》影印至正年间刊刻的鲍注吴校本"犁"作"黧"，《集韵》"黧"，黑黄色。吴师道在校补时把"黧"仅理解作"黑色"，并说："古字'黧''犁'通借。"为什么对这个字的理解会有这种混乱呢？我认为"物"其实代表了古代颜色分类中的一种进化现象，它的内涵跟外延是不断变化的。它最早是表示杂色，可在有的语境下被理解作黑色。只有在弄清了这种演化过程之后才可能比较圆满地回答这个问题。我将在文章的第二部分着重讨论上古颜色的分类演化。

另一个有争议的字是"戠"（𢧵）。在黄组卜辞里，它跟"牛"字写在一起，作合文"𢧵"。例如：

> 丙申卜，贞：康祖丁、其牢。
>
> 其戠。

《合集》35995

也有不跟"牛"字相连的例子：

> 壬午，王田于麦麓，获商戠兕；王锡宰丰寝小𧻹兕。在五月、佳王六祀肜日。

《佚存》518

不少学者都同意这里的"戠"是当颜色词用。^②《尚书·禹贡》"厥土赤埴坟"，郑玄认

---

① 见沈之瑜《甲骨卜辞新获》，《上海博物馆集刊》第 3 期（1989 年），第 161 页。

② 见李孝定编《甲骨文集释》（台北，1965 年），第 0333 页。

为"埴"可以与"戠"通假,在这里表示一种红颜色。《释名》:"土黄而细密曰埴。"红色与黄色的区别主要是在光亮度和浓度上。甲骨文中的"戠"大概是一种棕红色。

可是,也有学者不同意这种读法,他们把"戠"读作"特"。[①]　这种读法在音韵学上是有它的根据的,"戠""特"二字在上古音中都是定纽职母,完全可以通假。不过"特"字在古文献里的用法和含义不止一种。《尚书·尧典》"格于艺祖,用特",孔颖达注:"特,一牛。"《国语·晋语》"子为我具特羊之飨",韦昭注:"特,一也;凡牲一为特,二为牢。"他们都把"特"字理解为数目。可在有的情况下,它似乎又是指动物的性别。《说文》"特,特牛也",铉本云:"朴特,牛父也。"段玉裁试图融通两种不同的解释,他说:"特本训牡,阳数奇,引伸之为单独之称。"[②]总之,"戠"字在商代甲骨文中的含义还可以进一步探讨。

甲骨文中也有不少"黄"、"黑"(莫)、"幽"用作颜色词的例子,例如:

> 車黄牛,有正。

《合集》31178

> ……卜,小乙卯;車幽牛,王受祐,吉。

《屯南》763

> 莽雨,車黑羊,用,有大雨。

《合集》30022

值得注意的是"黄"颜色的祭牲多用于四方之祭:

> 甲寅卜,宁贞:燎于东三豕,三羊,𠙶犬,卯黄牛。

《合集》14314

> 贞:燎……东母……黄[牛]。

《合集》14342

> 贞:燎东西南,卯黄牛。
> 燎于东西,侑伐,卯南黄牛。

《合集》14315

> 贞:帝于东,陷𠙶犬,燎三宰,卯黄牛。

《合集》14313

---

① 见李孝定编《甲骨文集释》(台北,1965 年),第 0333 页。
② 段玉裁:《说文解字注》(上海,1981 年重印),第 50 页。

黑色的祭牲用于求雨的祭祀,而且与白色相对:

> 桒雨,重黑羊,用、有大雨。
>
> 重白羊,有大雨。

《合集》30022

> 弜用黑羊,无雨。
>
> 重白羊,用于之,有大雨。

《合集》30552

在祭祀用牲上,商人对颜色的区分颇严,而且是有意的。有一条卜辞:

> 丁丑卜:妣庚事,重黑牛,其用佳。
>
> 重羋。
>
> 重幽牛。
>
> 重黄牛。

《屯南》2363

这是典型的选贞句。贞人对四种不同颜色的祭牲进行选择,这可能跟每种颜色的象征意义有关。

就目前已经发现的甲骨文中的颜色词来看,即使有个别的字还不能完全确定,但可以见出商代时古人对颜色的认识和分类已经比较发达。从甲骨卜辞里辨认出这些常用的颜色词并不十分困难,因为它们在后来的铭文和传世文献中继续作为颜色词使用。可是,要想更深一步地了解这些颜色词的词义关系和演化过程,就必须把它们跟其所代表的颜色分类系统联系起来作整体研究。

总的来说,人类对颜色的感官认识涉及三个方面:色素(hues)、光亮度(brightness)、浓度(saturation),三者是互相影响的,有时还会重叠在一起。在研究甲骨文中的颜色词时,我们必须看到,即使这些字的用法跟现代汉语相比并没有太大的变化,它们的内涵和外延却不是一成不变的。例如用作颜色词的"玄"字,《现代汉语词典》里它的定义是"黑色",可是在《说文》里,它的定义是"幽远也;黑而有赤色为玄"。日本学者清水茂在讨论中国古典文献中的"青"字时注意到,由于光亮度和浓度不一样,"青"字常常可以跟"黑""绿""蓝"混淆。[1] 古代的学者亦发现了这个问题,孔颖达在解释《鲁颂·駉》中"驿"为"赤黄"色时说:"驿为纯赤色;言赤黄者,谓赤

---

① 清水茂:《说青》,《王力先生纪念文集》(香港,1987年),第141—162页。

而微黄,其色鲜明者也。"这种解释显然是从颜色的光亮度着眼,而不是色素本身。

十九世纪初,德国文豪歌德(Goethe)在《色彩论》一书中写道:"这种方法是由于古代表现方式所固有的可变性和不定性而产生的;特别是在早期阶段,更多的是依赖感官的生动印象。因为完完全全是想象中的印象,事物的特质于是被描绘得模糊不定。"①中国古代作家在描述天空的时候也有异曲同工之妙。《庄子·逍遥游》:"天之苍苍,其正色邪? 其远而无所至极邪?"在《抱朴子》里,葛洪有一段精彩的描述:"……天无质,仰而瞻之,高远无极,眼瞀精极,苍苍然也,譬旁望远道黄山而皆青,俯察千仞之谷而黝黑。夫青冥色黑,非有体也。"②类似的情况反映到颜色词的使用上来,更增加了研究的困难。

第二个应该解决的问题是颜色的分类问题。由于分类系统常常因为文化背景的不同而有所差异,我们不能完全用我们今天的划分界限和标准去贯通古今中外。例如,美国人类学家康克宁(H. Conklin)二十世纪五十年代在菲律宾群岛上的汉努诺人(Hanunoo)中作调查时发现,汉努诺人对色彩的划分有自己的一套标准。③ 他们把颜色分为四类:A. (ma)lagti,包括白色及所有的浅色;B. (ma)biru,包括黑色及所有偏黑的颜色;C. (ma)rara,包括红色和橘黄色;D. (ma)latuy,包括黄色、绿色以及棕色。在区别各种不同的颜色时,他们常常使用"干/湿"作为标准。赵诚先生在讨论甲骨文的词义系统时曾经留心注意到:后代所谓的铁灰,甲骨文时代当归于黑;浅灰当归于白;后代典型的棕色当时可能归在黄色;浅黄色归于白,金黄色归于赤。他认为商代的白、赤、黄、黑的外延要比后代的广得多。④

美国学者博林(B. Berlin)和柯义(P. Kay)在二十世纪六十年代末发表了《基本颜色词:普遍性及其演进》一书。⑤ 他们收集了近百种不同语言的材料进行分析,结果发现人类对色彩的感官分类具有一种普遍性;而且,这种分类的演化遵循着固定的程序:

　　　　　第一阶段:　　　　黑—白

---

① J. W. von Goethe, *Theory of Colours* (trans. G. L. Eastlake) (London, 1840), p.242.德文原著于 1810 年出版。

② 今本《抱朴子》中找不到这段文字,这里根据的是《太平御览》卷二的引文。

③ H. Conklin, "Hanunoo Color Categories", *Southwestern Journal of Anthropology*, no. 11. 4 (1955), pp.339 - 344.

④ 赵诚:《甲骨文词义系统探索》,《古代文字音韵论文集》(北京,1991 年),第 101—102 页。原文载《甲骨文与殷商史》第 2 辑(1986 年)。

⑤ B. Berlin and P. Kay, *Basic Color Terms: Their Universality and Evolution* (Berkeley, 1969).

第二阶段：　　　红

第三阶段：A式：绿—黄

　　　　　　B式：黄—绿

第四阶段：　　　蓝

第五阶段：　　　棕

第六阶段：　　　浅红、橘红、灰色

把这个所谓的基本规律跟中国古代的材料比较，它们之间既有共同点，又有不同之处。通过研究甲骨文中的颜色词，我们可以试图重建商代的颜色分类系统。我本人的探索正是依据甲骨文自身提供的线索。

商代的颜色分类系统基本上由五部分组成：白、勿、赤、黑、黄。如果用图表示，那它看上去是这样的：

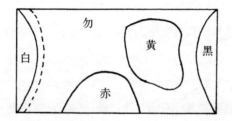

其他的颜色词，例如"羍""幽""戠"可能处于"赤"，或是"赤"与其他大类接壤的区域。

根据甲骨文的证据，再结合文献材料，我们亦可以对中国古代颜色系统的演化过程作些推测。我认为最早的分化应当是"白""勿"，"白"指所有的浅色，"勿"则包括了所有不是"白"（non-white）的颜色，即所有的深色。第二阶段出现的是"赤"，由于其强度，红颜色不但分化得早，而且覆盖面也广。下一步出现的是"黄"，它从"勿"中脱离了出来。在差不多的阶段，"黑"被放到了"勿"的最底端，表示最深的颜色。明白了这个演化过程，我们现在可以理解为什么"勿"在甲骨卜辞里表示杂色，还有为什么"物"最初有"色"的含义，以及在一些情况下跟"黑""黄"混淆不分。

如果把商代的颜色分类跟后来的系统作一比较，比如说春秋战国时期流行的"五行"说中的"五色"，我们很快就可以发现，颜色分类系统在那个时候产生了变化。"五色"说把颜色跟空间方向挂上了钩：南（赤）、北（黑）、西（白）、东（青）、中央（黄）。在这个晚出的系统中多了一个"青"色。

美国学者巴克斯特（W. Baxter）曾经专门讨论过中文材料里的颜色词及其演

进分化。[1] 他认为在西周以前只有四个基本的颜色词：白、赤、黄、黑，"黑"包括了黑色、绿色和蓝色。他认为"青"较晚出，从字形、发音、词义上它都跟"生"有关系。确实，在甲骨文中我们找不到表示绿色或是蓝色的词。虽然有"青"字字形的前身，但它不作颜色词使用。也许有人会说，找不到"青"字，是因为没有青（绿/蓝）色的动物、器物。可是考古学的证据表明，商人不仅使用绿颜色，而且还制作这种颜料。所以，最可能的解释就是表示绿/蓝颜色的语义符号在商代还没有分化出来。

到了西周晚期，"青"字大概开始作为颜色词来使用了。《墙盘》"青幽高祖"，虽然可以把"青"读作"静"的通假字，可是"青""幽"两个颜色词并用，给人的视觉感官以一种森深静穆之感。《诗经·小雅·苕之华》里有"其叶青青"，这里的"青"已经明白地用来形容植物的颜色了。

再举一个例子，"幽"跟"玄"的分化大概也是在这期间完成的。甲骨文中有一条卜辞：

　　　乙巳，贞：莽禾于燹三玄牛。

《合集》33276

这个"玄"字在这里似乎只是"幽"的简写。可是，在《诗经》里，"幽""玄"二字已经有所区别了。《小雅·隰桑》"其叶有幽"，注："幽，黑色也。"《小雅·何草不黄》"何草不玄"，郑笺："玄，赤黑色也。"虽然都是形容植物的颜色，但它们的词义有所差别。

有一种流行的说法，把人类的颜色系统的演化跟社会发展直接联系起来，认为越是原始的社会，对颜色的分类越简单，相反，越是发达的社会，颜色分类就越复杂。[2] 实际情况并不完全如此，颜色分类不仅跟人们的社会生活、自然环境、文化传统等一系列因素有关，它还跟人的生理、心理反应密切相关。通过研究甲骨文中的颜色词，特别是它们的象征含义，可以进一步加深我们对商代文化的理解，但这不在本文的范围内了。读者若有兴趣，可以阅读我的其他有关论文。

原文载《第二届国际中国古文字学研讨会论文集续编》，香港中文大学，1995 年。

---

[1]　W. Baxter, "A Lokk at the History of Chinese Color Terminology", *Journal of the Chinese Language Teachers Assocciation*, vol. XVIII, no. 2 (1983), pp. 1 - 25.

[2]　B. Berlin 和 P. Kay 在他们的书里就这样主张。另外还可以举一个中国学者为例，胡朴安：《从文字学上考见古代表色本能与染色技术》，《学林》第 3 期 (1941 年)，第 53—67 页。

商代祭牲：颜色及含义

引　论

　　我曾在一篇讨论商代颜色词汇的论文中，分析了甲骨文中识别出的一组基本颜色词：赤(红色)、骍(红黄色)、白、物(杂色)、戠(褐色)、黄、黑、幽(= "玄"，黑红色)。我的主要结论是，颜色词主要用来修饰商代祭祀用品的颜色，尤其是祭牲的颜色；这些颜色词可以作为商代颜色分类和命名的基本模型。在此基础上，我尝试重建当时颜色分类的潜在过程。[1] 本文就是要通过进一步分析祭祀卜辞中颜色出现的具体情况，更详细地探讨商代祭祀活动中颜色的特殊意义；换言之，是要揭秘颜色潜在的象征涵义，及其在晚商时期的发展过程。

　　为了理解颜色词使用的语境，有必要先描述一下商代宗教的主要特点。宗教通常是神学、教条、礼仪和仪式紧密结合、融合而成的复杂体系。用法国社会学家涂尔干(E. Durkheim)的话说，这是"一个不可分割的整体"[2]。然而，商代神职人员没有一本像《圣经》那样可以记述他们信仰体系的圣书。因此，我们必须通过他们宗教活动的遗留物来研究商代的宗教信仰。我们的主要依据是考古发现，尤其是甲骨刻辞。甲骨刻辞是当时祭祀和占卜活动的记录，因而在理解商代历史及宗教上起着关键作用。

　　在解读商代遗留下来的这些证据时，我选择性地利用了一些先秦传世文献。

① Wang Tao, "Colour Terms in Shang Oracle Bone Inscriptions", *Bulletin of the School of Oriental and African Studies* LIX/1(1996), 63–101. 本文的写作主要依据我的博士论文"Colour Symbolism in Late Shang China" (University of London, 1993)，但已根据新的考古发现做了修正。我要感谢艾兰(Sarah Allan)、谭朴森(Paul Thompson)、裘锡圭和李学勤先生，感谢他们一直以来对我的帮助和支持，还要感谢韦陀(Roderick Whitfield)和张宏星诸师友，感谢他们对初稿提出的意见。

② Emile Durkheim, *The Elementary Forms of the Religious Life* (tr. Joseph Ward Swain, repr. Allen and Unwin, 1976), esp.36.

可能有人质疑这些材料的可靠性和写作时代,因为商代甲骨刻辞与记载商史的传世文献之间,存在着明显的鸿沟。在二十世纪二十至三十年代"古史辨派"的影响下,很多学者不大相信传世文献记载的三代历史。[①] 然而,近年出土的早期文献,比传世文献数量更多。新的研究表明,很多传世文献,即使在流传过程中曾被修改或重写,也必定是依据可靠的早期材料写成的。通过研究出土材料,我们有可能填平这道鸿沟。比如,利用周代青铜铭文来研究传世文献《周礼》,已经有了一些新成果。[②] 研究、评估古代文献,对于真正理解中国古代思想文化的发展极其重要。[③] 因而,我们必须意识到,虽然这些文献可能是后来编纂的,但它可能包含着原始材料的很多信息,也可能吸收了更早的传说。在利用这些材料时,我采取谨慎的态度,尽可能把它们与考古发现进行比较分析。

在这篇论文中,我首先要概述商代祭祀和占卜的关键因素,然后探索与此研究关系密切的两个方面:(一)商代颜色的象征意义;(二)甲骨文新的分类、分期理论。在此基础上,我将通过对每一贞人组卜辞的分别研究,寻找能够证明甲骨文颜色象征意义的证据。研究结果将在结论部分展示出来。

商代祭祀和占卜

很多学者都试图重建商代的宗教形态。[④] 为了分析之便,他们大都同意把商代的祖先、神灵和上帝按照不同的等级分成不同的类别(见表1)。

---

① 由顾颉刚和其他学者发起的"古史辨派",在二十世纪上半叶影响巨大。他们的研究成果以《古史辨》的形式集结出版,共 7 册,1926—1941 年,上海古籍出版社 1982 年重印。

② 见张亚初、刘雨《西周金文官制研究》,中华书局,1986 年,第 111—144 页;以及陈汉平《西周册命制度研究》,学林出版社,1986 年,第 163—219 页。

③ 李学勤:《对古书的发现反思》,收入《李学勤集》,黑龙江教育出版社,1989 年,第 41—46 页;《考古发现与中国学术史》,《李学勤文集》,上海辞书出版社,2005 年,第 30—31 页。后一篇文章李学勤最早在 2001 年 1 月香港大学的一次国际研讨会上宣读。

④ 陈梦家:《殷虚卜辞综述》,科学出版社,1956 年,第 561—603 页。岛邦男:《殷墟卜辞の研究》,日本弘前大学出版,1958 年,尤其是第 55—348 页。1970 年以来最重要的西文和日文专著是:Chang Tsung-tung(张聪东),*Der Kult der Shang-Dynastie im Spiegel der Orakelinschriften: eine palaographische Studie zur Religion im archaischen China*,Harrassowits,1970;赤塚忠:《中国古代の宗教と文化:殷王朝の祭祀》,角川书店,1977 年;Sarah Allan:*The Shape of the Turtle: Myth, Art, and Cosmos in Early China*,SUNY Press, 1990(中译本:《龟之谜:商代神话、祭祀、艺术和宇宙观研究》,汪涛译,四川人民出版社,1992 年);Michiharu Ito and Kenichi Takashima,*Studies in Early Chinese Civilization: Religion, Society, Language and Palaeography*,ed. Gary F. Arbuckle, Kansai Gaidai University, 1996;David N. Keightley:*The Ancestral Landscape: Time, Space, and Community in Late Shang China (ca.1200 - 1045BC)*,University of California, Institute of East Asian Studies, 2000.

表1　根据甲骨文材料重建的商代诸神体系

上帝	帝
宇宙神	方(四方)、东母、西母
自然神	日、月、星、风、雷、雨
自然神/神话性的祖先神	土(社)、岳、河
神话性的祖先神	夒(俊)、季、王亥、王恒
前王朝时期的先公	上甲、报乙、报丙、报丁、示壬、示癸
王朝时期的先王	大乙(唐)、大丁、大甲、卜丙、大庚、小甲、大戊、吕己、中丁、卜壬、戔甲、祖乙、祖辛、羌甲、祖丁、南庚、象甲、盘庚、小辛、小乙、武丁、祖己、祖庚、祖甲、廪辛、康丁、武乙、文丁、帝乙、帝辛
王室重臣	黄尹、伊尹、咸戊、学戊、盡戊、蔑

　　显然，中国历史上普遍盛行的祖先崇拜，早在商代就已占据了显赫地位。商代历法是伴随着祖先祭祀产生的。商代世系中有35位历史祖先，包括前王朝时期的统治者和王朝时期的帝王，以及他们的主要配偶。他们有"庙号"，[①]频繁地受到祭拜，并通过各种仪式获得祭品。除了祭祀祖先，商人还祭祀一些国家重臣，如黄尹、伊尹、咸戊、学戊等。[②]

　　甲骨文中还有一些商人祖先，我们最好把他们理解为神话性的而非历史性的祖先神。其中有夒(夋，俊)[③]、娥、王亥，他们有时还被称为"高祖"。他们没有固定的祭祀顺序，也没有庙号，名字通常是象形字。[④]我们很难把他们与传世文献中的神灵互相对应，因为传世文献的记载往往含混不清。另外还有"岳"和"河"，它们似乎是岳山(即嵩山)和黄河的神灵，是自然神，但从它们的受祭仪式来看，它们似乎又是祖先神，而且"河"有时也被称为"高祖"。神话性的祖先神也有祭台和宗庙，与历史祖先之间没有明显区别。由此看来，它们似乎总是处于半神灵、半祖先的中间转

---

① 有关庙号的讨论，参看陈梦家《殷虚卜辞综述》，第401—482页；David N. Keightley(吉德炜)：《中国古代的祭日与庙号》，《殷墟博物苑苑刊》(创刊号)，1989年，第20—32页。艾兰也对此问题作过讨论，她认为商代直系先王按"庙号系统"称谓的做法，与十日创生的神话有关，详见Sarah Allan, *The Shape of the Turtle*, esp.ch.2, 19‑56.

② 旧老臣的有关研究，参看陈梦家《殷虚卜辞综述》，第361—366页；岛邦男《殷墟卜辞の研究》，第252—253页。

③ 对"夒"这位先王的不同理解，请参看Sarah Allan, *The Shape of the Turtle*, 51‑52.

④ 比如，"娥"和"王亥"这两个名字的书写，有时会带一个鸟形，暗示着它们与"玄鸟生商"的创生神话之间存在某种联系。确实，于省吾认为鸟是商代图腾，参看于省吾《略论图腾与宗教起源和夏商图腾》，《历史研究》1959年第11期，第60—66页。也见Sarah Allan, *The Shape of the Turtle*, 54‑55.

变状态。其他受祭者如日、月、风、雷等，显然是自然神，不是祖先神。商人也崇拜"土"（社）和"方"，它们可能就是四土神和四方神。

商代宗教中权能最大的神是"帝"，其权能超过其他所有神灵。通常我们把"帝"理解为"上帝"，[①]但还不清楚"帝"是一个神灵，抑或是一群神灵。

作为权能最高的至上神，"帝"在商代神灵系统中高居首位，商人也希望他能像上帝那样行事。然而我们无法否认，"帝"在甲骨文中有多种意思。有时它指一种特殊的祭祀仪式"禘"祭，有时它是对商王的敬称，如帝乙、帝辛。某种程度上，"帝"和商代先王有一些类似的特点。[②]近来，罗伯特·伊诺（Robert Eno）认为"帝"可能是一个种属或集合称谓，可能是指王室中已故的一个或多个首领。[③]然而甲骨卜辞表明，"帝"很少被直接祭祀，相反，他常是受祭先王"宾"的对象。[④]

在甲骨文中，"帝"更像一个宇宙神：他可以"令"云、风、雷、雨等自然神；他能"降"干旱和其他自然灾害；他也能左右国家重大事务，使其"若"或"不若"，如筑城、军事活动等。在更广义的宇宙学语境中，"帝"与四方神和四土神都联系密切，而四方和四土也是商人祭拜的对象。在稍后的历史中，四方神也被称为"帝"。对帝的崇拜可能起源于早期占星术。[⑤]

对商人来说，举行祭祀仪式和献祭活动意义重大。大部分占卜刻辞都是关于各种仪式和献祭的，卜问采用何种仪式、选用何种祭品，以及祭祀对象等。甲骨文是商代丰富多样的祭祀活动的证据，包括屠杀、献酒和驱邪等。[⑥]祭品的种类很多，最常见的是鬯酒和食物，其次是驯养的牛、猪、羊、狗等牲畜。[⑦]人牲的使用也很频

---

① 对甲骨文中"帝"的全面研究，参看胡厚宣《殷卜辞中的上帝和王帝》，《历史研究》1959 年第 9 期，第 23—50 页；1959 年第 10 期，第 89—110 页。

② 裘锡圭认为"帝"与"嫡"有关，意为直系。参看裘锡圭《关于商代的宗族组织与贵族和平民两个阶级的初步研究》，《古代文史研究新探》，江苏古籍出版社，1992 年，第 296—342 页，尤其是第 298—392 页。此文初次发表在《文史》第 17 辑，1983 年。

③ Robert Eno, "Was there a high god Ti in Shang religion?", *Early China*, 15（1990）, 1 - 26.

④ 朱凤瀚否定了"帝"是"至上神"的传统观点，他认为"帝"是商代宗教中新发明的一个宇宙神。他还引用了与祭祀帝有关的两版卜辞。参看朱凤瀚《商周时期的天神崇拜》，《中国社会科学》1993 年第 4 期，第 191—211 页。

⑤ 对"帝"这个问题的新近研究，参看 Sarah Allan, "On the Identity of Shang Di and the Origin of the Concept of a Celestial Mandate（tianming 天命）"（未出版的论文，在 2004 年 3 月巴黎的一次国际研讨会上首次宣读，此次会议的主题是"中国古文字学中反映出来的空间观念"），在这篇论文中，她提出了"帝"崇拜可能源于北极星的观点。

⑥ 参看陈梦家《古文字中之商周祭祀》，《燕京学报》19，1936 年，第 91—154 页。岛邦男也列出了甲骨文中记录的 50 多种不同的祭祀仪式，见《殷墟卜辞つ研究》，第 258—348 页。

⑦ 对商代动物牺牲的考古学研究，参看冈村秀典《商代的动物牺牲》，《考古学集刊》第 15 辑，2004 年，第 216—235 页。

繁。① 商王经常畋猎，猎获的野牛、鹿、虎、鸟等珍贵物种，也被用为祭品。②

　　关于商代宗教和祭祀仪式有几种解释。张光直认为"萨满"在商代宗教中发挥着核心作用，商王、贞人和祭牲都是为了在不同世界之间建立联系，商代宗教可能是新石器时期萨满政治的延续。③ 吉德炜（David Keightley）认为商代宗教具有原始官僚体系的特点，祭品是作为交换条件的"礼物"："我献祭，你也要给予。"他指出商代祖先崇拜的本质是"神圣血族关系的证据；另外，王族直接参与（祭祀），就会使其政治权利合法化，并获得心理上的支持"④。吉德炜还认为，商人祭祀其实是在"制造祖先"，同时也是有意识地制造等级制度。⑤

　　然而，即使商代存在着萨满主义，即使政治在商人的宗教活动中扮演着重要角色，我们也不能忽视仪式和祭品本身的宇宙学意义。正如艾兰（Sarah Allan）所说，商王和贞人在献祭动物和鬯酒时，是要试图影响宇宙不可知的力量。如果祖先和神灵受到了合适的祭祀，他们就应该向人类回报利益。占卜和祭祀的目的可能复杂多样，其原理却大体相同，即保证受祭者获得满意的祭祀，这样就能免除灾祸。⑥

　　吉德炜和艾兰的理论引发了普鸣（Michael Puett）的进一步讨论，他认为商代祖先崇拜的目的，是把去世的王族成员转变成某种神灵，使其能够指导"帝"和其他自然神，福佑商王和商国，换句话说，就是要"驯化神灵，以便能控制他们"⑦。这样看来，商代占卜就是一个与神灵协商并驯化神灵的过程。

　　要理解商人的祭祀活动，首先要理解商代占卜的性质。牛肩胛骨和龟甲在殷商之前就已用作占卜材料。⑧ 然而，用牛骨、羊骨占卜或埋葬的习俗在商代之前就

① 关于古代中国人牲的深入讨论，参看黄展岳《中国古代的人牲人殉》，文物出版社，1990 年。

② 关于商王畋猎的新近研究，参看 Magnus Fiskesjo, "Rising from Blood-Stained Fields: Royal Hunting and State Formation in Shang China", *Bulletin of the Museum of Far Eastern Antiquities*，73（2001），49 - 191。

③ K. C. Chang（张光直），*Art，Myth，and Ritual: The Path to Political Authority in Ancient China*，Harvard University Press, 1983.

④ David N. Keightley, "The Religious Commitment: Shang Theology and the Genesis of Chinese Political Culture", *History of Religion*，17/3 - 4(1978)，211 - 225.

⑤ David N. Keightley, "The Making of the Ancestors: Late Shang Religion and Its Legacy", in *Religion and Chinese Society*，vol. 1: *Ancient and Medieval China*，ed. John Lagerwey, Chinese University Press, 2004，3 - 63.

⑥ Allan, *The Shape of the Turtle* , 123.

⑦ Michael J. Puett, *To Become a God: Cosmology, Sacrifice, and Self-Divinization in Early China*，Harvard University Press, 2002, esp.44 - 54.

⑧ 关于商代占卜习俗及其渊源，参看宋镇豪《夏商周社会生活史》，中国社会科学院出版社，1994 年，第514—532 页；也见李零《"南龟北骨说"的再认识》，陕西省考古研究所编《远望集——陕西省考古研究所华诞四十周年纪念文集》，陕西人民美术出版社，1998 年，第 338—345 页。

有很长历史,而龟甲的使用却还相当稀少。大部分考古证据表明,用龟甲的习俗可能起源于东部沿海和长江沿岸地区,包括公元前4 000年左右的大汶口文化、大溪文化和马家浜文化。①

二十世纪二十年代,董作宾通过观察甲骨,并参照其他信息,试图重建商代"炙卜"和契刻甲骨的过程。占卜之前,要对选出的卜骨、卜甲进行清洗、干燥、抛光和钻凿,并剔除软骨。占卜时,贞人(或商王)灼烧骨和甲,使之产生断裂,裂纹就被解读成预兆。大多情况下,商人会把占卜内容和占卜结果契刻到带兆纹的骨甲上。② 但并非所有刻辞都是占卜刻辞,有些是记事刻辞。也有骨臼刻辞,记录甲骨的进贡者。偶尔还会发现干支表和习刻。③ 值得注意的是,占卜刻辞通常会以"前辞 + 命辞 + 占辞 + 验辞"的形式出现。

前辞、命辞、占辞、验辞四者皆备的卜辞很少,因为现存的甲骨大多是碎片,而且即使在商代,通常也会省略某些内容。④ "命辞"是卜辞的关键部分,通常由"贞"(或"鼎")⑤字引领。学者一般把"贞"理解为"占卜"或"贞问",这就暗示了所有"命辞"都以问题的形式出现。然而,从语法学上看,除了早期的自组卜辞,大部分"命辞"没有疑问词。因而,有些学者主张把"贞"理解为"检验、确定",或者是"决定什么是正确的";"贞"字后面的句子是陈述句,而非疑问句。⑥

---

① 高广仁、绍望平:《中国史前时代的龟灵与犬牲》,中国考古学研究编委会编辑《中国考古学研究——夏鼐先生考古五十年论文集》,文物出版社,1986年,第57—63页。张光直认为商文化中的很多重要传统源于东部沿海的山东大汶口文化,在宗教活动中使用龟甲以及文字,把大汶口文化的宗教思想和实践与商文化联系起来。参看 K. C. Chang, *Shang Civilization*, Yale University Press, 1988, esp.345 - 347.

② 关于商代龟卜制度重建的详细信息,参看董作宾《商代龟卜之推测》,《董作宾学术论著》,世界书局,1962年,第7—80页,初次发表在《安阳发掘报告》1,1929年;也见 David N. Keightley, *Sources of Shang History: The Oracle-Bone Inscriptions of Bronze Age China*, California University Press, 1978, 3 - 27.

③ 一些例子也表明,商人偶尔也用鹿骨、虎骨和人骨来刻辞,但这些刻辞与占卜无关。参看陈梦家《殷虚卜辞综述》,第44—46页。

④ David N. Keightley, *Sources of Shang History*, 37 - 40. 关于缀合,参看肖良琼《卜辞文例与卜辞的整理和研究》,《甲骨文与殷商史》第2辑,上海古籍出版社,1986年,第24—63页。

⑤ 关于古代中国语音学重建,我采用了 Edwin G. Pulleyblank(蒲立本),*Lexicon of Reconstructed Pronunciation in Early Middle Chinese, Late Middle Chinese, and Early Mandarin*, University of British Columbia, 1991. 还参考其他一些不同的系统,如李珍华、周长楫《汉字古今音表》,中华书局,1993年。在这本书里,"贞"和"鼎"都是"端"纽"耕"韵,读为"< * treŋ"。

⑥ 这个观点是吉德炜在他未发表的论文"Shih Cheng: A New Hypothesis about the Nature of Shang Divination"(写于1972年)中提出的,他在 *Sources of Shang History*, 29, n.7 中重复了这个观点。如何释读"占辞",一直都是甲骨学界的热门话题。*Early China*, 14(1989), 77 - 172,汇集了几位著名学者的相关讨论,包括裘锡圭、倪德卫(David S. Nivison)、吉德炜、夏含夷(Edward L. Shaughnessy)、雷焕章(Jean A. Lefeuvre)、饶宗颐、范毓周和王宇信。

商代占卜的主要内容似乎与王室活动有关，尤其是与祭祀活动有关。艾兰把商代占卜内容分为三大类：（1）关于祭品的占卜；（2）关于未来的占卜；（3）关于灾祸的占卜。[①]"命辞"通常以"对贞"的形式出现，有时以"选贞"的形式出现，往往是要确定合适的祭品和合适的祭祀仪式。吉德炜指出，不考虑其他任何问题，商代占卜可能是具有实验功能的象征性活动："命辞很具体，他们提供考虑的选择也很有限"，像是一个"个案协商"。[②]

正如倪德卫（David Nivision）说的那样，[③]为了更准确地把握商代占卜的性质，我们有必要把贞人说的话和他要做的事区分清楚。另外，除了获取信息，贞人可能也想追求以下几点：

（1）在占卜过程中，把神灵吸引到祭祀仪式中，在这种情况下，贞人可能只是简单地描述正在进行的事情。

（2）确定某项已经决定了的政策。在这种情况下，贞人可能只是简单地重复仪式，每次他都陈述王打算做的事情和他想要出现的结果，直到获得理想的回复为止。

（3）通过仪式来保证国家事务按着希望发展，比如病人的康复，或者下一旬无祸事。

（4）乞求神灵以寻求吉祥的回应。

比较商代占卜与人类学家考察出的其他占卜系统之间的差异，是很有帮助的。任何占卜都是为了消除疑感。占卜通常被视为一种预测未来、揭露超自然知识的手段，无论结果是喜是悲。然而，人类学家维克多·特纳（Victor Turner）在研究了非洲恩登布人（Ndembu）的占卜之后，认为占卜不仅仅是探明神灵意愿、诊断痛苦起因的手段，更是一个社会发展过程。他注意到：恩登布的贞人在自己的信仰体系里工作；他们解读占卜符号的方式，可以深刻揭露当时的社会结构和人性；他们知道自己也受当时环境的影响。这种占卜更多地是在"发现事实"，而非"预测未来"。因此，在占卜过程中，贞人不仅要沟通人神，还要在社会价值和自身灵感的共同作用下，表达自己的观点。[④]

① 参见 Allan, *The Shape of the Turtle*, 112 - 123, 她总结了商代占卜研究中的主要问题。

② David N. Keightley, "Late Shang Divination: The Magico-Religious Legacy", in Henry Rosemont Jr. ed., *Explorations in Early Chinese Cosmology*, Monograph, *Journal of the American Academy of Religion Studies*, 50/2, Scholars' Press, 1984, 11 - 34.

③ David S. Nivison, "The 'Question' Question", *Early China*, 14(1989), 115 - 125.

④ Victor W. Turner, *Ndembu Divination: Its Symbolism and Techniques*, Rhodes-Liveingstone Paper, 31, Manchester University Press, 1961.

再举一个纳斯卡皮人(Naskapi)的例子。纳斯卡皮人是生活在拉布拉多半岛森林里的美国土著印第安部落,他们的胛骨占卜法与商人的占卜法类似。他们也向动物骨骼施热,然后解读裂纹。有关狩猎的一个典型问题是:猎人应该往哪个方向去? 但是,正如人类学家莫尔(Moore)指出的,这种占卜不仅要控制随机性,也要提供随机性,通过提供多种选择,来避免无意识的陈规俗识,使人类活动具有了机会主义的特性。①

另外,考察商代占卜用语的语言学特点,对我们理解商代占卜的性质也很有帮助。在甲骨文中,"叀"和"隹"是最常用的词。在古代,这两个字的发音很接近,"叀"是匣纽脂韵,读为<* ɣwɛjh;"隹"是余纽微韵,读为<* jwi。这两个字通常出现在句首或名词前,因此,可以利用这两个字把不同成分的语言单位区分出来。传统观点认为这两个字是疑问词,但司礼义(Paul Serruys)对此不以为然,因为这两个字也在陈述句中出现。② 就如雷焕章(Jean Lefeuvre)所说,由"叀"和"隹"引导的选贞命辞,可能暗示着其中某个"命辞"是希望出现的结果,甚至可能具有神圣意义。③ 岛邦男认为这两个词是"连系词";"叀"具有外向性和可控性,可以理解成"应该如此",显示了商代在做占卜决定时的积极参与;而"隹"是中立的,无感情倾向的,只是引出一个判断或解释。④

"叀"和"隹"在对贞卜辞中,经常和另一个词"其"连用。"其"是群纽之韵,读为<* gi。这个词在甲骨文中也很常见,但要解释清楚却很有难度。正如司礼义说的那样,它通常暗示一个"不希望出现的结果",显示了未来形势的某些不确定性,可以理解成"或许""如果"。⑤ 张玉金反对这个观点,他认为这个词只暗示了主语对未来的希望。⑥ 在处理有"其"的甲骨文时,我把它解释成"将会",以便传达贞人的希望语气。

① O. K. Moore, "Divination — A New Perspective", *American Anthropologist*, 59(1957), 69 - 74.
② Paul L.-M. Serruys, "Studies in the Language of the Shang Oracle Inscription", *T'oung Pao* 60(1974), 24 - 25. 也见 M. V. Kryukov, *The Language of Yin Inscriptions*, Nauka Publishing House, 1980, 68.
③ Jean A. Lefeuvre, *Collections of Oracular Inscriptions in France*, Ricci Institute, 1985, 292.
④ K. Takashima, "A Study of the Copulas in Shang Chinese", *The Memoirs of the Institute of Oriental Culture*, 112(1990), 1 - 92, esp.63 - 66; also Michiharu Ito and Ken-ichi Takashima, *Studies in Early Chinese Civilization*, esp.457 - 465.
⑤ Paul L.-M. Serruys, "Studies in the Language of the Shang Oracle Inscription", 94, n.8. 关于语言在商代语境中的功能的更深讨论,参见 K. Takashima, "Subordinate Structure in Oracle-Bone Inscription, with Particular Reference to the Particle *Chi*", *Monumenta Serica*, 33(1977), 36 - 61.
⑥ 张玉金:《20世纪甲骨语言学》,学林出版社,2003年,第201—203页。他也对此话题的不同论点作了很好的概况总结,尤其是该书第182—192页。

甲骨文新的分类分期理论

自从 1933 年董作宾发表了他颇具分量的《甲骨文断代研究例》之后，[1]甲骨文的分期与断代就成了甲骨学上的焦点问题。董作宾把甲骨文分成五期，从武丁到帝辛。他是试图对甲骨文进行科学分期的第一人，"五期说"极大地推动了甲骨刻辞的研究。[2] 1945 年，董作宾在试图重建商代晚期的王室谱系时，又修正了他的"五期说"。他把占卜分成两大派系：旧派和新派。[3] 根据他的观点，旧派主要活动在武丁时期，也可能延伸至祖庚时期。祖甲即位后，对祭祀制度进行改革，启用了新派。廪辛和康丁时期，继续启用新派。但武乙、文丁倾向于旧派，拒绝了祖甲建立的新派体系，于是旧派又重新复兴。而商末的帝乙、帝辛又转向新派。董作宾还指出，旧派和新派卜辞有很多差异，包括祭牲使用、记日习惯、特殊成语、书体风格、占卜内容等。两派在甲骨选用和钻凿上也各有特点。

到二十世纪五十年代初，日本学者贝冢茂树和伊藤道治开始注意到，有些卜辞（贞人是自、子、午等的卜辞）的内容和书写，与其他卜辞相比都截然不同。他们认为这些卜辞可能是属于王族的一个独立占卜系统，也可能属于独立于王族之外的王子族。他们还认为，王族卜辞可能是第一期的武丁卜辞，而非第四期的武乙、文丁卜辞。[4]

几乎同时，陈梦家也提出了相似的分期理论。陈梦家强调贞人之间的系联，尤其是共版贞人之间的系联。他的分期在很多方面都与贝冢茂树、伊藤道治的论断不谋而合。比如，他也把董作宾定为四期的自组、子组和午组卜辞定为武丁晚期。[5]但那时，陈梦家没有区分王族卜辞和非王卜辞。

二十世纪八十年代以来，殷墟的考古发现已经对甲骨文的研究提出了新的问题。传统的分期理论再次面临新的挑战。有些中国学者开始采用新的分类断代方

---

[1] 《中央研究所集刊》外编 1，1933 年；收入《董作宾学术论著》，第 371—488 页。

[2] 王宇信：《甲骨学通论》，中国社会科学出版社，1989 年，第 154—214 页。吉德炜也讨论过甲骨文的分期问题，虽然他的分期主要以董的理论为基础，但他也融入了其他学者的观点，参看他的 Sources of Shang History，91‑133.

[3] 董作宾第一次表达这个观点是在《殷历谱》中，《中央研究院历史语言研究所专刊》，中央研究院历史语言研究所，1945 年；他后来又在《殷墟卜辞乙编》（中央研究院历史语言研究所，1949 年）里展开论述，参看《董作宾学术论著》，第 1163—1172 页。

[4] 《甲骨文断代研究の再检讨》，《东方学报》23，1953 年，第 1—78 页。

[5] 陈梦家：《殷虚卜辞综述》，第 145—172 页。他的研究首次发表在《考古学报》1953 年第 6 期。

法：其中最重要的学者是李学勤、林沄和裘锡圭。[1] 新的方法与董作宾的"五期法"不同。首先，他们强调甲骨文自身就是考古发掘遗物，很多是通过考古发掘获得的，因此可以用考古发掘的记录和考古学方法对其进行研究。比如考古发掘表明，商人几乎不会随意丢弃刻辞甲骨，因此，甲骨出土的位置和地层就可以作为甲骨分期断代的重要依据。其次，他们认为，把同一类型或同一贞人组的卜辞划分到同一时期，或者把它们放置到严格的线性发展历程上，这几乎是不可能的。相反，在对殷墟甲骨文进行分期时，他们采用了以下步骤：

（1）严格按照类型学的方法，对所有卜辞进行重新分类。

（2）在传统的贞人命名系统下，利用考古学依据，对甲骨文进行重新分组，如宾组和出组。

（3）根据卜辞上出现的世系和人名，确定它们具体属于哪个商王。

这个方法的研究结果证明，不同类型的卜辞可能属于同一商王，而一个贞人组可能延续活动在不同的商王时朝。

根据新的分期理论，殷墟的甲骨文可以划分成两大系统：王卜辞和非王卜辞。每个系统又可以再细分成不同的组。不同学者的分期可能不同，但这里我采用了被普遍接受的一种，即把王族卜辞分成七个组，把非王卜辞分成三个组，另外还有新发现的花园庄东地甲骨卜辞（见表2）。

表 2 殷墟甲骨贞人分组

王 族 卜 辞	
自　　组	
村北	村南
宾组	历组
出组	
何组	无名组
黄组	

---

[1]　近来，对新的理论有一些详细的介绍，如李学勤、彭裕商《殷墟甲骨分期研究》，上海古籍出版社，1996年；彭裕商、李学勤《殷墟甲骨断代》，中国社会科学院出版社，1994年；黄天树《殷墟王卜辞的分类与断代》，文津出版社，1991年。英文类的对甲骨文分期有简要总结的，参看 Edward L. Shaughnessy, "Recent Approaches to Oracle-Bone Periodization: A Review", *Early China*, 8(1981 - 1982), 1 - 13.

续表

非　王　卜　辞
花东子组
午组
子组
非王无名组

所谓的王卜辞，可能是在商王的直接控制下产生的，这类占卜主要关注王室家族的活动。王卜辞可以分成许多贞人组。比如，黄天树把王族卜辞分成 20 多个贞人组。[①] 主要有两系："村北"和"村南"。村北、村南的划分主要是依据考古学，村南卜辞主要出土于小屯村南和村中，村北卜辞主要出土于小屯村北。当然，也有例外，但只是少数，不影响理论的整体。

在王族卜辞中，自组被认为是南北两系的共同起源。自组卜辞出土于村北和村南，主要出土于殷墟早期的贮藏窖穴里。[②] 从语言学和考古学证据来判断，自组卜辞可能是我们见到的最早的卜辞，主要存在于武丁初期。[③]

在村北系统中，已经确定出四组卜辞：宾组、出组、何组和黄组。宾组是武丁时期最活跃的贞人组，可能延伸至祖庚时期。根据内容和字体，宾组可以再细分成两个亚组：A 类和 B 类。宾组 A 类是村南系统中历组卜辞的源头，而宾组 B 类是村北系统中出组卜辞的直接源头。出组和何组也可以细分成不同的亚组，它们持续的时间很长。

在村南系统中，有两个主要贞人组：历组和无名组。两者都出土于村中和村南。[④] 但是，早在二十世纪四十年代，加拿大传教士明义士（James Mellon Menzies）就注意到这类卜辞可以和宾组卜辞放在一起。[⑤] 二十世纪七十年代中期，妇好墓发掘之后，李学勤再次提出，历组卜辞可能属于武丁到祖甲时期，并且可能和村北的宾

---

① 黄天树：《殷墟王卜辞的分类与断代》，科学出版社，2007 年。
② 比如，YH006、B17、30、F36、103、104、H104、107 和 T53(42)。殷墟文化的分期是基于邹衡《试论殷墟文化分期》，收录于他的《夏商周考古学论文集》，文物出版社，1980 年，第 31—92 页。参见中国社会科学院考古研究所《殷墟的发现与研究》，科学出版社，1994 年，第 25—39 页。
③ 自组的有些卜辞甚至可能早至武丁前，参看彭裕商、李学勤《殷墟甲骨分期研究》，第 328—332 页。这个理论是胡厚宣在《战后京津新获甲骨集》前言里首次提出的，群联出版社，1954 年。
④ 1973 年小屯南地发掘的甲骨中，有很多历组和无名组卜辞。
⑤ 明义士的记录直到二十世纪八十年代才发表，李学勤把它们收在他的论文《小屯南地甲骨与分期》里，《文物》1981 年 3 期，第 27—33 页。

组有共存关系。① 李学勤的观点激发了其他学者,他们接受并完善了这个观点。②
但新的断代理论并未被所有人接受,还有学者持相反的观点。③

历组卜辞直接从自组发展而来。从内容上判断,历组卜辞和宾组卜辞可能有
共存关系。它们虽然字体不同,但有很多共同的占卜主题。历组卜辞之后是无名组
卜辞。大部分学者都赞同无名组卜辞属于康丁、武乙时期,与村北的何组卜辞有一
些重合。

黄组卜辞属于殷墟晚期,显然是村北和村南王卜辞共同影响的结果。贞人黄、
派和立在黄组卜辞中经常同时出现。内容和书体特征表明,该组卜辞与何组和无名
组之间必然有联系。黄组卜辞字体小而细密,通常竖行书写。内容主要是征伐、田
猎和周祭。有些雕花刻骨上刻有较长铭文,记录的是某次庆典仪式,因而不是关于
占卜的刻辞。

除了甲骨文,我们还有同一时期的其他可供断代的书写材料,比如铜器铭文。
黄组卜辞中发现的三种不同的周祭时间表表明,它们可能分属于文丁、帝乙、帝辛三
个时期。④ 但值得注意的是,祖甲创立的周祭制度,到末代商王帝辛时期,却或多或
少地被抛弃了。⑤

二十世纪八十年代由李学勤和其他学者发展的新理论,也显著推进了非王卜
辞的断代研究。非王卜辞在村南和村北都有出土,而且经常和王卜辞中的宾组、出
组一起被发现。贞人"子"系联起来的卜辞,就是子组卜辞,贞人"午"系联起来的卜
辞,就是午组卜辞;还有一批没有贞人又相互系联的卜辞,就是非王无名组卜辞。很
多非王卜辞的祭祀对象是未即位的祖先,和与家族祭祀相关的某些不常见的神灵,
这是非王卜辞的一个显著的重要特征。

非王卜辞的确切断代还是个问题。最初,董作宾把它们定在第四期,但贝冢茂
树、伊藤道治和陈梦家则认为应该定到武丁时期,因为它们有共同的祖先称谓,而且

---

① 李学勤:《论"妇好"墓的年代及有关问题》,《文物》1977 年第 11 期,第 32—37 页。
② 例如,裘锡圭《论"历组卜辞"的时代》,《古文字论集》,中华书局,1992 年,第 277—320 页,首次发表在
《古文字研究》第 6 辑,1981 年;林沄《小屯南地发掘与甲骨分期》,《林沄学术文集》,中国大百科全书出
版社,1998 年,首次发表在《古文字研究》第 9 辑,1984 年。
③ 相反论点,见罗琨、张永山《论历组卜辞的年代》,《古文字研究》第 3 辑,1980 年,第 80—103 页;肖楠
《论武乙、文丁卜辞》,《古文字研究》第 3 辑,1980 年,第 43—79 页,和《再论武乙文丁卜辞》,《古文字研
究》第 9 辑,1984 年,第 155—188 页;陈伟湛《"历组卜辞"的讨论与甲骨文断代研究》,文化部、文物局、
古文献研究室编辑《出土文献研究》,文物出版社,1985 年,第 1—21 页。关于这场论争的总结,见王宇
信《甲骨学通论》,第 194—203 页。
④ 常玉芝:《商代周祭制度》,中国社会科学出版社,1987 年,第 8—16 页。
⑤ 王晖:《古文字与商周史新证》,人民出版社,2003 年,第 274—306 页。

都出土于早期灰坑。虽然学术界对非王卜辞的断代还有些疑问，尤其是董作宾的学生们，①但大部分学者已经接受了非王卜辞属于武丁中期、也可能延伸至祖甲时期这个观点。②

值得注意的还有，当"子"以合适的名字或头衔出现时，常被认为是"王子"。但"子"在甲骨文中不一定就是同一个人。甲骨文中，有许多诸如"多子""大子""中子""小子"之类的称呼。因此，林沄认为"子"可能是不同王室宗族的首领。③ 1991 年，小屯村南的花园庄东地发现了一千多片甲骨，其中有 579 版刻辞的龟甲和牛骨。④在这些卜辞中，"子"的地位很显赫。他可能是宗族首领，又常以贞人的身份出现。这类卜辞的时间可能在武丁早期或中期，⑤但其内容和字体与以前所见的子组卜辞有所区别。为了避免混淆，我且把它称为"花东子组"。

商代祭牲的颜色

现在我将根据不同贞人组对甲骨文中出现的祭牲颜色进行考察。因为颜色是商代祭祀系统的一个组成因素，所以，尽可能按照时间序列对商代祭祀系统中的颜色及其意义进行研究，是非常重要的。尽管新的分期断代理论还未被所有人接受，但对颜色的研究为我们理解商代卜辞又增添了新的角度。我的研究立足于新的分期分组理论，得出的结论似乎又加强证实了这个新理论的可靠性。通过对不同贞人组中颜色的使用情况分别进行研究，我们可以揭开商代祭祀系统的深层面纱，展示它是如何发展成一个整体的。

---

① 比如，严一萍坚持认为午组、子组卜辞属于第四期，见其所著《甲骨学》第二册，艺文译书馆，1978 年，第 1112—1209 页。

② 李学勤在他的论文《帝乙时代的非王卜辞》(《考古学报》1958 年第 1 期，第 43—74 页)里把非王卜辞分成五个组。那时，他追随董作宾的五期分法，把非王卜辞断到第四期，后来又转变看法，把非王卜辞定到武丁时期。参看李学勤、彭裕商《殷墟甲骨分期断代》，第 313—327 页。关于非王卜辞的分期与断代的更多讨论，参看谢济《武丁时另种卜辞分期研究》，《古文字研究》第 6 辑，1981 年，第 322—344 页；也见彭裕商《非王卜辞研究》，《古文字研究》第 13 辑，1986 年，第 57—81 页。

③ 林沄：《从武丁时代的几种"子卜辞"试论商代家族形态》，《林沄学术文集》，第 46—59 页，首次发表于《古文字研究》第 1 辑，1979 年；也见朱凤瀚《商周家族形态研究》，天津古籍出版社，1990 年，第 35—241 页。

④ 中国社会科学院考古研究所：《殷墟花园庄东地甲骨》，简称《花园庄》，云南人民出版社，2003 年。

⑤ 刘一曼、曹定云：《殷墟花园庄东地甲骨卜辞选释与初步研究》，《考古学报》1999 年第 3 期，第 251—310 页；也见朱凤瀚《读安阳殷墟花园庄东地出土的非王卜辞》，收入王宇信、宋镇豪、孟宪武编《2004 年安阳殷商文明国际学术研讨会论文集》，社会科学出版社，2004 年，第 211—219 页。关于这个问题不同论点的概述，可参看刘源《殷墟花园庄东地甲骨文研究概况》，《历史研究》2005 年第 2 期，第 180—184 页。

自组卜辞

我的研究将从村北和村南的共同起源自组卜辞开始。自组是武丁时期最早的贞组,主要贞人有扶、自、业和勹,有时贞人就是商王自己,但大部分卜辞都没有贞人。自组卜辞的形式和内容,比其他贞人组都复杂得多。

首先,从语言学上说,它有一些早期特征,比如把肯定和否定糅合到一个句子结构中,句尾使用疑问词等。① 从书体风格上看,自组卜辞可以分成"大字类"和"小字类"两种,有些字象形成分很大。这两类卜辞在内容上也有所不同。在"大字类"中,常祭对象有父乙、母庚、阳甲、盘庚、兄丁、兄戊和旧臣咸戊。在"小字类"中,常祭对象有父甲、父乙、父庚、父辛、母庚、兄丁。村北的宾组和村南的历组,可能就是自组内部的这两种分化发展的结果。这种分化可能发生在武丁晚期。

自组卜辞中有一些卜辞特别提到了祭牲的颜色。第一个例子是:

乙卯……自……庚……帚……

……午卜:王侑②白豕③……

《合集》19999④

这片卜辞不完整,贞人"自"和受祭祖先"庚"两字还幸能辨识。从卜辞内容判断,这次祭祀由商王亲自主持,受祭者是某位名"庚"的祖先,祭品是白豕。豕是商代祭祀中最常用的祭品之一。从字形上看,这个甲骨字是一头去势的公猪,由此可见,家猪早在商代就已用作祭品,阉割术也早在商代就普遍用于家畜身上。⑤

第二个例子是卜问牛的颜色:

癸卯卜:王叀勿牛用⑥鲁⑦〔甲〕。

《合集》19911

---

① 疑问词的使用只在早期贞人组中出现过,参看李学勤《关于自组卜辞的一些问题》,《古文字研究》第3辑,1980年,第32—42页。
② 最初的写法是屮,这里读作侑,广义上理解是"祭祀""供给"。关于该字功能的深入讨论,参看 David S. Nivison, "The Pronominal Use of the Verb *yu*(*giug*)", *Early China*, 4(1978), 19‐29; "The Early Archaic Chinese Word *yu* in the Shang Oracle-Bone Inscriptions: Word-Family, Etymology, Grammar, Semantics and Sacrifice", *Cahiers de Linguistique Asie Orientale*, 8(1980), 81‐112.
③ 这个象形字描写了一头去势的公猪。对该字的各种解释,可参看于省吾主编《甲骨文字诂林》(以下简称《诂林》),中华书局,1996年,1061(字的编号,下同)。这里我采用了闻一多的解释。
④ 本文所引用的甲骨文,大都引自胡厚宣和郭沫若主编,中国社会科学院历史研究所编《甲骨文合集》,中华书局,1978—1982年。以下简称《合集》。
⑤ 关于晚商时期家养动物的讨论,参看杨升南《商代经济史》,贵州人民出版社,1992年,第227—230页。
⑥ "用"字,最好理解成"在祭祀中使用"。关于该字的解释,参看《诂林》3338。
⑦ 该字有多种解释,请参看《诂林》1660。

这片卜辞没有"贞"字，但显然是有所卜问。这是一条祭祀商王兔甲（＝阳甲）①的祭祀卜辞。勿牛是勿色的牛，勿色即杂毛色；介词"叀"是为了突出牛的颜色"勿"。

尽管我们材料有限，无法确定颜色对商代贞人是否有特殊含义，但应注意到，"白"和"勿"是自组卜辞中常列的两种颜色。② 这种区分不可能是偶然的，它至少可以说明贞人非常重视祭牲的颜色。以上两例卜辞，显然与祭祀祖先神或生育神有关。

宾组卜辞

宾组是殷墟时期最活跃的一个贞人组。它可能在武丁时期出现，并延续到祖庚时期。根据字体和内容，宾组卜辞可以分成两个小类：A 类和 B 类。A 类和村南系统中的历组卜辞相关，B 类是村北系统中出组的直接源头。宾组至少有 16 名常用贞人，包括宾、殻、争、内和古。对贞的形式在宾组中很常见，商王自己也经常亲自卜问。从内容上看，宾组的占卜主题非常广泛，包括祭祀祖先、祭祀各种神灵、畋猎、气象、征伐、做梦和王室的平安等。

在宾组中接受常规祭祀的先王有父甲、父庚、父辛、父乙、母庚和兄丁。与其他组卜辞相比，宾组中与颜色有关的卜辞数量更大。宾组卜辞的丰富信息，使得我们可以对此作更细致的分析。

在祭祀祖先时，白猪、白羊和白牛是最常用的祭牲。比如：

乙未卜，侑于祖……三宰③又白豕④。

《合集》2051

五白牛，又殻。

《合集》203 反

"殻"是幼猪。⑤ 祭牲为白牛，加上幼猪。有时，祭牲是野生动物，非家养的。

---

① 对甲骨文中阳甲的深入讨论，参看裘锡圭《殷墟卜辞所见石甲兔甲即阳甲说》，《古文字论集》，第231 页。
② "勿"（杂色）这个词可能包括除白之外的所有颜色，也包括有斑纹的动物。关于这个问题的深入讨论，参看 Wang Tao, *Colour Symbolism in Late Shang China*, esp.80 - 84, 96 - 101.
③ 该字读为"牢"，传统上认为它是几种祭牲的结合，但在甲骨文中，该字可能是合文，意思是"圈养的动物"。"羊"字素可能暗示着这里圈养的动物是一只羊，但有时圈养的是牛或其他动物。对于该字的解释，参看《诂林》1548。更深入的讨论，参看姚孝遂《牢宰考辨》，《古文字研究》第 9 辑，1984 年，第 25—36 页。
④ "又"意为"有""另外""此外，同时"。
⑤ 对该字的解释，请参看《诂林》2863。

戊寅卜,贞:豴①畀②彘。

……宾,贞:……白彘③……子侑……

《合集》15943

……叀白彘……毓④有佑。

《合集》11225

贞:侑于父乙白彘,新⑤穀。

英藏 79

在商代祖先崇拜中,体型较大的动物如牛,比其他体型较小的动物价值更高。

贞:侑于王亥,叀三白牛。

《合集》14724

……穀……幻⑥侑大甲白牛。用。

《合集》1423

辛酉卜,宾,贞:燎⑦于夒白牛。

京大 0001⑧

燎祭是商代最常用的一种祭祀仪式,可能与用火烧祭品有关。

在现实世界里,纯白色的牛非常罕见。但这次占卜明确指出,用白牛燎祭商代世系中的一些重要先祖,如王亥和上甲,他们还经常被冠以"高祖"的尊称。⑨"夒"到底是谁还不太清楚,可能与高祖夒⑩有关。

有时候,祭祀仪式非常隆重,祭品也很丰富。比如:

---

① 该字意思尚不明,这里可能用作人名。

② "畀"以前释为"矢",认为是箭镞,但正如裘锡圭所说,该字与"矢"字构形不同,应读为"畀",意思是给予、进献。参看他的《古文字论集》,第 90—98 页。该字的其他解释,请参看《诂林》2575。

③ 从字形上看,"彘"表示"被矢射穿的猪"。"矢"似乎也是声符。"彘"可能意为"野猪"。参看《诂林》1604。

④ 这是"育"的初字,字形描写的是一个女人生孩子的情景,这里用作集合名词,意为"祖先"。该字的解释,请参看《诂林》0461。

⑤ "新",在甲骨文中写作"邟"。在甲骨文中,"新"通常用作"新旧"之"新",但在这条卜辞中用为动词,同"薪",意思是"点火"。该字的不同解释,请参看《诂林》2528、2529。

⑥ 该字意思尚不明确,这里似乎用作人名。

⑦ 该字的解释,请参看《诂林》1526。

⑧ 《京都大学人文科学研究所藏甲骨文字》,京都大学人文科学研究所编著,1960 年,简称《京大》。

⑨ 关于"王亥"的讨论,请参看罗琨《殷卜辞中高祖王亥史迹寻绎》,张永山、胡振宇编《胡厚宣先生纪念文集》,科学出版社,1998 年,第 48—63 页。

⑩ 对"高祖夒"的深入讨论,参看岛邦男《殷墟卜辞つ研究》,第 241—245 页;陈梦家《殷虚卜辞综述》,第 345 页。新近的研究,参看刘桓《说高祖夒——兼论商族族源问题》,《甲骨征史》,黑龙江教育出版社,2002 年,第 267—303 页。

……巳，酌[1]，伐[2]，六宰，隹白豕。

《合集》995

这里，用于燎祭和伐祭的祭品，包括人牲、圈养的羊和猪等。介词“隹”暗示了贞人尤其关心猪的颜色。

这里，有必要对商代的人祭作个简要说明。甲骨文字（伐）描写的是被砍头的人。考古证据表明，整个殷墟时期人牲的使用都很频繁，而“伐”（砍头）是一种常用的杀牲方法。人祭是古代一种常见的祭祀仪式，古代中美洲文明，尤其是玛雅文明最能说明这个问题。虽然古代玛雅文明和古代中国文明之间，还无法建立直接的联系，但两者在用牲上却异常相似，一般都用战俘做人牲，杀牲方法都是：砍头，祭祀，肢解。[3]

关于商代人牲，有一个颇有争议的问题，即“白人”的读法。在宾组中，我们找到几条卜辞，“白”这个颜色词用来修饰人牲。比如：

乙丑卜，……贞：……白人。

燎白人。

《合集》1039

壬子卜，宾，贞：叀今夕用三白羌于丁。用。

《合集》293

有些学者把“白”读为“百”，意思是“一百”。然而，商人在契刻颜色词“白”和数字“百”时，通常会努力作出区别。日本天理大学所藏甲骨第300片：“丙午卜，禦方九羊，百白豭。”[4]在丙午这一天占卜，对“方”实行禦除灾祸之祭，用九只羊，一百只白色公猪。在这片卜辞中，“百”和“白”同时出现，“白”显然就是颜色词。那么，“白

---

① “酌”是商王祭祀祖先时最常用的祭祀仪式之一，但学者对该字的解释却各不相同。许多学者读为“酒”，认为是一种酒祭仪式。包括郭沫若在内的其他学者，读为“槱”，认为是一种烧燎之祭。参看《诂林》2733。岛邦男认为从词源上说，该字与“彫”有关，意思是“伤害”“切割”，参看 Ito and Takashima, *Studies in Early Chinese Civilization*, vol.1, 355，也参看 vol.2 的注释，第110—111页。吉德炜似乎接受了这种观点，把它释为“切割之祭（cutting-ritual）”，参看 David Keightley, *The Ancestral Landscape*, OBI example 22, 23.

② 对“伐”的不同解释，参看《诂林》2410。这里可能用作名词，是一种“人牲”。

③ 对古代人牲的总体讨论，参看 E. O. James, *Sacrifice and Sacrament*, Thames and Hudson, 1962, 77-103. 关于玛雅文明中的人牲研究，参看 L. Schele, M. Miller, *The Blood of Kings: Dynasty and Ritual in Maya*, Thames and Hudson, 1992, esp.110, 216-220.

④ 我没有见到此书，因而转引了杨升南《商代经济史》，贵州人民出版社，1992年，他对该片甲骨作了释文。

人"之"白"也是颜色。正如姚孝遂所说,"白人"和"白羌"是因肤色白皙而变得尊贵的人牲。① 众所周知,古今都常用颜色词来命名种族人群。②

　　甲骨文大多都不完整,完整的卜辞非常罕见。《丙编》197(＋198 反)是一片保存完整、有钻凿、两面都有卜辞的龟版。它是典型的宾组卜辞,为我们提供了更深入地研究祭祀内容的材料。下面是背面刻辞:

> 癸卯卜,㲉。
> 于来乙卯侑祖乙。
> 麂③羊二。
> 乙卯卜。
> 三旬④,来甲申……
> 叀乙亥酻。
> 勿蕭⑤乙亥酻。
> 侑犬于咸戊。
> ……学戊
> 于娥禦⑥戉⑦。
> 于娥。
> 翌丁,勿于祖丁。
> 祖丁。

----

① 姚孝遂:《商代的俘虏》,《古文字研究》第 1 辑,1979 年,第 337—390 页,尤其是第 378 页。关于羌人更进一步的讨论,参看罗琨《殷商时期的羌和羌方》,《甲骨文与殷商史》第 3 辑,1991 年,第 405—426 页;也见 Gideon Shelach, "The Qiang and the Questions of Human Sacrifice in the Late Shang Period", *Asia Perspective*, 35/1(1996), 1 - 26.
② 比如,称呼白色的狄人的词"白狄"经常在古文献中出现,现在中国西南部的彝族人,也有被称作"白彝"(白色的彝族人)和"黑彝"(黑色的彝族人)的。
③ "麂"这个象形字表示一头长角羊,可能是羚羊或野山羊。在这片卜辞中,可能读为"源","麂"和"羊"组合成一个单字。参看《诂林》1655。
④ "旬"是商代"十日"一周的记日方式。参看 Keightley, *The Ancestral Landscape*, 37 - 43.
⑤ "蕭"在甲骨文里用作副词,但具体意思和功能还不清楚。我把它读作"乖",因为它常与否定词连用,所以可以解释为"慌张地、轻率地"。然而,高岛谦一把它读为"详",意思是"特别地",参看他的博士论文"Negatives in the King Wu Ting Bone Inscriptions" (University of Washington, 1973), 389 - 392;也见 Ito and Takashima, *Studies in Early Chinese Civilization*, vol.2, 144, n.38.
⑥ 在甲骨文中,"禦"是一种仪式,不同的学者有不同的解释。我采用的是杨树达的解释,认为它是一种消除灾祸的仪式。参看《诂林》0351。更多讨论,请参看岛邦男《殷墟卜辞つ研究》,第 331—333 页;裘锡圭《古文字论集》,第 332—335 页。
⑦ 该字意思不明,这里可以理解成一种仪式或人名。

> 事人于妣己辈①。
>
> 叀白豕。
>
> 辛卜，殻。
>
> 勿侑下乙。
>
> 下乙牢，又二牛。
>
> 庚申卜。
>
> 殻，子商入。

这片卜辞很复杂。它要卜问一系列问题：哪天祭祀哪位祖先，实行哪种祭仪。除了常祭祖先祖乙、祖丁、下乙、妣己外，旧老臣如咸戊、学戊也在被祭之列。禦祭的祭祀对象是神话性的祖先神"娥"。祭品很丰富，有羚羊，圈养的羊、牛，白猪，另外，还有人牲。

白色的祭牲如白牛，也会偶尔在不寻常的情况里出现，如出现在王的梦里。宾组有一片卜辞，记述了商王武丁梦见白牛，特意进行占卜，卜问梦白牛有何预兆。

> 庚子卜，宾，贞：王梦白牛，隹憂②。

《合集》17393

梦在甲骨文中是很常见的占卜事类，很多卜辞都试图确定王梦有何预兆。商王武丁经常梦到生人，包括他的妻子、亲属和大臣。他也会梦到去世的祖先，有时会梦到特别的动物或事情。③ 这片卜辞，就是要使王确信他梦到的白牛不会给他带来灾祸。

白色动物除了用作祭牲外，还有其他用途，比如白马做商王的车马。虽然白马比白牛更常见，但商王对白马的关注也丝毫不减。④ 比如：

> 贞：戛不我其来白马。

《合集》9176

---

① 对"辈"的解释，参看《诂林》2496—2499。有些学者认为该字暗含着"不幸"的意思，但这里似乎指一种仪式。

② 该字有很多读法，比如读为"祸"（trouble）、"咎"（fault）和"忧"（worries）。参看《诂林》2240。关于该字的深入讨论，参看裘锡圭《古文字论集》，第 105 页。

③ 二十世纪四十年代，胡厚宣写了一篇关于"商代梦占"的重要文章。他的很多论点从今天来看还颇有意思。参看《甲骨学商史论丛初集》第 3 册，《齐鲁大学国学研究所专刊》，文友堂书店，1944 年。

④ 甲骨文中有很多字是指马的颜色，比如白马、黑马、有斑纹的马。更多讨论，请参看王宇信《商代的马和养马业》，《中国史研究》1980 年第 1 期，第 99—108 页。

这片卜辞卜问的是戛是否会送来白马。

> 甲辰卜，㱿，贞：奚来白马……王繇曰：吉，其来。
> 甲辰卜，㱿，贞：奚不其来白马五。

这版卜辞卜问的对象也是白马，卜问奚国是否会送来白马，商王亲自参与了占卜。

《合集》945是另一版较大的龟甲，占卜内容相似。反面刻有贞人名"㱿"，他是武丁时期最活跃的一个贞人。正面刻辞是：

> 贞：古来犬。
> 古不其来犬。
> 贞：𢀛①呼取白马以②。
> 不其以。
> 古来马。
> 不其来马。

这片卜辞是"对贞卜辞"：一个肯定，一个否定。第一对"对贞"卜问古国是否会送来狗作祭品。在第二对"对贞"卜问椢要求送来白马，送还是不送。第三对"对贞"再次卜问古国是否会送来白马。贞人在努力确定占卜结果。由此看来，白马的地位很重要，商王似乎想得到更多白马。

裘锡圭在一篇论文中分析了一类特殊的宾组卜辞，这些卜辞强调马的重要性，尤其是白马在商王宫廷中的重要性。③"占辞"也有卜问未出生的马的，卜问它们是否有幸是白马。比如：

> 小馽子④白，不白。

《合集》3411

> 丙辰卜，……贞：㪔⑤……马子白。

《合集》5729

---

① 该字意思尚不明确，这里应用作人名。
② 对该字的解释差异很大，参看《诂林》0022。我采用了裘锡圭的解释，读作"以"，意思是"引导""致送""带来"。参看裘锡圭《古文字论集》，第106—110页。也见 Serruys, "Language of the Shang", 98, n.3.
③ 裘锡圭：《从殷墟卜辞看殷人对白马的重视》，《古文字论集》，第232—235页，首次发表在《殷墟博物苑苑刊》（创刊号）。
④ "子"在这里用作动词，意思是"生育，生产"。
⑤ 在甲骨文中，该字用作地名和人名。

騽①……毓……白。

　　　　　　　　　　　　　　　　　　　　　　　　《合集》18271

　　之前，很多学者认为"小駓子'白不白'"是疑问句：小马驹是否是白色母马？但是裘锡圭指出，"不白"二字是"验辞"，不是"占辞"的一部分。

　　有些卜辞试图占卜确定马死、病的原因，而卜问对象经常是白马。比如：

　　　　丙午卜，争，贞：七白马殟②；隹丁取。

　　　　　　　　　　　　　　　　　　　　　　　　《合集》10067

　　另一版同文卜辞，占卜时间和字体风格都与《合集》10067相同，可能是同套卜辞：③

　　　　丙午卜，贞：隹子弓害④白马。

　　这进一步暗示了，白马在商代祭祀和商王的心中占据着重要的位置。白马的重要性一直延续下来，这在后世中国传统文化中都有反映。西周铜器铭文也多次提到白马，是周王和他的属国及大臣往来礼品的一部分。⑤《山海经》中有一位神人叫"白马"，传说是黄帝的后裔。⑥

　　与自组卜辞一样，宾组卜辞中也多次出现"勿"色。商王对杂色毛的祭牲也给予了极大关注，尤其是杂色牛。商王曾多次卜问能否得到杂色牛。比如：

　　　　庚子卜，亘，贞：勿牛于敦。

　　　　贞：勿牛于敦。

　　　　　　　　　　　　　　　　　　　　　　　　《合集》11153

　　这条卜辞卜问"敦"这个地方是否有杂色牛。据郑杰祥考证，"敦"位于小屯南50公里处。⑦

　　　　庚子卜，古，贞：勿牛于𤕤。

　　　　　　　　　　　　　　　　　　　　　　　　《合集》11154

　　最后一字还未识读，在这里显然是一个地名。刘桓认为上述卜辞中的"勿"是动

---

① 该字意为"鬃毛为黄色的白马"。见《诂林》1641。
② "𤕥"的字形是一个死人立在棺材里，但学者的解释却各不相同。大部分学者认为这是"死"或"埋葬"之意。参看《诂林》0053。
③ 这片卜辞藏于北京大学图书馆，转引自裘锡圭《从殷墟卜辞看殷人对白马的重视》，第233页。
④ 我采用了裘锡圭对该字的解释，见裘锡圭《古文字论集》，第11—16页。
⑤ 上海博物馆编：《商周青铜器铭文选》，文物出版社，1986年，99《召尊》、100《召卣》、165《作册大方鼎》。
⑥ 见袁珂《山海经校注》，上海古籍出版社，1980年，第465页。
⑦ 郑杰祥：《商代地理概论》，中州古籍出版社，1994年，第81—84页。

词,在不同地方"物色"牛牲。① 但这种解释忽视了"勿"明显用来限定祭牲颜色的那些卜辞。

> 允出。
> 求②勿牛。
> 求冻③牛。
>
> 　　　　　　　　　　　　　　　　　　　　　　　《合集》11156④
>
> 去束/贞:𤇾⑤勿牛。
> 王往省从西。
> 王往出省。
> 王去束。
> 王往省。
>
> 　　　　　　　　　　　　　　　　　　　　　　　《合集》11181
>
> ……卜,㱿,贞:王往去。
> ……贞:𤇾勿牛。
> ……王往……
>
> 　　　　　　　　　　　　　　　　　　　　　　　《合集》11182

尽管以上几例卜辞都不完整,但可能都与同一次占卜有关。它更显示出,杂色牛可能是特意挑选出来的祭牲。后世文献,如《周礼·地官·牛人》,也有祭祀前物色祭牲并加以圈养的记载:

> 牛人掌养国之公牛,以待国之政令。凡祭祀,共其享牛、求牛,以授职人而刍之……充人掌系祭祀之牲牷。祀五帝,则系于牢,刍之三月。享先王亦如之。凡散祭祀之牲,系于国门,使养之。展牲则告牷。硕牲则赞。⑥

---

① 见刘桓《卜辞勿牛说》,《甲骨征史》,第162—187页,首次发表在《殷都学刊》1990年第4期上。
② 该字写作"杀",很多学者释为"祟",参看《诂林》1540。但是,正如裘锡圭所说,该字最好释为"求","寻求"意。参看裘锡圭《古文字论集》,第59—69页。
③ "冻"的意思还不确定。在《尔雅·释天第八》中,"冻"是形容词,如"冻雨"即大暴雨。见徐朝华《尔雅今注》,南开大学出版社,1987年,第203页。"冻"又是"漳水"的别称,见桂馥《说文解字义证》,上海古籍出版社,1987年,第917页。
④ 《合集》11154、11155、11163和11157是关于同一件事的。
⑤ 有些学者把"𤇾"释为"视",意思是"看"。也有学者释为"蒙",见《诂林》0614。从上下文看,"𤇾"可能用作"觅",寻找、巡视之意。
⑥ 《周礼注疏》卷十三,《十三经注疏》,中华书局,1980年,第723页。

《礼记·祭仪》中有一段文字,解释了物色祭牲的原因,其中颜色是最重要的因素:

> 古者天子、诸侯必有养兽之官,及刉时,斋戒沐浴而躬朝之。牺牷祭牲,必于是取之,敬之至也。君召牛,纳而视之,择其毛而卜之,吉,然后养之。君皮弁素积,朔月,月半,君巡牲,所以致力,孝之至也。①

《周礼》和《礼记》中的记载,当然反映的是周代的情况和思想,但是作为一种习俗来看,择牲和圈养应该是“古已有之”。

在宾组卜辞中,用杂色牛来祭祀祖先的卜辞很多,尤其是岁祭、燎祭和血祭卜辞:

> 贞：王以勿牛四于用。

《合集》8973

> 贞：尸卯②,叀勿牛。

《合集》836

> 贞：燎告③,众④步⑤于丁……
> 贞：翌丁未酚燎于丁,十小牢,卯十勿牛。

《合集》39

> 癸巳卜,殼,贞：燎十勿牛,又五罋。⑥

《合集》15616

有时,祭牲的颜色和性别都要特别指出:

> 甲……贞：翌……侑于……勿牛……勿牝……十月。

《合集》15090

> 贞：侑于示壬妻妣庚牢,叀勿牡。

《合集》938 正

《合集》938 正这片卜辞,提到了杂色的母牛和公牛,杂色公牛的祭祀对象是妣庚。

有时候,勿牛既用于血祭,也用作祷祭时的许诺:

---

① 《礼记正义》卷四八,《十三经注疏》,第 1597 页。
② 这个释为“卯”的字,指的是祭祀时的一种岁杀仪式,可能是“把动物分尸,一分为二”。关于该字的深入讨论,参看《诂林》3355。
③ “告”即“告祭”,是祭祀中的一种仪式。
④ “众”可能是不属于任何贵族族群的平民,参看裘锡圭《关于商代的宗族制度》,收入《古代文史研究》,尤其是第 320—330 页。吉德炜把“众”翻译成“从属劳动者”,参看 The Ancestral Landscape, 24, n.23.
⑤ “步”的确切含义尚不清楚。可能是祭祀祖先的一种仪式。对该字的解释,参看《诂林》0801。
⑥ 《合集》15617 与之同文。

甲子卜，争，贞：祷①年于丁，盟②十勿牛，册③百勿牛。

《合集》10116

"盟"在甲骨文中写作"衁"。学者对"衁"有两种释读："血"和"盟"。据《说文解字》，"血"是"祭所荐牲血也"，构型是一个容器，内一点代表血滴；"盟"是"杀牲、歃血。朱盘玉敦。以立牛耳"。两者都与血祭有关。可见，"衁"是一种血祭仪式。

《合集》10117是同文卜辞，"丁"多次接受"勿牛"的献祭，但这次血祭的数量是三头，册祭的许诺是三十头。血祭在早期宗教中很盛行。举行血祭的意义很多，比如在结盟或赎罪时举行血祭，可以带来好结果。④

在另一版卜辞《合集》6947中，受祭祖先是下乙：

辛酉卜，争，贞：今日侑于下乙一牛，册十勿宰。

贞：今日侑于下乙，册十勿宰。

贞：今日侑于下乙一牛。

这里的"命辞"显然是卜问是用一头牛，还是许诺十头杂色牛来祭祀下乙。

归纳一下，在这些祭祀中，受祭祖先包括丁、示壬、妣庚和下乙。卜辞描述了处理祭牲的特殊方式，如燎、卯、盟。除了牛牲，还有其他祭品，如卣。值得注意的是《合集》10116，这片卜辞用血祭祭祀祖先，目的是祈求获得好收成。贞人先用一定数量的杂色牛进行血祭，然后又许诺献祭更多的杂色牛。许诺的数量是血祭用牛的十倍。

对商代祭祀者有特殊吸引力的，不只是白色和杂色。在商代颜色系统中，黄色也是一种重要的颜色，黄色的祭牲可能与祭祀土地四方有关。宾组中有几条卜辞，使用黄牛进行祭祀，祭祀对象也很特殊。如：

贞：禘于东，陷⊡⑤豕，袤三宰，卯黄牛。

《合集》14313（正）

---

① "祷"在甲骨文中写作"⽊"，隶定为"柰"。以前，很多学者读为"求"，"乞求"意。尽管"祷"和"求"意思接近，但在甲骨文中这两个字还是有明显区别的。参看《诂林》1533、1540；裘锡圭《古文字论集》，第59—69页。

② 见段玉裁《说文解字注》，上海古籍出版社，1981年，第213、315页。

③ 甲骨文中的"册"字有多种解释：(1) 簎，即典册，是一种书写文件；(2) 删，删杀之意。见《诂林》2935、2937。这里，我采用了前一种解释，把它作为"一种书写的祈祷文书"。

④ 对于血祭的总体研究，参看 E. O. James, *Sacrifice and Sacrament*, 60 - 76. 关于甲骨文中血祭的研究，参看连劭名《甲骨刻辞中的血祭》，《古文字研究》第16辑，1989年，第49—66页。关于战国时期血盟的作用，参看 M. E. Lewis, *Sanctioned Violence in Early China*, SUNY, 1990, 43 - 50.

⑤ "⊡"字意思尚不清楚。陈梦家认为这是颜色词，指"黑色"，见陈梦家《古文字中之商周祭祀》，第132页。张光直在翻译这篇文章时采用了陈梦家的解释，见 Chang Tsung-tung, *Der Kult der Shang Dynastie*, 199.

晚商时，"禘祭"多与方向神崇拜有关，可能还暗含着某种宇宙论思想。① 祭祀四方神灵时，要烧燎犬、豕、羊，剖杀黄牛。如：

甲申卜，宾，贞燎于东、三豕、三羊，⊞ 犬、卯黄牛。

《合集》14314

乙丑卜，宾，贞：……犬，卯十黄牛。②

英藏 1289

贞：燎东西南，卯黄牛。

燎于东西，侑伐，卯南黄牛。

《合集》14315

除了动物祭牲，还有人牲。"黄牛"一词也需要解释一下。"黄牛"在当今社会是集合名词，指中国北部家养的牛（Bos Taurus），与南方的"水牛"（Bubalus）相对。"黄牛"最早可能是指"皮毛为黑色或黄色的牛"，是一个"形容词＋名词"词组，甲骨文中的"黄牛"可能还是这种用法。甲骨文中还有其他例子，可以佐证这个观点。商王偶尔也用野生动物祭祀四方神灵或宇宙神灵，其中有一版卜辞，祭牲是黄色羚羊：

甲子卜，殻，贞：妥以巫③。

贞：妥不其以巫。

丙寅卜，争，贞：今十一月，帝令雨。

贞：今十一月，帝不其令雨。

翌己巳，燎一牛。

贞延雨。

不其延雨。

《合集》5658

这是一块几乎完整的大龟板，卜问内容是十一月"帝"是否会"令雨"。重要的是，这片甲骨背面有一条卜辞：

燎东黄麆。④

---

① Allan, *The Shape of the Turtle*, 75－84. 在后世文献中，"禘祭"演变成"夏祀"，也可以用来祭祀祖先。关于汉以前文献中"禘祭"的含义，参看崔东壁《经传禘祀通考》，《崔东壁遗书》，上海古籍出版社，1983年，第496—512页。

② 该片卜辞也收入李学勤、齐文心、艾兰《英国所藏甲骨集》（简称《英藏》），中华书局，1985年。

③ 关于"巫"的解释，参看《诂林》2909. 在商代，"巫"与祭祀四方的神职人员有关。

④ "麆"在甲骨文中写作"𩣡"，从字形上看，这是一种眼睛大、角长的动物，可能是羚羊。英文可能是antelope。

　　这里,黄鹰用于燎祭东方之神灵。鹰可能是后世文献中的"獬豸",是中国的一种神秘动物。[1]

　　使用黄色祭牲的这条卜辞非常重要。"巫"被用于求雨之祭。很多学者认为"巫"类似于"萨满",在人神之间起沟通作用。[2] 然而,包括吉德炜在内的其他学者却持反对意见。[3] 在商代祭祀中,"巫"与自然神灵祭祀,如求雨之祭之间有着特殊联系,可能是因为作为宗教神职人员的"巫",具有特殊的知识和技能,可以影响自然力。在甲骨文中,尤其是在早期的自组、历组卜辞中,"巫"有时被读为"巫妦",是"方向神",艾兰就持这种观点。[4] 有时,在求雨之祭中,"巫"被当作牺牲用于燎祭,这或许是因为身体的缺陷赋予了他们特殊的神力。[5]

　　甲骨文中经常出现"东母""西母"这样的称谓:[6]

　　　　贞:燎……东母……黄[牛]。

《合集》14342

　　　　贞:侑于西母,🏚犬,燎三羊、三豕,卯三牛。

《合集》14344

　　上述两条卜辞,祭祀对象是东母、西母,祭牲是黄牛和黑犬。陈梦家曾经认为"东母"和"西母"可能是太阳神和月亮神。[7] 但正如丁山所说,她们是方向神的可能性更大,因而很可能是地上神灵而非天上神灵。[8] 饶有趣味的是,这两位神灵是女

---

[1] "獬豸"在后世文化中占有重要地位。参看杨树达《积微居小学金石论丛》,中华书局,1983 年,第 82—83 页。

[2] 比如,张光直认为商周巫师的作用类似于萨满,参看 K. C. Chang, *Art, Myth, and Ritual: the Path to Political Authority in Ancient China*, Harvard University Press, 1983, esp.44 - 45. 对中国早期文献中"巫"的研究,参看李零《先秦两汉文字史料中的巫》(上、下),《中国方术续考》,东方出版社,2001 年,第 41—79 页。

[3] 参看 David N. Keightley: "Shamanism, Death, and the Ancestors: Religious Mediation in Neolithic and Shang China (ca.5000 - 1000BC)", *Asiatische Studien*, 52/3(1998), 783 - 831. 关于中国和希腊语境中萨满教的比较研究,参看 M. Puett, *To Become a God*, esp.81 - 107. 关于中国的"巫"与西伯利亚的"萨满"的比较研究,参看 Victor H. Mair(梅维恒), "Old Sinitic Myag, Old Persian Magus, and English 'magician'", *Early China*, 15(1990), 27 - 47. 梅维恒认为两者的宗教意义截然不同。目前还没有确凿的证据证明"萨满"早在商代就从西伯利亚传入中国。

[4] Allan, *The Shape of the Turtle*, esp.77.

[5] 参看裘锡圭《说卜辞的焚巫妦与作土龙》,《古文字论集》,第 216—226 页。关于巫在后来传统中的讨论,参看 Edward H. Shafer(薛爱华), "Ritual exposure in ancient China", *Harvard Journal of Asiatic Studies*, 14(1951), 130 - 184.

[6] 比如,《合集》14335、14337 正。

[7] 陈梦家:《古文字中的商周祭祀》,第 131—133 页;《殷虚卜辞综述》,第 574 页。

[8] 丁山:《中国古代宗教与神话考》,龙门联合书局,1961 年,第 163 页。

性神（母神）。崇拜地母是很多文化的共同特点。正如 Eliade 所说，这可能与丰产神的神秘观念有关，可能起源于农业崇拜。①

在另一片宾组卜辞中，黄色祭牲被用于祭祀"示齐"。

> 己亥卜，贞：不……示齐黄［牛］。

《合集》14356

这里，黄牛可能是用于祭祀齐坛（或齐神）的。如果我们接受于省吾的观点，认为"齐"和"粢""稷"通用，②而"稷"又是传说中发明农业的神灵，那么，对农神的崇拜很可能从商代就已开始。我们知道商代是农业社会，但当时是否已经开始崇拜农神"后稷"还不很清楚。③《史记》和《周礼》中有些记载，或许会对解决这个问题有所帮助。

对土地神和方向神的崇拜，一直流传下来，成为后世国家祭祀和民间信仰的主题之一。祭祀这些神灵需要选择合适的颜色，这种思想也在后世的祭祀活动中延续下来。《周礼·地官·牧人》中有这样一段话：

> 凡阳祀，用骍牲毛之；阴祀，用黝牲毛之；望祀，各以其方之色牲毛之。④

这里说"各以其方之色牲毛之"可能是受到"五行说"的影响，不能上溯到商代。

再看《诗经·周颂·良耜》，这首诗描写了周人秋收时祭祀后稷的情景：

> 杀时犉牡，有捄其角。以似以续，续古之人。⑤

另外，《诗经·小雅·甫田》中也有类似的描述：

> 曾孙来止，以其妇子。馌彼南亩，田畯至喜。
>
> 来方禋祀，以其骍黑，与其黍稷。以享以祀，以介景福。⑥

---

① 见 Mircea Eliade, *Patterns in Comparative Religion* tr. Rosemary Sheed, Sheed and Ward, 1958 (first published in Paris, 1949), 239 - 262.

② "齐"写作"𪗄"，在甲骨文中经常用作地名。正如于省吾所说，它可能是"稷"的初字，从语音上讲，这两个字的古音很接近。参看于省吾《甲骨文字释林》，中华书局，1979 年，第 244—246 页。

③ 《周礼·小宗伯》："掌建国之神位，右社稷，左宗庙。"参看《周礼注疏》卷十九，《十三经注疏》，第 766 页。

④ 《周礼注疏》卷二三，《十三经注疏》，第 723 页。

⑤ 《诗经正义》卷十九，《十三经注疏》，第 603 页，孔颖达也解释了祭祀"社"和"稷"时常用微黑色牛。高本汉（B. Karlgren）把"犉牡"翻译成"七英尺高的公牛"，这有点奇怪；参看他的 *The Book of Odes: Chinese Text*, *Transcription and Translation*, Museum of Far Eastern Antiquities, 1974.

⑥ 《诗经正义》卷十四，《十三经注疏》，第 477 页。

可见，周代有祭祀农神的传统。毛亨注曰，"犉牡"是黑唇黄色牛。祭祀对象是地上的神灵，因此祭牲要选黄色。祭祀方法和祭牲的颜色，使我们联想到上面提到的商代占卜刻辞。

在后世传统中，土地通常与黄色产生关联。比如，中国人一直崇拜的祖先神黄帝，就与土地有关。① 艾兰认为，黄帝的神话起源于对土地神的崇拜，因为土地和地下泉水的颜色，在中国中部平原生活的人看来都是黄色的。② 然而在汉以前的传说中，土地神不是黄帝，而是后土，即勾龙。据《左传》记载，土地神是勾龙的后裔后土，后土就是社神或土地神。③ 很多学者都认为，这个神话应该是逐渐演变形成的，④土地神和社神之间最早确实存在着差异。把两位神混为一谈，是后来理论化的结果。⑤ 据《史记》记载，公元前 800 年秦襄公建造西畤，祭祀白帝，祭牲是黄色牛。⑥这也暗示了在汉代人的观念里，方向神确实是土地神，而供奉黄色祭牲的传统，在某种程度上可能来源于商代神话。⑦

出组卜辞

出组卜辞可能开始于武丁晚期，兴盛于祖庚、祖甲时期。出组卜辞的字体很特别，比较工整、拘谨，根据字体特征，我们可以再把它细分成几个小组。常见贞人有出、大、即、兄、喜、先、行、逐和旅。在很多卜辞中，商王自己就是贞人。在内容上，出组卜辞又有了新发展，创建了周祭制度。周祭是在确定的时间对某些祖先施行某种祭祀（祭、祔、协、肜、翌）的制度。⑧ 周祭的祭祀对象有祖乙、祖辛、父丁、母辛和兄庚，对"上甲"以前的神话性祖先的祭祀明显减少，钻凿形态也与其他卜辞不同。

出组卜辞的贞人特别偏爱白色和杂色（勿）的祭牲，这与我们在宾组中看到的现象大致相同。

---

① 参看陈槃《黄帝事迹演变考》，《国立中山大学历史研究所周刊》第 3 辑，1928 年，第 921—935 页。
② Allan, *The Shape of the Turtle*, 64 - 67.
③ 《春秋左传正义》卷五三，《十三经注疏》，第 2123—2124 页。
④ 关于这个问题的更多讨论，参看 Allan, *The Shape of the Turtle*, 19 - 25.
⑤ 清代一些学者注意到了这个问题。比如戴震指出，"社"和"后土"在《周礼》中不同，在《左传》中却合二为一。桂馥《说文解字义证》曾引用了戴震的观点，参看《说文解字义证》第 19 页。也见毛奇龄《郊、社、帝、祫》，收入王先谦《皇清经解续编》卷二二，1888 年。
⑥ 《史记·封禅书》，中华书局，1959 年，第 1355—1404 页。
⑦ 陈梦家：《殷虚卜辞综述》，第 587 页。
⑧ 关于晚商周祭制度的详细研究，参看常玉芝《商代周祭制度》；Keightley, *Ancestral Landscape*, 47 - 53.

祭祀祖先时经常使用白色祭品，尤其是白色的猪和牛（公牛）。比如：

> 贞：隹白彘。
>
> 《合集》26030
>
> ……白牛其用于毓祖乙，戠①。
>
> 《合集》23165
>
> 丁卯……贞：般……侑羌……白牡。
>
> 《合集》22575
>
> 甲子卜，旅，贞：翌乙丑砅②，叀白牡。
>
> 《合集》26027
>
> ……王……乙丑，其侑彳③刿④于祖乙白牡。王在‖⑤卜。
>
> 《合集》22904

这些卜辞中，祭祀祖先的祭品是白猪和白色公牛，另外还用羌人做人牲。卜辞还记述了用牲方法：砅、刿和戠。这几种用牲方法在商代祭祀中很常见，尤其是出组卜辞。

"勿牛"也经常在出组卜辞中出现。这些卜辞有几个特点：从字形上看，"勿"和"牛"两字之间距离很小，看上去很像合文。如果语境清楚，第二句卜辞有时就把"牛"字省略了。另外，也是更重要的，"勿牛"经常以"对贞"和"选贞"的形式出现，这暗示了这些占卜是专门为了选择牛的颜色。比如：

> 贞：二窂。
>
> 贞：三窂。
>
> 贞：翌丁亥父丁刿勿牛。
>
> 弜⑥勿牛。
>
> 《合集》23218

---

① 于省吾认为，"戠"是一种用牲方式，即在烈日下炙烤或暴晒祭牲。参看《甲骨文字释林》，第182—184页。该字意思很多，其他解释，参看《诂林》2415。

② 该字在甲骨文里写作✓，隶定成"砅"。于省吾认为，"砅"就是后世文献中的"磔"，意思是"肢解（祭牲）"。参看《甲骨文字释林》，第167—172页。其他解释，参看《诂林》3271。

③ 该字在甲骨文中经常出现，出组卜辞中尤多，一般理解为祭名。有些学者读为"升"，意思是"上升"，或读为"炙"，意思是"灼烧"。刘桓释为"卪（把）"，意思是"持有"，参看他的《甲骨征史》，第209—227页。其他解释，参看《诂林》3335。

④ 在甲骨文中，该字是斧钺的象形。它有几个意思：（1）年；（2）岁星，即金星；（3）用作动词，读为"刿"，砍头，杀伐。有时它构成名词短语，用作祭名。参看《诂林》2429。

⑤ 这里可能是地名。

⑥ 在甲骨文中该字用作否定词。见裘锡圭《说弜》，《古文字论集》，第171—121页。其他解释，参看《诂林》2630。

庚子卜，行曰，贞：翌辛丑其侑彳刿于祖辛。

贞：毋侑在正月。

贞：翌辛丑其侑祖辛宰。

贞：二宰。

贞：翌辛丑祖辛刿勿牛。

贞：弜勿。

《合集》23002

……贞：毓祖乙砭勿牛。

贞：弜勿。

《合集》23163

丙戌卜，行，贞：王賓①父丁，夕，刿䇛②，亡憂。

贞：弜勿。

《合集》23189

庚子卜，喜，贞：妣庚刿其勿牛。

贞：弜勿。

庚子卜，喜，贞：刿，叀王祝③。

叀䇛。

《合集》23367

乙酉卜，行，贞：王宾藝④祼⑤亡憂。

贞：勿牛。

贞：弜勿。

《合集》23732

---

① "賓"字有多种解释，参看《诂林》2065。这里是指一种祭祀仪式，可能意为"主持""配享祖先"。关于该字和甲骨文中相关字的更多研究，参看雷焕章《说"安"》，《容庚先生百年诞辰纪念文集（古文字研究专号）》，广东炎黄文化研究会编，广东人民出版社，1998年，第156—163页。

② "䇛"是一种祭祀仪式，但有几种不同的释读。参看《诂林》1122。有些学者单从字形上释义，如Serruys在他的著作"Studies in the Language of Shang"（p.108，n.41）中，把该字翻译成"burning twigs"，即燃烧的树枝。然而，正如于省吾所说，"䇛"更接近于后世文献中的"塞"或"塞报"仪式，意思是"奉献牺牲，求得福佑"。参看《甲骨文字释林》，第35—37页。

③ 该字的象形表示"一个人跪在神坛前祈祷"。具体解释，参看《诂林》0303。

④ 该字描述的是一个人拿着火把或树枝，可能指的是一种祭祀仪式，是"藝"字的原形。但学者们对该字的解读非常不同。唐兰把它解释成烧燎之祭，于省吾则解读成"禰"，庙祭也。不同的解释，参看 Ito and Takashima，*Studies in Early Chinese Civilization*，vol.2，16‑17。

⑤ 这个字最早释为"福"，现在多数学者认为应释为"灌"，"奠酒，献酒"意。参看《诂林》1123。

己丑卜，王曰，贞：于甲辰。

己丑卜，王曰，贞：勿牡。

《合集》24557

丙午卜，旅，贞：翌丁未父丁，暮，刿其勿牛。

……卜，旅……丁未父丁，暮，刿其牡，在八月。

《英藏》1953

上海博物馆所藏甲骨中有一片很稀有的甲骨，更清楚地反映了商人颜色分类的复杂性。① 这片卜辞不仅有"幽勿牛"和"黄勿牛"之类的词语，还指明了祭祀的方法和内容：

癸丑卜，行，贞：翌甲寅其砍于毓祖乙勿。兹用。于宗三牢……

贞：弜勿牛。

癸丑卜，行，贞：翌甲寅其砍于毓祖乙刿，更幽勿牛。兹用。

贞：更黄勿牛。

癸丑卜，行，贞：翌甲寅酚。兹用。

贞：于乙卯。

癸丑卜，行，贞：翌甲寅毓祖乙刿，朝，酚。兹用。

贞：暮，佳酚。

癸丑卜，行，贞：翌甲寅毓祖乙刿二牢。

贞：三牢。兹用。

在这版甲骨上，同一天有几条不同的占卜刻辞。这些卜辞都与用牲方法（砍/刿）、祭祀日期（甲寅/乙卯）、祭祀时辰（朝/暮）、祭牲类型（牢/牛）、祭牲颜色（勿/幽勿/黄勿）和祭牲数量（二/三）有关。显然，贞人想确定用哪种仪式祭祀祖乙才是最合适的。在"幽勿牛"和"黄勿牛"之间进行区分，还是很罕见的。我们只能推测它们只是亮度不同而已，有点像我们现在说的"黑花牛"和"黄花牛"。

概括来说，在出组卜辞里，② 白色祭牲经常用于祭祀祖先。商王自己经常主持占卜。卜问内容常与祭祀时间、用牲方法、祭牲颜色、祭牲性别等祭祀事宜有关。值得一提的是，与"勿牛"有关的占卜经常以"对贞"的形式出现：肯定/否定；应不应该

---

① 参看沈之瑜《甲骨卜辞新获》，《上海博物馆集刊》第3辑，1989年，第157—179页。

② 在出组里有很多类似的卜辞，如《合集》23215、23217、24580、25160、22985、23584、22889、22994、23219、23220和23331。

在祭祀中使用勿牛。这表明杂色祭牲已经成了商王和贞人关注的焦点。

何组卜辞

在村北的王卜辞系统中，出组卜辞之后，是何组卜辞。何组卜辞主要出土于村北。根据字体、祖先称谓和钻凿形态，我们可以把何组分成几个小类。部分何组卜辞与同时期的村南无名组卜辞也有联系。何组中的常见贞人有何、彭、宁、蟊、口和睗。[①] 与其他组相比，何组的断代问题更复杂。何组跨越的时间可能很长，贯穿武丁、祖庚、祖甲、廪辛、康丁时期，甚至延伸到武乙、文丁时期。[②]

何组中有很多祭祀祖先的卜辞。何组的贞人显然继承了祭祀祖先的周祭制度，有时也祭祀"河""夒"等神话性的祖先神。何组卜辞也会提到祭牲的颜色，但奇怪的是，没有出现过白色祭牲。原因可能有两个：（1）到目前为止，我们还没有找到何组卜辞的主体；（2）何组贞人的占卜任务与其他组有本质的不同。从已发现的卜辞数量来看，第二种原因的可能性似乎更大。

然而，有不少何组卜辞，提到用杂色动物祭祀祖先，如《合集》27387、29499、29500、30910、30935 和 27042。这与出组中的情况类似。这里可以试举几例：

甲子……牜牥于祖乙三。

弜勿牛。

《合集》27816

癸丑卜，何，贞：其窜，又一牛。

癸丑卜，何，贞：弜勿［牛］。

癸丑卜，何，贞：叀

勿牛。

癸丑卜，何，贞：弜勿［牛］。

癸丑卜，何，贞：叀勿［牛］。

《合集》27042

《合集》27042 这片卜辞，贞人首先卜问是否在祭祀中用窜和一头牛，然后又采用"对贞"形式，卜问是否不用（用）勿牛。我们似乎可以察觉到，对"杂色"的某种歧视可能已经产生，这或许与它的不纯洁有关。

---

① 参看李学勤、彭裕商《殷墟卜辞分期研究》，第 139—173 页。
② 参看范毓周《试论何组卜辞的时代与分期》，《胡厚宣先生纪念文集》，第 87—95 页。

另外，在何组中，也有大量与田猎和征伐有关的卜辞。其中有一些卜辞提到了马的颜色，或者更确切地说，为商王驾驶战车的马的颜色：

乙未卜，㫃，贞：舊乙①左駛，其俐不爾②。

乙未卜，㫃，贞：狱入駛③，其俐不爾。

乙未卜，㫃，贞：今日子入駛，乙俐。

乙未卜，㫃，贞：师贾入赤駛，其俐不爾。吉。

《合集》28195

另一版卜辞可能和这一版是同一块胛骨上的：

乙未卜，……贞：左［駛］……其俐不……

乙未卜，㫃，贞：在甯田，駛黄，右赤马……其俐……

乙未卜，㫃，贞：辰入駛……其俐……

《合集》28196

《合集》29418 与此相关，贞人相同，占卜主题相同，只是占卜时间不同：

癸丑……贞：右……马。

癸丑卜，㫃，贞：左赤马，其俐不爾。

这些卜辞的占卜主题不是用牲，而是为王驾车的马是否温顺、优良。这些例子表明，贞人关心马的颜色，但对马的颜色要求，与对祭牲的颜色要求不同。“赤”这个颜色词在甲骨文里很少见，目前所见出现“赤马”的甲骨文也仅此几例。④ 在现代汉语里，“赤”是亮红色，而事实上亮红色的马很罕见。这大概是因为，商代的“赤”与今天的“赤”是两种不同的颜色。

值得注意的还有，《合集》28195 中，商王的车马是不同地方致送来的，而且有“左”“右”之别。殷墟出土有很多战车，复原的战车表明，商代战车由两马驾驶，一左一右。⑤ 战车的起源也是学术界争论的焦点，⑥动物考古的研究表明，商代的驯马和

---

① 该字意思不明，可能是马名。

② 该字意思不明，我这里采用了于省吾的解释，参看《甲骨文字释林》，第 328—329 页。

③ 该字写成了合文，在“駛”的字符上附加了马的性别符号。

④ Wang Tao, "Colour Symbolism in Late Shang China", esp. 68–72.

⑤ 参看中国社会科学院考古所《殷墟的发现与研究》，第 138—147 页。

⑥ 比如林巳奈夫《中国先秦时代之马车》，《东方学报》29，1959 年，第 276—280 页。Edward Shaughnessy, "Historical Perspectives on the Introduction of the Chariot into China", *Harvard Journal of Asiatic Studies*, 48/1(1998), 189–237. 王巍《商代马车渊源蠡测》，《中国商文化国际学术研讨会论文集》，中国大百科全书出版社，1998 年，第 380—388 页。这些文章都认为商代战车可能是从中亚传过来的。但杨宝成认为殷代车马起源于本土，参看他的《殷代车子的发现与复原》，《考古》1984 年第 6 期，第 544—555 页。

战车很可能是从中亚游牧民族那里传过来的。[1] 战车的使用主要是仪式上的,也仅限于王室内部使用。

历组卜辞

在村南系中,历组卜辞主要出土于村中和村南。历组卜辞可以分成两大类:历组一类和历组二类。历组一类字体很小,经常祭祀父乙和母庚。历组二类字体大而粗,经常祭祀父乙、小乙、父丁和小丁。这表明历组卜辞,尤其是历组一类卜辞,很可能已从武丁时期延续到祖甲时期。

历组卜辞的用牲,与同时代的村北卜辞,尤其是宾组和出组卜辞很相似。比如,祭祀经常会用白猪和白牛做牺牲。下面几片卜辞,都用白牛和白猪进行燎祭。

……燎叀白殼。

《合集》34462

乙亥卜,燎白豕。

《合集》34463

庚午卜,叀今夕……

叀白牛燎。

《屯南》[2]231

另外还有一些卜辞,在宗庙中举行禦祭时,要用白猪进行血祭。比如:

甲辰,贞:其大禦自上甲……盟用白豭九……

丁未,贞:其大禦自上甲……盟用白豭九;下示[3]刉[4]牛,在父丁宗卜。

丁未,贞:叀今夕酚,禦,在父丁宗卜。

癸丑,贞:其大禦,叀甲子酚。

《合集》32330

为了被除商王的不幸,贞人卜问是否要对"自上甲"的祖先施行禦祭,并把祭牲

---

① 参看袁靖《河南安阳殷墟动物考古学的两点认识》,《考古学集刊》第15集,2004年,第236—242页,尤其是第238—241页。

② 中国社会科学院考古研究所:《小屯南地甲骨》,中华书局,1980—1983年,简称《屯南》。

③ "示"的解释很多:(1)天象;(2)丰收神;(3)上帝;(4)图腾柱的象形。但是最流行的解释是,"示"是祖先牌位或祭坛的象形。参看《诂林》1118、1119。"下示"这个称谓经常用作集合示名,代表某一群祖先。见陈梦家《殷虚卜辞综述》,第460—468页,也见Serruys,"Language of the Shang Oracle Inscriptions",49.

④ 在这些卜辞中,"刉"的象形字是血洒在祭坛上,可能是指献血之祭。参看《诂林》3284。

的血涂抹在祖先祭坛上。卜辞还记载了占卜地点是"父丁宗"。从字体和内容上看，《合集》34103 都与《合集》32330 很相似，这两片可能是同套卜辞。

《屯南》2707 是另一版相似卜辞，只不过它的刻辞是下行的，用词也稍有不同：

> ……酌，大禦王自上甲，其告于大乙，在父丁宗卜。

> ……大禦王自上甲，其告于祖乙，在父丁宗卜。

> 贞……其大禦王自上甲，盟用白豭九；下示汎牛，在大乙宗卜。

> ……自上甲，盟用白豭九……在大甲宗卜。

> ……卯，贞：其大禦。

> ……王自上甲，盟用白豭九；下示刏牛，在祖乙宗卜。

> 丙辰，贞：其酌，大禦王自上甲，其告于父丁。

以上几版卜辞描述的祭祀仪式很相似：为商王举行大禦之祭，受祭者包括自上甲以来的所有祖先。分别在大乙、祖乙和父丁的宗庙里，为他们举行特别的告祭仪式。用牲过程很复杂，要用白猪血祭，还把牛血洒在或涂到祖先祭坛上。与其他很多古代文明一样，[①]商人也认为血液具有净化功能，或许正因如此，血祭在商代祭祀中，才被用作被除灾祸的一种手段。

在历组卜辞中，我们也发现了专门选用白色公猪、白色公羊和白色公牛来举行求生之祭的例子。比如：

> 乙巳，贞：丙午，祷生于妣丙，牡，羖，白[豭]。

《合集》34080

> 辛巳，贞：其祷生于妣庚妣丙，牡，羖，白豭。

> ……贞：……祷生……庚……牝羊，刿。

《合集》34081

《合集》34082 的内容几乎完全相同，只是占卜时间不同，在庚辰；占卜地点是父乙宗。动物牺牲被献祭给女性祖先。《合集》34081 采用对贞的形式，卜问的是祭牲的性别，贞人想要确定在求生之祭中，牺牲应该是雄性动物还是雌性动物。

在求生之祭中，白色公猪的使用或许还有其他含义。"豭"的象形字"㺏"有很强的生殖器崇拜迹象。选择公猪可能是因为它有很强的性象征。[②] 这些卜辞暗示了，

---

① 在《圣经》中就有相似的表述，Leviticus4：5－7 (Revised standard edition, London, 1966)，86.

② 在后世的传统中，公猪一直被认为是性或淫荡的象征，比如《左传》定公十四年，记载了宋国人用白色公猪的寓言来讽刺南子和宋公之间的偷情。参看《十三经注疏》，第 2151 页。

在举行求生之祭时,祭牲的性别与祭牲的颜色一样重要。

有些历组卜辞是卜问田猎的。其中有一片卜辞,专门卜问猎获的狐的颜色,特别注明它是白色的:

> ……寅卜,王其射臂①白狐,湄日亡灾。

《屯南》86

迫于材料有限,我们很难说清楚狐的颜色到底有何特殊意义。不过,更晚的卜辞,尤其是黄组卜辞中,有很多卜辞专门提到了猎物的颜色。可以推想,猎物的颜色对商王来说必定有某种特殊意义。

此外,还有一些卜辞表明,商王及其贞人对颜色的兴趣,已经扩大到其他祭品上,包括谷物祭品。比如:

> 于祖乙酚,牧②来。
> 羌叀白黍烝③。

《合集》32014

这片卜辞的占卜主题是对祖乙施行人祭("牧"送来的羌人)和烝祭(谷物、蔬菜之祭)。《合集》34601 和《英藏》2431 的内容与此相似,也是用"白黍"祭祀。"白黍"可能只是一种谷物的名称,④但更可能是为祭祀祖先专门选出来的"白色"新黍。

很多历组卜辞中杂色牛的使用方式,都与村北的出组卜辞很接近。比如:

> 癸亥,贞:甲子……上甲三勿牛。

《合集》32377

> 戊子卜,九勿牛。

《合集》33602

> 甲戌,贞:大示勿牛。

《合集》33604(+《合集》34096)

> 丙午卜,祼𤰔⑤……牢。兹用。

---

① 该字还没有解释,这里用为地名。
② "牧"字在卜辞中也用作官职名。
③ 从字形上分析,"𤴐"是两手高举盛放食物的容器之意,这里用作动词,可能是献出新谷之意,读为"烝",参看《诂林》1032。另外,它也可以读为"登",意思是进献,参看《诂林》0858。
④ "白粱"和"黄粱"都在后世文献中出现过。参看《辞海》,上海辞书出版社,1979 年,第 2269 页。
⑤ 该字意思不明。有些学者认为是"木"和"口"(丁)的合文,可能是祖先名。其他学者认为这是一种祭祀仪式。参看《诂林》1403。

弜勿牛。

《合集》33691

弜勿[牛]。

癸酉，其酚祝，叀乙亥。

《合集》34504

丁酉卜，……来乙巳酚屮伐十五，十勿牢。

《屯南》2308

这些历组卜辞与宾组、出组卜辞相比，语言和内容都几乎完全相同，这暗示了它们在时间上有重叠关系。

无名组卜辞

正如前面提到的，无名组卜辞属于村南系统，直接从历组卜辞发展而来。无名组卜辞没有贞人。它存在的时间可能很长，从廪辛、康丁时期一直到武乙、文丁时期，大致与村北的何组卜辞同时期。无名组卜辞和历组卜辞之间还有一个中间类型，即历无名间类卜辞，[①]到殷墟末期，历无名间类卜辞最终与黄组卜辞融为一体。

在无名组卜辞中，有很多卜辞提到了颜色。各种颜色的牛被用于祭祀，这些卜辞暗示我们，祭牲的颜色逐渐成了一个重要因素。比如：

弜勿[牛]。兹用。

癸巳卜，父甲？勿牛。

弜勿[牛]。

《合集》27470

己亥卜，父甲？勿牛。

弜勿[牛][②]。

《屯南》3778

叀勿牛，王受有佑。用。

《合集》29491

叀勿牛，有正[③]。

---

① 参看林沄《无名组卜辞中的父丁称谓研究》，《林沄学术文集》，第 129—142 页（首次发表在《古文字研究》第 13 辑，1986 年）；也见黄天树《殷墟王卜辞的分类与断代》，第 241—247 页。

② 这片卜辞与《合集》27470 可能是同套卜辞。

③ 在甲骨文中，"有正"这个词有几种意思，参看《诂林》0821。

王賓母戊……有正。

《合集》27591

……白牛……正。

《合集》29506

叀黄牛，有正。

《合集》31178

乙卯，其黄牛，正，王受有佑。

《合集》36350

有时，占卜不仅关心祭牲的颜色，还关心祭牲的数量。比如：

白牛，叀二，有正。
白牛，叀三，有正。
弜用。
其延①。
叀白牛九，有正。

《合集》29505

从这些卜辞中，我们可以发现一个显著的变化：无名组卜辞的"兆辞"多是"有正""王受有佑"之类的短语。在兆纹边上也常刻有"吉""引吉"之类的"兆辞"。

无名组卜辞中的祭牲颜色很丰富，有白色、黄色和杂色。与其他卜辞相比，无名组卜辞最大的变化是：多了一种祭牲颜色"骍"（红黄色）。比如：

……登潢②牛，大乙白牛，叀元……

《合集》27122

丁丑卜，王其彳潢牛于……五牢。

《合集》29512

这两条卜辞是历无名间类卜辞，这暗示我们，骍牲的使用，可能早在武丁晚期和祖甲前期就已开始。到无名组卜辞时期，骍牛成了祭祀祖先时最常用、最受欢迎的

---

① 该字写作 彳仆，隶定成延，意思是继续祭祀，参看《诂林》2290。
② 该字由水部和 𥫲 组成，可能读作潢，是骍的早期写法。然而，饶宗颐认为它可能是一个名字，即洹水。参看饶宗颐《卜辞"洋"即洋水、汉水说》，周绍良先生欣开九秩庆寿文集编辑委员会《周绍良先生欣开九秩庆寿文集》，中华书局，1997 年，第 1—3 页。但我认为这里它是"骍"。徐中舒主编的《甲骨文字典》已经把"潢"隶定为"骍"，见第 1070—1071 页。上古音里，"骍"为心纽耕韵，"洋"为余纽阳韵，《诗经》里，"耕"韵和"阳"韵的字常常通押。参看蒲立本(Pulleyblank)《上古音复原》，耕音＜﹡an，阳音＜﹡ang。

祭牲。这可能暗示着整个祭祀系统正在发生某种变化。比如：

> 驿牛新祖乙。
>
> 《合集》32564
>
> 叀驿牛……吉。
>
> 《合集》29514
>
> 庚申卜，姚辛砟牢，王受佑。
> 牢，又一牛。
> 叀驿牛。
>
> 《屯南》694
>
> ……日，于姚癸，其砟，王受佑。
> 叀驿牛，王受佑。
>
> 《合集》27575

受祭的祖先是祖丁、姚辛和姚癸。占卜主题是祭牲颜色和用牲方法。在《合集》27575 这片卜辞中，贞人先卜问用牲的方法，又卜问祭牲的颜色。还应注意到，这里的用牲方法是"砟"。《诗经·小雅·信南山》①对这些祭祀仪式作了更具体生动的表述：

> 祭以清酒，从以驿牡，享于祖考。执其鸾刀，以启其毛，取其血膋。

《诗经·大雅·旱麓》和《诗经·大雅·閟宫》也提到了祭祀祖先时用"驿牛"。②这些诗篇虽然只是一些宗庙颂歌，记载的也是周代的祭祀仪式，但我们还是能从中看出，周代的祭祀仪式及其内在模式，与商代似乎没有太大区别。

在无名组卜辞中，"驿牛"经常出现在"对贞"卜辞中，并与其他祭品，尤其是"勿牛"，形成强烈的对比。比如：

> 叀驿牛，王受佑；
> 叀勿牛，王受佑。
>
> 《屯南》2304
>
> 三牢，王受佑。
> 叀驿牛。

---

① 《毛诗正义》卷十三，《十三经注疏》，第 471 页。
② 《毛诗正义》卷十六，《十三经注疏》，第 516、615 页。

　　叀勿牛。

《合集》29519

　　辛卯卜，妣辛祷，叀骍牛。
　　叀勿[牛]。

《合集》27441

　　妣辛剢，叀骍牛；
　　叀勿牛。

《屯南》2710

　　祝上甲……骍牛……
　　叀勿牛。

《合集》27060

　　父己剢，叀骍牛。
　　叀勿牛。

《合集》27013

　　在上面几例卜辞中，"勿牛"和"骍牛"形成了鲜明的对比。不同颜色的祭牲除了在"对贞"卜辞中出现外，也经常出现在选贞卜辞中。贞人以同样的方式，对不同颜色的祭牲进行反复贞问，以便选出最合适的祭牲。比如：

　　叀黑牛；
　　……骍牛。

《合集》29508

　　庚子卜，祖辛剢……吉。不用。
　　叀骍牛。
　　叀幽牛。
　　叀勿牛。

《屯南》139

　　丁丑卜，妣庚事，叀黑牛[①]，其用佳。
　　叀骍牛。
　　叀幽牛。

---

① 这片卜辞拓片不清楚。《屯南》的作者把这个合文隶定成"黄牛"(第 1008 页)，但根据摹本(第 1425 页)，这个词应隶定成"黑牛"。

　　　叀黄牛。

　　　叀龜至①。

　　　用至。

《屯南》2363

　　卜辞明确提出"骍牛""勿牛""幽牛""黄牛"和"黑牛"这几种选择，贞问哪种颜色
的牛最适合作祭牲。其中，最常用的颜色是"骍"，常常与其他颜色作比较。占卜目
的是确保祭祀仪式很合适，占卜结果很吉利，商王能得到祖先的庇佑。

　　最后，无名组还有几版卜辞，为研究商代的求雨之祭提供了有趣的资料。这些
卜辞特别提到了祭牲的颜色：

　　　祷雨，叀黑羊用，有大雨。

　　　叀白羊，有大雨。

《合集》30022

　　　弜用黑羊，亡雨。

　　　叀白羊用于之，有大雨。

《合集》30552②

　　以上这些卜辞，进行求雨之祭的祭品是羊牲，贞人还特意在黑羊和白羊之间作
出选择。商人在举行求雨之祭时相信，天气会受到祭祀仪式和其他因素的影响，比
如烧燎、祈求、舞蹈、对太阳实施巫术、制造龙的形象等。对他们来说，这些仪式都是
有意义的。他们认真挑选动物祭牲（主要是牛、猪、羊）和人牲（如羌人），有时甚至用
巫师做人牲。③　求雨之祭是一种神秘的仪式，充满了神秘的行为和丰富的象征意
义。在这类求雨卜辞中，选择合适的颜色就显得更加意义重大，这也可能是巫术灵
验的关键因素之一。

　　在中国传统神话中，黑色常与水相对应。在早期文献中，"水正"（水神）被称为
"玄冥"，意思是"黑而神秘"。"玄冥"与北方有关。《左传》昭公二十九年："水正曰玄
冥。"④昭公四年又曰："黑牡秬黍，以享司寒。"杜预（222—284）注曰："黑牡，黑牲也；

---

①　"至"也被释为祭名，参看《诂林》2560。

②　《屯南》2623与《合集》30552同文。事实上，其中有三条卜辞是同时同地占卜的。

③　关于商代求雨之祭的详细讨论，参看汪涛《关于殷代雨祭的几个问题》，中国社会科学院历史研究所编
　　《华夏文明与传世藏书》，中国社会科学出版社，1996年，第333—359页。

④　《春秋左传正义》卷五三，《十三经注疏》，第2123页。

秬,黑黍也;司寒,玄冥,北方之神,故物皆用黑。"①唐代注疏家孔颖达(574—648)说得更清楚:"云'黑牡秬黍'者,以其祭水神,色尚黑。"②在《山海经·海外北经》中,"玄冥"也叫"禺疆",也与北方有关。《海外东经》记载"雨师妾其为人黑"③。文献材料表明,黑色和水相对应这种观念,最迟在春秋时期就已被广泛接受。但我们还无法确定商代是否就有这种观念,以及求雨之祭与此有何关系。这种观念,很可能就是求雨之祭的宗教仪式发展的结果。

黄组卜辞

　　黄组卜辞是殷墟晚期卜辞,大体上属于文丁、帝乙、帝辛时期。常见贞人有黄和派。在黄组卜辞中,祭祀祖先成了惯例,但不同的周祭顺序表明,可能存在不同的祭祀系统。另外,正如我们从其他史料中了解到的,商末发生了很多重大事情。这一时期,语言的应用也变得更加复杂。黄组卜辞字体整齐、细密,有些卜辞内容很长,可以与很多同时期的青铜铭文作比较研究。

　　在内容上,黄组卜辞与村北的何组卜辞、村南的无名组卜辞都有联系。首先,黄组卜辞中有很多商王田猎卜辞,比如如何选择车马,猎物的种类、数量等。有时候卜辞会特别提到马的颜色,这些卜辞的研究价值就更大一些。比如:

　　　　戊午卜,才潢,贞:王其墾④大兕;重駅⑤暨駽,亡灾,擒。
　　　　重騆暨駇⑥,子亡灾。
　　　　叀左马暨碼,亡灾。
　　　　重騄⑦暨小駽,亡灾。
　　　　重騮⑧暨駽,亡灾。

---

① 《春秋左传正义》卷四三,《十三经注疏》,第 2034 页。
② 出处同上条。
③ 转引自《太平御览》卷十,中华书局,1960 年,第 53 页。相关讨论,参看袁珂《山海经校注》,第 48—49 页。他对郭璞的注解作了一番讨论(第 263 页),并指出许多学者都认为"雨师妾"是地名,但在《风俗通》里,雨师被称作"玄冥"。
④ 我采用了于省吾先生的观点,把该字读为"墾",甲骨文中有一个常用词"墾田",意即耕田。但"墾"在这里用于"窅",意思是挖洞捕杀动物。参看于省吾《甲骨文字释林》,第 232—242 页。
⑤ 该字由"马"和"豕"两部分组成,可能是马名。
⑥ 该字由"立""犬""马"三部分组成,可能是马名。
⑦ 该字由"高"和"马"两部分组成,可能是马名。
⑧ 该字由"马"和"鹿"两部分组成,马名。

重并騂①，亡灾。

《合集》37514

这片卜辞上有一些马名虽然还未释读出来，但是根据文意判断，它们可能是为王驾车的不同种类的马。何组卜辞有时会卜问车马和马的颜色。从《合集》37514来看，黄组卜辞也有类似的情况，专门卜问商王田猎所用的车马。《诗经》中也有类似的例子，如《诗经·鲁颂·駉》。通过这首诗，我们可以断言，周王的马厩中有很多各种颜色的马：

> ……有驈有皇，有骊有黄；……有骓有駓，有骍有骐；
>
> ……有驒有骆，有骝有雒；……有䯄有駉，有驔有鱼。②

即使不知道为何要特别提到这几种颜色，我们也能推测出，颜色是相马的重要因素，动物颜色可能会影响田猎结果。

其次，卜辞通常不会记录猎物的颜色，但也有一些例外，如果猎物是白色的，就会特意记录下来。比如：

> 壬申……王……田麦，往……亡灾。王……吉。兹禦③……白鹿。
>
> 乙亥，王卜，贞：徝④桑，往来亡灾。王繇曰：吉。
>
> 丁丑，王卜，贞：田官，往来亡灾。王繇曰：吉。
>
> ……寅，王卜，贞……桑，往来……王繇曰……

《合集》37448

这片卜辞中提到了白鹿。它们可能是田猎时希望捕获的猎物。《合集》37449与《合集》37448虽然不同版，但内容差别不大：

> 壬申卜，贞：王田叀，往来亡灾，获白鹿一，狐二。

除了"白鹿"，有些卜辞还提到了其他白色的动物，例如"白狐"：

> ……王卜，贞：……叀，往来亡灾，获……麇二，白狐一。

《合集》37499

---

① 该字由"牢"和"马"两部分组成，一般理解为圈养的马，但也可能是马的一种颜色。参看张新俊《释甲骨文中的"騳"》，http://www.jianbo.org，2005。

② 《毛诗正义》卷二十，《十三经注疏》，第609—610页。

③ "兹禦"可能是验辞，与"兹用"接近。关于该词的讨论，参看 Keightley, *Sources of Shang History*, 119. 他也总结了早期胡厚宣和许进雄的研究成果。

④ 学者对该字的释读千差万别，参看《诂林》2307。该字由"辵"和"必"两部分构成，裘锡圭释为"怭"，意思是戒敕，参看他的《古文字论集》，第25—26页。

　　就像后世一样,田猎在商代或许就具有国家祭祀的性质,也在国家形成过程中起过重大作用。① 这种情况下,被捕获的鹿、狐和其他动物,或许会因为颜色吉利而具有特殊意义,还可能会被用于祭祀。

　　不管因为颜色还是因为稀有,如果猎物很特别,它的意义都将更加重大。一些卜辞记录了猎获巨兽"兕"②的过程,偶尔还会特别指出猎获的是"白兕":

　　　　辛巳,王俎③武丁,罕④……麓,获白兕,丁酉……

《佚存》⑤517

　　这是一支雕花肋骨,一面雕刻饕餮纹,另一面是刻辞。商王经常捕获白色水牛。中央研究院在殷墟第三次发掘中,从窖穴里发掘出一块巨大的动物头骨,上面也有类似的刻辞。内容如下:

　　　　……于倪麓获白兕⑥……敫⑦于……在二月,隹王十祀,肜日,王来正盂方伯。

《合集》37398

　　需要指出的是,这两片甲骨刻辞都不是卜辞,而是记事刻辞,记录历史事件的时间和地点。记事刻辞在殷墟晚期的青铜礼器上很盛行。黄组中有一片记事刻辞内容很长,也很重要,记载了大邑商和北部方国之间的一次战争:

　　　　……小臣墙比伐,擒危髦……二十人四……馘千五百七十,陾⑧一百……丙车二丙,撸一百八十三,函五十,矢……侑白麟⑨于大乙,用雉(?)⑩白印……

---

① 参看 Magnus Fiskesjo, "Rising from Blood-Stained Fields: Royal Hunting and State Formation in Shang China", *Bulletin of the Museum of Far Eastern Antiquities*, 73(2001), 48 - 192. M. L. Lewis 也讨论过古代中国畋猎性质这个问题,参看他的 *Sanctioned Violence*, esp.18 - 22.

② "兕"通常被认为是犀牛,但雷焕章认为兕是一种野生水牛。参看他的"Rhinoceros and Wild Buffaloes North of the Yellow River at the End of the Shang Dynasty", *Monumenta Serica*, 39(1990 - 1991), 131 - 157.

③ 该字可以读为"俎"或"宜",意思是献肉之祭,参看《诂林》3280。

④ 该字的意思还不确定。它与甲骨文中的另一个字很接近,于省吾把该字读为"祓",意思是祈求消除灾祸。参看于省吾《甲骨文字释林》,第 26 页。

⑤ 《佚存》是商承祚《殷契佚存》(金陵大学,1933 年)的简称。

⑥ 参看屈万里对这片卜辞的释文和解释:《甲编》3939。

⑦ 该字的象形表示"一个人跪在神坛前祈祷"。具体解释,参看《诂林》0303。

⑧ 该字可能是指战争中俘获的方国俘虏。

⑨ 董作宾:《获白麟解》,《学术论著》,第 217—283 页。另外,也可参看屈万里的释文和解释:《甲编》3939。

⑩ 可能是鸟名。

于祖乙，用髦于祖丁，塆①甘京赐……

《合集》36481

　　根据这片卜辞，商人在对敌战争中获胜，活捉了敌方首领"危美"，并缴获很多武器和俘虏。在庆祝战争胜利时，商人用"白麟"祭祀大乙，用"危美"祭祀祖丁。白麟可能是白色的麒麟。在中国传统文化中，麒麟是一种罕见的神秘野兽，因而被赋予了独特的内涵。不过我也只是权且这样解释罢了，因为"白"还有其他解释，可以读为"伯"，意思是首领。② 这片卜辞与《逸周书·世俘篇》的内容很接近。《世俘篇》描述了周人如何占领商朝国都、凯旋、记录战利品、在祖先宗庙进行人祭、用大量祭牲祭祀社神和其他神灵的全过程。③

　　最后，黄组的祭祀卜辞，尤其是祊祭卜辞中提到的祭牲颜色，与何组卜辞和无名组卜辞中的祭牲颜色类似。从甲骨文中我们得知，殷墟晚期的商代祭祀变得更加程式化及例行公事，并且严格按照 60 天一旬的周祭制度祭祀祖先，祭祀都在特定的宗庙里进行。然而，在占卜中，祭牲的数量、组合和颜色仍然是一个重要问题。比如：

　　　丙戌卜，贞：武丁祊④，其牢。兹用。

　　　癸巳卜，贞：祖甲祊，其牢。用。

　　　叀骍牛。用。

《合集》35828

　　"祊"可能是祭祀祖先的一个特殊的祭祀地点，也可能是指在宗庙的某个特殊地点，如门口或神坛，举行的一种祭祀仪式。在黄组卜辞里，"祊祭"经常用于祭祀武丁、武乙、祖乙和康祖丁，⑤在这些祭祀中，贞人把"骍牛"视为最理想的祭牲。⑥ 然而，刘桓认为这片卜辞描写的不是祭祀仪式，而是祭祀前把祭牲放到宗庙里。⑦

---

① 可能是人名。

② 参看胡厚宣《中国奴隶社会的人殉和人牲》，《文物》1974，第 63 页，在这篇文章中，他把"白麟"读为"伯麟"。

③ 朱右曾《逸周书集训校释》卷四，收入《皇清经解续编》5—9。现代学者对该书的注释，参看顾颉刚《逸周书世俘篇校注写定与评论》，《文史》第 2 辑，1964 年，第 1—41 页；也见 Edward Shaughnessy，"'New' evidence on the Zhou conquest"，in *Before Confucius: Studies in the Creation of the Chinese Classics*，SUNY Press，1997，31 - 68。

④ 该字在甲骨文里写作 ◯ 或 □。很多学者读为"丁""方"或"堂"，参看《诂林》2179。但我采用了杨树达的解释，他认为该字应读为"祊"，是一种室内祭祀仪式。参看杨树达《积微居甲文说》，中国科学出版社，1954 年，第 26—28 页。

⑤ 祊祭卜辞的断代讨论，参看常玉芝《商代周祭制度》，第 312—343 页。

⑥ 很多卜辞的内容都相似，比如《合集》35829，36003 和 35965。

⑦ 刘桓：《甲骨征史》，第 220—226 页。

甲骨文大都残缺不全,寻找保存相对完好的甲骨卜辞,对我们的研究就显得尤为重要。完整的卜辞,能使我们更仔细地研究卜辞之间的联系。《合集》35818 和《合集》35931 是刻在两片大龟甲上的同文卜辞,不过它们是不同时期的卜辞。其中一片卜辞引录如下:

　　甲戌卜,贞:武乙宗,其牢。

　　其牢,又一牛。

　　叀……兹……

　　叀勿牛。

　　叀……

　　叀勿牛。

　　丙子卜,贞:武丁祊,其牢。

　　其牢,又一牛。

　　其牢,又一牛。兹用。

　　叀骍牛。

　　叀勿牛。

　　癸巳卜,贞:祖甲祊,其牢。

　　其牢,又一牛。

　　叀骍牛。

　　叀勿牛。

　　叀骍牛。

　　叀勿牛。兹用。

　　甲午卜,贞:武乙宗祊,其牢。

　　其牢,又一牛。兹用。

　　癸卯卜……宗。

　　其牢,又一牛。兹用。

　　叀骍牛。

　　叀勿牛。

　　叀骍牛。

　　叀勿牛。兹用。

　　甲辰卜……宗,祊……兹……

其牢，又一牛。

……贞……祊，其……

其牢，又一牛。

［叀］骍牛。

叀勿牛。兹用。

……卜，贞：……祊……牢……用。

其牢，又一牛。

［叀］骍牛。

叀勿牛。

《合集》35931

这是一片祊祭卜辞。祊祭是在祖先宗庙里举行的旬祭仪式，它在一旬之初举行，受祭者包括最重要的先王武乙、武丁和祖甲。在这片卜辞中，八组"选贞"依次排放，格式相同：占卜日期、祭祀类型（或祭祀地点）、受祭祖先和祭祀用牲。关于祭祀用牲，贞人首先提出用"牢"，然后又提出"其牢，又一牛"，最后他还特别想知道牛的最佳颜色是"骍"还是"勿"。在占辞"［叀］骍牛"旁边，还刻有验辞"兹用"。商人似乎觉得"骍"这种颜色比其他颜色要吉利，由此可见，红色在商代祭祀系统中已经有了很多吉祥的含义。

非 王 卜 辞

午组和子组

在内容和形式上，非王卜辞都与王卜辞有很大差别。尽管两者祭祀祖先的形式颇有一些相似，但非王卜辞里有很多祖先称谓，是王卜辞里没有的。有些受祭者只在午组卜辞和子组卜辞里出现，比如午组卜辞中的祖己、祖辛、祖壬、妣乙、父丙、父丁、父己、子庚、子梦、内己、司戊、外戊、石甲、天庚、天戊和黑乙，子组卜辞中的龍甲、龍母、司癸、小乙和诸妇。这就暗示了，非王卜辞可能属于一个相对独立的亲属体系，它的所有者可能是王后、王子或其他家族首领，而非商王自己。

非王卜辞对个别颜色的祭牲有明显的偏爱，这与王卜辞的情况基本相同。祭祀重要祖先的非王卜辞，也会特别提到白色或杂色动物。如《合集》19849：

……卯，子𝌏入，刿……侑𝌏，三小牢……勿牛，白豕……刿祖乙二牢……

用咸叀祝······

　　尽管这片卜辞内容破碎,但是我们仍然可以根据内容和字体,判断出它是子组卜辞。[①] 显然这次祭祀是由王子或某个王族首领执行的。这片卜辞特别提到了祭牲的数量、种类和颜色:勿牛和白豕。其他祭品是鬯酒。受祭者是"祖乙"和商朝的创立者"咸"。卜辞还指明了用牲方法"剐","剐"是商代祭祀中常用的一种杀牲仪式,可能用青铜斧或玉斧。非王卜辞祭祀祖先的基本特征,与王卜辞的贞人组无异,与自组卜辞关系尤为密切。

　　其他重要先王如阳甲、父甲、父丁,以及他们的配偶,也在非王卜辞中受祭。比如:

　　　　甲申······侑子······𤔲[甲]白豕

《合集》11209

　　　　······父甲三白豕,至[②]······

《合集》21538

　　　　丙子卜,燎白羊豕······父丁妣癸,卯?······

《屯南》2670

　　这里,受祭者是父甲、父丁和妣癸,祭牲是白猪和白羊,用牲方法是燎和卯。

　　非王卜辞的用牲方法和王卜辞的一样丰富。除了剐、燎和卯等用牲方法外,祭牲也用于血祭。比如:

　　　　戊寅卜,盟牛于妣庚。

　　　　戊寅卜,燎白豕卯牛于妣庚。

　　　　戊寅卜,盟三羊。

《英藏》1891

　　《合集》1912的卜辞内容与此相似,时间也相同,可能是同套卜辞。在这些卜辞中,用白猪血祭女性祖先"妣庚",这种做法可能与生育祭祀有关。就如前面提到的,子组卜辞中有很多有关女性祖先和生育主题的卜辞。这类卜辞字体齐整柔美,非常精致和女性化。因此,有些学者推测说,它们可能是王后或商王配偶私人所有,贞人

---

① 《合集》的编者认为这是一片自组卜辞。我的读法也与姚孝遂主编的《殷墟甲骨刻辞摹释总集》不同,参看该书第440页,中华书局,1988年。
② "至"意思是到达,但这里似乎用作祭名。对"至"的解释,参看《诂林》2560。

和刻手可能就是女性。①

我前面已经讨论过，当命辞以"对贞"或"选贞"的形式出现时，占卜时就会提供一些选择，如祭牲的种类、数量和颜色等。类似的情况在非王卜辞中也有。比如《合集》21955：

> 叀白豕。
> 叀牺②；
> 叀牺羊。

从字体判断，这片卜辞可能也是子组卜辞。尽管卜辞内容残缺，但还是能判断出这是一次专门卜问祭牲的占卜，卜问在牺羊、牺、白豕这三种动物中，哪种才是最合适的祭品。

还有例子说明，在子组卜辞中，禦祭时也会选用白色祭牲，这和历组卜辞的情况相同。比如，《合集》22046 是一版大龟甲，上面有很多条卜辞。我把它们分列出来，以便表示出卜辞的复杂性以及卜辞之间的内在联系。这些卜辞是关于祭祀方法、祭牲种类、祭祀时间和占卜次数的。卜辞还记录了白猪的使用：

> 戊子卜，至……子庚……
> 至……禦父丁……
> 弜至。
> 戊子卜，至，子禦兄庚羌牢。
> 戊子卜，至，子禦父丁白豕。
> 戊子卜，侑刿于父戊，用今戊。
> 戊子卜。
> 叀今戊用。
> 戊子卜，用六卜。

在这片卜辞中，"命辞"关注的是祭祀，以及占卜应在何时以及如何进行。祭品包括牢、人牲（羌）和白豕，用牲方法是刿杀。然而，最重要的是，对子庚、兄庚、父丁

① 参看陈梦家《殷虚卜辞综述》，第 165—167 页；李学勤《帝乙时代的非王卜辞》，《考古学报》1958 年第 1期，第 43—74 页。在这篇文章里，李学勤表达了类似的看法，并把这类卜辞称为"妇女卜辞"。
② 学者对该字的解释差别很大。有些学者认为"牺"是动词，意为"刴砍"。大多学者认为"牺"是形容词，指牛的性别。其他解释，参看《诂林》2833。《礼记》中有"骍刚"，注曰"红牛"。参看孙希旦《礼记集解》卷三一，中华书局，1986 年，第 850 页。

和父戊实行禦祭的主祭者是"子"。这四位受祭者是午组卜辞特有的。在其他几版卜辞中,有一位受祭者可能也是王室成员。比如:

乙酉卜,禦新①于父戊白豤。

乙酉卜,禦新于姚辛白盧②豕。

《合集》22073

在这片卜辞中,禦祭对象是"父戊"及其配偶"姚辛"。占卜主题是: 向两位祖先分别献祭何种祭品。祭牲颜色是"黑"和"白"。

这里,我们需要解释一下"白盧豕"这个词组。在这个词组里,"盧"显然是形容词。有些学者认为"盧"是动词,"白盧豕"应读为"盧白豕",意思是剥割白猪。③然而,除非我们假定这是刻工的疏忽,否则我们无法把"白盧豕"读为"盧白豕",这种释读完全没有语言学根据。其实,还有一种更好的解释。在后世文献中,"盧"还用作表示颜色的形容词,意思是"黑色"。比如,《尚书》里有"盧弓"(黑色的弓)、"盧矢"(黑色的箭)。④王先谦在《释名疏证》里说"土黑曰盧"⑤。如果我们把卜辞中的"盧"理解为颜色词,用来描述祭牲的颜色,我们就会发现,"盧豕"和盧犬"只在非王卜辞里出现过,而且只用于祭祀女性祖先。⑥

花东子组

花园庄东地⑦新出土的卜辞中,有一些重要材料,可以用于研究非王卜辞中颜色的使用情况。该组卜辞字体不太娴熟,但很独特,类似于自组卜辞的字体,这或许可以说明花东卜辞的时代相对较早。花东卜辞中,有很多其他卜辞没有的独特用语。花东卜辞经常祭祀商代先祖,如上甲、大乙、大甲、祖庚、祖辛、祖丁、祖戊和兄

① 在甲骨文中,"新"通常用作形容词,意思是"新的",但有时它也用作动词,意思是"烧"或"切碎"。参看《诂林》2528 和赵诚《甲骨文简明词典》,中华书局,1988 年,第 246 页。但在这片卜辞中,"新"也可以理解成一个人名,是"子"族的一位祖先,也是这次禦祭的受祭者。参看李学勤、彭裕商《殷墟甲骨分期研究》,第 315 页。李孝定认为"新"后面还有一字,参看李孝定《甲骨文集释》,《"中央研究院"历史语言研究所专刊》50,1965 年,第 4097 页。

② "盧"有时用作动词,意为"剥割",参看《诂林》2208。《诗经·齐风·盧令》里,有"盧令令"一语,注曰"盧,田犬也"。见《毛诗正义》5.2,《十三经注疏》,第 353 页。

③ 参看《诂林》2217。也见赵诚《甲骨文简明词典》,第 313 页。

④ 《尚书正义》卷二十,《十三经注疏》,第 254 页。

⑤ 王先谦:《释名疏证》(上海重印,1984 年),第 18 页。关于该字的语源学讨论,参看《沈兼士学术论文集》,中华书局,1986 年,第 307—310 页。

⑥ 见《合集》19956、19957、19958、19970、20576、21804、22048、22065、22077、22098、22209、22210、31993、《屯南》附 2。

⑦ 中国社会科学院考古研究所编:《殷墟花园庄东地甲骨》,云南人民出版社,2003 年,简称《花东》。

丁，其中对祖乙、祖甲及其配偶的祭祀最多，对先公祭祀较少，对自然神灵，如岳、河的祭祀也很少。

花东卜辞中最常见的人名是"子"，贞人都为他服务。"子"也在占卜中进行卜问和祈祷。从卜辞的内容和数量判断，花东卜辞的主人，可能是武丁初期到中期的一位重要宗族首领或大臣。花东卜辞也常提到历史上赫赫有名的武丁之妻妇好。关于"子"的身份，学者有不同的意见。杨升南认为"子"就是武丁的儿子孝己。① 显然，"子"与王室关系密切，与妇好的关系尤为密切。但奇怪的是，卜辞很少直接提到商王。

阅读花东卜辞时，我发现有大量卜辞专门提到了祭牲的颜色，尤其是在祭祀卜辞中。花东卜辞中出现的祭牲颜色有：白、黑、骍。比如《花东》4：

> 甲寅，钊祖甲白豭一，祐②豈一，簋③自西祭。
>
> 甲寅，钊祖甲白死一。
>
> 乙卯，钊祖乙白豭一，簋自西祭，祖甲延。
>
> 乙卯，钊祖乙白豭一，簋自西祭，祖甲延。

这是一片大龟甲，刻辞涂黑。这片龟甲的四条卜辞是重复的。甲寅日，用白豭和白死祭祀祖甲；乙卯日，用白豭祭祀祖乙，祭牲都陈列在（宗庙）西边。这或许可以说明，商代宗庙神主的排列，与后世的"昭穆"制度相似，都是左右依次排列。

我们还能引用更多的类似卜辞，在这些卜辞中，白猪（包括野猪）和圈养的羊、鬯酒一起被用于祭祀祖先。有时，卜辞还会记下用牲方法。比如：

> 乙巳，钊祖乙白彘一，又簋，祖乙永。

《花东》29

《花东》296 与《花东》29 内容相似，也是用白色野猪祭祀祖乙，占卜也在乙巳日举行。另一位经常被祭的祖先是妣庚，她和男性祖先一起受祭：

> 钊妣庚白彘。

《花东》53

---

① 杨升南：《殷墟花东 H3 卜辞"子"的主人是武丁太子孝己》，收入王宇信、宋镇豪、孟宪武主编《2004 年安阳殷商文明国际学术研讨会论文集》，社会科学文献出版社，2004 年，第 204—210 页。刘源：《殷墟花园庄东地甲骨文研究概况》，《历史研究》2005 年第 2 期，该文总结了各家的观点。

② 这个字象形是食物被供奉到祭坛上，隶定为"祐"。

③ 这个字象形是食物容器，隶定为"簋"，可能是指用容器盛放的食物。

庚戌，侑①祭妣庚，白豕一。

《花东》267

……祖甲白豕一，祖乙白豕一，妣庚白豕一。

《花东》309

更重要的是，在很多花东卜辞中，介词"叀"的使用表明白猪是专门挑选出来用以祭祀祖先的。比如：

乙卯卜，叀白豕祖甲不用。

乙卯，剢祖乙穰一，祐毁一。

《花东》63

这片卜辞关注的是祭祀祖甲、祖乙的各种祭品，卜问是否用白猪来祭祀祖甲。

花东还出土了另一版龟甲，分别在甲、己、庚、辛和壬日占卜。己日这天，占卜如何祭祀妣庚，还特别提到禦祭妣庚的祭牲是白猪。

己卜，叀多臣禦往于妣庚。

己卜，叀白豕于妣庚，又毁。

剢牝于妣庚，又毁。

剢牡于妣庚，又毁。

《花东》181

这次占卜是为了确定应该由谁去禦祭妣庚，最合适的献祭是什么。可供选择的祭牲有白猪、公牛、母牛和公羊。祭牲的颜色和数量与祭牲的性别一样，也是择牲的重要因素。

有时，用牲方法也很复杂。比如：

甲寅，剢祖甲牝，剢祖乙，白豕，剢妣庚宰，祖甲刉劈②卯。

《花东》115

在商王世系中，祖甲和祖乙被认为是很重要的祖先，妣庚也是一位重要祖先。正如我们根据王卜辞的相关证据所作的推测，商人对白色祭牲的偏爱，可能与被祭

---

① 该字写作 𠬝，与 𠂤 接近。加两点可能是为了区别祭名"侑"和介词"有"。
② 该字写作 𡲡，在《合集》6057 反中是地名，即"北毗"。这里可能用作动词，我暂且把它隶定为"劈"，是一种用牲方法，意思是"剥切"。

祖先的高贵地位有关。[1]

　　献祭时对白色的偏爱还会扩大到其他祭品上，比如玉：

　　　　乙亥，子叀白圭再[2]。用。隹子若。

《花东》193

"圭"在甲骨原文中写作"⟨字形⟩"，表示一种尖锐的物体。花园庄发掘报告的作者引用了于省吾和劳榦的解释，认为这是"吉"的初字，本意是一种玉制兵器。[3] 殷墟确实出土了很多玉匕和玉璋。白色玉匕和白色织物一样，显然是"子"所偏爱的祭品。比如：

　　　　甲申卜，叀配乎日妇好，告白纯。用。

　　　　……卜，子其入白纯，若。

《花东》220

"白纯"一词，显然指一种白色织物，可能就是丝绸。有趣的是，"白纯"是以妇好的名义用于祭祀的。尽管妇好墓中没有出土完整的织物，但有趣的是，在约 50 件青铜器上发现了丝绸残片。有充分的考古学证据能够证明，丝织生产早在商代就已经很普遍了。[4]

　　在花东卜辞中，杂色和白色一样能够吸引贞人的关注。比如，杂色牛和白猪在不同时间被用于祭祀：

　　　　癸酉卜，叀勿牡剢甲祖。用。

《花东》37

同样的命辞又在另一天重复出现：

　　　　乙卯卜，叀白豕祖乙。不用。

　　　　乙卯，剢祖乙馘，祐卣一。

《花东》37

---

[1]　花园庄发掘报告的作者也指出了这一点，见《花东》第 1558 页。
[2]　该字可能是指用玉器的方式，具体解释参看《诂林》3110。
[3]　《花东》，第 1635 页。
[4]　对考古学上的证据的总结，参看中国社会科学研究院考古研究所《殷墟的发掘与研究》，科学出版社，1994 年，第 414—415 页；也见 Vivi Sylwan, "Silk from the Yin Dynasty", *Bulletin of the Museum of Far Eastern Antiquities*, 9(1937), 119-126.

另一片卜辞记录了对禦祭妣庚一事的占卜,可能是为了祛除"子"的牙疼病。这片卜辞同时提到了白色和杂色动物:

> 庚午卜,在珥①,禦子齿于妣庚,册②牢,勿牝,白豕。用。
>
> ……齿于妣庚,册牢,勿牝,白豕至犰一。用。

《花东》163

有时,命辞贞问的是向父乙供奉的各种祭品,"子"亲自祝祷。比如:

> 祝,于白牛用升判祖乙。用。子祝。
>
> 祝,于二牢用升判祖乙。用。子祝。
>
> 乙亥,升判祖乙二牢,勿牛,白麑,祐豈一,子祝。

《花东》142

此次占卜仪式很复杂。贞问不同祭牲的目的,是要选出献祭祖乙的最佳祭品。

除了使用白色和杂色祭品外,花东卜辞还有几个典型特征,是我们在解读时无法忽略的。与其他卜辞相比,花东卜辞在祭祖时,使用了很多黑色祭牲,其中最常见的是"幽廌"(红黑色羚羊)。比如:

> 辛卯卜,子障③宜④,叀幽廌。用。
>
> 辛卯卜,子障宜,叀[幽廌]。不用。

《花东》34

还有一片龟甲,内容与《花东》34 相似。这片龟甲的"命辞"是卜问哪天举行祭祀,以及祭牲的颜色和性别:

> 辛卯卜,子奠宜,至二日。用。
>
> 辛卯卜,子障宜,至三日。不用。
>
> 辛卯卜,叀宜……廌⑤,牝;亦叀牡。用。
>
> 辛卯卜,子奠宜,叀幽廌。用。

《花东》198

---

① 地名。

② 在其他卜辞中,我把"册"解释成"一种书写记录"。但正如其他学者所说,"册"字也可以理解成动词"删",是一种用牲方法,意思是砍劈,参看《诂林》2935、2937。

③ "障"写作 **𦥑**,献酒之象形,这里用作动词,意思是呈献、进献,参看《诂林》2718、2719。也见赵诚《甲骨文简明词典》,第 242 页。

④ "宜"可能是一种"把肉置于案上进献"的祭祀仪式,参看赵诚《甲骨文简明词典》,第 240 页。

⑤ "廌"的字形暗示这是一只母羚羊,跟对贞卜辞中的公羚羊形成对比。

在这些卜辞中，"子"亲自献祭并管理祭祀事宜。占卜目的是确定祭祀应该延续几天，"幽麇"是否要用于宜祭。

有一版"刻辞涂朱"的大龟甲，记载了甲戌、甲午、己亥、丁未、庚午、辛亥、甲寅和癸亥这几日的连续占卜，这些占卜是为了确定祭祀祖甲、祖乙和妣庚的恰当仪式。甲戌、甲寅两日的占卜主题是如何祭祀祖甲，其中，祭牲包括"白豭"和"幽麇"：

> 甲戌，刿祖甲牢，幽麇，祖甲永子。用。
>
> 甲寅，刿白豭。
>
> 甲寅，刿祖甲白豭，祐鬯一，又篚。

《花东》149

还有一片卜辞，内容与《花东》149相似，刻辞也涂有颜料：下部涂朱，上部涂黑。这片龟甲记录了甲子、乙亥、辛未、甲戌、庚寅、甲寅、乙卯和丁巳这几日的占卜。我们可以看到，祭祀祖先时，献给祖甲的祭牲也是"白豭"和"幽麇"：

> 甲子，刿祖甲白豭，祐鬯/叀白豭……祖甲。
>
> 甲戌，刿祖甲牢，幽麇，白豭，祐一鬯。
>
> 甲戌，刿祖甲牢，幽麇，白豭，祐二鬯。

《花东》237

在乙亥日，又对祖乙实行了同样的祭祀：

> 乙亥，刿祖乙牢，幽麇，白豭，祐鬯。
>
> 乙亥，刿祖乙牢，幽麇，白豭，祐二鬯。

《花东》237

在以上这几例卜辞中，各个命辞之间，唯一明显的区别是鬯酒的数量。

与其他组卜辞相比，花东卜辞在祭祀祖先时，尤其是祭祀祖乙时，黑色公牛（即黑牡）似乎据有特殊地位。比如：

> 丁丑，刿祖乙黑牡一，卯肑。①
>
> 丁丑，刿祖乙黑牡一，卯肑二于祖丁。

《花东》49

---

① "肑"字形是一个大叉子和一块肉，可能是一种献肉之祭。

甲辰夕，刿祖乙黑牡一，惠子祝，若，祖乙永。用。翌丁砫。

《花东》6

乙亥夕，刿祖乙黑牡一，子祝。

《花东》67

乙亥，刿祖乙黑牡①一，又牒一，……子祝。
乙亥，刿祖乙黑牡一，又殺，簋，子祝。

《花东》252

甲辰夕，刿祖乙黑牡一，子祝，翌日砫。

《花东》350

辛未，刿祖乙黑牡，祐毣一，子祝。

《花东》392

乙丑，刿祖乙黑牡一，子祝，骨禦蚩，在聁。②

《花东》319

除了用黑色公牛祭祀祖乙，花东卜辞也经常用黑色母牛祭祀妣庚。比如：

辛酉昃，刿妣庚黑牝一，子祝。
辛酉卜，子其？③ 黑牝，佳值往，不雨；用妣庚……

《花东》123

《花东》178 记录了庚子、癸卯、乙巳、乙酉、庚戌这几日的占卜，祭品包括玉、人牲、酒和动物。其中，黑色母牛专门用于血祭妣庚：

癸卯夕，刿妣庚黑牝一，在入，陟盟。
陟盟。用。

《花东》178

另外，还有几条祭祀妣庚的卜辞，但祭牲是黑色公牛：

己巳卜，翌日庚刿妣庚黑牛，又羊，暮酓。用。
庚午，刿妣庚黑牡，又羊，子祝。

《花东》451

---

① 该字由"羊"和"匕"组成，是一种母羊。
② 这片卜辞很有意思，上面有两条命辞，内容相同，但左边一条涂朱，右边一条涂黑。
③ 该字描绘的是手持棍子打蛇，用作祭名，可能是一种杀牲方法，参看《诂林》1858。

己酉夕，翌日砎妣庚黑牡一。

《花东》150

己酉夕，翌日砎剕妣庚黑牡一；庚戌，酓牝一。①

《花东》457

在祭祀中，"子"经常做祝祷，有几片卜辞记录了他的祝词。比如：

辛未，剕祖乙黑牡一，祐卺一；子祝，曰：毓祖非；曰：云皃正祖隹？曰：录益不砎馼②。

乙亥夕，剕祖乙黑牝一，子祝。

《花东》161

丁丑，剕祖乙黑牡一，卯肜：子繇曰：未有莫其至，其戉。用。

《花东》220

有一例花东卜辞，同时用黑色公牛和玉，尤其是黄色玉匕，进行祭祀：

甲子卜，乙，子改丁璧暨玉。
叀黄璧暨璧。
辛未，剕祖甲黑牡一，日雨。

《花东》180

"丁"这个人特别重要，他似乎是花东卜辞中地位最高的人。陈剑认为"丁"是武丁自己，③李学勤认为"丁"是辟或君的敬称，是"王"的另一种称呼方式。④

在花东子组卜辞中，贞人也会对不同颜色的祭牲进行比较。对某种颜色的偏好似乎已经出现，就像我们在历组卜辞和无名组卜辞中看到的那样。下面再引几条有趣的卜辞：

二牛。
戠，弜侑妣庚。
三牛/叀小牢，白死。

① 花园庄报告的作者认为"庚戌，酓牝一"是验辞，但我更倾向于认为这是命辞的一部分。酓传统上都释为酒，但这里更像是一个表示用牲的动词。这些卜辞为我们提供了如何宰杀动物牺牲的丰富信息。
② 此字不识，从酉从马，暂隶定，可能是一种动物。
③ 陈剑：《说花园庄东地甲骨卜辞的"丁"——附释"速"》，《故宫博物院院刊》2004 年第 3 期，第 51—63 页。
④ 李学勤：《关于花园庄东地甲骨卜辞所谓的"丁"的一点看法》，《故宫博物院院刊》2004 年第 5 期，第 40—42 页。

二牢,白豕。

五豕。

叀二黑牛。

二黑牛。

白一豕,又毖。

夕日豕,殺,二牢。

叀二勿牢……白豕妣庚。

三羊。

先白祝宜二黑牛。

叀一白豕,又毖。

《花东》278

甲子,刿祖甲白豭一,祐毖一。

叀黑豕祖甲,不用。

《花东》459

在上面这些例子中,贞人在白色和黑色的祭牲之间进行比较。

花园庄卜辞还有一个独特的特点,即很多占卜提到用马做祭祀。比如:

丙午卜,其敇火勾宁骍。用。

弜丏。

丁未卜,叀邵乎勾宁骍。

叀虎庚①乎勾宁骍。

弜勾黑马。用。

《花东》179

这片卜辞显示,在花东子组卜辞中,黑马可能是不受欢迎的祭牲。正如我们在其他组卜辞中看到的那样,白色和赤色的马是商王尤其喜爱用的动物。

有几条卜辞提到了杀黑马。比如:

癸酉卜,叀召……刿②马。

---

① 该字原写作"虎"和"庚"的合文。

② 《花东》的作者认为该字在这里用作动词"刿",意为劈开、砍断喉管。但在其他地方,该字可以读为颜色词"勿",意为杂色,或者读为动词"物",意为挑选。

　　　　癸酉卜，弜刿新黑马，又剢①。

　　　　癸酉卜，刿新黑[马]。

《花东》239

　　这片卜辞的内容不很清楚。我们不太肯定杀马是否是用于祭祀祖先，或者是用于某种特殊场合。"新"在子组卜辞就出现过，可是，花园庄甲骨里不能肯定它是人名还是形容词。在其他组卜辞中，有几例提到了马的颜色，但这些是车马，不用于祭祀。殷墟的考古学家已经发现了马和车，主要是在贵族墓里发现的。马只在商王宫廷和贵族内部使用，肯定很珍贵，因而只可能在特殊情况下才被用于祭祀。

结论：商代祭祀系统中的颜色

　　最后，通过对甲骨文中发现的证据所作的讨论，我得出一个结论：不同贞人组卜辞中颜色的出现和应用，揭示了商代晚期祭祀系统具有复杂的模式和意义。

　　在最早的卜辞，即自组卜辞中，我们发现白色和杂色是特意挑选出来，用来描述祖先祭祀中祭牲的颜色的。受祭者是祖乙和其他祖先。这两种颜色后来成了殷墟时期的主导颜色。在宾组卜辞中，许多颜色都与祖先崇拜有关，卜辞内容也比其他组更为复杂。值得注意的是，白牛被用于祭祀商代世系中最重要的先王。还有证据表明，白皮肤的人牲在祖先祭祀中也很受重视。在日常生活中，商王特别关心与白色有关的任何事情，比如他的白马的健康问题（有一次武丁梦到一头白牛，为此专门做了一次占卜）。尽管其他颜色也很重要，但白色似乎尤为重要。商王为了得到杂色牛，尤其是祭祀用的杂色牛，会付出很多努力。在宾组卜辞中，黄色和黑色动物被用于求雨之祭，以及对土地神和四方神的祭祀中。

　　非王卜辞可以分为多个贞人组，这说明了商代尤其是武丁时期祭祀的复杂性。总体来说，非王卜辞和王卜辞之间存在着一致性。白色和杂色动物被用于祭祀祖先，但非王卜辞很少祭祀神话性的祖先神和自然神。除了商代先王中经常被祭者之外，非王卜辞中还有一些商王世系之外的被祭者。在非王卜辞中甚至还有一些私人祭祀。除了白色和勿色祭牲外，黑色和红黑色（骍）动物也常被用于祖先祭祀。非王卜辞的占卜和祭祀的这些独特特征，以及这些特征的暗示意义，应该放到晚商社会

---

① 该字表示一只手握一把刀悬在猪上面，可能是指一种祭祀宰杀，意思是刺戳。

的世系和社会结构中去考虑。

武丁之后,在祖甲统治时期发生了一些显著变化,其中最重要的是周祭制度的确立。周祭就是在特定日期对特定祖先的规律性祭祀。在出组卜辞中,颜色的应用不仅没有减少,反而增加了:对祭牲颜色的强调,在该组卜辞中非常明显。命辞频繁地以对贞形式出现,比如:叀勿牛,不叀勿牛。颜色成了为祭祀祖先选择祭牲时最主要的因素之一。在何组卜辞中,尽管缺乏使用有颜色祭品的证据,但占卜关注车马的颜色。

从武丁晚期以来,除了村北的主要贞人组之外,还有从早期自组发展而来的村南系统。村南系统主要包括历组和无名组。在历组卜辞中,我们读到了白色的祭牲,如白狗和白猪,被用于禳祭和生育祭祀中,尤其是用于血祭。

在研究商代祭祀的颜色时,从无名组卜辞中可以看到最重大的变化。无名组卜辞从历组发展而来,与村北的何组同时并存。在无名组中,我们读到了"骍牛"的使用。在占卜中,骍牛成了主导,并且频繁地出现在对贞卜辞或与勿牛一起的选贞卜辞中。在一些例子中,颜色显然是占卜的主题。贞人试图确定应该选择哪种颜色的牛用于祭祀:黑色、赤黄色、幽还是黄色。这种情况下,祭祀的特殊要求,不光要求某一特定的动物,而且要求某一特定的颜色。重要的是,在无名组中,我们读到了在祈雨之祭中,黑羊和白羊作对比的卜辞例子,因为动物的颜色似乎拥有某种神秘力量。

到殷墟晚期,祭祀祖先的制度变得更常规化,他们用固定的仪式频繁地祭祀特定的祖先。其中最重要的是在祖先宗庙祭坛举行的祊祭。在黄组卜辞中(村北的何组与村南的无名组融合的结果),祭牲的数量、组合和颜色仍然是很重要的因素。各种颜色的马成为占卜的主题。在有些卜辞中,我们还读到了田猎中捕获的白鹿和白兕也被用于特殊典礼的祭祀中。但从卜辞中可见,在被选出用于祭祀的各种颜色的动物中,骍牛似乎已经成了最重要的。在骍牛和勿牛之间选贞,似乎存在着某种区别(参见表3)。

表 3　商代祭祀中的颜色

贞人组	祭　品	受祭者	内容和方法	其　他
自组	白猪、勿牛	×庚、象甲	祖先祭祀	
宾组	白猪、白牛、白人、白羌人、勿牛(公牛和母牛)、黄牛和哉公羊	父乙、妣己、王亥、大甲、夒、丁、方向神和社神	祖先祭祀禘祭(刿、燎、盟)	梦见白牛;各地进献的勿牛;进献的白色车马;占卜白马的健康和未出生马驹的颜色(白色)

续表

贞人组	祭 品	受祭者	内容和方法	其 他
出组	白猪、白牛（公牛）、勿牛、黑红色勿牛、偏黄色勿牛	祖乙、祖辛、父丁、妣庚	祖先祭祀（刿和矺、奠）	
何组				占卜微红色的车马
历组	白羊、白猪（公猪和小猪）、白牛、勿牛、红黄色牛、红黑色牛、白黍	父乙、大乙、祖乙、祖辛、妣庚、上甲	祖先祭祀和求年　祭祀、禦祭（燎、盟）	田猎中捕获的白狐
无名组	白牛、红黄色牛、红黑色牛、黑牛、白羊、黑羊	祖乙、祖辛、妣癸、妣辛、妣庚、上甲	祖先祭祀、求雨之祭	
黄组	红黄色牛、勿牛、白兕	武丁、武乙、祖甲、大乙		田猎中捕到的白鹿、白狐和白兕
非王卜辞（午组、子组、非王无名组和花东子组）	白猪、白羊、勿牛（公牛）、黑公牛	子?、子庚、子戬、父甲、父丁、妣庚、祖乙	祖先祭祀、禦祭、燎祭	

　　在甲骨文中，我们至少发现了六种或七种颜色。祭祀中有颜色祭品的使用，说明了颜色具有潜在的意义。比如，白色在商代祭祀中很重要，白色祭品（动物、人、谷物、玉）频繁地被用于祭祖、禦祭、生育和求年之祭中。而白牛的受祭者经常是高祖或其他重要祖先。从这一方面讲，比较研究白色在商代文化和恩登布文化中的意义，是很有价值的。人类学家特纳发现，颜色象征在恩登布文化中起着重要作用。在恩登布祭祀中，白色可以有很多意义，包括善良、力量和健康、纯洁、好运、酋长身份、与祖先神灵相会、向祖先生活献祭、慷慨、善于交际、丰产、成熟、使某物可见或揭示某物等。"白色的象征背后，隐藏的是和谐、团结、纯洁、证明、公众、合适和合法的理念。"[1]其他颜色，比如黄色和黑色，可能也与神秘的魔术有关。

　　殷墟文化延续了二百多年，在此期间，颜色的意义也随着社会和祭祀制度的改

---

[1] Victor W. Turner, *The Forest of Symbols: Aspects of Ndembu Ritual*, Cornell University Press, 1967, 77.

变而变化。从"尚白"变成"尚赤",这是最重大的一步。传统上认为周人"尚赤",殷人"尚白"。许多学者认为公元前十一世纪中叶周克商,政治的转变引发了文化领域的转变。然而商周卜辞和考古证据都表明,商周之间的联系比以前想象的要深得多。[①] 周继承了商的传统,西周早期制度很多不是周人自己发明的,而是从商代继承下来的。比如,根据刘雨的研究,穆王之前(前 947—前 928)青铜铭文中记载的约 20 种祭祀仪式,有 17 种与甲骨文中记载的商代祭祀仪式相同。这表明周代统治者继承了商代大部分祭祀制度,只是稍微有所变革。[②] 在商周祭祀制度之间,显然有历史继承关系和结构上的联系。本文的研究揭示出,"尚赤"是从殷墟晚期开始的。通过对商周祭祀中颜色的研究,我们或许能更好地理解商周"转换"时期的文化发展。

第二,对杂色的态度转变也暗示了商代颜色系统的内在发展。在殷墟早期,至少在自组和宾组中,我们没有找到能证明白色优于杂色的证据。但到殷墟晚期,尤其是何组、无名组和黄组卜辞中,杂色祭牲常常与偏红色祭牲进行对比,从中我们可以察觉到对杂色的某些歧视。这表明,在另外一种背景中,杂色动物在祭祀中比其他纯色动物低等。这不是祭牲本身的缘故,而是由于它们象征着仪式上的不纯洁。

商代祭祀中颜色的应用,可能在某种程度上反映了社会的整体发展。商人对超自然以及相应的祭祀系统的观念,部分是社会发展的结果。尽管晚商王朝的社会结构仍然是学者争论的主题,但很多证据表明,商代是一个复杂的等级制社会,活人社会是如此,死人世界也是如此。在上帝神、其他神和祖先神之间,已经有了一些区分。对祭牲颜色的选择,与对祭牲性别和数量的选择一样,可能就是这种过程的外在表现。

对商代颜色象征含义的一种解读

商代祭祀中祭牲的使用、祭牲的准备以及祭祀方法都很复杂。在很多情况下,我们只能推测它们的含义,它们似乎总是有一些象征的或感应的意思。从甲骨文中,我们可以看到,选择祭牲涉及祭牲的种类、性别、数量、颜色和组合等。商代祭祀充满了象征性行为。比如,干旱求雨时,商人会举行舞蹈和烧燎仪式,同时把祭牲投

① 参见张光直《殷周关系的再检讨》,《中国青铜时代》,生活·读书·新知三联书店,1983 年,第 81—106 页。
② 参见刘雨《西周金文里的祭祖礼》,《考古学报》1989 年第 4 期,第 495—522 页。

入河中。

有关祭祀和仪式的普遍理论，我们可以借用人类学的一些研究成果。可能是受法国社会学家亨利·于贝尔（Henri Huberl）和马塞尔·莫斯（Marcel Mauss）的影响，很多学者认为：祭祀仪式和祭品可以帮助区分敬神和渎神，帮助人神交通；献祭仪式意在赎罪，弥补罪恶。[①] 但正如现代批评家意识到的那样，这个曾经一度流行的理论，某种程度上是在以印欧语系为主导的框架下形成的。比起与古代中国宗教的联系，赎罪仪式或因"罪"而献祭的这种解读，反而跟希腊神话、罗马宗教或基督教的联系更为密切。从社会心理学的角度看，一个解释古代中国的新理论是：祭祀和牺牲可以缓解内部紧张；换句话说，社会通过寻找祭祀牺牲来转移暴力，以便维护社会安定，构建团结意识。[②]

颜色在很多早期宗教中都有重要作用。[③] 一种仪式或某种行为，可以反映出仪式与贞人信仰的神灵之间的象征性交流。正如马塞尔·莫斯曾经指出的：占卜仪式不是孤立的，而是整体的一部分；贞人的职责是在一个分类系统中，把几组不同的事物彼此联系起来；颜色起着特殊的作用，"因此，在一系列可能的分类中，颜色被选出来，作为在两件事物之间建立联系的纽带"[④]。换句话说，在某种程度上，为某一祭牲选择的颜色，反映了祭品与被祭者之间的象征性联系。因此，尽管在不同时间、不同地方或不同个体之间，某种颜色的特殊含义可能千变万化，但在很多情况下，颜色意义的选择似乎不是任意的，而是有条件的。因此颜色的象征意义是普遍的，是在特定的文化背景中，尤其是宗教系统中形成的。[⑤]

因此，正如埃德蒙·李曲（Edmund Leach）指出的，颜色都是成套出现的，它的特殊象征意义只有在与其他象征符号的对比中才能被理解；同样，象征符号在与不同的象征符号比较时，就有不同的含义。[⑥] 翁贝托·艾柯（Umberto Eco）从符号学

① Henri Hubert and Marcel Mauss, *Sacrifice: Its Nature and Function* (tr. W. D. Hall), repr. London, Cohen and West, 1964, esp.95 - 103.
② Rene Girard, *Violence and Sacred* (tr. R. Brain), repr. Johns Hopkins University Press, 1977, esp.4 - 27. 在对古代中国祭祀暴力的研究中，Mark Lewis 发展了这个理论，为古代中国宗教的研究注入了新的活力，参看 Mark Lewis, *Sanctioned Violence in Early China*, SUNY Press, 1990.
③ 关于这个话题的早期研究，参看 Donald A. MacKenzie, "Colour symbolism", *Folklore*, 33/2(1992), 136 - 169.
④ Marcel Mauss, *A General Theory of Magic* (tr. R. Brain), London, Routledge and Kegan Paul, 1972, 77.
⑤ M. Sahlins, "Colors and Cultures", *Semiotica*, 16(1976), 3, 1 - 22.
⑥ Edmund Leach, *Culture and Communication: The Logic by Which Symbols Are Connected*, Cambridge University Press, 1976, 57 - 60.

的角度,更准确地表达了这一观点:

> 当一个人说出一个颜色词时,他不是直接指世界(所指的过程)的一个状态,相反,他是要把这个词与一个文化单位或概念联系起来。显然,这个词的使用是有特定感觉的,把感官的刺激转化成一个知觉对象,在某种方式上,是由语言学上的表达和与此相关的文化背景意义之间的符号学关系决定的。①

不言而喻,动物当然有不同的颜色。但当我们读到商人献祭某种颜色的某种动物时,比如"白牛"或"黑羊",我们如何确定这种颜色是否具有特殊意义? 以前,学者忽视了商代祭祀中颜色的意义。尽管有些学者提到了这个问题,但是他们没有意识到商代祭祀中可能存在着内在的颜色体系。比如,黄然伟断然否定了"殷人尚白"的传统观点,原因就是商人使用各种颜色的祭牲。② 张秉权虽然也对甲骨文中的祭牲进行了全面研究,但没有意识到祭牲颜色的重要性。他写道:"至于颜色,尽管有时特别指出是黑色、白色或黄色,但我们看不出其中有什么特殊含义。"③对他来说,颜色只是动物的自然属性,因此用于祭祀的颜色也没有意义。这些看法的缺点主要在于,他们认为颜色只是随机的现象。他们没有意识到祭牲颜色是一种意义符号,这些符号或许可以放到商代祭祀系统中去理解。他们这样想,大概是因为颜色与"五行说"之间的关系在商代还没有建立起来。这种看法虽然不错,但我们在甲骨文中发现了更早的颜色系统,可以理解成是后来自觉理论的前身。

为了理解商代祭祀中颜色的意义,我们必须引入跨文化比较的方法。对亚洲、欧洲、大洋洲和非洲的颜色象征,有很多人类学和民族学的研究成果,这可能会对商代颜色象征的研究有所帮助。④ 正如在古代和中世纪的欧洲一样,⑤颜色暗含着某种意义,在神秘祭祀中很有效用。比如,贝格伦德(Axel-Ivar Berglund)注意到,在祖鲁人的思想中,动物的颜色是象征体系的一部分。在求雨之祭中,犀鸟被用于祭祀天空中的雨神,黑羊被用于祭祀雨神在地上的男性配偶巨蟒神。⑥ 在祖鲁人的祖先

---

① Umberto Eco, "How Culture Conditions the Colours We See", in Marshall Blonsky ed., *On Sign: A Semiotics Reader*, Oxford, Blackwell, 1985, 157 – 175.

② 黄然伟:《殷礼考实》,台湾大学,1967年,第6—18页。

③ 张秉权:《祭祀卜辞中的牺牲》,《"中央研究院"历史语言研究所集刊》3,1968年,第181—237页。杨树达1940年代在湖南大学教学时,也写过关于商代祭牲颜色的演讲报告,但我没有找到这篇文章。

④ 最近的研究成果是 John Hutchings, Munehira Akita, Noriko Yoshida and Geraldine Twilley, *Colour in Folklore, with Particular Reference to Japan, Britain and Rice*, The Folklore Society, 1996.

⑤ 请参考 Wilfrid Bonser, "The Significance of Colour in Ancient and Mediaeval Magic: With Some Modern Comparisons", *Man*, 25(1925), 194 – 198.

⑥ A.-I. Berglund, *Zulu Thought-Patterns and Symbolism*, C. Hurst and Co., 1975, 51 – 63.

崇拜中,牛的声望最高,被认为是后代与祖先之间交通的媒介。有意思的是,对祖鲁人来说,祖先和地下世界都是"白色"的。[①] 在不同的祭祀仪式中,用牲的方法和对祭品的处理也都很特别：宰杀,烹煮,舔掉脂肪,埋入地下。[②] 在比较商代与其他文化的颜色象征时,我们是在假设这种比较可能会丰富我们对颜色复杂意义的理解。但只比较相似性是不够的。

最具启发性的研究可能就是有关中国边远地区的民族学研究了。对生活在中国北部、使用阿尔泰语系语言的人来说,萨满主义曾是他们宗教生活的基础。在萨满仪式中,动物的颜色充满了意义。比如,鄂温克族人在孩子生病时,经常举行一种叫"巫麦"(叫魂)的仪式,祭牲是鹿和麋鹿。"晚上,在萨满神跳舞之前,先要杀一头黑鹿以便萨满在另一个世界当坐骑；……第二天,宰杀一头白鹿以祭祀祖先的灵魂。"[③]生活在云南山区的佤族人(孟-高棉语语系),人口只有三千万,现在仍然进行很多原始形式的宗教活动。只要有重要的宗教事件,比如举行与天空崇拜有关的宗教活动,他们就要举行杀牛仪式。牛按类型和颜色进行甄选,而黑红色牛会特别受重视。生活在云南山区的彝族人(藏缅语系),有很强的宗教传统和一系列复杂的祭祀仪式。彝族巫师 Jike Erda Zehuo 对祖先崇拜中祭祀的使用,作了生动的描述。[④]作为仪式的一部分,他们把杀死的动物按排摆放,根据它们的"资质"用以祭祀祖先。"资质"是指祭牲的种类、大小和数量。尽管没有强调祭牲的颜色,这仍是一种非常独特的祭祀仪式。在吉尔仪式(驱鬼)中,祭牲是小公鸡、公猪、公羊和母牛,而且都是黑色的。在其他仪式中,比如祝福和庆祝仪式中,白色的祭牲似乎更受欢迎。巫师相信,祭牲是氏族强壮和衰弱的关键因素：如果祭牲很肥胖,后代就会繁盛；如果祭牲健康强壮,后代就会聪明英俊；如果祭牲消瘦残弱,后代就会虚弱残疾。[⑤]

不管是从民族学还是从理论的影响上来看,在祭牲颜色的研究中,最重要的可能就是人类学家特纳关于恩登布颜色象征研究的著作了。[⑥] 特纳发现颜色在恩登布的祭祀系统中起着重要作用。三种基本色白色、红色和黑色,组成了颜色象征的

---

① A.-I. Berglund, *Zulu Thought-Patterns and Symbolism*, C. Hurst and Co., 1975, 167, 371.

② Ibid., 214-240.

③ 蔡家麟：《中国北方民族的萨满教》,宋恩常编《中国少数民族宗教》,云南人民出版社,1985 年,第27 页。

④ 吉克·尔达·则伙口述,吉克·则伙·史伙记录,刘尧汉编辑：《我在鬼神之间：一个彝族祭司的自述》,云南人民出版社,1990 年,第71—112 页。这本书生动地描述了这些仪式,我只摘录了一些与祭牲有关的描述。

⑤ 同上书,第 90、92、94 页。

⑥ Turner, *The Forest of Symbols*, esp.ch.3, 59-92.

核心。在恩登布语中,大部分颜色词都来源于白、红和黑。这三种颜色在恩登布人的祭祀中有一套复杂的意义。① 特纳也建议说,与不同颜色相关的身体经验,反映了人类对社会关系的经验。这样,颜色就提供了一种对现实的原始分类。②

然而,当我们试图解释象征时,我们也必须意识到象征自身的属性。正如丹尼尔·斯波伯(Daniel Sperber)所说,对象征的研究必须建立在人类认知发展的基础上,因为象征不只是一种概念表达,也是认知分类和符号化的过程。③ 最近,乔治·莱考夫(George Lakoff)强有力地指出,符号的相互作用,比如颜色的相互作用,与想象、知觉和身体经验有更直接的联系,与语言和逻辑的联系反而更少。④ 由于颜色具有的直接的认知和文化意义,因此,基于考古学材料,对颜色在特定历史时期的倾向作系统的研究,毫无疑问会有助于我们理解颜色的象征性。这篇论文就是要试图解释商代的颜色象征,或者确切地说,某种颜色祭牲的使用,是如何在非语言的语境中产生的。

商代颜色象征与后来传统的比较,为我们研究“象征”这一概念在中国古代的发展,提供了一个好例子。甲骨文中使用的颜色词很丰富,仔细研究之后就能发现:在商代祭祀中,颜色是有意义的,从某种程度上说,颜色是符号化的,是互相联系的。然而,商代贞人没有说明他们为何偏爱某种颜色。我们也很难描述颜色象征的具体内容,因为所谓的“象征”还模糊不清,有时还隐藏在具体形象中。

在晚期文献中,颜色的象征意义就比较固定了:不同的颜色与不同的神相关。换句话说,在晚期文献中,颜色的象征意义是说明了的。因此,我们可以在两个层次上理解象征:一是基于文献中记载的详尽的、理论化的层次,二是基于祭祀实践中隐含的不明确的、实践化的水平。换句话说,某些宗教话语和活动可能一开始就被符号化了,之后就成了照本宣科。⑤

比较商代颜色的分类和象征,对于理解“五行说”的构建至关重要。显然,商代

① Turner, *The Forest of Symbols*, esp. ch. 3, 69 - 71.
② Ibid., 89 - 90.
③ Daniel Sperber, *Rethinking Symbolism*, Cambridge Studies in Social and Cultural Anthropology, Cambridge University Press, 1975.
④ 关于这个问题的更多讨论,参看 George Lakoff, *Women, Fire, and Dangerous Things: What Catrgories Reveal about the Mind*, University of Chicago Press, 1987, esp. preface and 12 - 57; also Feancisco J. Varela, Evan Thompson and Eleano Rosch, *The Embodied Mind: Cognitive Science and Human Experience*, MIT Press, 1991, 157 - 171.
⑤ 参看 John Skorupski, *Theory and Symbolism*, Cambridge University Press, 1976. 在这本书里,作者作出强有力的论证,认为有必要在明确的字面上的宗教信仰与参与者自身没有意识到的象征层面之间作出区分。

颜色分类与象征体系和后来的"五行说"，在结构上存在着相似性。换句话说，"五行说"的颜色模式，可能就是从商代颜色分类中发展来的。重建商代颜色分类，研究商代祭祀中颜色运用的例子，我们可以发现，商代显然已经为后来的体系构建奠定了基础。

以杰克·古迪(Jack Goody)的观点为基础，约翰·亨德森(John Henderson)和艾兰都认为，东周时期(前八—前三世纪)文字的广泛运用，是古代中国相关体系构建的主要原因。[①] 艾兰还说："文献化不仅带来了神话怀疑派的产生，同时也促进了思想理论化。商代思想中的对立组合结构关系是隐含的，后来由于文学的发展而变得明显易辨了。在这种发展中，对应性思维原则并没有被抛弃，而是系统化了，成为外露的科学体系。"[②]

以前，学者们只把文献资料，尤其是哲学著作，作为研究"五行说"产生时代的依据，没有意识到"五行说"的形成是一个漫长而复杂的过程，在各种传统和社会实践中都有深厚的根基。现在，要重新思考中国思想中"五行说"的产生和发展，我们就无法回避考古和甲骨文提供的新证据。

原文 "Shang Ritual Animals：Colour and Meaning"，*Bulletin of School of Oriental and African Studies*，70.2，70.3，2007. 郅晓娜译。

---

① 参看 John B. Henderson，*The Development and Decline of Chinese Cosmology*，Columbia University Press，1984，esp.1-46；Sarah Allan，*The Shape of the Turtle*，13-14，174-176.

② Allan，*The Shape of the Turtle*，176.

殷人的颜色观念与五行说的形成及发展

　　五行说的正式出现大约在战国晚期。公元前239年，秦相国吕不韦从四方招募了各家学者编纂《吕氏春秋》；该书分"纪""览""论"三部分，在十二篇"纪"的开头都有一段关于季节与人事的叙述，它们的来源当是古代"月政"一类的历法，主要讲国家大事以及君王的活动必须与季节配合。《礼记》里把这十二篇文字合编为一篇，称之为"月令"。作为古历书一类的文献，它形成的时间不会晚；《逸周书》内就有"月令"的存目，但文字已经遗失，所以无法确定它们是否同源。而且，就出土资料来看，在春秋战国时，各地可能都流行着不同的"月令"。

　　"月令"是五行说宇宙观方面的集大成者。它把所有的事物都按照"五行"系统进行分类，认为它们之间有一种相联关系，比如说季节时间、日月星辰、数目、自然物质、鸟兽、音律、味道、祭祀、颜色、方位等都相互关联。

"月令"五行系统相配表

五色	五行	五帝	五神	五方	五虫	五音	五味	五臭	五祀	五脏	五谷	五畜	天干	数字	季节
青	木	太皞	句芒	东	鳞	角	酸	膻	户	脾	麦	羊	甲乙	八	春
赤	火	炎帝	祝融	南	羽	徵	苦	焦	灶	肺	菽	鸡	丙丁	七	夏
黄	土	黄帝	后土	中	倮	宫	甘	香	中霤	心	稷	牛	戊己	五	
白	金	少皞	蓐收	西	毛	商	辛	腥	门	肝	麻	犬	庚辛	九	秋
黑	水	颛顼	玄冥	北	介	羽	咸	朽	行	肾	黍	彘	壬癸	六	冬

　　颜色作为五行说的一个组成部分，通常也称作"五色说"。五种颜色赤、白、黄、青、黑，跟其他的组成部分发生对应关系，可以说它是五行说的一块重要基石。研究"五色说"，特别是颜色跟"五行""五方"和"五帝"的关系，对我们弄清五行说的起源、形成和发展具有十分重要的意义。

我在这篇论文里将把这种探索上推到目前最早的书写材料,即殷墟出土的商代甲骨刻辞。我先讨论甲骨文里颜色词的基本用法,以及颜色在殷代祭祀中的含义。现代语言学和人类学的调查与理论对我们理解中国古代的颜色及其含义有相当的启发。虽然甲骨文中的颜色词大部分都延续下来了,可是商人的颜色分类跟后世的颜色分类并不完全相同;在商人的祭祀系统里,不同的颜色当有不同的象征含义。商人祭祀时专门对祭牲的颜色进行占卜,表明他们对某种颜色是有所选择的。这种传统一直延续到后来的祭祀习俗里。

通过把甲骨文中的材料与后来的传世文献进行比较,我将进一步考察颜色观念和颜色象征主义在五行说形成过程中的具体影响,看它跟哪些因素逐渐融合,最终导致了一种极端系统化的理论的诞生。所以,这项研究主要是对五行说形成过程中某些基本要素的历史性考察。下面,我将分别进行讨论。

一、商代的颜色词及其分类

后来文献里常用的一些基本颜色词(basic colour terms)大都可以在甲骨文中找到它们的前身。我们先来看古汉语中最常用的表示红颜色的词"赤",它在甲骨文中写作""或"",许慎的《说文解字》把它当作一个会意字,"从大从火"。赤在上古音里为昌母铎部,从发音上看它可能跟古藏语的"红色""血"有关系。[①]

"赤"字在甲骨文中有用作颜色词的例子,如形容马的颜色:

乙未卜,景,贞:自贾人赤驳,其翔不尔,吉。

《合》28195

乙未卜,景,贞:在渾田,黄,右赤马,其翔……

《合》28196

癸丑卜,景,贞:左赤马,其翔不尔。

《合》29418

这是几条同文的何组卜辞,商王和他的贞人所关心的是用来驾车的马是否应该是赤色。"驳"字在《诗经》里出现过多次,例如《鲁颂·有驳》:"有驳有驳,驳彼乘黄",《毛

---

① 古藏缅语里的"红"(血)可重构为 * tsyak,参见周法高《音韵学论文集》附录一,香港中文大学,1984年。

传》："駓，马肥强貌。"①

　　还有一条疒组卜辞，句中亦见用"赤"字，但是具体是什么意思不易断定：

　　　　戊午卜，㱿，贞：我狩麶，擒；之日狩，允擒。获虎一，鹿四十……狐百六十
四，麛百五十九。〓赤有友三，赤小……四……

《合》10198f

李圃认为这里的"赤"字是指狩猎时放火烧山。② 但从上下文看，它也许是动物的名字。

　　另外，"赤"也有作人名的例子：

　　　　甲寅，贞：……射比赤……

《合》33003

　　这是一条历组卜辞。两周金文里也同样有"赤"作人名的例子（如《薛仲赤簠》）。文献里也常可以读到"赤夷""赤狄"之类的名字；在古代，用颜色来命名是一种比较普遍的现象。

　　除了"赤"字外，甲骨文里还有另外一个表示红颜色的字，"騂"，罗振玉已经认出它是后来"骍（騂）"字的初文。③ 它在卜辞里指一种近红色的牛。例如：

　　　　……騂，燅祖乙。

《合》32564

　　　　丙午卜，贞：康祖丁祊，其牢騂。

《合》36003

《诗经·鲁颂》"有骍有骐"，《毛传》："赤黄曰骍。"孔颖达疏："骍为纯赤色；言赤黄者，谓赤而微黄，其色鲜明者也。"④这种解释显然是从颜色的光亮度着眼，而不是色素本身。

　　在后来的文献里，这个"騂"有时保留了它原来的字形，例如西周金文《大簋》"王……易（锡）努騂牭"⑤、东周的《者减钟》"不帛不騂"⑥，春秋晋国《侯马盟书》中也

① 《毛诗正义》卷二十，《十三经注疏》，中华书局，1980年，第610页。以下所引《十三经》，若不专门注明，均用此版本。
② 李圃：《甲骨文选注》，上海古籍出版社，1989年，第188—194页。
③ 见李孝定《甲骨文集释》，台北"中研院"，1965年，第3074页。
④ 《毛诗正义》卷二十，《十三经注疏》，中华书局，1980年，第610页。
⑤ 上海博物馆：《商周青铜器铭文选》，文物出版社，1986年，第395页。
⑥ 同上书，第534页。

有"羍牺"①。这些资料中,"羍"都是单独作为一个颜色词来使用的。可在其他一些地方,它只是作为形声字的一半,例如《秦石鼓文》作"辞"②,《说文》里还有两个形声字"垟"和"觪",都是以"羍"作声符,同时也可能表示颜色的字义。在大部分情况下,声符被"辛"取代;《诗经》里有"享以骍牺""白牡骍刚"③。总之,不管书写形式如何不同,这个字都是作形容词,表示颜色。

其实,这个字最早可能是"澕牛"的合文。我们找到两条历组卜辞:

丁丑卜:王其彳澕牛于……五牢。

《合》29512

……登澕牛,大乙白牛,惠元……

《合》27122

这两条卜辞里的祭牲都有"澕牛",到了无名组和黄组卜辞里,它们可能就写作合文"羍"了。在不少例子中"羍"和"物"常常同时出现,而且都写作合文;例如:

妣辛岁,惠羍,吉。

惠物。

《屯南》2710

如果"羍"真的是合文,后来转化为形声字,那么,"羊"大概是表示声符。从古音上讲,"辞"是心母耕部,"羊"是余母阳部,它们一个声母是舌边音,一个是齿头音,韵部可以旁转。

用来表示白颜色的"白"字,在甲骨文中除了有时作地名外,也用作官名,通"伯"。"白"用作形容词时,很明显地是指白颜色,一般是修饰祭牲祭品的颜色,例如"白牛""白羊""白豕""白彘""白黍"。即使当动物不是祭牲,而是狩猎所获的猎物时,也有标明它们颜色的情况,例如"白狐""白鹿",甚至"白兕"。由于它在甲骨文里的使用很频繁,这里就不再一一举例了。

值得注意的是在有的卜辞里,我们读到"白人""白羌"的用法:

乙丑卜,……贞:……白人。

燎白人。

《合》1039

---

① 山西文物工作委员会:《侯马盟书》:17:1,文物出版社,1971年。
② 见郭沫若《石鼓文研究》,"先锋本"拓本;《郭沫若全集——考古编》,第9集,科学出版社,1982年。
③ 《毛诗正义》卷二二。

> 壬子卜，宁，贞：惠今夕用白羌于丁。用。

《合》293

有的学者把这里的"白"读作"百"。可是，在甲骨文里，当写作"百"时，在字形上是有意加以区别的。这里的"白人"可能是指一种与商人不同族的部族。[①]

现在我们来看甲骨文中"黄"字用作颜色词的例子。关于它的字形，郭沫若原先认为是表示人佩戴玉，[②]而唐兰认为它是"尪"的本字，表示腹部胀大的巫。[③] 卜辞中它同样用来修饰祭牲，如"黄牛"：

> 乙卯：其黄牛，正，王受有祐。

《合》36350

但有时它也用来表示金属的颜色：

> 丁亥卜，大……基铸黄吕……凡，利，惠……

《合》29687

> 王其铸黄吕，奠盟，惠今日乙未，利。

《英》2567

周代金文中亦有用"黄"修饰金属的例子，《白公父簠》："其金孔吉，亦玄亦黄。"[④]

由于书写上字形近似，甲骨文里的另一个字"𡥍"常常跟"黄"字混在一起，直到于省吾才将它与"黄"字区分开来，释为"黑"。[⑤] 严格地说，甲骨文中的这个字很可能不是后来"黑"字的直接前身，而是"堇"字的初文。[⑥] 在甲骨文的一些例子中，它跟天气有关，可以读作"暵(旱)"。[⑦] 这个字作为颜色词用时，同样形容祭牲颜色，例如"黑(堇)牛""黑(堇)犬""黑(堇)豕"。由于它有时写作"𡥍"或"𡥍"，如果不了解它们只是同字异体，往往会把卜辞理解错。例如，《粹》551：

> 其用𡥍牛。

郭沫若把这个字隶定为"𦰩"，读作"缙"的假借字，表示红色。而有的学者则把它解

[①] 持这种意见的学者有姚孝遂，见《商代的俘虏》，《古文字研究》第 1 辑，1979 年，第 378 页。

[②] 郭沫若：《金文丛考》，人民出版社，1954 年，第 162—174 页。

[③] 唐兰：《毛公鼎"朱韨，蔥衡，玉环，玉琮"新解》，《光明日报》1961 年 5 月 9 日。

[④] 《商周青铜器铭文选》，第 301 页。

[⑤] 于省吾：《甲骨文字释林》，中华书局，1979 年，第 227—230 页。

[⑥] 关于此字新的考证，见陈昭容《古文字中的"𡥍"及从"𡥍"诸字》，《汉学研究》第 6 期第 2 号，1988 年，第 135—173 页。

[⑦] 见唐兰《殷墟文字记》，中华书局，第 82—86 页。

释为用火烧驼背的人牲。①

甲骨文里亦已经有了用"幽"作为颜色词的情况,例如:

　　　　惠幽牛,又黄牛。

《合》14951

还有一条卜辞作:

　　　　乙巳,贞:苇禾于戮三玄牛。

《合》33276

这里"玄牛"的"玄"字可能只是"幽"的简化字。

用作颜色词的"幽"和"玄"字,它们在《现代汉语词典》中的定义都是"黑色",可《说文》里对"玄"的解释却是"幽远也,黑而有赤色为玄"。甲骨文时代"幽"跟"玄"的字义可能没有多少区别。到了《诗经》的时代,"幽"跟"玄"的字义已经有所分化了,例如《小雅·隰桑》"其叶有幽",注:"幽,黑色也。"《小雅·何草不黄》"何草不玄",注:"玄,赤黑色也。"②虽然两个字都是用来形容植物的颜色,但它们的意思并不完全一样。

甲骨文中所见的颜色词,比较复杂的是"勿"(物)字。关于甲骨文中"物"字的含义,学者们已经有不少讨论。它在一些例子中明确表示祭牲的颜色,可是究竟是指杂色牛还是黑色牛,学者中存在很大的分歧。

金祥恒先生最早指出"物"可能是"勿牛"的合文。③ 在甲骨文里,"勿"不光跟"牛"字,还可以跟其他的字结合,例如"𤘓"(勿牢)、"𤘉"(勿马)、"𤙗"(勿牡)、"𤙚"(勿牝)。最近,裘锡圭先生又讨论了这个"勿"字,他认为"物"字仍然应该理解作杂色牛,而且,"勿"最初的含义可能跟"刎"("区分开来")有关。④ 从甲骨文和文献证据来看,这种看法很有道理。在先秦文献中,"物"字的含义很复杂。作普通名词用,它可以表示颜色,例如《左传》桓公二年:"五色比象,昭其物也。"⑤《周礼·保章氏》"以五云之物辨吉凶水旱降丰荒之祲象",郑玄注:"物,色也;视日旁云气之色。"

---

① 见 Chang Tsung-Tung 1970,第 249 页;Serruys 1974,第 105 页。
② 《毛诗正义》卷十五。
③ 金祥恒:《释物》,《中国文字》第 30 期,1968 年,第 1—11 页。
④ 裘锡圭:《释"勿""发"》,《古文字论集》,中华书局,1992 年,第 70—84 页。
⑤ 《春秋左传正义》卷五。

孙诒让正义:"凡物各有形色,故天之云色,地之土色,物之毛色,通谓之物。"①"物"的另外一种用法是作动词,有"观察""区分"的意思。例如《周礼·草人》"掌土化之法以物地",郑玄注:"物,占其形色为之种。"②这也跟颜色有关。

在一条新公布的甲骨卜辞里,"勿"字的用法很特别:

> 癸丑卜,行,贞:翌甲寅毓祖乙岁,惠幽勿牛。兹用。
>
> 贞:惠黄勿牛。

沈之瑜先生坚持这里的"勿"字表示黑色。③ 可是从语义逻辑的观点来看,要把"幽勿牛"解释成"黑色的黑牛"很难说通。如果我们把它理解作"偏黑的杂色牛"就合理多了。其实,"物"字的复杂性还不在于它是否指杂色牛,而是它代表了一种颜色分类;在古代,它的内涵跟外延也是不断变化的。为什么它在有的语境下被理解为黑色,有时又是杂色,这也只有在弄清楚了它的演化过程以后才可以理解。

另外一个比较有争议的字是"戠"。在甲骨文里,它用作名词和动词。④ 可是在一些例子中,特别是在晚期的黄组卜辞里,它也有可能用作形容词,表示颜色,例如"戠牛"和"戠兕":

> 丙申卜,贞:康祖丁,其牢。
>
> 其戠牛。兹用。

《合》35995

> 壬午,王田于麦麓,获商戠兕,王锡宰丰寝小䴊兄。在五月,隹王六祀,肜日。

《佚》518

这里有两种不同的读法。一是把这个"戠"读作"炽",表示棕红色。《尚书·禹贡》"厥土赤埴坟",历代注家都认为"埴"跟"戠"可以相通,可能是指一种赤土。⑤ 金文里有不少地方用"戠衣"一词,有学者把它读作"织衣",但也有可能理解为表示衣服的颜色。⑥《墙盘》里有这样一句:"柠角爨戠光,义(宜)其窭祀。"连劭名认为这里的

---

① 孙诒让:《周礼正义》卷五一,中华书局,1987 年。以下所引《周礼》,均出此书。
② 同上书,卷三十。
③ 沈之瑜:《甲骨卜辞新获》,《上海博物馆集刊》第 3 期,1989 年,第 157—179 页。
④ 比较新的讨论见裘锡圭《说甲骨卜辞中"戠"字的一种用法》,《古文字论集》,第 111—116 页。
⑤ 孙星衍:《尚书今古文注疏》卷三,中华书局,1986 年,第 154—155 页。
⑥ 例如,陈汉平认为"戠"指黄颜色,见《西周册命制度研究》,学林出版社,1986 年,第 226—228、292 页。

"騂"字是指牛角的颜色。[①]

可是,也有的学者把古书里的"歆"读作"特",这种读法是根据古音学的通假原则,因为"歆"跟"特"都是定纽职部,上古音可以相通。可是,"特"字在先秦文献里有几种不同的读法。

它可以表示数目,《尚书·尧典》"格于艺祖,用特",孔颖达注:"特,一牛。"[②]《国语·晋语》"子为我具特羊之飨",韦昭注:"特,一也;凡牲一为特,二为牢。"[③]可是有的人又把"特"字理解为指动物的性别。《说文》"特,特牛也",铉本曰:"朴特,牛父也。"段玉裁试图调解这两种不同的解释,他说:"特本训牡,阳数奇,引伸之为单独之称。"[④]总之,这个字在商代甲骨文中的词义还可以进一步探讨。

就目前已经发现的甲骨文中的颜色词来看,即使有个别的词还不能完全确定,可以说商人对颜色的认识已经很发达了。从甲骨文里辨认出这些常用的颜色词并不十分困难,因为它们在后来的铭文和传世文献中继续使用着。可是要想更深一步地了解这些颜色词的词义关系和演化过程,就必须把它们所代表的颜色分类联系起来作整体的研究。通过研究甲骨文中的颜色词,我们也可以试图重建商代人的颜色分类系统。

重建古代的颜色系统有一定的困难。首先,我们必须看到,即使同样的字跟现代汉语相比没有太大的区别,它们的内涵和外延也并不是一成不变的。商代系统跟我们今天的颜色分类可能并不一样。赵诚先生在讨论甲骨文的词义系统时曾涉及这个问题,他注意到后代所谓的铁灰在甲骨文时代当归于黑,浅灰当归于白,后代典型的棕色当时可能归在黄色里面,而浅黄则可能归之于白,金黄色归之于赤,商代的颜色分类中白、赤、黄、黑的外延要比后代的广得多。[⑤]

由于颜色的分类系统常常因文化背景的差异而有所不同,所以我们不能完全用今天的划分界限和标准去贯穿古今。例如,美国人类学家康克宁(H. Conklin)于二十世纪五十年代在菲律宾群岛的汉努诺人(Hanunoo)中作调查时发现,他们对颜色的划分有一套跟西方人不同的标准。[⑥]他们把颜色分为四类:A. (ma)lagti,包括白色以及所有的浅色;B. (ma)biru,包括黑色以及所有偏黑的颜色;C. (ma)rara,包

---

① 连劭名:《史墙盘铭文研究》,《古文字研究》第 8 辑,1983 年,第 35—36 页。

② 《尚书正义》卷三。

③ 《国语》卷八,上海古籍出版社,1988 年,第 286 页。

④ 段玉裁:《说文解字注》,上海古籍出版社,1981 年,第 50 页。

⑤ 赵诚:《甲骨文词义系统探索》,《甲骨文与殷商史》第 2 辑,1986 年,第 10—11 页。

⑥ Conklin 1955.

括红色和橘黄色；D. (ma)latuy，包括黄色、绿色和棕色。而且，在区别各种不同颜色时，汉努诺人使用"干/湿"对比作为划分的标准。总的说来，人类对颜色的感官认识涉及三个方面：色素(hues)、亮度(brightness)和浓度(saturation)，三者是互相影响的，有时还重叠在一起。

任何颜色分类系统的形成都有一个演化过程。美国学者博林(B. Berlin)和柯义(P. Kay)在二十世纪六十年代发表了《基本颜色词：普遍性及其演进》[①]一书。在书里，他们收集了近百种不同语言的资料进行比较研究，发现人类对颜色的感官分类具有一种普遍性，而且，这种系统的形成遵循着一个固定的演化程序：

第一阶段：　　　黑—白
第二阶段：　　　红
第三阶段：　　　A 式：绿—黄
　　　　　　　　 B 式：黄—绿
第四阶段：　　　蓝
第五阶段：　　　棕
第六阶段：　　　浅红、橘红、灰色

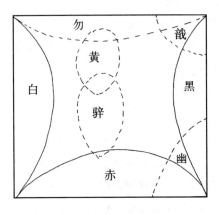

把这个所谓的基本规律跟中国古代的颜色分类相比较，我们会发现它们在相同之中又有所不同。从甲骨文自身提供的线索来看，商人的颜色分类大概由五个部分组成：白、赤、黑、黄，加上表示杂色的"勿"。在甲骨文里我们还发现有其他一些颜色词，例如幽、戠，但它们可能归在其他的几个大类中，自己并不是单独的一类。我们可以把商人的颜色分类用左面这个图表示出来：

关于这个系统演化过程中最特殊的，我认为要数表示杂色的"勿"类。最早的分化可能是"白"类跟"勿"类："白"本身没有颜色，它可能包括了所有的浅颜色；而"勿"类包括了所有的其他深颜色，换句话说，也就是只要不是"白"的颜色都可以涵括在"勿"色里。接着，"黑"被放到了色谱的末端，代表最深的颜色。明白了这个演

---

①　Berlin and Kay 1969.

化过程,我们才可以理解为什么"勿"字最初有"颜色"的含义,为什么在使用中它有时候会跟"黑"混淆起来,这都是早期颜色分类的特点所致。在古埃及语和索马尔语中也存在类似表示杂色的颜色分类。①

最早从"勿"类中分化出来的新分类应该是"赤"。由于红色的强度高,它不但分化得早,而且涵盖面也大。甲骨文中的"羍"(橘红)、"幽"(暗红)可能都属于"赤",它们所修饰的祭牲在祭祖礼中的使用情况基本一致。应该是在差不多的阶段,"黄"类也分化出来了,由于它是从"勿"类中分化出来的,夹在"赤"跟"黑"的中间,所以它具有暖色及冷色的双重性。

把甲骨文中所见的颜色系统跟后来的颜色系统比较,它们之间显然有一种前后相承的发展关系。在商代,除了"勿"是一种特殊的颜色分类外,其他四种分类(白、赤、黄、黑)都是后来"五色"说中的基本成分。晚出的"五色"系统中多了一个"青",追索一下"青"字出现的经过对我们研究古代颜色系统的发展很有帮助。

我们在甲骨文里没有发现"青"字,虽然有这个字字形的前身,但它不是作颜色词使用。考古学家已经发现商人使用绿颜料的证据,可是为什么没有表示这种颜色的词呢?这也许是一种偶然现象,即那个字存在过,但没有保存下来。另外一种可能的解释就是那个表示绿颜色的词在商代还没有分化出来,而是被包括在其他颜色分类中。

美国学者巴克斯特(W. Baxter)曾经讨论过这个问题,他认为在西周以前只有四种基本颜色分类:白、赤、黄、黑,"黑"类中包括了黑色、绿色和蓝色,而"青"字作颜色词用的情况出现较晚,它从字形、发音、词义上都跟"生"有关系。② 在西周金文里,"青"字作颜色词使用的例子仍然很少。《墙盘》(西周晚期)铭文里有一句话"青幽高祖",这里"青"和"幽"两个词一起使用,修饰名词"高祖",给人一种静穆森严之感。一般都把"青"读作"静"的假借字,可是也未尝不可以把这两个字都当成颜色词。在《诗经》里我们读到"绿竹青青""其叶青青"的句子,这里的"青"是用来形容植物的颜色。

可是,"青"字也可以用来形容天的颜色,例如"青天",而且,"青"还可以跟"苍""玄"等其他颜色词互换。③《庄子·逍遥游》中同时用"青"和"苍"来形容天色。古

---

① 参见 Baines 1985.
② Baxter 1983.
③ 日本学者清水茂曾经讨论过中国古典文学里的"青"字,他发现由于光亮度和浓度不一样,"青"字常常可以跟"黑(苍)""绿""蓝"混淆。见清水茂《说"青"》,《王力先生纪念文集》,香港中国语文研究会编,1987年,第141—162页。

人也曾经注意到这个问题,葛洪《抱朴子》里有一段话:

> ……天无质,仰而瞻之,高远无极,眼瞥精极,苍苍然也,譬旁望远道黄山而皆青,俯察千仞之谷而黝黑。夫青冥色黑,非有体也。[①]

前人多半把这种矛盾当成了古代表现方式所固有的可变性和不定性,产生于感官及想象的模糊性。[②] 这其实同样是颜色分类的问题所致。

研究语言应该跟研究社会联系起来,可是必须避免简单化。有一种比较流行的观点把人类感官对颜色的分类跟社会进化直接相提并论,认为越是原始的社会,对颜色的分类也就越简单;相反,越是发达的社会,颜色的分类系统就越复杂。[③] 可是,实际情况必然要复杂得多,颜色分类除了跟社会生产活动相联系之外,还跟人的自然环境、文化传统等一系列因素有关。正是由于颜色的这种复杂性,我们可以通过对颜色的研究来加深对某些特殊文化的认识。

二、商代祭祀中的颜色及其含义

从上面的讨论可以看出,商代甲骨文中的颜色词基本上是用来修饰祭牲颜色的。要想弄清颜色在商人祭祀中的含义,最重要的方法是考察它出现的具体场合、祭祀的过程和祭祀的对象。由于过去对甲骨材料的掌握不够,对人类学的调查和理论也了解有限,以往的学者大都没有重视这个问题,或者是否认颜色在商代祭祀中的意义。[④] 其实,商人对祭祀用牲的颜色是有所选择的,有时这种区分还很严格。对不同的颜色专门进行占卜,见下面的例子:

> 庚子卜:祖辛岁,吉,不用。
> 惠羍。
> 惠幽[牛]。
> 惠勿牛。

《屯南》139

> 丁丑卜:妣庚史(事);惠黑牛,其用佳。

① 这段文字不见于今本《抱朴子》,引自《太平御览》卷二。
② 十九世纪,歌德在《色彩论》中就这样说过,见 Goethe 1840,第 242 页。
③ 胡朴安:《从文字学上考见古代表色本能与染色技术》,《学林》第 3 号,1941 年,第 53—67 页。
④ 例如张秉权就认为虽然卜辞里提到了祭牲的颜色,可是没有特殊的含义,见《祭祀卜辞中的牺牲》,《史语所集刊》第 3 号,1968 年,第 225—226 页。

　　惠羊。

　　惠幽牛。

　　惠黄牛。

《屯南》2363

这里,贞人对各种不同颜色的祭牲进行了选贞,他想知道的是哪种颜色的牛更适合那个特定的祭祀场合。面对这样的例子,我们就很难否认颜色在祭祀中的特殊意义了。

　　中国境内的一些少数民族也保留了类似的习俗。例如,南方的拉祐族,巫师分白、黑、红三种,各行其职。西南彝族在举行"吉尔"(驱鬼)仪式时,一定要用黑色的公鸡、公猪、公羊,而在举行祭祖求福一类的仪式时,一般挑选白色的祭牲。北方的鄂温克族信仰萨满教,在他们的"乌麦"(招魂)仪式上,对祭牲的颜色有一定的要求,"夜间跳神之前,杀一只黑色的驯鹿,当作萨满去往另一个世界的骑乘;……次日,再杀一只白色驯鹿供祖神'玛鲁'"①。

　　对颜色象征含义的研究,人类学家在这一方面已有所突破。二十世纪六十年代,英国人类学家维克多·特纳(Victor Turner)对非洲的恩登布人(Ndembu)祭祀所用的颜色分类及其含义作了细致的调查和分析,他发现恩登布人的颜色系统由白、红、黑三种颜色组成,其他表示颜色的词汇都是从其中衍生出来的,它们在祭祀里的含义很丰富。②

　　白色象征着:(1) 美好善良;(2) 健康强壮;(3) 洁净卫生;(4) 好运气;(5) 有力量;(6) 成熟长生;(7) 生命繁殖;(8) 变得年轻;(10) 不流眼泪;(11) 首领权威;(12) 人与祖先之灵的相会;(13) 缅怀记忆;(14) 慷慨大方;(15) 猎人;(16) 友好微笑;(17) 主要食物;(18) 显露出来;(19) 解脱窘境。

　　红色主要跟血发生联系:(1) 动物的血;(2) 女人的血;(3) 母亲分娩所流的血;(4) 屠杀的血(也用于割礼所流的血);(5) 祭师的血;(6) 用来形容精液——白血(要是说精液是红的或是黑的,就等于说那个人没有生育力);(7) 红的东西(血、人、禽兽)都具有一种威力,会带来死亡(巫师给木偶涂上血,让它杀人)。红色的象征含义是双重性的,既是善良又是邪恶,两者合为一体。

　　黑色的含义跟白色相反,它象征着:(1) 邪恶;(2) 凶运;(3) 不洁净;(4) 受折

---

① 见吉克·尔达·则伙(口述)《我在鬼神之间——一个彝族祭司的自述》,云南人民出版社,1990 年,第90、92、94 页;蔡家麟《中国北方民族的萨满教》,收入宋恩常编《中国少数民族宗教》,云南人民出版社,1985 年,第 12—30 页。

② Turner 1967, 59-92.

磨；(5) 疾病；(6) 死亡；(7) 性欲；(8) 黑夜；(9) 巫术。

特纳还指出，颜色的象征含义跟人的感官感觉有密切的联系，它带有人类体质经验，同时也带有社会关系的痕迹，常常被用来作为分类的依据。由于人们对颜色的经验可以改变他们的日常处境，它被理解为一种神秘的力量；正是如此，神圣跟世俗就对立开了。颜色在宗教祭祀中占有重要的位置。

中国古代商朝人的思想当然不会跟现代少数民族以及非洲恩登布人的思想完全一样，但是它们之间有某种共通的东西。下面我就对甲骨卜辞里有关祭牲颜色的材料作一番讨论。

先看白色。文献中历来有"商人尚白"之说。[①] 最近，裘锡圭先生在一篇文章里讨论了白马在商代格外受到重视。[②] 在殷墟卜辞里，白色的祭品多用于奉献祖先；例如：

> 丙子卜：燎白羊，豕……父丁妣癸，卯𤉡……
>
> 《屯南》2670

> 戊子卜：至子禦父丁白豕。
>
> 《合》22046

> 戊寅卜：燎白豕，卯牛于妣庚。
>
> 《英》1891

而且，在𡧊组里，白牛作为重祭，多用于祭祀王亥、大甲、夒一类的"高祖"：

> 贞：侑于王亥，惠三白牛。
>
> 《合》14724

> ……壳……刿侑大甲白牛。用。
>
> 《合》1423

> 辛酉卜，𡧊，贞：燎于夒白牛。
>
> 《人》0001

到了出组里，白牛多用于祖乙：

> ……白牛其用于毓祖乙，哉。
>
> 《合》23165

① 有的学者根据殷墟卜辞里有各种颜色的祭牲，不同意文献里传统的说法，如黄然卫《殷礼考实》，台湾大学，1967 年，第 6—18 页。

② 裘锡圭：《从殷墟甲骨卜辞看殷人对白马的重视》，《古文字论集》，第 232—235 页。

　　……王……乙丑：其侑彳岁于祖乙，白牡；王在刂卜。

《合》22904

　　历组里还有几条卜辞（《合》32330、34103，《屯南》2707）提到用白豭祭祀集合的先祖群（"自上甲……"），而且祭祀在不同的祖先宗庙里举行。

　　从现代人类学的调查中，我们知道白色在祭祀场合下，往往象征着和谐、尊敬以及生命的延续。在祭祖礼中使用白色的祭品，这意味着缅怀祖先，承认祖先的权威，与祖先的灵魂相会。

　　另外，在"奉生"礼仪中，有时也专门标明祭牲是白色的公猪：

　　辛巳，贞：其奉生于妣庚，妣丙，牡，豘，白豭。

《合》34081

　　乙巳，贞：丙午酻，奉生于妣丙，牡，豘，白[豭]。

《合》34080

这里使用白色的雄性动物应该跟希望繁殖的愿望和活动有关系。

　　在祭祖礼中用红色祭牲似乎也可以用红色是生命的一种象征来解释。商人所用的红色祭牲主要是"羍"，前面讨论颜色词时已经说过，这个字是后来"骍"的初文，在甲骨文里它指一种毛色近红，更确切地说是黄色中带红色的牛。

　　早期的甲骨卜辞里并没有见到用"羍"的例子。除了历组里所引用过的那两条带"藻牛"的卜辞外，其他例子主要来自无名组和黄组，例如：

　　惠羍，王受祐。

《合》27575

　　惠羍……吉。

《合》29514

　　在周代的祭祀中，红色的祭牲占了主要地位。《尚书·洛诰》记载了用骍牛祭祀文王和武王。《诗经》里有更为生动的描写：[1]

　　祭以清酒，从以骍牡；享于祖考，执其鸾刀，以启其毛，取其血膋；是烝是享，苾苾芳芳；祀事孔明，先祖是皇。报以介福，万寿无疆。

　　清酒既载，骍牲既备，以享以祀，以介景福，瑟彼柞棫，民所燎矣，岂弟君子，神所劳矣。

---

① 《毛诗正义》卷十三、十六、二十。

皇皇后帝,皇祖后稷,享以骍牺,是飨是宜,降福既多,周公皇祖,亦其福女。

后人往往用"三统说"来解释为什么周人喜用红色。从甲骨文的证据看,这个传统是殷墟晚期兴起的。无论最早的感官经验是跟血还是跟火有关,红色总是代表了生命。用红色的祭牲祭祀祖先,一定也跟希望得到祖先神灵保佑的愿望有关。

商人祭祖礼中常用的另外一种祭牲是"物"(勿牛合文),前面考证颜色词时已经说过,它应该是杂色的牛。"勿"最初可能包括了所有深颜色的动物。商人祭祀中使用"物"的情况比较复杂。在早期的贞人组里,杂色祭牲的用法跟白色祭牲的用法并无多大区别,有时勿牛跟白色祭牲同时出现,例如:

……卯,子祝入,岁……毚,三小宰……勿牛白豕……岁祖乙二牢……用。

咸……惠……祝……

《合》19849

从字体看,这是一条自组(或子组)卜辞,属于武丁早期。宾组里有许多用勿牛的卜辞,有的卜辞还提到商王专门四处讨求勿牛的事(《合》11156、11157、11181、11182)。

可是到了出组和何组里,情况似乎起了一些变化。勿牛仍然出现,但往往是在否定性的句子中,例如:

丙戌卜,行,贞:翌丁亥父丁岁,其勿牛。

贞:弜勿。

《合》23215

癸丑卜,何,贞:其牢又一牛。

癸丑卜,何,贞:弜勿。

癸丑卜,何,贞:惠勿。

《合》27042

这里贞人似乎有点拿不定主意,他想知道用杂色牛合适不合适。

历组卜辞中提到勿牛的情况可以分两类,一类跟宾组差不多,另一类近似于出组、何组,这表明历组的年代可能跟宾组、出组有交错。无名组的情况比较特殊,出现了"有正"一类的命辞:

惠勿牛,有正,吉。

王宾母戊……有正,吉。

《合》27591

这种情况到了最晚的黄组里发展成"物"(勿牛合文)与"牟"(骍牛合文)对贞,例如:

> 甲子卜,贞:武乙祊,其牢。兹用。
>
> 其牢又一牛。
>
> 惠牟。兹用。
>
> 惠物。
>
> 丙寅卜,贞:武丁祊,其牢。
>
> 其牢又一牛。
>
> 惠牟。
>
> 惠物。
>
> 癸亥卜,贞:祖甲祊,其牢。
>
> 其牢又一牛。
>
> 惠牟;兹用。
>
> 惠物。

《合》35818

商人对杂色祭牲的态度也影响了后来周人的祭祀,也许正是周朝人对红色的选择导致了他们对杂色的贬低。后来的传统里,对使用杂色的祭牲是有规定的,而且逐渐采取了排斥的态度。《周礼·地官·牧人》:"凡时祀之牲,必用牷物;凡外祭毁事,用尨可也。"《秋官·犬人》:"凡祭祀,共犬牲,用牷物;伏瘗亦如之;凡几珥沈辜,用尨可也。"[①]《考工记》谈到祭祀用玉时说:"天子用全,上公用尨(龙)。"[②]《论语》记载,孔子曰:"犁牛之子骍且角,虽欲勿用,山川其舍诸?"[③]虽然是反语,也证明了对杂色祭牲一般是不看重的。

《公羊传》里对祭牲的颜色作了等级划分:"周公用白牡,鲁公用骍牣,群公不毛。"[④]《礼记·郊特牲》:"告幽全之物者贵纯之道也。"[⑤]汉代扬雄《法言》把祭牲颜色区分看得更加重要,他说:"犁牛之鞹与玄骍之鞹有以异乎?曰:同。然则何以不犁也?曰:将致孝乎鬼神,不敢以其犁也。"他把祭牲颜色的纯不纯,看成了君子品德

---

① 《周礼正义》卷二三、六九。
② 同上书,卷八八。
③ 《论语注疏》卷六。
④ 《春秋公羊传注疏》卷十四。
⑤ 《礼记正义》卷二六。

的象征:"牛玄骍白,晬而角,其升诸庙乎? 是以君子全其德。"①

　　现在我们再来看殷人的信仰,其中黑色有没有什么特殊的含义呢? 殷墟卜辞中提到黑色祭牲的例子不太多,在无名组卜辞中有几条关于雨祭的卜辞涉及祭牲的颜色,黑羊和白羊对贞:

　　　　雨,惠黑羊,用,有大雨。
　　　　惠白羊,有大雨。

　　　　　　　　　　　　　　　　　　　　　　　　　　　　《合》30022

　　　　弜用黑羊,无雨。
　　　　惠白羊,用于之,有大雨。

　　　　　　　　　　　　　　　　　　　　　　　　　　　　《合》30552

还有一条,《屯南》2623,上面的卜辞与《合集》30552 相同,它们可能都属于"同套卜辞"。在这里,为了求雨和止雨,对祭牲的颜色进行专门的占卜。

　　中国古代神话中,黑色往往跟雨水发生关系。《山海经·海外东经》里对"雨师"的描述很形象:"(雨师妾)其为人黑,两手各操一蛇,左耳有青蛇,右耳有赤蛇。"②《左传》昭公二十九年中最早记载了"水正曰玄冥"的故事。③ 从字面上看,"玄""冥"都是晦暗不明的意思。同书中(昭公四年)还有这样一段话:"黑牡秬黍,以享司寒。"杜预注:"黑牡,黑牲也;秬,黑黍也;司寒,玄冥,北方之神,故物皆用黑。"④在《月令》中也有类似的记载:"天子乃鲜(献)羔开冰,先荐寝庙。"孔颖达在疏里引用了《左传》的材料,并明确地指出:"云黑牡秬黍者,以其祭水神,色尚黑。"⑤

　　在许多文化里,黑色都跟水相联系。非洲东部的瓦卜威人(Wmbugwe)求雨时,巫师把黑色的羊及牛犊放到太阳下暴晒,然后将它们的肚子剖开,将内脏撒向四方。瓦勾勾人(Wagogo)的雨祭也很类似,他们在祖先的坟墓前用黑色的动物祭祀,巫师在雨季期间必须身穿黑袍。马塔必勒人(Matabele)雨祭时用的灵器要用黑牛的血和胆汁制成。卡罗斯人(Garos)以及立陶宛人(Lithuanians)也有在雨祭时到高山上和森林里杀祭黑色动物的习俗。在古代印度,当一位婆罗门教士(Brahamn)要训练如何将他本人跟水融合为一体时,他必须穿上黑袍,吃黑色的食物,每天接触水三

---

① 扬雄:《法言》卷四(《二十二子》,上海古籍出版社,1986 年,第 814 页)。
② 袁珂:《山海经校注》,上海古籍出版社,1980 年,第 248—249 页。
③ 《春秋左传正义》卷五三。
④ 同上书,卷四二。
⑤ 《礼记正义》卷十五。

次。等到他主持雨祭礼仪的时候,他就会马上把黑色的祭牲跟黑色的雨云联系起来,在他心目中,雨的性质就是黑色。[1]

黑色在商代雨祭中的特殊含义可能跟巫术性有关。黑色的云是要下雨的前兆,在雨祭时采用燎祭,很可能是因为人们相信烧火产生的烟雾会导致天空积云下雨。殷人的雨祭中,对祭牲颜色的选择不是偶然的,而是基于它在祭祀系统中的含义。

最值得注意的是颜色跟殷人的宇宙观亦发生关系。从殷墟卜辞中可以看到,殷人常常为求年和求雨而祭祀四方。甲骨里有几版专门记载了“四方”及其“风”神的名字,这些名字可能跟殷人对季节变化的认识有关。胡厚宣等先生曾经对甲骨文中的“四方”之祭及“四方”风名作过详细讨论。[2]

商人对“四方”的祭祀跟他们的“社”祭有关,例如:

壬午卜:燎土,延方帝。

《合》21075

其方帝,膏土燎,惠牛。

《合》28111

庚午卜,衆雨于岳,雨。

……午卜,方帝,三豕又犬,卯于土宰,衆雨。

《合》12855

这里的“土”,可以读作“社”。过去不少学者把“膏土”读作“亳社”,最近李学勤先生指出,“膏”应读为“蒿”,“蒿土”大概就是“郊社”的意思。[3]

对方社进行祭祀的传统到了后代仍然流行,《诗经·小雅·甫田》“以我齐明,与我牺羊,以社以方”,《毛传》:“社,后土也;方,迎四方气于郊也。”郑笺:“以洁齐丰盛与我纯色之羊,秋祭社与四方,为五谷成熟,报其功也。”[4]

甲骨文中的“方帝”有两种读法:一种是把“帝”读为动词,通“禘”,禘祀在周代是作为祭祖礼的一种,[5]但在商代仅用于祭方、祭风之类的祭祀;另一种是把“帝”看

---

① 参阅 Frazer 1957,第79—109页。

② 胡厚宣:《释殷代求年于四方和四方风的祭祀》,《复旦学报》1956年第1期,第49—86页。

③ 李学勤:《比较考古学随笔》,香港中华书局,1991年,第25—26页。

④ 《毛诗正义》卷十四。

⑤ 参见崔东壁《经传禘祀通考》,《崔东壁遗书》,上海古籍出版社,1983年,第496—512页。亦见徐旭生《中国古史的传说时代》(增订本),文物出版社,1985年,第198—204页。

作名词,指四方之神灵。有人认为"帝"是上天之神,它是掌管、支配风雨雷电等自然现象的神灵。可是从甲骨文来看,在殷代"帝"可能还不光是指上天之神,它可以既是天神,又是地祇,它或者不止一个。[1] 后来的传统里,"上帝"跟"方帝"是不一样的。

那么,什么颜色跟"方"祭发生关系呢? 宾组中有几条祭祀四方的卜辞提及了祭牲的颜色:

> 贞:帝于东,坎𠤬犬,燎三牢,卯黄牛。
>
> 《合》14313
>
> 甲申卜,贞:燎于东三豕,三羊,𠤬犬,卯黄牛。
>
> 《合》14314
>
> 贞:燎东西南,卯黄牛。
>
> 燎于东西,侑伐,卯南黄牛。
>
> 《合》14315

《合》5658 是一块较完整的龟版,正面的卜辞是对贞,占天气和求雨时用的巫师:

> 甲子卜,㱿,贞:妥以巫。
>
> 贞:妥不其以巫。
>
> 丙寅卜,争,贞:今十一月帝令雨。
>
> 贞:今十一月帝不令雨。
>
> 翌己巳燎一牛。
>
> 其延雨。
>
> 不其延雨。

在龟版的背面刻了一条用牲的卜辞:

> 燎东黄𪊽。

"𪊽"也称为獬豸,在传说中是一种神兽。在求雨祭方时焚烧黄色的动物,可能跟商人对方神和地灵的信仰有关。

在后来的信仰和祭祀里,祭牲的颜色确实与祭方社有一定的对应关系。《诗经》里有一些记载,《周颂·良耜》"杀时犉牡",这是关于"秋报社稷"的祭祀,《毛传》:"黄牛黑唇曰犉。"孔颖达疏:"社稷用黝牛,色以黑而用黄者,盖正礼用黝;至于报功,

---

[1] 参见胡厚宣《殷卜辞中的上帝和王帝》,《历史研究》1959 年第 9 期,第 23—50 页;第 10 期,第 89—110 页。关于甲骨文中"帝"的新解释,见 Robert Eno 1990.

以社是土神,故用黄色,仍用黑唇也。"《小雅·大田》"来方禋祀,以其骍黑",《毛传》:
"骍,牛也;黑,羊豕也。"郑笺:"成王之来,则有禋祀四方之神,祈报鄅。阳祀用骍牲,
阴祀用黝牲。"[1]这跟《周礼》中的说法差不多,《地官·牧人》:"凡阳祀,用骍牲毛之;
阴祀,用黝牲毛之;望祀,各以其方之色牲毛之。"所谓"阳祀",可能指祭天;"阴祀"为
祭地及社稷;"望祀"则包括了五岳、四镇及四渎。[2]

中国古代有"天玄地黄"的说法,当然因为黄土高原泥土的颜色是黄的,很容易
把它们联系起来。五行说里,在中央代表土神的是黄帝,这虽然是系统化的结果,我
们也不能否认它来源于较早的信仰。甲骨文里除了"四方"外,还有"东母""西母"的
名称,一些学者认为商周时代的祭典里,他们应当是地界之神。[3] 卜辞里有一条
例子:

> 贞:燎……东母……黄[牛]。
>
> 《合》14342

殷墟卜辞里还有一条例子:

> 己亥卜,贞:不……示齐黄牛。
>
> 《合》14356

"齐"在甲骨文里一般作地名,可在这里不像是作地名,倒像是神名。于省吾认为它
是"稷"字的初文。[4] 早期神话里的土正为后土,田正为稷。[5] 这之间有没有联系都
是值得思考的问题。

三、颜色与宇宙论

不少学者已经注意到了,五行说的起源与古代的宇宙论紧密结合。对方位和
季节的最初认识应该是五行宇宙论的起源,也是五行说构架的雏形。艾兰
(S. Allan)在研究商代的宇宙观时发现,占卜所用的龟可能代表了商人的宇宙模型,
一些古代的神话透露了龟象征天地的含义。龟甲的形状为"亚"形,从二维空间看,

---

[1] 《毛诗正义》卷十四、十九。
[2] 《周礼正义》卷二三。
[3] 丁山:《中国古宗教与神话考》,龙门联合书局,1961年,第163页。
[4] 于省吾:《释林》,第244—246页。
[5] 《春秋左传正义》昭公二十九年,卷五三。

实际上是东、南、西、北、中五个方位；如果从三维空间看，就成了六个方位；这就是数字四、五、六在古代宇宙论中具有特别意义的缘故。[①]

　　文献里关于宇宙论较早的描述见于《尚书・尧典》，帝尧命羲和、羲仲、羲叔、和仲四兄弟到四方去观察天象，划分季节时间。这段文字里的四方之名可以跟甲骨文的记载对上号，表明它的来源确实很早，即使其写成的年代要相对晚一些。有意思的是这段文字里所记的四方之地名，它们跟颜色也可以挂上钩：

　　　　东方—阳谷
　　　　南方—明都
　　　　西方—昧谷
　　　　北方—幽都

我们可以看出，"阳"和"明"代表的是浅色/暖色，而"昧"和"幽"代表的是暗色/冷色。这个宇宙模型比较原始，跟后来五行说里的那个模型并不一样。

　　在后来的传统中，方位与颜色的对应关系受到了五行说（具体地说是"五色说"）的影响，不同的颜色跟空间方向挂上了钩：赤（南），黑（北），白（西），青（东）。这种信仰最初形成的时间不太好确定，一般认为在春秋战国时期。《礼记・曾子问》记载了孔子回答曾子问的一段话："如诸侯皆在而日食，则从天子救日，各以其方色与其兵。大庙火，则从天子救火，不以方色与兵。"郑注："示奉时事有所讨也。方色者，东方衣青，南方衣赤，西方衣白，北方衣黑。"[②]《墨子》里亦有类似的记载，《迎敌祠》篇中讲用兵迎敌之法，对付不同方向的来敌，必须按照其方之颜色迎战，这里同样是东方青、南方赤、西方白、北方黑。《贵义》篇中也谈到一位占卜先生把颜色与四方的龙及干支联系在一起。[③]

　　有时加上中央，配上黄颜色，"四方"就成为"五方"。在《逸周书・作雒》篇里有一段记载：

　　　　乃设丘兆于南郊，以祀上帝，配以后稷；……乃建大社于国中，其墙东青土，南赤土，西白土，北骊土，中央疊以黄土。[④]

---

① 艾兰：《龟之谜——商代神话、祭祀、艺术和宇宙观研究》（汪涛译），四川人民出版社，1992 年，第 81—123 页。
② 《礼记正义》卷十八。
③ 《墨子》卷十二、十五（《二十二子》，第 266、276—277 页）。
④ 《逸周书》卷五（《四部备要》本）。

杨宽先生认为《作雒》篇的成文时代在西周。① 汉代班固《白虎通德论·社稷》篇：
"《春秋传》曰：天子有太社焉，东方青色，南方赤色，西方白色，北方黑色，上冒以黄
土。"②两者显然是同一来源。如果说这真是代表了周人的制度的话，那就是说中国
古代"五色土"的传统是几千年延续有序的。

　　《管子·幼官图》把颜色跟季节、方向、味道、数目、动物相配合，可以说这是较早
形式的"月令"。这里已经把黄颜色与中方和季夏联系起来了。有学者指出"幼官"
应该为"玄宫"，③其实，更确切地说，它也是"幽宫"。文献里"月令"跟"明堂"有关，从
颜色的对应关系来看，"幽宫"刚好与"明堂"相反，从方位上看，应该是一北一南。
《管子》中到处流露出五行说的意味，《五行》篇里说黄帝得六相而天下治，并作五声
以正五钟：青钟、赤钟、黄钟、景钟、黑钟。

　　《管子》的《五行》篇提到的六方也是所谓的"方神"。五行说中，不同的神灵有不
同的颜色。徐旭生认为古代的"五帝"说分东西两系：东土的齐鲁以黄帝、颛顼、帝
喾、尧和舜为五帝，而西土的秦则以太昊、炎帝、黄帝、少昊、颛顼为五帝。④《吕氏春
秋·十二纪》《月令》）显然是依照秦国的传统。据《史记·封禅书》记载：从公元前
八世纪到前五世纪，秦国有祭祀白帝、青帝、黄帝的寺庙；汉初，刘邦建寺祭祀"黑
帝"。⑤ 这除了说明这种信仰的形成经过了较长的阶段，同时也表明各地之间还有
一定的差异。

　　《周礼》里多次提及"祀五帝"，对它们的祭祀与祭先王近似，我们不知道这里"五
帝"究竟是不是指代表方向和季节的神灵。《小宗伯》还提到"兆五帝于四郊"，即在
四郊设坛祭祀五帝，历代注家都把这理解作"五方帝"。郑玄根据汉代流行的纬学，
把"五方帝"解释作"五方色帝"，它们有奇特的名字：苍曰灵威仰，赤曰赤熛怒，黄曰
含枢纽，白曰白招拒，黑曰汁光纪。⑥ 丁山曾猜测它们与古代印度的"四大王天"有
关。⑦ 二十世纪七十年代出土的银雀山汉简《孙子兵法》中保存了比今本更详细的
"黄帝伐赤帝"的记载，里面也将五方帝配五色，⑧可见这是汉以前的思想。

---

① 杨宽：《论〈逸周书〉——读唐大沛〈逸周书分编句释〉手稿本》，《中华文史论丛》第 44 期，1989 年，第
　　1—14 页。
② 《白虎通德论》卷二，第 5 页上（《四部丛刊》子部）。
③ 见郭沫若等《管子集校》，科学出版社，1956 年，第 140 页。
④ 徐旭生：《古史的传说时代》，第 204—208 页。
⑤ 《史记》，中华书局，第 1355—1404、1358—1378、1381—1384 页。
⑥ 《周礼正义》卷三六。
⑦ 丁山：《宗教与神话考》，第 446—447 页。
⑧ 《银雀山汉墓竹简》，文物出版社，1985 年，简号 172—177。

当空间方位变成了"六方"时，除了四方之外，还加上了天地。比较明确的表述见于《周礼》《仪礼》之类的书籍。例如，《周礼·春官》中讲到祭祀天地四方的"瑞玉"，以及占卜用的"灵龟"都按照方位来定下颜色：

> （大宗伯）以玉作六器，以礼天地四方；以苍璧礼天，以黄琮礼地，以青圭礼东方，以赤璋礼南方，以白琥礼西方，以玄璜礼北方。①

> （龟人）掌六龟之属，各有名物；天龟曰灵属，地龟曰绎属，东龟曰果属，西龟曰雷属，南龟曰猎属，北龟曰若属；各以其方之色与体辨之。

郑玄注："天龟玄，地龟黄，东龟青，西龟白，南龟赤，北龟黑。"②

《仪礼·观礼》也提到了用于祭祀的玉器，另外还有一种称为"方明"的祭器："方明者，木也；方四尺，设六色：东方青，南方赤，西方白，北方黑，上玄下黄。"③这里显然是将颜色与祭祀"六方"配合起来。

我们再来看一看颜色跟五行说中其他因素结合的情况。作为物质的"五行"（水、火、木、金、土）最早见于《尚书·洪范》，可是并没有跟颜色相配。《墨子·旗帜》篇把守城用的各种兵旗按颜色分类，同时也跟"五行"并提："木为苍旗，火为赤旗，薪樵为黄旗，石为白旗，水为黑旗……"④明确把颜色跟五种基本物质挂上钩的是《逸周书·小开武》："五行：一黑，位水；二赤，位火；三苍，位木；四白，位金；五黄，位土。"⑤这里"五行"排列的次序刚好跟"洪范"中的相同，跟《月令》中的排列法不一样。杨向奎先生曾经指出，这种次序的排列法应该是较早的。⑥

单纯从传世文献入手来讨论五行说的起源，局限很大，许多古书难以断代，即使是较早的文献，亦常有后来文字窜入的情况。这从上面征引文献就可以看出来，例如《周礼》，它本身没有关于五行说的直接表述，可字里行间常常流露出五行说的痕迹。如何解释这种现象？有的学者认为它只能作于五行说形成之后。⑦可是五行说在此书里还不成系统，而是暗含着的，还时有不合之处，所以也可以说五行说系统是比它晚出的一种理论化的结果。

---

① 《周礼正义》卷三五。
② 同上书，卷四八。
③ 《仪礼注疏》卷二七。屈万里猜测这段文字是混入经文的解经之言。屈氏之原文未得出，从李汉三著《先秦两汉之阴阳五行学说》（钟鼎文化股份有限公司，1967年）第24页所引。
④ 《墨子》卷十五。
⑤ 《逸周书》卷三。
⑥ 杨向奎：《五行说的起源及其演变》，《文史哲》1955年第11期，第38—39页。
⑦ 例如彭林《〈周礼〉五行思想新探》，《历史研究》1990年第3期，第3—16页。他认为《周礼》是西汉作品。

我们最好从出土的先秦文献看一看有无"五色说"的痕迹。二十世纪四十年代长沙出土的楚帛书,时代大概不会晚于公元前四世纪中叶,从内容看属于"月令"一类的东西。① 在帛书的四面画了四棵代表四季的树,仍然是东方青、南方赤、西方白、北方黑,从文字推测中央还应该有一棵黄色的树,但现在已经看不见了。

用五色树来表示季节,古书里也有一些记载。前面曾经提到《逸周书》里原来是有《月令》一篇的,可惜全文已经佚失了,仅在古注里残留下只言片语。《论语集解》引马融说:"《周书·月令》有更火之文,春取榆柳之火,夏取枣杏之火,季夏取桑柘之火,秋取柞楢之火,冬取槐檀之火;一年之中钻火各异木,故曰改火也。"皇疏则说:"改火之木,随五行之色而变。"②这种改火的说法,亦见于《周礼·夏官》"(司爟)四时变国火",郑司农注引邹子言与马融所引《周书·月令》几乎一模一样。③ 有人认为邹子就是邹衍。不管这种说法是否邹衍的发明,公元前四世纪以前,它已经在各地流行了。

五行说("五色说")的影响其实是深入各方各面的,例如医学,对颜色的观察十分重要。《周礼·天官》"(疾医)……以五气、五声、五色眡其死生",郑注:"五色,面貌青赤黄白黑也,察其盈虚休王,吉凶可知。"贾疏:"此据五方,东方木色青,南方火色赤,中央土色黄,西方金色白,北方水色黑,病者面色似之。"④《黄帝内经》里有更为详细的描述。⑤ 可以说,整个中医的理论及其实践都基于阴阳五行说。

邹衍对五行说的发展主要是以"五行相胜"来解释历史的延续规律,以取得君王的器重;不同的王朝配不同的颜色。当时的许多哲学家也套用"五行"的术语来发挥他们的哲学伦理思想,例如子思和孟子,但遭到荀子的批判。这些就不属于我在这里讨论的范围了。

四、结　　论

通过以上的讨论,我们可以得出一些结论:

颜色的观念一直贯穿了古代中国人对自然的认识,颜色象征含义也透露于古代的祭祀和占卜习俗里。可是,把它系统化却是后来的事。只要把《月令》五行系统

① 参见陈梦家《战国楚帛书考》,《考古学报》1984年第2期,第137—157页。
② 《论语注疏》卷十七《阳货》。
③ 《周礼正义》卷五七。
④ 同上书,卷九。
⑤ 《黄帝内经》有《五色篇》,孙诒让《正义》已引;同上注。

中各种因素配合的过程梳理一番,我们就会发现它们进入五行系统的途径和时间都不一样,在这个系统中所占的位置也因而有异。

从甲骨文跟文献材料的比较看来,商代信仰体系和祭祀对后来五行说的形成直接发生影响的是商人的宇宙观。颜色作为宇宙观的一个相关部分,也在某种程度上影响了五行说,这主要表现在他们祭祀时对祭牲颜色的挑选。例如,商人用黄色的祭牲来祭祀四方,在求雨止雨时专门占卜所用祭牲应该是黑色还是白色,这可能是因为他们心目中的雨水跟黑色有关,四方神灵同时也是地祇。

当然,这并不是说五行说在商代就创立了。后来文献材料中所反映的五行说是当时的传统和思想,没有十分强硬的证据来证明在更早的商代晚期已经存在了同样的信仰。商人虽然有了四方的概念,甚至有可能跟季节划分结合,但早期的宗教信仰只是种下了种子,而不是有意识地要组成一个系统。只有到了后来,当哲学家要将过去的传统系统化和理论化的时候,它们才被放到了一起。

原文载艾兰、汪涛、范毓周主编《中国古代思维模式与阴阳五行说探源》,江苏古籍出版社,1998 年。

关于殷代雨祭的几个问题

殷代甲骨文中有很多求雨止雨的卜辞。殷人雨祭主要有两个目的,一是求年,二是出行田猎。研究殷代的雨祭对我们了解殷代的宗教及其祭祀系统有直接的关系,而且,后世雨祭的许多礼仪习俗往往可以在其中找到源头。过去专门系统讨论殷代雨祭的著作不太多,比较详细的要数陈梦家,他在二十世纪三十年代写的论文《古文字中的商周祭祀》和《商代的神话与巫术》[①]以及五十年代的《殷虚卜辞综述》[②]一书里都涉及了商代的雨祭。最近出版的宋镇豪先生著《夏商社会生活史》一书里也设有专章讨论殷代雨祭的礼仪。[③] 我在这篇文章里将结合考古学及现代人类学的材料和理论,进一步探讨殷代雨祭的基本特性和某些具体问题,并对照传世文献,看一看殷人祭祀对后世的影响。[④]

一、殷代雨祭的性质

研究殷代的雨祭,一个比较重要的问题是解决雨祭在殷人祭礼系统中的性质。甲骨文中有许多"帝令雨"的卜辞。[⑤] 有的学者认为"帝"即上帝,它是上天之神,有着支配风雨雷电等自然现象的权力;也有的学者怀疑"帝"在商代可能还不是指上天之神,而是宗族神。[⑥] 从卜辞看,殷人很少直接对"帝"举行祭祀,相反,为了达到控制天气的目的,常常对其他的神灵和先公先王旧臣进行各种祭祀,据陈梦家统计:

---

① 陈文分别发表于《燕京学报》第 19、20 期,1936 年。
② 以下简称《综述》,科学出版社,1956 年。
③ 以下简称《生活》,中国社会科学出版社,1994 年,第 489—497 页。由于此书新出,资料收集较全,大部分有关的卜辞也都引用了,我在这篇文章里就尽量减少甲骨引文,为印刷方便,释文也一律从宽式。
④ 本文所引文献,凡是《十三经》《二十四史》、诸子百家等常用书,一律不再注出处。
⑤ 如《合集》900、5658 正、14129 正、21081 等等。
⑥ 参见胡厚宣《殷卜辞中的上帝和王帝》,《历史研究》1959 年第 9 期,第 23—50 页;第 10 期,第 89—110 页。

奉雨的对象有十二个,包括土、岳、兕、夒、芳、上甲、示壬、伊、伊爽以及九示、上甲至祖丁十示;宁雨的对象有土、岳、河、方。另外,直接"畀雨"和"害雨"的对象还有夒、河、岳、王亥、伊尹、阪、上甲。① 这个名单并不完整,只要检索一下甲骨文就会发现,跟雨祭有关的神灵和先公先祖还有不少,例如帝五臣、大乙和高妣。②

雨祭的对象中岳、河二者极为常见,它们对天气的影响最为直接。它们到底是先公先祖,还是嵩岳、黄河一类的自然神,学者有不同看法。③ 对它们的祭祀通常是跟祭祀其他殷人祖先同时进行的。④ 但无论如何,从卜辞看,殷人的雨祭跟祖先崇拜及祭祀是直接联系着的。

同时,雨祭也表现在殷人对自然的崇拜上。下雨不下雨首先是一种自然现象,古人已经观察到了雨、雪、云、风、雷、虹之类的天象是互相联系的。⑤

《诗经·邶风·谷风》"习习谷风,以阴以雨",《小雅·信南山》"上天同云,雨雪雰雰",《小雅·大田》"有渰萋萋,兴云(或作"雨")祁祁,雨我公田",《孟子·梁惠王上》"天油然作云,霈然下雨",《易传》(《乾》象)"云行雨施",《淮南子·俶真训》"周云之茏苁辽巢澎薄(薄)而为雨"。这种直观性的观察决定了他们对天象的崇拜。

在各种自然现象中,最能影响下雨的应当是云和风。为了求雨,殷人直接祭祀它们,例如《屯南》769+770 为一牛胛骨的正背面:

> 风京雪雨。
>
> 燎于云,雨,不雨。

《合集》14227:

> 贞:燎于帝云。
>
> 贞:及今十三月,雨。

《屯南》2161:

> 辛未卜,帝风,不用,雨。

《合集》30393:

---

① 《综述》,第 348、350 页。这里的释文未尽从陈说。
② 如《粹》13、《怀特》1369、《英藏》1757。
③ 参见《综述》,第 342—344 页。
④ 如《屯南》2282。
⑤ 卜辞里这类的例子不少,如《合集》12484、13390、13392 等。有时,"雨风"还可以写作合文,例如《合集》12817 正。

　　　　辇风，惟豚，有大雨。

"辇"是西方之风名，这里占卜用豚来祭祀西风，以求天雨。[①]

　　从卜辞看，殷人对云的观察是比较仔细的，例如：

　　　　癸酉卜，贞：旬，二月。

　　　　癸未卜，贞：旬，甲申卩人雨……雨……十二月。

　　　　……今日方，其征，不征，延雨自西北小。

　　　　癸巳卜，贞：旬，二月，之日子……延雨小。

　　　　癸丑卜，贞：旬，甲寅大食，雨［自］北……乙卯小食，大启，丙辰［中］日，大雨自南。

　　　　癸亥卜，贞：旬，一月，昃雨自东；九日辛未，大采，各云自北，雷延，大风自西，拂云，率雨，毋 日。

　　　　大采日，各云自北，雷惟兹雨，不延惟……

　　　　　　　　　　　　　　　　　　　　　　　　　　　　《合集》21021

殷历按干支计算，六十天为一旬，一周为十日，这条自组卜辞里，贞人于每周的周末对天气进行观察和占卜，记载也很有次序。[②] 甲骨文中除了"各云"以外，还有"二云""三色云""四云""五云""六云"的记载。[③] 它们可能是指云的形状，但更可能指云的颜色。观察云彩的颜色及其变化是古人预报天气最重要的手段之一。这种信仰根深蒂固，流传甚广。《周礼·春官·保章氏》："以五云之物辨吉凶水旱降丰荒之祲象。"这到后来专门发展成为一门特殊的"占云术"。例如汉代司马迁《史记·天官书》、敦煌石室发现的唐代《占云气书》都记录了对云气的形状和颜色的观察，但主要是占卜军事活动的吉凶。[④] 这方面的记载和文献很多，《太平御览》中保留的黄子发《相雨书》，对观云相雨的方法说得比较细致，或许跟上古的观云祭雨有某些相似之处，不妨摘引如下：

　　　　常以戊申日候日，欲入时，日上有冠云，不问大小，视四方，黑者大雨，青者小雨；候日始出，日正中，有云覆日而四方有云，黑者大雨，青者小雨。四方有云

---

① 关于卜辞中的四方及其风名，见胡厚宣《殷代求年与四方和四方风的祭祀》，《复旦学报》1956年第1期，第49—86页。

② 类似的卜辞还有不少，例如《合集》20397、20960、21016。

③ 如《林》1、14、18，《合集》13399、13401、33273，《屯南》651等。

④ 关于敦煌卷子《占云气书》较详细的研究，见何丙郁、何丙彪《敦煌残卷〈占云气书〉研究》（上、下），《文史》第25辑（1985年），第67—94页；第26辑（1985年），第109—133页。

如羊猪,雨立至;四方北斗中有云,后五日大雨;四方北斗中无云,唯河中有三格,相连状如浴猪豨,三日大雨。以丙丁之辰,四方无云,唯汉中有者六十四,风雨和常。以六甲之日,平旦清明,东西望,日始出时,日上有云,大小贯日中,青者以甲乙雨,赤者丙丁雨,白者庚辛雨,黑者壬癸雨,黄者戊己日雨。六甲日,四方云皆合者即以天方雨时,视云有五色,黑赤并见者即雹;黄白杂者,风多雨少;青黑杂者,雨随之,必滂沛滚潦。①

为了求雨,殷人也把四方和山川作为祭祀对象,例如:

方燎,惠庚酚,有大雨。大吉。

《合集》28628

其酚方,今夕有雨,吉,兹用。

《合集》29992

于丁卯酚南方。

甲子卜,其奉雨于东方。

庚子卜,其奉雨于山。

《合集》30173

王其侑于滴,在右石燎,有雨。

既川燎,有雨。

《合集》28180

殷人在求雨或止雨时祭祀四方,这可能是因为他们观察到了天象跟方位有关系,卜辞里有不少贞雨从四方来的例子。

殷人祭山求雨。甲骨文里有求雨祭祀"二山""十山"的记载,还有一些奇怪的山名,它们可能都是殷人领土内的山。② 后来的传统里有统治者雨祭时祭祀他们认为能兴云作雨的山川。《左传》僖公十九年宋国大旱,卜有事于山川;昭公十六年亦有郑国大旱而有事于桑山的记载。古人求雨祭祀山川,这可能是因为他们相信,山川能够生云,云生雨。《说文》:"云,山川气也。"《淮南子·人间训》:"山致其高而云(或作"雨")起焉。"《公羊传》僖公三十一年曰:"触石而出,肤寸而合,不崇朝而遍雨乎天下者,唯泰山(云)尔。"③《尚书大传》则扩大到其他的名山:"五岳皆触石出云,扶寸而

---

① 《太平御览·天部》卷十。
② 如《合集》30454、30457,亦参见《综述》第594—596页。
③ 今本无"云"字,据《太平御览》引文补。

合，不崇朝而雨天下。"①

古代对山川的祭祀亦称为"望祀"。它其实也可能跟雨祭有关。殷墟卜辞中有一条例子：

> 庚寅卜，旁岳，雨。

《屯南》148

《尚书·尧典》"望于山川"，注曰："九州名山大川，五岳四渎之属，皆一时望祭之。"《周礼·春官》："（男巫）掌望祀望衍授号，旁招以茅。"这里的"旁"可以理解为"四方"，杜子春注："旁招以茅，招四方之所望祭者。"后来隋代梁朱对"望祀"作了新解释："窃以'望'是不即之名，凡厥遥祭皆有斯目，岂容局于星海，拘于海渎，请司有关水旱之义，爰有四海名山大川能兴云致雨，一皆备祭。"②

自组里有一条卜辞记载了同时对方、山和日进行祭祀的情况：

> 壬午卜，扶：奏山日南，雨。

《合集》20975

甲骨文有祭祀太阳的例子。这条卜辞中，"日"字下有残，不知是否有他字，故不易断死。但卜辞中确有祭"星"求雨的例子：

> 采，烙云自北，西单雷，躯星三月。

《合集》11501

> （正）丙申卜，愨，贞：来乙巳酚下乙，王占曰：酚，惟有祟，其有设，乙巳酚，明雨，伐，既雨，咸伐，亦雨，施卯鸟星。　（背）乙巳，夕，有设于西。

《合集》11497

卜辞里还有一条比较重要的例子：

> 弜燎于闪，亡雨。
> 其燎于雪，有大雨。
> 弜燎，亡雨。
> 惠闪燎酚，有雨。

---

① 此书据说为秦汉间伏胜所作，亦可能为其门生撰，刘向校书而得之。引文据《四库全书·经部·书类》收《尚书大传》卷一。
② 《隋书·礼仪志》。

　　　　雪暨闪酢,有雨。

《英藏》2366

　　宋镇豪认为这里的祭祀对象是寒神和暖神。如果他的推论有道理的话,那就把气候神的信仰上溯到殷代了。[①] 这里的"雪"也可能并不是直指天上下的雪,而可能是星辰的名字,可以读作"彗"。彗星在古代的占卜中很显著,一般认为是兵煞之星,对它要进行禳祭。总之,这些例子都表明了殷人雨祭也是自然崇拜的一部分,就像《左传》昭公元年记载的一样:"山川之神,则水旱厉疫之灾于是乎禜之;日月星辰之神,则雪霜风雨之不时,于是乎禜之。"

　　殷人在求雨止雨时,常常对"Ω"(土)进行祭祀,例如:

　　　　辛未卜,奉于土,雨。

《合集》33959

　　　　燎于土,今日不雨。

《英藏》1170 正

　　甲骨文中的"土"亦可以读作"社",为土地神祇。卜辞里还有"♠Ω"一辞,不少学者把它读作"亳社"。最近李学勤先生指出,前一字的正确释读应为"膏",与"蒿"相通,"蒿土"大概就是"郊社"的意思。[②] 卜辞中有雨祭时在蒿土举行"燎"祭的例子:

　　　　其侑燎蒿土,有雨。

《合集》28108

　　　　辛巳贞:雨不既,其燎于蒿土。
　　　　弜燎。启。

《屯南》665

　　有时,祭祀"方"和"社"同时进行,例如:

　　　　其方禘,蒿土燎,惠牛。

《合集》28111

　　　　乙丑卜,丙寅奏岳司燎,雨。
　　　　壬午卜,巫(方)帝。

---

① 《生活》,第482—483页,我对这条卜辞的释文跟宋氏不完全一致。
② 李学勤:《比较考古学随笔》,香港中华书局,1991年,第25—26页。

　　　壬午卜,燎土。

　　　巫(方)帝一犬一豕。

　　　燎土。

《合集》21078

　　这个传统到了后代仍然流行。《诗经·小雅·甫田》描写了周代求雨祭祀的情况:"以我齐明,与我牺羊,以社以方,我田既臧,农夫之庆,琴瑟击鼓,以御田祖,以祈甘雨,以介我稷黍,以谷我士女。"《毛传》:"社,后土也;方,迎四方气于郊也。"郑笺:"以洁齐丰盛与我纯色之羊,秋祭社与四方,为五谷成熟,报其功也。"至于另一个祭祀对象"田祖",《小雅·大田》中提到"田祖有神,秉畀炎火",《山海经·大荒北经》说"叔均乃为田祖"。

二、殷代雨祭的方式

　　雨祭跟一般的祭祀并不完全一样,这主要表现在它进行的方式比较特殊。卜辞中,雨祭常见的方式有"酚""燎""沈""取""伐"等,其中以"燎"祭最为重要,"燎"祭是用火焚烧祭牲,它在甲骨文里是象形字,《说文》"燎,柴祭天也",意为"烧柴焚燎以祭天神"。为什么在雨祭时采用燎祭,很可能是因为人们相信烧火产生的烟雾会导致天空积云下雨。

　　"沈"祭是把祭牲沉到河里,《尔雅》"祭川曰浮沈"。"取"可能是"椒"的本字,《说文》:"椒,木薪也。""酚"祭一般认为是用酒水进行祭祀,郭沫若把它读作"橺"的假借,《说文》曰"积木燎之也",也是燔烧取烟的内容。[1] 它们与"燎"祭是否有区别呢?周代时对祭祀方法的要求很严,《周礼·春官·大宗伯》:"以禋祀祀昊天上帝,以实柴祀日月星辰,以橺燎祀司中、司命、风师、雨师,以血祭祭社稷、五祀、五岳,以貍沈祭山林川泽,以疈辜祭四方百物。"历代注家大都同意此处的"禋祀""实柴"和"橺燎"皆为燔烧而长烟,唯"燎"特指先烧柴升烟再加牲体及玉帛于柴上焚烧。[2] 应该指出的是,这些祭祀方法在殷代的祭祀中都已存在,但在使用上还没有如此细致的区分。

---

① 郭沫若:《殷契粹编》,科学出版社,1965 年,第 347 页。

② 关于它们的具体内容和组合序列有各种说法,可以参见孙诒让《周礼正义》卷三三注疏(中华书局,1987 年,第 1297—1314 页)和秦蕙田《五礼通考》卷五(上海古籍出版社,第 135、204—206 页)的考证。

　　现在我们来看几种殷人雨祭时所用的比较特殊的方法。一是用火焚烧人牲。卜辞里的"🔥"字释作"燎",表示焚烧人牲。"焚巫""暴巫"求雨的习俗在古代文献里有不少记载。陈梦家很早就注意到了这个问题。[①] 美国汉学家薛爱华（Edward H. Schafer）二十世纪五十年代曾经对文献里的有关材料作过深入的讨论,并与其他文化中类似的习俗进行比较。[②] 八十年代,裘锡圭先生又对殷人雨祭时焚烧人牲的有关卜辞作了进一步考证,他认为甲骨文里那个通常释作"燎"的字（陈梦家释为"赤"）实际上为"㷋"字,在甲骨文里应该读作"焚㷋"的合文,被"焚"的对象常常是"女巫"。[③]

　　为什么女性在雨祭时受到特别的对待?后来的传统用"阴""阳"观念来解释:天旱是因为阳气太盛,雨水太多是因为阴气过重。董仲舒《春秋繁露·精华》篇:"大旱者,阳灭阴也……大水者,阴灭阳也。"他认为这就是用女巫舞雩的原因。[④] 这种风俗一直流传下来。史书记载,唐代天宝年间,大霖雨不止害稼,官府于是令闭市盖井,禁妇人入街市,同时祭祀玄冥太社。[⑤]

　　现代人类学材料也有此类的现象,中国西部地区的羌族在求雨时,先是搜山求雨,然后已婚妇女聚集在白石神前哭诉,并吟唱形容男女性行为的歌曲。[⑥] 季羡林先生曾在一篇文章里讨论了印度佛典中利用淫女求雨的记载,他认为这是一种较为普遍的现象,求雨属于一种农业巫术,而农业巫术的起源跟妇女密切相关,把人类的再生产过程跟植物的生长过程混淆起来是原始思维的一种特点。[⑦]

　　殷墟卜辞中还有"作龙"求雨的记载,裘锡圭先生认为这些例子里提到的龙,就是指"作土龙"。[⑧] 汉代以前的不少古籍里也记载了作土龙求雨的礼俗。《墨子》和《吕氏春秋》中有商汤遭旱,以己身为牺牲,并作土龙求雨的传说。《淮南子·坠形

① 陈梦家:《神话与巫术》,第 563—566 页。
② Edward H. Schafer（薛爱华）, "Ritual Exposure in Amcient China", *Harvard Journal of Asiatic Studies*, No.14（1951）, 130–184.
③ 裘锡圭:《说卜辞的焚巫㷋与作土龙》,《古文字论集》,中华书局,1992 年,第 216—226 页。原文发表在《甲骨文与殷商史》第一辑,1983 年。
④ 苏舆:《春秋繁露义证》,中华书局,1992 年,第 86 页。
⑤ 见《新唐书·五行志》。
⑥ 胡鉴民:《羌族的信仰与习为》,原文载《边疆研究论丛》（1941 年）,引自《中国原始宗教资料丛编》第二卷,上海人民出版社,1993 年,第 554—555 页。
⑦ 季羡林:《原始社会风俗残余——关于妓女祷雨的问题》,《季羡林学术论著自选集》,北京师范学院出版社,1991 年,第 539—548 页,原文发表在《世界历史》1985 年第 10 期。他引用了西方学者的理论,例如 J. R. Frazer 和 G. Thompson。
⑧ 裘锡圭:《说卜辞的焚巫㷋与作土龙》,《古文字论集》,中华书局,1992 年,第 216—226 页。原文发表在《甲骨文与殷商史》第一辑,1983 年。

训》："土龙致雨。"许慎曰："汤遭旱，作土龙以象云从龙也。"《山海经·大荒东经》："旱而为应龙之状，乃得大雨。"郭璞注："应龙，龙有翼者。"为什么求雨时要祭龙呢？后来的传统中龙常被当作雨神。《左传》昭公二十九年："龙，水物也。"陈梦家曾推测殷人求雨时祭祀两种水虫：虾蟆和泥鳅，它们后来变成了水神，龙是泥鳅的变体。[①]这个推论现在看来没有多少证据。

殷人祭祀里出现的龙并不是祭祀的对象，而是求雨所用的手段之一。商代青铜器上常饰有龙纹。殷墟西北冈 HPK1005 号大墓出土的青铜器中有两件盂，李济称之为"四龙盂"，盂的中间自底面挺出一个喷头，顶部作花瓣状，茎端铸四条带双角的环龙。这种器形从未著录过，它的用途很难明白。李济猜测它可能是崇拜仪式中"图腾柱"一类的"礼器"。[②] 皮特·歌乐姆（Peter Glum）在一篇文章里认为它们是殷人专门在雨祭时使用的器皿。[③]

殷代如何"作土龙"，具体方法不详而知。董仲舒的《春秋繁露》中有两章是专门谈求雨止雨的，其中对求雨礼俗描写颇详：

> 春旱求雨，令县邑以水日祷社稷山川，家人祀户。无伐名木，无斩山林，暴巫，聚尫。八日，于邑东门之外为四通之坛，方八尺，植苍缯八。其神共工，祭之以生鱼八，玄酒，具清酒膊脯。择巫之洁清辩利者以为祝。祝斋三日，服苍衣，先再拜，乃跪陈，陈已，复再拜，乃起，祝曰："昊天生五谷以养人，今五谷病旱，恐不成实，敬进清酒膊脯，再拜请雨，雨幸大澍。"

> 以甲乙日为大苍龙一，长八丈，居中央。为小龙七，各长四丈，于东方，皆东乡，其间相去八尺，小童八人，皆斋三日，服青衣而舞之。田啬夫亦斋三日，服青衣而立之，凿社通之于间外之沟，取五虾蟆错置社之中，池方八尺，深一尺，置水虾蟆焉。具清酒膊脯，祝斋三日，服苍衣，拜跪陈祝如初。取三岁雄鸡与三岁豭猪，皆燔之于四通神宇。令民阖邑里南门，置水其外。开邑里北门，具老豭猪一，置之于里北门之外。市中亦置豭猪一，闻鼓声，皆烧豭猪尾，取死人骨埋之，开山渊，积薪而燔之。通道桥之壅塞不行者，决渎之，幸而得雨，报以豚一，酒盐黍财足，以茅为席，毋断。[④]

---

① 陈梦家：《神话与祭祀》，第 517—525 页。

② 见张光直、李光谟编《李济考古学论文选集》，文物出版社，1990 年，第 728、761 页。

③ Peter Glum, "Rain magic at Anyang", *Bulletin of the Museum of Far Easter Antiquities*, No.54 (1982), 241‑272.

④ 《义证》卷十六，第 426—430 页。

这里描述的是在汉代的情况。那时,雨祭已经融合入"五行"说中了,在不同的季节求雨要用不同的颜色,春天是苍,夏天是赤,仲夏是黄,秋天是白,冬天是黑。但这并不是董仲舒个人的发明。《汉书·艺文志》中有《请雨止雨书》二十六卷,全书现已佚。马国翰在《玉函山房辑佚书》里认为董仲舒《春秋繁露》中的《求雨》《止雨》两章基本上是从《请雨止雨书》而来,另外,马国翰还从《艺文类聚》和《太平御览》中辑出了《神农求雨书》,内容也与《春秋繁露》所载差不多。

这种习俗一直保留到后代。例如宋代景德年间,天旱,朝廷采用"李邕祈雨法"取土造青龙,并描述了"作龙"的细节:

> 又以画龙祈雨法付有司刊行,其法择潭洞或湫泺林木深邃之所,以庚辛壬癸日,刺史守令帅耆老斋洁,先以酒脯告社令讫。筑方坛三级,高二丈,阔一丈三尺,坛外二十步,界以白绳,坛上植竹枝张画龙;其图以缣素,上画黑鱼左顾,环以天鼋十星,中为百龙,吐云黑色,下画水波,有龟左顾,吐黑气如线,和金银朱丹饰龙形,又设皂幡,刎鹅颈血置盘中,柳枝洒水龙上。俟雨足三日,祭一豭豕,取画龙投水中。①

释道两家也都有求雨祭龙的经典,《抱朴子内篇》佚文:

> 案使者甘宗所奏西域事云,外国方士能神祝者,临渊禹步吹气,龙即浮出,其初出乃长十数丈。于是方士更一吹之,一吹辄龙一缩,至长数寸。方士乃掇取壶中,壶中或有四五龙,以少水养之,以疏物塞壶口。国常患旱灾,于是方士闻余国有少雨屡旱处,辄赍龙往卖之,一龙直金数十斤,举国会敛以顾之直毕,乃发壶出一龙,着渊潭之中,因复禹步吹之,一吹一长,辄长数十丈,须臾而云雨四集矣。②

崔鸿《前秦录》也有类似的记载:

> 沙公,西域沙门也,有秘术。每旱符坚常使咒龙,龙便下钵中,天辄大雨。③

现今许多少数民族保留了求雨祭龙的习俗,例如广西、贵州、云南的苗、瑶、彝族,四川北部的羌族。④ 这个传统看来可以一直上推到殷代的雨祭,可谓源远流长。

---

① 《宋史·礼志》。
② 严可均从《艺文类聚》、《太平御览》辑出。引自王明《抱朴子内篇校释》,中华书局,1985年,第359页。
③ 引自《太平御览·天部十一》卷十。
④ 见《中国各民族宗教与神话大词典》,学苑出版社,1990年,第464、635页,及《中国原始宗教资料丛编》,第555—556页。

　　殷人求雨时常常举乐祭，演奏各种乐器。① 甲骨文中有"奏府""奏丰""奏韶"的记录，据裘锡圭先生考证，它们都是乐器的名称。② 另外还有一些"奏玉"和"奏戚"的记载，③说明有时玉器和兵器也可以用来演奏。殷都安阳出土的乐器有磬、埙、鼓、铙、铃，仅妇好墓就出土了五件一套的编磬和编铙，另外还有十八个铜铃、三个陶埙。④

　　殷代雨祭用乐的具体情况不太好复建了。从卜辞看，乐祭可以在很多场合中举行。卜辞中有在"洮宅""新室""盂厅""大宗"内举行奏祭的记录，⑤而且，在求雨时可能奏不同的乐曲，例如：

　　　惟商奏，有正；有大雨。

　　　惟各奏，有正；有大雨。

　　　惟嘉奏，有正；有大雨。

《合集》30032

宋镇豪认为这里的"商""各""嘉"都是曲名。⑥ 后来的传统里，不同的祭祀需用不同的乐律，而且还有歌咏配之。《周礼·春官·大司乐》记载，周王宫廷里有各种乐师的分工，包括磬师、钟师、笙师等。在祭祀天神、地示、四望、山川和先祖时，所奏的乐曲和唱的歌都有区分。⑦

　　从传世文献看，殷人用的许多种乐器到后代仍然使用。《礼记·月令》提到了在仲夏之月举行雨祭："是月也，命乐师修鞉、鞞、鼓，均琴、瑟、管、箫，执干、戚、戈、羽，调竽、笙、篪、簧，饬钟、磬、柷、敔；命有司为民祈山川百源，大雩帝，用盛乐，乃命百县雩祀百辟卿士有益于民者，以祈谷实。"《诗经·周颂·有瞽》描述了周代乐祭的细节：

　　　有瞽有瞽，在周之庭，设业设虡，崇牙树羽，应田悬鼓，鞉磬祝圉，既备乃奏，

---

① "奏"在甲骨文里作动词用，有人把它读作"送请"的意思，可是它更可能与演奏乐器有关，见李孝定《甲骨文字集释》（台北，1965 年），卷十，第 3239—3242 页。

② 关于甲骨文用乐的一些现象，可参见裘锡圭《甲骨文中的几种乐器名称——释"庸""丰""鞀"》，《古文字论集》，第 196—207 页。原文载《中华文史论丛》1980 年第 2 辑。

③ 如《合集》6016 正、31036。

④ 《殷墟妇好墓》，文物出版社，1980 年，第 100、198、219 页。

⑤ 如《合集》13517、27884、31014、31022，《屯南》4343 等。关于商代的乐政，参看宋镇豪《生活》，第 331—345 页。

⑥ 《生活》，第 496 页。

⑦ 见《周礼正义》卷四二—四七，第 1711—1923 页。

箫管备举,皇皇厥声,肃雝和鸣,先祖是听,我客戾止,永观厥成。

这是周王大合乐于宗庙祭祀祖先的乐歌,所描写的细节当然不会跟殷代雨祭时的用乐情况完全一样,但两者之间可能会有相似的地方。

除了演奏音乐,殷人雨祭过程中还同时伴有舞蹈,例如:

丙辰卜,贞:今日奏舞,有从雨。

《合集》12818

庚寅卜:辛卯奏舞,雨。

庚寅卜:癸巳奏舞,雨。

庚寅卜:甲午奏舞,雨。

《合集》12819

辛巳卜,宾,贞:呼舞,有从雨。

贞:呼舞,有从雨。

《合集》12831

癸亥卜,勿奏河。

《合集》14605

贞:勿舞河,亡其雨。

《合集》14197

戊寅卜,于癸舞,雨,不。

辛巳卜,奏岳,从,不从。

乙酉卜,于丙奏岳,从用,不雨。

《合集》20398

贞:勿舞岳,有雨。

卜,今日,舞河暨岳……从雨。

《合集》34295

"奏""舞"求雨止雨的对象,主要包括山、岳、河等。值得注意的是"奏"祀可以在祖先宗庙里举行,而"舞"祀在殷代似乎专用于雨祭。①

"舞"祭时,殷王可以自己充当舞者。卜辞里还有不少"我"进行舞祭的例子,另

---

① 甲骨文里有"雨""舞"写作合文的例子,如《合集》28180、《粹编》845—848、《屯南》108 等。用"舞"祭祀祖先的例子极少见。贝塚茂树把《京人》1390 读作"惠祖丁林舞用,又正",如果成立,将是孤例。从拓片观察,"祖丁"二字不清楚。

外还有一些专门担任奏乐舞蹈的人员，包括了“万”“林”“多冒”和“多老”等。值得一提的是，到周代，“万舞”成了一种专门的舞蹈。《诗经·邶风·简兮》里描写了“万舞”的场面：

有力如虎，执辔如组，左手执籥，右手秉翟，赫如渥赭。

而且，诗篇点明跳舞者为“西方人兮”。

《周礼·地官·舞师》记载了四种祭舞：“舞师教兵舞，帅而舞山川之祭祀；教帗舞，帅而舞社祭之祭祀；教羽舞，帅而舞四方之祭祀；教皇舞，帅而舞旱暵之事。”《春官·乐师》又载：“凡舞，有帗舞，有羽舞，有皇舞，有旄舞，有干舞，有人舞。”郑司农注：“帗舞者，全羽；羽舞者，析羽；皇舞者，以羽冒覆头上，衣饰翡翠之羽；旄舞者，牦牛之尾；干舞者，兵舞；人舞者，手舞。”这里不同的祭祀用不同的舞，区分很细，在商代恐怕还没有这样的分法。殷墟甲骨文中的“舞”字字形所表现的正是手持牦牛尾而舞的形象。

另外还有一个字可能与雨祭有关，字形作“”，旧释为“燕”，它与通常的“舞”字有区别，但很可能也是雨祭时跳的一种舞，[①]区别在于它表示跳舞者腰间饰有羽毛。雨祭卜辞中这个字多跟“王”的活动有关。例如：

己巳卜，何，贞，王往于日，不遘雨惠吉。

《合集》27863

其雨，王不，吉。

其，吉。

《屯南》2358

“舞”亦跟“巫”有关。陈梦家认为“巫”“舞”是同源字，都是从求雨之祭分衍出来的。[②]《说文》：“巫，巫祝也，女能事无形以舞降神者也，象人两褎舞形。”《周礼·地官·舞师》中记载的雨祭之“舞”跟“巫”有关系：“(司巫)若国大旱，则率巫而舞雩。”“(女巫)旱范则舞雩。”《墨子·非乐上》：“其恒舞于宫，是谓巫风。”

其实，甲骨文的“巫”字跟四方的“方”字也有关系。[③] 殷代的“巫”似乎是祭祀

① 岛邦男在《殷墟卜辞研究》(1958年，第327页)里已经把它解释为舞蹈之祭仪。

② 陈梦家：《神话与巫术》，第536—543页。

③ 在自组和历组卜辞里，“方”有时写作“”(巫)。关于“方”字的含义，艾兰作了新的解释，见《龟之谜——商代神话、祭祀、艺术和宇宙观研究》(艾兰著，汪涛译)，四川人民出版社，1992年，第82—98页。

"四方"的专家,而且是从其他的方国召募来的;甲骨文中有一些部落或方国"以巫"的记录。《合集》5658是一条关于"帝令雨"的卜辞,同版有两条"奚以巫""奚不。其以巫"的命辞,"以"为"致送"之意,这里在求雨之前占卜是否有"巫"贡进,两者之间很可能有某种关系。

　　后来的文献中,求雨之祭称为"雩"。《说文》:"雩,夏祭乐于赤帝以祈甘雨也,从雨,于声。雩或从羽,云舞羽也。"《礼记·月令》"大雩帝,用盛乐",郑玄注:"雩,吁嗟求雨之祭也。"甲骨文里有"雩"字,作 **🀙**。郭沫若曾把"舞"读作"雩"的异体,他认为"雩"从"于",为"竽"之初文象形,①现在看来,把它们混为一字是不妥当的,虽然从古音学上看,两字可以相通,②但它们在甲骨文里的用法是有区别的。甲骨文中的"雩"字多出现在骨臼记事刻辞,作人名用。可是,有时占卜刻辞中亦有"雩"字出现。例如:

　　　　贞:雩霙,亡其望。

《合集》17919

另外还有一片龟版,稍微完整一些,上面的卜辞跟天气有关:

　　　　癸未卜,宾,贞:兹雹不惟降祸。
　　　　癸未卜,宾,贞:兹雹惟降祸。
　　　　甲申卜,宾,贞:雩丁,亡贝。小告。
　　　　贞:雩丁,其有贝,小告。

《合集》11423 正

这里的"雩"似乎可作祭名理解。

　　另外,殷代的血祭也可以用于雨祭,《说文》:"血,祭所荐牲血也。"从卜辞看,殷代血祭主要在祭祀祖先、祈求福佑时使用,③可卜辞里有几条例子跟雨祭有关:

　　　　其血……不雨。

《合集》2798

　　　　血,允雨。

《合集》12983

---

① 《粹编》,第567页。
② 上古音里,"舞"为明母鱼部,"雩"为晓母鱼部,它们韵部相同,声母相谐。
③ 关于商代的血祭,参见连劭名《甲骨刻辞中的血祭》,《古文字研究》第16辑,1989年,第49—66页。

> 乙巳卜，中，贞：于方，非人血，雨。

《合集》24892

这里，"血"祭是在雨祭的场合下使用的，特别是《合集》24892，祭祀对象是四方之"方"，而且明白写为"人血"，"非"字在这里的意思不太明白，也许可以读为"飞"，跟飞扬有关，整条卜辞的意思大概是"向四方喷洒人血"。这种祭祀可以在人类学中找到类似的例子，中国南方的瑶族有刺血求雨的仪俗。[1]

三、殷代雨祭的场所

从上面雨祭方式的分析可以看出，雨祭具有某种巫术性。法国人类学家马歇尔·莫斯(Marcel Mauss)曾经注意到魔术性祭祀的特点在于它举行的地点比较奇怪隐密。[2] 从殷墟卜辞看，殷代王室举行雨祭的场所有一定的规律，既可以在室内，也可以在野外。[3] 前面提到的对"土（社）"的祭祀可能就是在社中举行的。卜辞提到的雨祭场所，特别是焚祭和舞祭，除了一些具体的地名外，最常见的有"京"（或"某京"）。宋镇豪认为"京"是商王邑内外的土丘或人工构筑的祭祀高台。[4] 这里涉及殷代求雨是否有雩坛的问题。

1937 年，中央研究院在小屯北地进行第十五次发掘时曾经发现了丙组遗址，由六个基址组成，一大五小布局有一定规律，而且，从遗址中还发现了玉璧、人牲和燎祭的残物。石璋如推断这就是商代的场和坛。[5] 孙诒让在解释何谓"墠"时说："凡委土而平筑之谓之场，于场上积土而高若堂，谓之坛。"[6]从遗址的布局和遗物推断，它确实可能跟祭祀四方有关。后来的传统里，四方的神灵可以称为"方帝"；《周礼·小宗伯》提到"兆五帝于四郊，四望四类亦如之"，历代注家都把这理解作"设坛祭祀五方帝"。

史书里没有殷人造雩坛的记载。我们已经知道了古人求雨时祭祀四方，那么，早期的四方之祭坛也同时作为雩坛应该是极有可能的。可《礼记·祭法》中对各种祭祀场合的选择却颇为严格，祭天、地、日、月、星、时、寒暑都有确定的地点，而且说

---

① 《宗教与神话大词典》，第 639 页。

② M. Mauss, *A General Theory of Magic* (English trans. R. Brain, London, 1972)，47.

③ 宋镇豪认为这反映了商代不同阶层的雨祭，见《生活》，第 497 页，但它们应该都是殷王室的祭祀。

④ 《生活》，第 494 页。

⑤ 石璋如：《殷代坛祀遗迹》，《中研院史语所集刊》，51.3(1980 年)，第 413—415 页。

⑥ 见《周礼正义》卷十八，第 695 页。

明"雩宗,祭水旱也,四坎坛,祭四方也"。"雩宗"或作"雩禜",郑注:"水旱坛也。"《左传》庄公十年和哀公十一年中都有"雩门"的记载,注家都同意这很可能就是《论语·颜渊》里提到的"舞雩"。《论语·先进》也记载,孔子的学生点在回答老师时说:"莫春者,春服既成,冠者五六人,童子六七人,浴乎沂,风乎舞雩,咏而归。""舞雩"为求雨的祭坛。王充《论衡·明雩篇》:"鲁设雩祭于沂水之上。"二十世纪七十年代,考古学家在山东曲阜鲁国故城南东门外发掘了"舞雩台"遗址,最早的台基时代在春秋以前,[1]这证明古书里的记载是有根据的。后代雩坛之制时兴时废,唐代杜佑有比较详细的引论。[2] 而且,上古的礼制往往被后来人所遵循。元代马端临《文献通考》中具体描绘了北齐和隋代雩坛的修建及雩祭:

> 北齐以孟夏龙见而雩祭大微宫五精帝,于南郊之东为圆坛,广四十五尺,高九尺,四面各一陛,为三壝,外营相去深浅并燎坛一,如南郊。若建午申未之月不雨,则使三公祈五帝于雩坛,礼用玉帛……

> 隋雩坛,国南十三里,启夏门外道,左高一丈,周百二十尺。孟夏之月,龙星见则雩五方上帝,配以五人帝于上,以太祖武元帝配飨五官从配于下。牲用犊十,各依方色。[3]

下面,我们再顺便讨论一下殷代有没有明堂的问题。依古人说法,"明堂"上圆下方,象征宇宙模型。如果雨祭跟宇宙观有关系,那在明堂中举行雨祭就具有特殊意义了。[4] 殷墟卜辞里有不少在"盟室""盟宫"举行祭祀的例子。最近有学者推想它们有可能就是文献里的"明堂"。[5] 卜辞里确实有在"盟室"祭雨的情况。

> 丁卯卜,出,贞:今日夕有雨,于盟室,牛不用,九月。

《英藏》2083

这是一条出组卜辞,是唯一在"盟室"举行雨祭的记载。从目前的证据看,在盟室里举行的祭祀似乎跟在祖先庙里举行的不完全一样,但要充分论证证据还不足。

文献里最早提到"明堂"的是《考工记》,它大概是春秋晚期的作品,这里所说的

---

① 见《曲阜鲁国故城》,齐鲁书社,1982 年,第 15—16 页。
② 见《通典》卷四三,中华书局,1988 年,第 1200—1206 页。
③ 见《文献通考》卷七七,新兴书局,1963 年,第 705—712 页。
④ 关于商代的宇宙观,见艾兰《龟之秘》一书中的讨论,特别是第 81—123 页。
⑤ 甲骨文中"血""盟"通用,见裘锡圭《释殷虚卜辞中的 、 等字》,《第二届国际中国古文字学研讨会论文集》,香港中文大学,1993 年,第 73—79 页。文中裘先生提到把"盟室"解释"明堂"的可能性。连劭名在《甲骨刻辞中的商代思想史料》(未刊)一文里专门讨论商代的"明堂"之制,他认为卜辞中的"公宫""皿(盟)宫""太室""太学"都可能指"明堂"。

周代的明堂用来祭祀祖先和上帝,跟宗庙宫室无甚区别。《逸周书·明堂解》记周公相成王朝诸侯于明堂以致太平,明堂其实就是太庙。《礼记·明堂位》中的说法跟《逸周书》里的记载很近似,可能来源相同。《大戴礼记·明堂》篇中说明堂"上圆下方","外水曰辟雍"。在《月令》中,"明堂"为天子夏天的居所,已经跟宇宙观联系起来了。

到了汉代,明堂之制已不甚了然。武帝封禅泰山,公玉带献上所谓的黄帝明堂图,"图中有一殿,四面无壁,以茅盖,通水,环宫垣为复道,上有楼,从西南入,命曰昆仑,天子从之入,以拜祀上帝焉"①。从考古材料来看,真正把"明堂"按照宇宙模型来建造的可能最早是王莽时期在汉长安城外建的明堂辟雍。此遗址已经考古学家发掘,并根据遗存作了复构。② 这所建筑是刘歆根据古书里的记载来设计的。《汉书·艺文志》记有《明堂阴阳》三十三篇,已佚。东汉蔡邕《礼记明堂阴阳录》:"明堂阴阳,王者所以应天也,明堂之制,周旋以水,水行左旋以象天。内有太室象紫宫,南出明堂象太微,西出总章象五潢,北出玄宫象营室,东出青阳象天市,王者四时各治其室。王者承天统物,亦于其方以听国事。"③杨鸿勋指出汉明堂辟雍的考古现象跟这段文字颇符合,它可能是古老的《明堂阴阳》的节录。④

由于宇宙观的原因,明堂跟雨祭可以发生关系。隋唐期间,由于没有明堂,常用雩坛代替。唐乾封二年,经过不少论议,才定下了明堂之制,这所理想的明堂完全是依照对宇宙的看法来设计的,"构此一宇,临此万方"。它每面三百六十步;开十二门,象征时序;四隅重楼,四墙各依本方色;当中置堂,基八面,象八方;基上为一堂,其宇上圆;堂心八柱。可这仍是空想,到高宗去世,也未能建成。⑤

四、雨祭用牲的颜色

前面的讨论已经证明了,殷人雨祭跟他们的宇宙观相联系。最明显的是他们的雨祭往往跟祭祀"社"和"四方"结合在一起。殷人祭祀所用的祭品包括了人牲、动

---

① 《史记·封禅书》。
② 参看杨鸿勋《从遗址看西汉长安明堂(辟雍)形制》,《建筑考古学论文集》,文物出版社,1987年,第169—200页。
③ 引自《太平御览》卷五三三。
④ 参看杨鸿勋《从遗址看西汉长安明堂(辟雍)形制》,《建筑考古学论文集》,文物出版社,1987年,第179页。
⑤ 《旧唐书·礼仪志》。

物、谷物和酒等。祭献的动物多为牛、豕、羊、牢。卜辞常占卜祭牲的品种、数量、性别，有时还专门占卜祭牲的颜色。[①]

在后来的传统里，祭祀确实与颜色有一定的对应关系。《诗经·周颂·良耜》"杀时犉牡"，这是关于"秋报社稷"的祭祀，《毛传》："黄牛黑唇曰犉。"孔颖达疏："社稷用黝牛，色以黑而用黄者，盖正礼用黝；至于报功，以社是土神，故用黄色，仍用黑唇也。"这种习俗大概可以上推到殷代。殷墟卜辞里有这样的例子：

　　庚寅卜，贞，其黑豕。
　　庚寅卜，贞，其土……

　　　　　　　　　　　　　　　　　　　　　　　　　《英藏》834

殷墟卜辞宾组中有几条祭祀"方"的卜辞也提及了祭牲的颜色：

　　贞：燎东西南，卯黄牛。
　　燎于东西，侑伐，卯南黄牛。

　　　　　　　　　　　　　　　　　　　　　　　　　《合集》14315

　　贞：帝于东，坎 🀫 犬，燎三牢，卯黄牛。

　　　　　　　　　　　　　　　　　　　　　　　　　《合集》14313

　　甲申卜，宾，贞：燎于东三豕，三羊，🀫 犬，卯黄牛。

　　　　　　　　　　　　　　　　　　　　　　　　　《合集》14314

"🀫"，陈梦家曾读作"黑"，但未加解释。[②] 自于省吾将另一个字"🐒"考释为"黑"，[③] 很少有人再遵从陈梦家的读法了。这里的"🀫"字，前面是动词，它本身修饰后面的名词，有可能是一个颜色词。[④] "黄牛"的"黄"字是标明祭牲的颜色。

《合集》5658 是一块较为完整的龟版，正面的卜辞是关于"以巫""帝令雨""延雨"的内容，并提到"翌己巳燎一牛"，背面的刻辞为"燎东黄鹰"。"鹰"亦称"鹐夐"，在中国传说中是一种神兽，在求雨时用它作为燎牲可能有重要的含义。

这个传统在周代得到了发展。《诗经·小雅·大田》"来方禋祀，以其骍黑"，《毛传》："骍，牛也，黑，羊豕也。"郑笺："成王之来，则有禋祀四方之神，祈报焉。阳祀用

---

① 关于颜色在殷人祭祀系统中的含义，见笔者的博士论文"Colour Symbolism in Late Shang China"，University of London, 1993.

② 陈梦家：《商周祭祀》，第 132 页。

③ 于省吾：《甲骨文字释林》，中华书局，1979 年，第 227—230 页。

④ 严格地说，甲骨文中的"🐒"字很可能不是"黑"字，而是"堇"（黄）的初文。关于此字新的考证，见陈昭容《古文字中的"🦵"及从"🦵"诸字》，《汉学研究》第 6 期第 2 号，1988 年，第 135—173 页。

骍牲，阴祀用黝牲。"这跟《周礼·地官·牧人》中的说法差不多："凡阳祀，用骍牲毛之；阴祀，用黝牲毛之；望祀，各以其方之色牲毛之。"所谓"阳祀"，可能指祭天；"阴祀"为祭地及社稷；"望祀"则包括了五岳、四镇和四渎。

现在，我们再来看一看雨祭时用牲颜色的情况。在殷人的信仰中，有没有什么颜色会影响天气呢？在无名组卜辞中有几条关于雨祭的卜辞直接涉及祭牲的颜色。

> 遏雨，惠黑羊用，有大雨。
> 惠白羊，有大雨。

《合集》30022

> 弜用黑羊，亡雨。
> 惠白羊用于之，有大雨。

《合集》30552

《屯南》2623与此内容相同，可能都属于"同套卜辞"。在这里，为了求雨和止雨，对不同颜色的祭牲进行了专门的占卜，虚词"惠"明确表明了它的选择性。面对如此显明的例子，就很难否定白色和黑色在殷人的雨祭中是有某种含义的。

中国古代神话中，黑色往往跟雨水发生关系。《左传》昭公二十九年中最早记载了"水正曰玄冥"的故事。从字面上看，"玄""冥"都是晦暗不明的意思。同书中（昭公四年）还有这样一段话："黑牡秬黍，以享司寒。"杜预注："黑牡，黑牲也；秬，黑黍也；司寒，玄冥，北方之神，故物皆用黑。"在《月令》中也有类似的记载："天子乃鲜（献）羔开冰，先荐寝庙。"孔颖达在疏里引用了《左传》的材料，并明确地指出："云黑牡秬黍者，以其祭水神，色尚黑。"《淮南子·齐俗训》："牺牛粹（或作"骍"）毛，宜于庙牲；其于以致雨，不若黑蜦。"后来的传统中还有所谓造雨"雨师"的神话，《山海经·海外东经》里有一段对"雨师"的描述很形象："雨师（妾）其为人黑，两手各操一蛇，左耳有青蛇，右耳有赤蛇。"[1]

黑色在雨祭中的特殊含义可能跟巫术性有关。在许多文化里，黑色都跟水相联系。非洲东部的瓦卜威人（Wmbugwe）求雨时，巫师把黑色的羊及牛犊放到太阳下暴晒，然后将它们的肚子剖开，将内脏撒向四方。瓦勾勾人（Wagogo）的雨祭也很类似，他们在祖先的坟墓前用黑色的动物祭祀，巫师在雨季期间必须身穿黑袍。马塔必勒人（Matabele）制作雨祭时用的灵器时，要用到黑牛的血和胆汁。卡罗斯人

---

[1]　袁珂：《山海经校注》，上海古籍出版社，1980年，第248—249页。

(Garos)以及立陶宛人(Lithuanians)也有在雨祭时到高山上和森林里杀祭黑色动物的习俗。在古代印度,当一位婆罗门教士(Brahamn)要训练如何将他本人跟水融合为一体时,他必须穿上黑袍,吃黑色的食物,每天接触水三次。等到他主持雨祭礼仪的时候,他就会马上把黑色的祭牲跟黑色的雨云联系起来;在他心目中,雨的性质就是黑色。①

殷代雨祭中,黑色跟白色相对。到了后来的传统里,跟黑色相对的一般是红色。如《春秋繁露·止雨》篇载,为了达到止雨的目的,"以朱丝萦社十周,衣赤衣赤帻"。这跟古人认为红色为"阳"的代表有关,止雨需要"助阳抑阴"。

五、结　　论

综上所论,我们可以得出一些比较肯定的看法。

(1) 殷人雨祭是跟祖先崇拜联系在一起的。为了求雨和止雨,他们主要对祖先进行祭祀。而且,由于某几位祖先特别灵,所以对他们的祭祀也特别频繁。另外,在求雨止雨时祭祀云、山、河等自然神,表明雨祭同时也是自然崇拜的一部分。

(2) 殷人求雨时常祭祀"社"和"四方",这跟他们的宇宙观有关系。殷代雨祭可能已经有了某种形式的祭坛,极可能是跟祭祀"四方"合在一起,于是,也可以说它是早期的四坎坛和雩坛。殷代的"盟室"从名字上可能跟后来的"明堂"有关,但它的建构已经很难考定了。

(3) 从祭祀方式和专门场合的选择来分析,雨祭跟其他形式的祭祀的主要区别在于它有较明显的巫术成分,或者称为"魔术性"(Magic)。如何从理论上来阐释雨祭的这些特点呢? 弗雷泽(James George)认为魔术的逻辑是一种"相感性"(Sympathetic),它或者以相似模拟的方式(Imitate)出现,或者是连绵传染而生(Congate)。这就是为什么雨祭时用乐器(锣鼓)模仿雷声,烧火模仿闪电,并洒水暗示雨点。其实,中国古代这种思想很盛行。《淮南子·览冥训》:"神气相应征矣,故山云草莽,水云鱼鳞,旱云烟火,涔云波水,各象其形,类所以感之。"

弗雷泽的理论受到了不少人类学家的批评。所谓原始人有一套奇怪的逻辑是十九世纪欧洲人的一种偏见。有的学者试图用神话学的研究来解决这个问题,他们认为祭祀是建立在神话的基础上,祭祀就是对神鬼的祭祀。天有天神,地有地祇,人

---

① 参阅 J. G. Frazer, *The Golden Bough* (Abridged Edition), Macmillan, 1957, 82, 79 - 109.

有人鬼，风雨雷电等自然现象也都有自己的神灵，这些神彼此间有某种关系。这种解释比起以前的进了一步，特别是促进了人们对古代神话的研究。

神话学的阐释取得了较大的成绩，可是仍然有一些局限：并不是所有的祭祀都有一个神话在背后。有时神话是后来人加工添凑的产物。我认为研究祭祀行为在其文化背景中的象征性是我们理解古代祭祀系统的一个关键。任何祭祀都有祭祀者和祭祀行为两种因素，这两者的选择都涉及它们在整个祭祀系统中的象征含义及所充当的角色，它有时可能是出于心理和生理上的某种经验，有时是出于社会环境的需要。殷人的雨祭中，对祭祀方式和祭牲颜色的选择不是偶然的，而是基于它们在祭祀系统中的含义。比如说，祈雨时祭祀岳、河、四方、郊社，祭祀中使用燎、沈、奏、舞、血等各种方式，以及焚烧人牲和作土龙，而且，在祭祀中还专门考虑到祭牲的颜色，这些都是考虑到了它们的象征性。当然，这种联系可能是下意识的，早期的宗教信仰只是种下了种子，到了后来的传统中往往被系统化和理论化了。例如董仲舒《春秋繁露》中的《求雨》《止雨》，里面描述的雨祭已经融入"五行"说系统中了，但在具体的礼仪过程中还保留着置雩坛、作土龙、舞蹈、杀牲、烧柴等上古的习俗。我们必须认识到，这些后来的文献材料反映的是后来经过改造的传统和思想，没有十分强硬的证据来证明在更早的殷代已经存在同样的信仰和实践。可是，在殷代的祭祀与后来的传统之间有明显的继承关系。我们需要研究的正是它们的来源和演变。

原文载中国社会科学院历史研究所编《华夏文明与传世藏书：中国国际汉学研讨会论文集》，中国社会科学出版社，1996 年。

甲骨文与西方汉学

早期传教士学者：方法敛、库寿龄、明义士

要准确考证出甲骨文的发现年代和发现者，是比较困难的事情，我们只知道最早是河南安阳小屯村的村民从地下挖掘出了这些古物，将它们当作"龙骨"卖给中药店。直到十九世纪末，刻字的"龙骨"才开始引起收藏家和古董商的兴趣。关于甲骨文的发现，流行的说法是这样的：1899 年，著名收藏家王懿荣从购自北京菜市口中药店的中药中发现了刻有文字的"龙骨"，并意识到这是上古商周的文字。① 中国早期的甲骨文收藏家有王懿荣、端方、孟定生、王襄、刘鹗、罗振玉等。

四年之后，也即 1903 年，山东潍县的美国传教士方法敛（Frank Chalfant）和山东青岛的英国传教士库寿龄（Samuel Couling）也发现了甲骨。起初他们并不知道其他中国学者也在收藏甲骨，因此可以被视为一次独立的发现。

在中国近代史上，1900 年是非常重要的一年。天津、北京等许多大城市爆发义和团运动，八国联军对中国进行军事入侵。是年，国子监祭酒兼京师团练大臣王懿荣投井自杀，他所收藏的甲骨流散各地，其中一部分流散到了中国北方的古董集散中心——山东潍县。古董商于是优先把甲骨兜售给那些既对中国文物感兴趣、又有购买能力的外国传教士。

方法敛 1862 年生于美国的宾夕法尼亚州，1887 年由美国长老会代表团派往山

---

① 多数学者认为王懿荣最早发现甲骨文是在 1899 年。但是，对于甲骨文的发现问题还是存在一些疑问，例如王懿荣认为自己首次发现甲骨文是在 1898 年。见王宇信《甲骨学通论》，中国社会科学出版社，1989 年，第 24—32 页。另外一种说法是胡石查从 1894 年就开始搜集甲骨文。见胡厚宣《关于胡石查提早辨认甲骨文的问题》，《第二届国际中国古文字学研讨会论文集》，香港中文大学，1993 年，第 29—42 页。其他关于甲骨文发现的细节考证和早期研究还有董作宾《甲骨学六十年》，艺文印书馆，1965 年；胡厚宣、黄然伟《甲骨学年表正续合编》，台北，1967 年；Jean A. Lefeuvre（雷焕章），"Les inscriptions des Shang sur carapaces de tortuc ct sur os", *T'oung Pao*, 51(1975)，1 - 82.

东传教。在那里他结识了库寿龄,一位比他早三年来到中国的英国传教士。与同时代的其他传教士一样,方法敛和库寿龄都是非常敏锐的业余学者,他们将大量的业余时间投入到学术活动中。但此时方法敛和库寿龄并不知道中国的甲骨收藏已初具规模,他们对自己的新发现兴奋不已。他们第一次购买甲骨,是从一位古董商①的 3 000 余片甲骨中选出的近 400 片。1904 年 2 月,他们把这批甲骨出让给在上海的亚洲文会北中国支会。在库、方二人的帮助下,匹兹堡的卡内基博物馆、爱丁堡的皇家苏格兰博物馆和伦敦的大英博物馆等,也开始收藏甲骨。几个私人收藏家也通过方法敛之手买到了一些甲骨。②

1906 年,方法敛在美国匹兹堡《卡内基博物馆馆刊》上发表了《中国原始文字考》,③文中翻译了著名的铜器铭文《散氏盘》,并公布了 17 片甲骨摹本,这表明他对中国古文字了解颇深。与同时代的其他学者一样,方法敛认为汉字是"表意文字",并试着释读甲骨文。尽管他的考释有许多想象和猜测的成分,但毕竟是西方学者首次尝试考释甲骨文。另外,他还尝试拼合破碎的甲骨。他认为一版完整的龟甲至少应该由多片碎骨组成。

我们还应提到的是:方法敛最初研究甲骨文时,他对中国甲骨学界的前沿成果并不了解。早在 1903 年,刘鹗就出版了《铁云藏龟》,但此书只著录了甲骨拓本,而且流通不广。④ 同样,早在 1904 年孙诒让就考释出了许多文字,但是直到 1917 年他的《契文举例》才得以出版。可以说,方法敛的研究一直是独立进行的,因此他的成就着实令人钦佩。

方法敛的研究很快就得到了关注。1906 年,自然科学的重要期刊《科学》(*Science*),发表了莫尔斯(E. Morse)的一篇评论。⑤ 另外,《亚洲文会北中国支会会报》上也发表了一篇评论,评论者说道:"方法敛的研究对汉字起源于表意符号提供了很多启发。"⑥卡内基博物馆馆长侯兰德(W. J. Holland)在给《中国原始文字考》写

① 王懿荣和刘鹗最早是从山东潍县的两位古董商范潍卿和赵执斋处购买甲骨。方法敛甲骨的来源是一位当地名叫李汝宾的古董商,这人有可能是范、赵两人的朋友。
② 这些私人收藏家包括 Bergen、Hopkins 和 Wihelm 等人。参看 Roswell S. Britton, *Seven Collections of Inscribed Oracle Bone*, Shanghai, 1938.
③ Frank H. Chalfant, "Early Chinese Writing", *Memoirs of the Carnegie Museum*, 4 - 1(1906), 1 - 35.
④ 很难确认方法敛是否读过此书,因为他虽提到过《铁云藏龟》的出版,但是对该书中甲骨摹本总数的引用并不确切,他认为是 800 片,但实际上有 1 058 片。
⑤ 笔者没有见到这篇文章的原文。
⑥ G. W. Pearson, "Review:F. Chalfant:'Early Chinese Writing'", *Journal of the North China Branch of the Royal Asiatic Society*, 38(1907), 255 - 257.

的序言中说："方法敛先生的论文并没有局限于已知材料,文章也包含了他对新考古材料的初步研究。这些材料(包括甲骨文)是他自己或通过他人从河南获得的。继续对这些材料进行深入研究,必然能够得出很有价值的结论。"

　　方法敛是一位非常勤奋的学者。他对所能接触到的所有甲骨,包括他本人和其他人的收藏,进行了系统的调查。但不幸的是,1911 年他在青岛遭遇一场交通事故,从此瘫痪在床,三年之后于美国匹兹堡去世,留下了大量未出版的手稿。①

　　库寿龄是方法敛在甲骨文发现过程中结识的朋友和伙伴。他 1859 年生于伦敦一个异教徒家庭。青年时代,他曾任职于一家保险公司,后来到布里斯托浸礼会教会学院研究神学。1883 年,他成为托特尼斯的一位浸礼会牧师。一年之后,加入了浸礼会牧师团,被派往中国。据说,他很快就掌握了汉语,并在一所寄宿学校任教。1902 年,库寿龄从爱丁堡大学取得硕士学位。此时他的年龄已经偏大,但仍然尝试读取其他学位,例如理学学士学位和法学学士学位。他在传教的同时也追求学术研究带来的乐趣,这种双重生活一直持续到 1902 年。是年,他从浸礼会牧师团辞职,开始了全职的学术生涯。但是这种生活是很艰难的,他被迫以家庭教师为职勉强度日。此后有段时间,他在上海麦伦学院(Medhurst College)担任代理院长。作为一名学者,库寿龄在 1917 年声名鹊起,主要出版了畅销工具书《中国大百科全书》(*Encyclopaedia Sinica*)。② 他还主编了英中双语期刊《新中国评论》(*The New China Review*),并受上海市政委员会的邀请编写《上海史》,幸运的是,此书在他1922 年 6 月去世前就已完成。

　　由于大量的学术活动和管理职务,库寿龄只有很少的时间从事甲骨文研究。不过,他仍于 1914 年 2 月 20 日,以会员的身份在上海的皇家亚洲文学会北中国支会作了一次长篇演讲,并著文发表在会刊上。③ 演讲中,他向听众讲述了他和方法敛二人与甲骨结缘的有趣过程,并回忆了他们尝试整理和缀合甲骨的具体过程。库寿龄写道:

　　　　我和方法敛在一张摆满甲骨(尤其是新的甲骨碎片)的大桌前度过了许多
　　　　快乐的时光。在那些日子里,我们试着将断口吻合的甲骨缀合在一起。而且

---

① 关于方法敛学术生涯的详细评价见于董作宾《甲骨学六十年》。
② 这本书牛津大学出版社 1983 年再版时加了新的介绍。
③ Samuel Couling, "The Oracle Bones from Honan", *Journal of the North China Branch of the Royal Asiatic Society*, 45(1914), 65 - 75.

每当成功缀合甲骨时，哪怕只是两三个小碎片的缀合，我们也会开心不已。[①]

他们之间的愉快合作，在甲骨文中的关键字"贞"的探讨中，也得到了见证：

> 以甲骨文中最常见的字形——"𝍖"字为例（几乎契刻于所有的甲骨之上），常见于日期之后、占问内容之前，因此，很容易将它理解为"询问"。方法敛认为它就是现代汉语中的"问"字；当然，把"𝍖"释为"问"也能使卜辞得到很好的解释。然而，虽然我对这个问题研究甚少，但仍对此不太信服，也许是出于直觉吧，我不认为它是"问"。可惜我也没有更好的解释。数年以来，此事在我们之间一直是一个玩笑。但最后不论是方法敛还是金璋意外发现："𝍖"显然是"𝍖"的异体字，那么，"𝍖"不是"问"，而是"贞"，马上就显而易见了。[②]

根据甲骨文极具变化性的书体风格，在甲骨学和考古学的关系上，库寿龄又提出另一个很有价值的观点：

> 我认为除了那些同版上刻有不同字体风格的甲骨外，其他甲骨都可以作为分期断代的证据。倘若甲骨是有意埋葬的，那么，最古的甲骨应该在灰坑的最底部，最新的则应在最顶部；并且也应出现成排的甲骨坑。不幸的是，甲骨出土时，没有西方学者在场观察。我情不自禁地想到：如果是在独立有序的地层中，而不是从混合一体的灰坑中得到这些甲骨，我们就会发现一个时代使用一种独特的字体。在下一个时代中，它会被另一种字体所取代，最晚形成的字形会延续到现代汉语中。[③]

库寿龄提出这一观点十五年后，殷墟才开始了科学发掘。直到现在，"不同的书写风格反映不同的时期特征"这一观点仍然很有识见。

在演讲中，库寿龄极力主张要关注皇家亚洲文会自身收藏的甲骨。作为亚洲文会的资深成员，库寿龄曾先后担任过该会干事、会刊编辑及副主席等关键职务。皇家亚洲文会的前身是 1857 年由一些外国传教士在上海创建的"上海文理学会"，后来该组织加盟"大不列颠及爱尔兰皇家亚洲文会"，遂改名为"皇家亚洲文会北中国支会"。它的会刊后来也成为西方汉学领域中的前沿性刊物之一。

---

① Samuel Couling, "The Oracle Bones from Honan", *Journal of the North China Branch of the Royal Asiatic Society*, 45(1914), 66.

② Ibid., 72.

③ Ibid., 73.

　　尽管皇家亚洲文会北中国支会的主要成员是在华的外国传教士,以及一小部分欧洲及北美的传教士,但是,就其本身而言,它并不是一个典型的绅士俱乐部。其主旨在于传播西方文明和基督教教义,同时提高东道国的文明程度。例如,《亚洲文会北中国支会会报》发刊词写道:

　　　　我们的宗旨在于发现并积累事实以便加快基督教文明的传播;众所周知,西方存在一些历史和哲学理论的问题,只有这个(中华)帝国给予我们的启示,能给这些悬而未决的问题提供一个答案。①

　　这段话恰好说明,一部分外国学者开始对中国古文字产生兴趣。西方传教士的积极求索和坚定意志,促进了大量新知识的产生和新观点的提出,而他们在甲骨学上的贡献也是显著的。②

　　自1930年起,《亚洲文会北中国支会会报》刊载了大量关于甲骨文的文章。其中最多产的学者是美国人吉普森(Harry Gibson),他曾担任皇家亚洲文会上海博物馆钱币部荣誉部长。这个博物馆也是亚洲文会在中国建立的第一家博物馆。③ 吉普森的文章大多面向普通英语读者,主要涉及商代象形文字、礼仪、祭祀、交通、音乐等方面的内容。④ 令人惊讶的是,吉普森似乎没有参考过中文著作。他误以为是库、方二人于1900年第一次发现了甲骨,这跟二人自己的陈述相ННЯ违;而且,他从未提到西方学者对中国学者研究成果的引用情况。不过,吉普森将甲骨文普及到英语读者中,并出版了亚洲文会北中国支会所藏甲骨的摹本,对此我们应该予以肯定。另外,他在负责文会博物馆的考古材料期间,还在上海组织了一场甲骨展览。

　　吉普森的文章还频繁地发表在《中国科学美术杂志》(*The China Journal of Sciences & Arts*,简称 *China Journal*,《中国杂志》)上。这本杂志是在上海发行的影

---

① *Journal of the North China Branch of the Royal Asiatic Society*, 1(1858).
② 早期西方汉学的发展中,传教士发挥了很重要的作用。关于这个问题的研究,可参看 David E. Mungello, *Curious Land: Jesuit Accommodation and the Origins of Sinology*, Stuttgart, 1985; Herbert Franke, "Some General Remarks on the History of European Sinology", in *Europe Studies China: Papers from an International Conference on the History of European Sinology*, London, 1996, 11 - 25.
③ 这家博物馆首次开放是在1874年,同年皇家亚洲文会成立。
④ Harry E. Gibson, "The Picture Writing of Shang", *The China Journal of Sciences & Arts*, 21 - 6 (1934), 277 - 284. "Divination and Ritual During the Shang and Chou Dynasties", *The China Journal of Sciences & Arts*, 23 - 1(1935), 22 - 25; "The inscribed bones of Shang", *Journal of the North China Branch of the Royal Asiatic Society*, 67(1936), 15 - 24; "Music and Musical Instruments of Shang", *Journal of the North China Branch of the Royal Asiatic Society*, 68(1937), 8 - 18; "Domestic Animals of Shang and Their Sacrifice", *Journal of the North China Branch of the Royal Asiatic Society*, 69 (1938), 9 - 22.

响较大的英文期刊,由苏柯仁(Carle Sowerby)和福开森(John Ferguson)主编。苏柯仁的父亲苏道味(Arthur Sowerby)曾经是袁世凯儿子的英语老师。苏柯仁出生在山西太原,兴趣主要在自然科学方面,曾任教于天津英华书院。他对殷墟出土的动物骨骼作过研究,[①]文章发表在《中国科学美术杂志》上,文中经常引用甲骨文;[②]从摹写和使用甲骨文的角度来说,吉普森更像是甲骨材料的提供者。

福开森也是一位美国传教士,他于1866年来华,是南京金陵大学的创办者之一。福开森精通中国文物,撰写过许多中国艺术史方面的畅销书。他对甲骨文也小有收藏,后来这批甲骨由商承祚在1933年发表。[③]

1923年,原"上海生物学学会"改名为"中国科学美术学会",《中国杂志》作为它的官方刊物进行发刊,其目标是"为初到中国的研究者提供一种媒介,以便他们发表自己的研究成果,促进他们之间的交流,激发欧中人民对两地底蕴深厚的文学艺术的共同兴趣,最终达到推广科学和艺术研究的目的"[④]。

1925年,《中国杂志》第三辑刊载了英格拉姆(J. H. Ingram)的文章,题为《商代文明与宗教》。[⑤] 英格拉姆是一位美国医生,于1887年来华。他对中国文字很感兴趣,曾与瓦尔德(G. D. Wilder)合编《汉字的分析》(Analysis of Chinese Characters),由华北协和语言学校在1922年出版。英格拉姆发表了一系列研究商代文明的文章,涉猎甚广,包括田猎、农业、政治、宗教等。他的文章还宣扬了一种文化传播理论,即中国文字是从苏美尔象形文字中分离出来的。更有趣的是,他在文中对1917年出版的明义士《殷墟卜辞》一书评价甚高。

在对甲骨学作出杰出贡献的外国传教士学者中,明义士(James Menzies)的地位很高,仅次于方法敛。明义士,1885年出生于加拿大,1905年从多伦多大学土木工程系毕业。最初的工作是土地测量师,后来又对地理学产生了兴趣。1910年,明义士以加拿大基督教长老会传教士的身份来到中国,最初被安置在武安,后来又迁到彰德府,也即安阳。

① A. de Carle Sowerby, "Horns of a New Deer and Other Relics from the Waste of Yin, Honan, China", *The China Journal of Sciences & Arts*, 19-6(1933), 141-144. 他辨认出了鹿的一个新品种 *CERVUS (RUCERVUS) MENZIESIANUS spec. nov.*,样品是由明义士提供的。

② A. de Carle Sowerby, "The Domestic Animals of Ancient China", *The China Journal of Sciences & Arts*, 23-6(1935), 233-243. *Nature in Chinese Art*, New York, 1940.

③ 商承祚:《福氏所藏甲骨文字》,南京,1933年。

④ *The China Journal of Sciences & Arts*, 1-1(1923).

⑤ J. H. Ingram, "The Civilization and Religion of the Shang Dynasty", *China Journal of Science & Arts*, 3 (1925), 437-545.

1914 年春天,明义士在小屯村附近洹河南岸骑马漫游时,当地的一些孩子向他兜售刻字"龙骨"。在棉花地里,他捡到了这种埋在地下的骨片。作为一个满怀抱负的青年,明义士对考古学亦尤感兴趣,他认为在所有中西方考古学家中,他是第一个怀着纯科学的态度访问殷墟的人。不过,他不知道的是,罗振玉的兄长罗振常已早他一步。①

明义士很快就收藏了一批数量可观的甲骨。1917 年,他出版了《殷墟卜辞》,其中著录了 2369 片甲骨摹本。在书序中,他又宣布了一个大计划,准备编写一套有关汉字和中国古代宗教研究的丛书。不过,当明义士规划宏伟蓝图的时候,第一次世界大战在欧洲正炮火连天。他被召入法军服兵役,做了一名翻译。他将自己描述为"来自殷墟的呐喊"②。

"一战"结束后,明义士于 1920 年成功返华,并重拾传教士和教师的身份。他对考古学产生了浓厚的兴趣,以至于加入了加利福亚尼大学的考古小组,于 1928 年到 1929 年间跟随小组在耶路撒冷进行发掘。1928 年中央研究院考古组开始对殷墟进行考古发掘,1930 年明义士回到安阳后结识了这些学者。1932—1937 年间,他在齐鲁大学任教,负责处理哈佛燕京图书馆的申请工作。在此期间,明义士发表了多篇有关商代文化的文章,并开授了甲骨文课程。③ 1936 年 4 月,他在亚洲文会北中国支会作了两次公开演讲:"商周艺术"和"商代文化与宗教观念"。在这两次演讲中,他利用考古学材料和商代文字来证明中国文明的本土起源,并向大家展示了他在安阳收藏的一部分史前文物。④

明义士精通汉语,许多著作都用汉语写成,在中国学术界非常出名。⑤ 他也是最早注意到贞人名和卜辞分期断代之关系的学者之一。早在 1927 年,他就将历组卜辞划分到武丁时期,后来历组卜辞的时代问题也成为学术界争论的一个焦点。⑥

---

① 早在 1908 年,罗振玉就断定安阳小屯村是甲骨出土地,其兄罗振常曾于 1909—1911 年亲访小屯以便收集更多的甲骨。也是在 1908 年,方法敛曾写信给一位在安阳传教的牧师询问哪些地方可能是甲骨出土地。见 Roswell S. Britton, *Seven Collections of Inscribed Oracle Bone*, Shanghai, 1938.

② James M. Menzies, *Oracle Records from the Waste of Yin*, Shanghai, 1917.

③ 明义士于齐鲁大学任教期间的事迹,见于张昆河《明义士与甲骨学研究》,《济南文史资料选辑》11,1995 年。应学生的要求,明义士的甲骨文讲义《甲骨文研究》于 1933 年首次出版,1996 年由齐鲁书社再次出版。

④ 明义士的演讲内容后来发表在《亚洲文会北中国支会会报》第 67 期上。Menzies, James M., "The Art of the Shang and Chou Dynasties", and "Culture and Religious Ideas of the Shang Dynasty", *Journal of the North China Branch of the Royal Asiatic Society*, 67(1938), 208 – 211.

⑤ 明义士在齐鲁大学任教期间的助手曾毅公后来成了北京图书馆的一名馆员,也是著名的甲骨学者。

⑥ 参见李学勤《小屯南地甲骨与甲骨分期》,《文物》1981 年第 5 期,第 27—37 页。

　　1937 年抗日战争全面爆发时，明义士正在加拿大度假，对他来说返回中国几乎是不可能了，于是就在多伦多皇家安大略博物馆担任怀履光（William White）的助手。1942 年，明义士取得博士学位，论文题目为《商戈》。① 不过，由于和怀履光之间的关系不断恶化，所以他离开多伦多前往美国，在美国政府战情办公室工作。他收藏的甲骨在战争期间留在了天津，直到 1948 年才运至多伦多。1957 年明义士去世后，他的家人又将这批甲骨分别捐赠给多伦多大学和皇家安大略博物馆。②

欧洲汉学家：沙畹、马伯乐、伯希和

　　甲骨文发现之初，欧洲学者兴趣索然。尽管许多西方博物馆和私人收藏家已经收藏了甲骨，但是汉学家对这一新发现依然持谨慎态度。欧洲多数专业汉学家都热衷于研究中国传统编年史和传世文献，很少有人尝试研究古文字。在方法敛的《中国原始文字考》（第一版）出版两年后的 1908 年，马伯乐（Henri Maspero）才在巴黎写了一篇短评，在文章结尾处对方法敛公布甲骨文的举动作了评论。他认为方法敛的这一举措有一定的意义，但同时又认为方法敛没有将这批材料的价值上升到学术层面。③

　　欧洲专业汉学研究在二十世纪早期已趋向成熟。法兰西学院任命的汉语及文献研究的第一位教授是 26 岁的法国人雷穆沙（Jean-Pierre Abel Remusat），他曾编写过大量的汉语文献教科书，并翻译了法显的《佛国记》。到二十世纪上半叶，由于沙畹（Edouard Chavannes）及其门生的卓越成就，④法国已经成为欧美汉学研究的中心。

　　1911 年沙畹发表了一篇重要论文《中国古代之甲骨卜辞》，⑤主要介绍了罗振玉和其他学者的研究。他同意罗振玉的看法，认为甲骨文是晚商保留下来的占卜记录。沙畹对中国铭刻文字很感兴趣，他曾经在中国生活了很长一段时间，并于 1907 年第二

① 明义士于 1941 年提交给多伦多大学的博士论文初稿《商代青铜时代文化》（"The Bronze Age Culture of the Shang Dynasty"）没有通过审核，至今也未出版，不过皇家安大略博物馆收藏了一份原稿。

② 明义士收藏甲骨已经由皇家安大略博物馆出版，见 Hsu Chin-hsiung（许进雄），*The Menzies Collection of Shang Dynasty Oracle Bones*，Toronto，1977. 关于明义士生平和学术的研究见于方辉《明义士和他的藏品》，山东大学出版社，2000 年。

③ H. Maspero, "Review: Frank H. Chalfant: Early Chinese Writing", *Bulletin de I Ecole Franca is e d'Extreme-Orient*, 8(1908), 264‑267.

④ 关于沙畹对法国汉学的贡献，参见 Alain Thote（杜德兰），"At the Source of Modern French Sinology: Fvdouard Chavannes", *Orientations* (1997), 28‑6, 42‑47.

⑤ E. Chavannes, "La divination par l'écaille de tortue dans la haute antiquité chinoise (d'après un Iivre de M. Lo Tchen-yu)", *Journal Asiatique*, 17(1911), 127‑137.

次来华搜集考古材料,研究古代遗迹。此外,他还翻译了司马迁的《史记》,而他对斯坦因在新疆搜集的汉代文献资料的整理与研究,更使得他在国际汉学界声名鹊起。

不过,沙畹似乎并不太热衷于考释甲骨文,可能是因为他不太认可同时期多数学者的研究方法。他在法兰西学院的学生暨继承者马伯乐,也没有尝试考释甲骨文。马伯乐几乎精通传统汉学的所有方面,但是对具体文字的考释不感兴趣。他认为甲骨文伪刻太多。他对某些学者文字考释方法的公开批评,更甚于其师。1925年,赴法留学的中国青年学者张凤,撰写了关于甲骨文的论文。① 马伯乐就对他的研究进行了批评,认为他对甲骨文的考释缺乏文献学基础。② 马伯乐甚至对中国学界的杰出学者郭沫若提出类似的批评。马伯乐的文章在中国翻译发表后,郭沫若立即进行了回应。③ 马伯乐的这种批评代表了欧洲汉学家的普遍态度:每位学者对自己的证据必须秉持批评怀疑的态度,尤其是在文字传播上,当谈及古文字考释时,文献考证方法的应用才是最本质的。另一位法国汉学大师伯希和(Paul Pelliot)也持相同看法,他对英国学者金璋(Lionel C. Hopkins)的甲骨研究持保留态度。④ 伯希和有可能是第一位亲眼看到甲骨原物的法国学者。在巴黎国立博物馆收藏的甲骨中,有28片可能是由伯希和1906到1909年在中国考察期间购买的。这次旅行中伯希和从中国带走了大量的敦煌文书。⑤

英国业余汉学爱好者:金璋

英国汉学出版物的数量远远超乎想象,甲骨文研究显得更为丰富,这主要归功于一位业余学者金璋。这一时期英国大多数汉学家对甲骨文没有太大兴趣,或是忙于其他方面的研究。⑥ 在尝试研究甲骨文的为数不多的西方学者中,金璋作为一位

①　Tchang Fong, *Recherches sur les os du Ho-Nan et quelques caracteres de l'ecriture ancietme*, Paris, 1925.

②　H. Maspero, "Review: Tchang Fong: Recherches surles os du Ho-Nan et quelques caractères de l'ècriture ancienne", *Journal Asiatique*, 210(1927), 127 - 129.

③　马伯乐:《评郭沫若近著两种》,《文学年报》第二期,1936年,第61—71页。郭沫若的回应也发表在同期刊物:《答马伯乐先生》,第1—4页。

④　Paul Pelliot, "Un nouveau périodique oriental: *Asia Major*", *T'oung Pao*, 22(1923), 358 - 359.

⑤　参见 Jean A. Lefeuvre, *Collections of Oracular Inscriptions in France*, Taibei/Paris/Hong Kong, 1985, 181.

⑥　对早期英国汉学的评介,参见 Barrett, Tim, *Singular Listlessness: A Short History of Chinese Books and British Scholars*, London, 1989; Denis C. Twitchett, "Chinese Studies in Britain: A Review Article", *Journal of the Royal Asiatic Society*, 3rd series, 5 - 2(1995), 245 - 252.

业余爱好者,是这一时期的典型代表,他努力希望自己可以达到中日学者的研究
水准。

1854 年金璋出生在英国的一个书香之家。他的父亲曼利·霍普金斯(Manley
Hopkins)和兄长杰勒德·霍普金斯(Gerard M. Hopkins)都是著名的作家和诗人。
金璋从温彻斯特学院毕业后,1884 年以英国殖民服务"快速通道"学生翻译的身份
去了中国,后来成为英国驻天津总领事。1908 年,金璋返回英国后开始了长达一生
的甲骨文研究和考释工作。①

早在甲骨文发现之前,金璋已经对汉字和铭文产生了浓厚的兴趣。1888 年他
翻译并出版了戴侗的《六书故》。金璋最初接触到甲骨文,可能就是通过方法敛的
《中国原始文字考》。② 金璋在担任天津总领事时,就开始调查英华书院所藏甲骨的
来源,这批甲骨原属王懿荣。回到英国之后,1908—1914 年期间,金璋和方法敛保
持书信往来,并通过方法敛购买了大量甲骨。难以置信的是,这两位学术前辈从未
谋面。

1911 年,金璋在《皇家亚洲文会会刊》上发表了第一篇文章《近出周代文字》,误
以为甲骨文是周代的文字。③ 后来,他不得不带着遗憾纠正了自己的观点。

金璋一生共发表了 50 多篇与甲骨文研究相关的文章,其中最重要的是 1917 年
到 1928 年发表的《中国象形文字考》系列文章。④ 在这些文章中,金璋挑选了 160 多
个甲骨文字,讨论了它们的字形结构和造字本意。金璋的研究方法,与中国的训诂
学比较接近,即利用许慎的《说文解字》和甲骨文字进行对照研究。当多数西方学者
对甲骨文字考释敬而远之的时候,金璋已经站在了这个研究领域的前沿,与一流的
中国学者同步而行,这一点是非常值得注意的。

金璋不仅对独体象形字的字义感兴趣,还讨论了这些文字的古今演变过程。
他还对龙、鹿、犀牛、鳄鱼,甚至包括苏格兰和中国的耕犁等问题作了论述。尤为有

① 叶慈在为金璋撰写的讣告中写道:"金璋在自己的藏书、收藏品和园艺乐趣中获得了极大的满足,穷其
    毕生钻研中国古文字学并乐在其中。"见 W. Percival Yetts, "Obituary: Hopkins", *Journal of the Royal
    Asiatic Society of Great Britain & Ireland*, 1953, 91 - 92.

② L. C. Hopkins, *The Six Scripts or the Principles of Chinese Writing* (new edition, first published in
    1881), Cambridge, 1954.

③ L. C. Hopkins, "Chinese Writing in the Chou Dynasty in the Light of Recent Discoveries", *Journal of the
    Royal Asiatic Society of Great Britain & Ireland*, 1911, 101 - 134.

④ L. C. Hopkins, "Pictographic Reconnaissances", *Journal of the Royal Asiatic Society of Great Britain &
    Ireland*, 1917, 775 - 813; 1918, 388 - 431; 1919, 369 - 388; 1922, 49 - 75; 1923, 383 - 391; 1924,
    407 - 434; 1926, 46 - 86; 1927, 769 - 789; 1928, 327 - 337.

趣的是金璋对"巫"字的研究,以及此字和萨满教巫舞之间联系的讨论。[1] 他对甲骨文的分期问题非常敏感,并作出了正确的判断,即甲骨文不是短期内形成的,而是经过了几百年的发展。金璋是西方学术界中国古文字研究真正的"先锋",用白瑞华(Roswell S. Britton)的话说:他"使中国古文字学在西方汉学领域中保持着不断的生机"[2]。

德国学者：勃汉娣

在德国,赫伯特·穆勒(Herbert Mueller)和安娜·勃汉娣(Anna Bernhardi)于1913年首先报道了甲骨文在河南发现的消息。[3] 1914年,勃汉娣撰写了一篇研究文章《中国古代之卜骨》,[4]文章介绍了柏林世界民族博物馆收藏甲骨的情况。这些甲骨,可能是维尔茨医生(Wirtz)于1902年到1912年旅居山东青岛时,通过方法敛购得的,又在1912年捐赠给该博物馆。[5] 勃汉娣在文章中还提到了其他学者的研究,例如方法敛、罗振玉、沙畹和金璋等。尤其重要的是,她认为许多甲骨文只不过是年轻贞人的习刻。她对大英博物馆收藏的著名"家谱刻辞"的真实性也提出了质疑,这与金璋产生了分歧和争论,八十年后这个问题仍然没有得到解决。[6]

白瑞华和甲骨伪片

从一开始,甲骨的真伪对很多学者尤其是西方学者来说就是一个难题。库方

① L. C. Hopkins, "The Shaman or Chinese Wu: His Inspired Dancing and Versatile Character", *Journal of the Royal Asiatic Society of Great Britain & Ireland*, 1945, 3 - 16.

② 见《库方二氏藏甲骨卜辞》中白瑞华的序。Roswell S. Britton, *The Couling-Chalfant Collection of Inscribed Oracle Bone*, Shanghai, 1935.

③ H. Mueller, "Mitteilungen zur Kritik der frühgeschichtlichen chinesischen Orakelknochen", *Zeitschrift fur Ethnologie*, 6(1913): 939 - 941; A. Bernhardi, "Uber frühgeschichtliche chinesische Orakelknochen", *Zeitschrift fUr Ethnologic*, 45 - 6(1913), 232 - 238.

④ Anna Bernhardi, "Frühgeschichtliche Orakelknochen aus China (Sammlung Wirtz im Museum fur Volkerkunde zu Berlin)", *Baessler-Archiv*, 4(1914), 14 - 28.

⑤ 柏林世界民俗博物馆中威尔茨的甲骨收藏情况见于 S. Preiswerk-Sarasin, "Die Chinesischen Orakelknochen in der Basler Sam m lung für Völkerkunde", *Beitrdge zur Aruhmpologie*, *Ethnologic*, *und Urgeschichte: HerrnDr. Fritz Sarasin zum 60*, *Geburstage*, Basel, 1919. 这些收藏仍未公开出版。

⑥ 直至今天依然是争论不休,胡厚宣和于省吾关于家谱刻辞的讨论见于《古文字研究》第4辑,1980年,第115—138、139—146页。

二氏、金璋和明义士的早期藏品中都有大量伪片。^① 库寿龄对古董商企图向外国人兜售甲骨伪片的情形进行过描述，并提醒收藏者要谨慎。尽管如此，他公布的卜骨许多都是伪片。流入公私收藏者手中的甲骨伪片是如此之多，以至于甲骨辨伪刻不容缓。

二十世纪三十年代，白瑞华在美国对甲骨辨伪作出了巨大贡献。他出生在中国，父亲是一位美国浸礼会传教士。在潜心研究甲骨文之前，他从事的是近代中国报刊和古代中国人口统计方面的研究。在纽约大学任教和整理方法敛的遗稿期间，他的研究重心发生了转移。1914 年方法敛在匹兹堡去世后，芝加哥费尔德博物馆的劳费尔（Berthold Laufer）得到了他的手稿。最初的计划是将这批手稿寄给英国的金璋，由他来编辑出版。但是"一战"的爆发中断了这一计划。1934 年劳费尔去世后，这批手稿又辗转到了白瑞华手中。

白瑞华的主要任务是尽可能多地从方法敛的摹本中剔除伪片。^② 他主编了《库方二氏藏甲骨卜辞》（1935）、《甲骨卜辞七集》（1938）和《金璋所藏甲骨卜辞》（1939）等三部重要著作，皆由上海商务印书馆出版。这批材料的发表，对甲骨学研究来说至关重要，同时也使得白瑞华名声大振。在整理甲骨时，白瑞华曾试图利用照相等先进技术，^③改变纯粹依靠摹本和拓本公布甲骨的状况。^④ 在化学家皮其莱（A. A. Benedetti-Pichler）的协助下，他还对卜骨上的涂色进行了分析。^⑤

苏联甲骨学家：布那柯夫

二十世纪三十年代，对甲骨文研究作出巨大贡献的学者还有苏联的布那柯夫

① Samuel Couling, "The Oracle Bones from Honan", *Journal of the North China Branch of the Royal Asiatic Society*, 45(1914), 65 – 75.
② 白瑞华本人的研究和甲骨文考释很多都没有出版，但他在美国东方学会曾经公开演讲，见 Roswell S. Britton, "Three Shang Inscriptions", *Journal of the American Oriental Society*, 59(1939), 398.
③ 例如，Roswell S. Britton, *Yin Bone Photographs*, New York, 1935. 这本书的主要内容是普林斯顿大学的甲骨收藏。白瑞华的方法受人推崇，但同时也因为将甲骨浸泡在水中和过度修整甲骨照片而遭到批评，见于 G. W. Bounacoff, "New Contributions to the Study of Oracle Bones", *T'oung Pao*, 32(1936), 346 – 352.
④ 方法敛也曾尝试用照相术摹印甲骨文，但是没有成功。白瑞华《甲骨卜辞七集》的序言中提到了他的试验。
⑤ Roswell S. Britton, "Oracle-Bone Color Pigments", *Harvard Journal of Asiatic Studies*, 2 – 1(1937), 1 – 3；A. A. Benedetti-Pichler, "Microchemical Analysis of Pigments Used in the Fossae of the Inscisions of Chinese Oracle Bone", *Industrial and Engineering Chemistry*, 9 – 3(1937), 149 – 152.

(G. W. Bounacoff,中文名勇毅)。他出生在乌克兰,求学于莫斯科和圣彼得堡的东方学院,硕士论文研究的是中国的亲属称谓。他曾在中国接受过社会语言学的训练,特别是进入苏联研究院马尔博士语言思想研究所后,深受马尔学派社会语言功能主义的影响。

与欧美的甲骨收藏相比,苏联收藏的甲骨数量较少。约有 199 片甲骨,由理查契夫(N. P. Lichatcheff)捐赠给苏联研究院历史学研究所。这批甲骨是理查契夫于1911 年通过俄国大使馆的雇员沙金(M. C. Schekin)购买的。在 1932 布那柯夫进入苏联科学院之前,这些甲骨几乎没人整理。

年轻的布那柯夫文以全新的视角开始了甲骨研究。1935 年,他的著作《河南之卜骨》由苏联研究院出版,[1]主要介绍了甲骨文的发现与研究状况,并对苏联的甲骨收藏作了简短介绍。此外,这本书还收录了 1933 年之前的中国、日本以及西方学者的 288 种甲骨学著作。

传统的甲骨文考释方法是从《说文》中寻找线索,并用晚于甲骨文的铭刻资料,如铜器铭文进行对比研究。布那柯夫对此并不赞同。他应用马克思唯物辩证史观和马尔社会语言学理论来研究中国的古文字,例如他认为"王"首先是渔猎采集社会的部落首领,然后是氏族和宗教首领,最后是阶级社会的统治者。在这种背景之下,他断言甲骨文中的"王"字指的是部落军事首领,而不是商代的"帝王"。因此,他认为商代是高度发达的氏族社会。布那柯夫试着将甲骨文和商代社会研究与马克思主义理论中的"亚洲模式的生产方式"结合起来。他还指出汉字中的指事字很可能是从肢体语言中分化出来的。

布那柯夫试图在古文字研究中开辟新的领域。首先,俄国汉学是西欧汉学的一个分支,但是它在苏维埃时期发展非常迅速,并提出了新的研究框架。例如,阿列克谢耶夫(V. M. Alekseev)和德拉古诺夫(A. A. Gragunov)都是世界知名汉学家。[2]在同代学者中,布那柯夫是最年轻有为的学者之一。但不幸的是,"二战"时他在战场上牺牲,对苏联汉学研究来说是一大损失。

---

[1] G. W. Bounacoff, *The Oracle Bones from Honan*, *China* (in Russian, with English and Chinese abstract), 1935, Leningrad/Moscow. 参见 Roswell S. Britton, "Russian Contribution to Oracle Bone Studies", *Journal of the North China* Branch of the Royal Asiatic Society, 57(1936), 206 – 207 对布那柯夫《河南之卜骨》一书的评论。

[2] 参见 Christoph Harbsmeier(何莫邪), "John Webb and the Early History of the Study of the Classical Chinese Language in the West", in *Europe Studies China: Papers from an International Conference on the History of European Sinology*, London, 1995, 297 – 338.

新阶段：二十世纪三十至四十年代

到二十世纪三十年代，甲骨文研究不再局限于语言学和历史学的传统领域。考古学的注入为甲骨文研究带来了新生。为了发掘更多的甲骨，1928 年中央研究院派遣董作宾前往小屯，由此展开了大规模的科学发掘。安阳的考古发掘，为甲骨文研究提供了新的材料，构建了新的框架。1932 年，董作宾发表了甲骨文分期研究的划时代著作——《甲骨文断代研究例》。

除了新闻记者传播的消息，大批西方汉学家也亲临殷墟进行考察，对殷墟的发掘工作进行报道。德国的爱博华（Wolfram Eberhard）报道了安阳的最新发掘情况。[①] 英国学者叶慈（Percival W. Yetts）撰写了《商殷王朝与安阳古物》和《安阳附近最新发现》两篇文章，[②]并介绍了董作宾的甲骨文分期理论。加拿大的怀履光也公布了一些从安阳获得的伪刻甲骨，其中包括皇家安大略博物馆收藏的甲骨。[③]

自然科学和社会科学界的西方学者，也开始从甲骨文中寻找证据来支持自己的研究。例如，德效骞（Homer Dubs）撰写了《公元前十四至公元前十一世纪安阳及中国所见月食表》一文。[④] 另外一篇重要文章是魏特夫格（Karl A. Wittfogel）的《商代卜辞中之月相记录》，[⑤]系统分析了甲骨文中与天文学和气象学有关的材料。他的研究表明商人有强烈的季节转变的观念，殷历产生的基础是农业生产和商王的出行活动，公元前 4000 年至公元前 3000 年间中原地区的气候要比现在温暖得多。这些发现都经住了时间的考验。[⑥]

---

① W. Eberhard, "Zweiter Bericht über die Ausgrabungen bei An-yang, Honan", *Ostasiatische Zeitschrif*, Berlin/Leipzig, 1933, 208 – 213.

② W. Percival Yetts, "The Shang-Yin Dynasty and the An-yang Finds", *Journal of the Royal Asiatic Society oj Great Britain & Ireland*, 1933, 657 – 685; "Recent finds near An-yang", *Journal of the Royal Asiatic Society of Great Britain & Ireland*, 1935, 467 – 481.

③ W. C. White, *Bone Culture of Ancient China: An Archeological Study of Bone Material from Northern Honon*, Dating about the Twelfth Century B.C, Toronto, 1945.

④ Homer Dubs, "A Canon of Lunar Eclipses for Anyang and China, 1400 to 1000 B.C.", *Harvard Journal of Asiatic Studies*, 10(1947), 162 – 178.

⑤ Karl A. Wittfogel, "Meteorological Records from the Divination Inscriptions of Shang", *The Geographical Review*, 30 – 1(1940), 110 – 131. 中国学者王毓泉为魏特夫格的研究提供了很大的帮助。

⑥ 近期关于商代气候的讨论，可以参看 David Keightley（吉德炜），*The Ancestral Landscape: Time, Space, and Community in Late Shang China (ca, 1200 – 1045 B.C)*, Berkeley, 2000, 1 – 8.

表意文字还是语标文字：顾立雅与卜弼德之争

十六至十八世纪来华的早期耶稣会传教士，在返欧时也带走了他们对中国的直观认识。这些认识可能是肤浅的、片面的，但无论是对是错，他们都是最先提出汉字是表意文字的人。当中国最早的书写文字——甲骨文出现后，这种认知大大地刺激了西方世界的想象力。①

最初的来自西欧的访华者或许已经发现了"奇怪"的汉字，但直到十六世纪，来华传教士才对汉字有了深入的认识。作为当时最有影响的耶稣会传教士，利玛窦（Matteo Ricci）发现"汉字和埃及象形文字之间有相似性"，"汉字的本意并不明确，许多词都可能表示超过 1 000 种事物"。② 十七世纪欧洲社会的主流观点，是由弗朗西斯·培根（Francis Bacon）提出的，他认为汉字代表的"既不是字母也不是词，而是事物或概念"③。

许多语言学家都很难接受这个观点。美国哲学学会主席皮特·杜盘邱（Peter Du Ponceau）在 1838 年写道，表意文字的说法只不过是"想象的产物"，他认为汉字表示的是词语、音节和声音，而不是概念。④

甲骨文发现之后，方法敛于 1906 年撰写了《中国原始文字考》，试图强调这样一种观点：整体上说汉字是表意文字，但由于"形符"和"声符"的掺入，汉字也有表音化的倾向；也即，汉字是一种"表意的音节文字"。二十世纪四十年代后半期，顾立雅（Herrlee G. Creel）和卜弼德（Peter Boodberg）开始了激烈的争论，这个争论长期影响着西方世界对甲骨文和一般汉字的理解。

顾立雅著述颇丰，他的代表作有《中国的诞生》（*The Birth of China*，1937）和《早期中国文化的研究》（*Studies in Early Chinese Culture*，1938）。他广泛地利用甲骨文资料，并尝试将考古学证据和文献研究传统结合起来。他还专门到殷墟进行田

---

① 早期汉语和汉字的西方认知研究，参见 Christoph Harbsmeier, "John Webb and The Early History of the Study of the Classical Chinese Language in the West", in *Europe Studies China: Papers from an International Conference on the History of European Sinology*, London, 1995, 297 – 338.

② 参见 D. Spence, *The Memory Palace of Matteo Ricci*, Harrriondsworth, 1987.

③ 参见 Francis Bacon, *Advancement of Learning*, 11 – 1, London, 1962；对 Bacon 理论的评论参见 William Boltz（鲍则岳），*The Origin and Early Development of the Chinese Writing System*, New Haven, 1994.

④ Peter S. *Du Ponceau*, *A Dissertation on the Nature and Character of the Chinese System of Writing*, Philadelphia, 1838.

野考察，搜集材料。1936 年，他在颇具影响的语言学期刊《通报》上发表了《中国表意文字之本质》一文。① 他反对一些西方学者所说的，"既然汉字不是表音文字，那么必然是原始文字"的观点。他在文中写道："中国人使用表意文字，正如西方人使用字母文字一样，是自然而然的事情。"他引用了大量甲骨文字来证明汉字的表意特征。

顾立雅的文章发表不久，卜弼德就发表了《关于中国古代发展的初步意见》，②认为汉字就是语标（logographic）文字。卜弼德在注脚中反对顾立雅的观点，认为顾立雅"试图证明汉字的独特表意特征是最失败的尝试"，他批评顾立雅不仅将汉字神秘化，而且将中国"与世界其他民族相割裂"。

作为回应，顾立雅另撰一文《中国古代的表意文字》，③再次强调了自己的观点，并质疑了卜弼德的观点及其证据。卜弼德又发表《表意文字还是偶像崇拜？》一文，反对顾立雅的《表意文字的超现实主义幻想》。④ 顾、卜两人的论战，反映了西方汉学界对汉字性质的认识分歧。六十多年来，汉字究竟是"表意"还是"语标"之争，学术界仍在继续。⑤

二十世纪五十年代之后

"二战"之后，西方汉学的中心从欧洲转移到美国，汉学也变为"中国研究"。二十世纪五十年代到六十年代初，甲骨文研究领域一直没有突破性进展。除了东西方学者的偶然接触，例如董作宾对芝加哥大学顾立雅的短期造访，东西方学者之间基本没有交流，外文论著也鲜有出版。⑥

---

① H. G. Creel, "On the Nature of Chinese Ideography", *T'oung Pao*, 32(1936), 85 - 161.

② Peter Boodberg, "Some Proleptical Remarks on the Evolution of Archaic Chinese", *Harvard Journal of Asiatic Studies*, 2(1937), 329 - 372.

③ H. G. Creel, "On the Idiographic Element in Ancient Chinese", *T'oung Pao*, 34(1938), 265 - 294. John DeFrancis, *The Chinese Language: Fact and Fantasy*, Honolulu, 1984.

④ Peter Boodberg, "Some Proleptical Remarks on the Evolution of Archaic Chinese", *Harvard Journal of Asiatic Studies*, 2(1937), 329 - 372.

⑤ 对"表意文字"的痛彻批评，参见 John DeFrancis, *The Chinese Language: Fact and Fantasy*, 1984, Honolulu, 85 - 87, 133 - 148. 但是，很多学者仍然坚持认为古代中国表意文字用语言学理论可以解释得通，参见 Yau Shun-chiu（游顺钊），"A Linguistics for the Chinese Writing System — with Special Reference to Its Paleography", in *Essays on the Chinese Language by Contemporary Chinese Scholars*, Paris, 1993, 195 - 236.

⑥ 应该提到的是 1955 年中国学者用英文在《通报》上发表了一篇甲骨研究重要论文：Wu Shih-chang（吴世昌），"On the Marginal Notes Found in Oracle Bone Inscriptions (With Special Reference to the British Museum Collections)", *Tong'Pao*, 43(1955), 34 - 74.

到了二十世纪六十年代后期,这种状况开始有所改变。1970 年,张聪东(Chang Tsung-tung)以德文出版了《卜辞中反映的商代文化——关于中国的宗教和考古学上的民族学研究》,①这是第一部全面研究商代宗教祭祀和占卜的外文著作。1977 年,法国学者汪德迈(Léon Vandermeersch)出版了《王道——中国古代制度的精神》,②其中利用了大量的甲骨文材料来重构早期中国的政治体制。

北美的汉学研究也发生了重大变化。其中一项就是许多知名大学制定了研究生项目,包括古代中国的研究项目。这个阶段最重要的贡献是司礼义(Paul L-M Serruys)的甲骨文语言学研究。1974 年他发表了长篇论文《商代甲骨文的语言研究》,③是最早研究甲骨文语法和文例的西方学者。司礼义的学生高岛谦一,④以及其他学者例如俄国学者刘克甫(M. Kryukov)等,在甲骨文语言学研究方面也取得了重大进展。⑤ 他们认为对基本语法的正确认识是进行其他深入研究的基础。甲骨文发现一百年后,解读卜辞过程中出现的疑难问题仍然存在,比如近期高岛谦一和倪德卫(David S. Nivison)所讨论的甲骨文中"其"字的用法。⑥

1978 年美国学者吉德炜(David Keightley)出版了《商代史料——中国青铜时代的甲骨文》(*Sources of Shang History: The Oracle Bone Inscriptions of Bronze Age China*),标志着西方甲骨文研究向前迈出了重要一步。该书对甲骨文研究的所有重要方面都进行了全面论述,并将甲骨视为商史研究的重要史料。对西方学生来说,

---

① Chang Tsung-tung, *Der Kult der Shang-Dynastie ini Spiegel der Orakelinschriften: Eine palaographische Studie zur Religion im archaischen China*, Wiesbaden, 1970.

② Léon Vandermeersch, *Wangdao ou la voie royale: Recherches sur I'esprit des institutions de la Chine archaique*, Paris, 1977.

③ Paul L-M Serruys, "The Language of the Shang Oracle Inscriptions", *T'ong Pao*, 60(1974), 12 – 120.

④ 高岛谦一的甲骨学论述颇丰。他对甲骨文例和语法研究的贡献主要见于 Takashima Ken-ichi, "Noun Phrases in the Oracle-Bone Inscriptions", *Monumenta Serica*, 36 (1984/5), 229 – 302; "A Study of the Copulas in Shang Chinese", *The Memoirs of the Institute of Oriental Culture*, 112(1990), 1 – 92.

⑤ M. Kryukov, *The Language of Yin Inscriptions*, Moscow, 1980; M. Stanley, "A Semantic Analysis of the Disaster Graphs of Period one Shang Dynasty Oracle Bones", PhD thesis, 1976, Indiana University; Chow Kwok-ching (周国正), "Aspects of Subordinative Composite Sentences in the Period I Oracle Bone Inscriptions", PhD thesis, 1982, University of British Columbia; Redouane Djamouri, "Etudes des formes syntaxiques dans les écrits oraculaires gravés sur os et écailles de tortue", PhD thesis, 1987, Ecole des Hautes Etudes en Sciences Sociales, Paris.

⑥ Takashima Ken-ichi, "Towards a New Pronominal Hypothesis of *qi* in Shang Chinese", in *Chinese Language, Thought, and Culture: Nivison and His Critics*, Chicago, 1996, 3 – 38. David Nivison(倪德卫), "Response to K. Takashima: Towards a New Pronominal Hypothesis of Qi in Shang Chinese", in *Chinese Language, Thought, and Culture: Nivison and His Critics*, 267 – 277.

该书也是最系统的甲骨学入门书。吉氏对近年甲骨学的进展也十分关注。① 三十多年以来,吉德炜的研究得到了中国古文字学家和史学家的高度关注,他在西方汉学的甲骨学研究中,也一直居于令人仰慕的地位。②

　　二十世纪八十至九十年代,甲骨学研究的一个显著特征,就是研究范围不断扩大,研究深度不断加深,并且采用了跨学科的研究方法。这方面的例子很多,这里只能略举几例,比如张光直的商代考古、③艾兰(Sarah Allan)的商代神话和宇宙观、④贝格立(Robert Bagley)的商代青铜器、⑤鲍则岳(William Boltz)的古文字体系、⑥夏含夷(E. Shaughnessy)的早期断代法、⑦班大为(David Pankenier)的天文学、⑧赵林的商代社会政治体系、⑨伊若白(Robert Eno)的商代宗教中的“帝”、⑩江伊莉(E. Child-Johnson)的商代文字与宗教、⑪唐健垣的商代乐器、⑫汪涛的商代颜色和象征意义、⑬马思中(Magnus Fiskesjo)的商王室田猎、⑭以及吉迪恩(Gideon Shelach)的商代羌和人牲问题等。⑮ 上述这些研究,都为解读甲骨文提供了更宽泛的语境,或者直接将

① 吉德炜最近发表了一篇介绍甲骨文最新研究状况的文章,David Keightley, “Shang Oracle-Bone Inscriptions”, in *New Sources of Early Chinese History: An Introduction to the Reading of Inscriptions and Manuscripts*, Berkeley, 1997, 15 - 55.

② 在吉氏最近出版的著作引用著作目录中,我们发现其中三十多篇是他自己的成果,其中许多都是未发表公开的原稿。参见 David Keightley, *The Ancestral Landscape: Time, Space, and Community in Late Shang China* (ca, 1200 - 1045 B. C), Berkeley, 2000.

③ K. C. Chang, *Shang Civilization*, New Haven/London, 1980.

④ Sarah Allan, *The Shape of the Turtle: Myth, Art and Cosmos in Early China*, Albany, 1991. (中文版:艾兰:《龟之谜:商代神话、祭祀、艺术和宇宙观研究》,汪涛译,四川人民出版社,1992 年。)

⑤ Robert Bagley, *Shaug Ritual Bronzes in the Arthur M Sackler Collections*, Washington, D.C., 1987.

⑥ William Boltz, *The Origin and Early Development of the Chinese Writing System*, New Haven, 1994.

⑦ E. Shaughnessy, “Micro-Periodization and the Calendar of a Shang Military Campaign”, in *Chinese Language Thought and Culture: Nivison and His Critics*, Chicago, 1996, 58 - 82.

⑧ David Pankenier, “Astronomical Dates in Shang and Western Zhou”, *Early China*, 7 (1981/2), 2 - 37.

⑨ Chao Lin(赵林), *The Social-Political System of the Shang Dynasty*, Taipei, 1982. (This is based on his PhD thesis “Shang Government”, 1972, University of Chicago.)

⑩ Robert Eno, “Was there a High God Ti in Shang Religion?”, *Early China*, 15 (1990), 1 - 26.

⑪ E. Child-Johnson, “The Ghost Head Mask and Metamorphic Shang Imagery”, *Early China*, 20(1995), 79 - 92.

⑫ Tang Chien-yuan, “Shang Musical Instruments”, *Journal of the Society for Asian Musics*, 14 - 2(1984), 15 - 1&15 - 2(1984).

⑬ Wang Tao, “Colour Symbolism in Late Shang China”, PhD thesis, 1993, University of London; “Colour Terms in Shang Oracle Bone Inscriptions”, *Bulletin of the School of Oriental and African Studies*, 79 - 1 (1996), 63 - 101.

⑭ Magnus Fiskesjo, “The Royal Hunt of the Shang Dynasty: Archaeological and Anthropological Perspectives”, MA thesis, 1994, University of Chicago.

⑮ Gideon Shelach, “The Qiang and the Question of Human Sacrifice in the Late Shang Period”, *Asian Perspectives*, 35 - 1(1996), 1 - 26.

甲骨文作为研究的证据。欧美大学里还有一些与甲骨文相关的论文没有出版,这些论文代表了西方学者或受过西方模式训练的学者的独创性研究。

这期间西方的甲骨文研究达到了前所未有的繁盛阶段。一个重要标志是欧美的重要甲骨收藏都逐渐得以著录出版。已经出版的重要著录书包括:《法国所藏甲骨录》(雷焕章[Lefeuvre])、《德瑞荷比所藏一些甲骨录》(雷焕章)、《英国所藏甲骨集》(艾兰、李学勤、齐文心)、《瑞典斯德哥尔摩远东古物博物馆藏甲骨文字》(李学勤、齐文心、艾兰)、《明义士收藏甲骨》(许进雄)、《怀特氏等收藏甲骨文集》(许进雄)。这些著录书已经达到了很高的水准。著录书以拓本、摹本或者照片的形式公布甲骨文,序言和摘要经常是中英双语并存。雷焕章甚至出版了法文、中文和英文三种语言的释读和翻译。这些书还为西方学者提供了在欧美查看甲骨原片的线路图。① 一些大学还开设了金石学与甲骨文的课程及研究班。裘锡圭著《文字学概要》英文译本的出版,又为西方学生提供了一本出色的基础教材。② 可以毫不夸张地说,甲骨文不再是古怪的晦涩难懂的课题,如今它已成为西方研究中国历史和文化的一个有机组成部分。

结　　语

从历史背景和学术环境来看,西方甲骨文研究可以分为几个阶段,每个阶段都有一些显著特征。

二十世纪早期,即甲骨文发现之初,研究热情主要来自居住于中国的传教士、外交官和专业学者。经过良好的语言学训练和艰辛努力之后,其中很多人在甲骨的收藏和研究上都取得了很大成就。

早期的许多研究成果来自传教士,或许并非完全偶然。传教士学习东道国文化的传统由来已久,这些在华传教士除了传播基督教福音外,也不断充实自己的知识,事实上他们还经常充当在东道国发现新消息的先锋,并把它们传递给西方专业学者。③

或许由于自身的学术背景和训练,西方学者对甲骨文中语言和宗教方面的内

---

① 美国的甲骨收藏目前只有一个粗略的统计,见 Chow Hung-hsiang(周鸿翔),*Oracle Bone Collections in the United States*,Berkeley/Los Angeles,1976. 希望未来有一个更新更全面的统计。

② Qiu Xigui,*Chinese Writing*(trans. Gilbert Mattos,Jerry Norman),Berkeley,2000.

③ 二十世纪初,汉学家与传教士两种身份经常含混不清,因为许多传教士后来成为专业汉学家返回欧洲后会担任大学讲席。

容更感兴趣。到了二十世纪九十年代,很多学者由于受过自然科学和考古学的训练,其研究更趋于拥有交叉学科的特点,利用更多的方法来研究甲骨文。一些学者还利用最先进的科学仪器来分析自己的数据。这些研究弥补了中国学者更加传统的刻辞研究方法的不足。

引人注目的是,早期甲骨文研究中,绝大多数西方学者很少与中国学者进行交流,鲜有例外。直到二十世纪八十、九十年代,因改革开放政策的实行,以及更多先进的通讯手段的出现,中西方学者之间的学术交流已经很普遍了,更为直接的对话方式也应运而生,[1]国际联合研究项目方兴未艾,许多西方学者的著作发行了中文版,同时许多重要的中国学者的著作也有了英译本。

在西方汉学研究的快速发展中,比如快速发展的甲骨学,促进学术发展的关键因素就是中西方学者之间的对话与交流。中西方学者共同参与的大型国际学术研讨会和讲习班,往往展示了相关汉学研究领域的最前沿问题和最新学术成果。1999年是甲骨文发现的百年纪念,在这个特殊的日子里,谨以此文表达我对甲骨学未来发展的期待之情。

原文"Oracle Bones and Western Sinology", Yau Shun-chiu, Chrystelle Maréchal, eds., *Proceedings of the International Symposium in Commemoration of the Centennial of the Oracle Bone Inscriptions Discovery*, Centre de Recherches Linguistiques sur l'Asie Orientale, Ecole des Hautes Etudes en Sciences Sociales, 2001. 牛海茹译。

---

[1] 这里有一点需要特别强调:中西方学者对商代占卜的性质,例如卜辞命辞是否问句等关键问题作了很多共同讨论和交流,见于 *Early China*, 14(1989), 77 – 172.

书写的意义

按照最基本的意义，书写从古至今都可以说是人类最值得纪念的科技发明。它不仅仅是言语的附属物，它把言语从口耳相传移植到一个新的感官世界——即视觉，由此改变了言语，同时也改变了思想。

——瓦特·昂：《口语性与书写》(Walter J. Ong, *Orality and Literacy: The Technologizing of the Word*，1982)

礼仪还是实用？

——早期文字的证据

从世界不同地区最早的文字的证据,似乎可以得出一种不可以对文字的仪礼性和象征性功用过分夸大的结论,起码不能仅是从表面现象去理解。这种表面现象更多的是与考古保存的条件相关。在出土环境中保存得较好的一般都是写在容易长期保存的材料上的仪礼性文字,而不是文字本身有什么根深蒂固的功能区别。很可能与早期的美索不达米亚一样,最早的中国、埃及、中美洲的文字的主要功能也是实用性的。作为开始,我们可以引用两位颇具影响力的学者的话:

> 在世界其他文明中,文字是作为皇室人物的宗教和政治权利的附庸而发展起来的。可是在底格里斯河和幼发拉底河流域的灌溉沙漠里,文字基本上只是以记账的形式存在的。　　　　　　　　　　——引自柯尔(M. D. Coe)[1]
>
> 古苏美尔人的文字是早期文字中很典型的例子,它在极大程度上是出于单一的……以行政为目的。　　　　　　　　　　——引自桑普森(G. Sampson)[2]

引　言

只要我们列举任何早期国家形态,由此现代文明发展衍生,势必有一个不可缺少的典型特征,这就是文字。像其他共享的外部属性如纪念性建筑一样,文字并不仅仅是一种特定的社会秩序的肤浅体现,而是深入其中。正确地评估文字的作用,对我们了解整个社会的发展起着非常重要的作用。美洲古代印加人之所以让人觉得不可思议,缘于他们形成了一整套无需文字便可进行信息交流与检索的复杂系

①　M. D. Coe, *Breaking the Maya Code*, Thames & Hudson, 1992, 41.
②　G. Sampson, *Writing Systems: A linguistic Introduction*, Stanford University Press, 1985, 48.

统,但这只是个特例。这似乎是一个先验的合理假设——既然文字的出现归功于早期复杂的社会,那么在每种情况下,文字都应该扮演一种相似的角色。支持这种假设的其中一个特征就是不同时间和空间的各种文字系统都有一种明显的相似性。

一些主要书写系统的相似性总是围绕着"刻画""符号"或"字"的起源与发展来体现,也围绕这些符号系统用何种方式来传达语言。这里我们需要拿出几个简单的定义。这并不是要发明另一种对文字的定义,但一方面我们必须建立一个标准来区分真正的文字,而另一方面,则需确定那些只是与文字相似的符号或符号系统。南美奥尔梅克文化(公元前十二至前三世纪)有复杂的图像标识系统,标志着永久的保留记录的开始,但并不能作为真正的文字产生的依据。同样的难题也出现于中国史前陶片上存在的刻画符号。类似的符号出现在很多种不同文化之中,包括早期阶段的美索不达米亚文明和古埃及文明。没有一种单一的标准去衡量。符号可能充当一种类似文字的功能,如代表对某物的所有权;不同点是,文字需要与语言结合。此外,文字只有用于交流才是有效的:必须有作者和读者;作为一个功能系统,它必须是一个有限的系统,每一方共享同样的内容。虽然这很容易去否定"出现在陶片上的单个符号就是早期文字存在的证据"这一观点,但如果这些符号的意义不清楚的话,就很难确定这些符号的组合是否代表了一种文字系统。

由于我们要讨论的文字系统都是围绕那些能够在系统中独立传达信息的符号,所以研究的难度加大了。在早期阶段,刻画符号多数都是由带有标识意义的符号组成的(图 1)①,每个符号都能对应一个单词。② 当提到文字发生学的问题时,就有必要比较早期的学术典籍:公元二世纪,中国著名的词典编撰者许慎,完成了他的词源学著作《说文解字》,在该书中,他列举了大量的实例来阐明造字的六个原则:1. 指事;2. 象形;3. 形声;4. 会意;5. 转注;6. 假借。事实上,这种"六书"对早期中国文字来说有点到了过分精细的地步。指事、象形、会意这三种其实是具有表意性质的:象形字的组合形式表现的是对物体的一种刻画,或者更准确地来说,是对该物体特征的图画展现。达到真正意义上的文字主要有两个途径:语义(转注)和语音(假借)。因此鲍则岳(William Boltz)认为,中国的文字处在一个"多元化"阶段,词(词素)的使用可以通过"一符多义"(例如"日"兼有太阳、光、照明之意)或是"同符转

---

① 常见的术语,诸如象形文字、象形字符、表意文字、表意字符、图画标识、图画字符等在不同的地方会有所差异(见 Coe 1992; Sampson 1985),但这种区别不影响我们在这使用它们。

② W. Boltz, "Early Chinese Writing", *World Archaeology*, 17/iii (1986): 420–435, esp.424.

换"("熊"转换为"能")的途径而被扩大。汉字的发展也经过类似的步骤,标识符号被赋予了(1) 声符和(2) 义符—指事—偏旁的功能。[①]

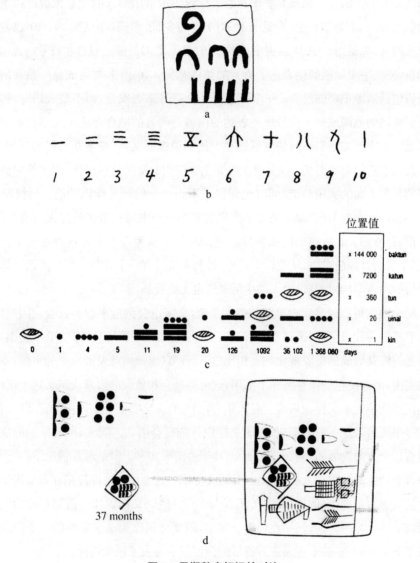

图 1　早期数字标识的对比

a. 埃及:用象牙签表示的数字(1、3、5)　b. 中国:商代表示数字的符号(1 至 10)
c. 中美洲:玛雅人表示数字的符号　d. 美索不达米亚:记时的标识

---

① W. Bolt,"Early Chinese Writing",esp.426 – 428.

  类似的步骤也同样可以在其他主要的早期文字中体现出来,诸如楔形文字、埃及和玛雅的象形文字等等。每种文字都是以标识图示系统作为开始,其中每一个符号都代表了完整的一个词或是一个意思。标识图示常用形式的创造来源有以下几个相似之处:(a) 数字系统(参见图 1);(b) 身份象征/图腾(参见图 2);(c) 已发明的象形符号(参见图 3);(d) 对泥字块的模仿(参见图 4)。随后对这些符号的提炼和再调整,使文字更加精确地表达了语言的整体意义。在中国,要完成这一系列的步骤应该包括两个主要的过程:一个是选择一个符号来表发音,而不是表语义;另一个是扩展词的范围或每个符号所要表达的内容。两者的结合促成了文字代表语言的潜能。不同的文字有不同的发展路径。比如说楔形文字,在不断发展的过程中,渐渐失去了它的原始意义:视觉复杂性完全被应用的复杂性所取代,很多符号具有更多的音节方面的实用功能,同时也保留了不止一个的语义标识功能。马柯丝(J. Marcus)认为,在中美洲"即便是文字产生的开始……书写系统仍然是混合复杂的,但它没有经过 Gelb 所提出的那种'纯粹阶段'"[1]。从考古学上看这种说法不无道理,但是我们有理由设想,从逻辑上推论,最初不会没有一个音节文字的阶段。即使是很短的考古学的时间段,对人的生活来说也无比漫长。

  社会因素可以显著影响早期的书写系统,文字也会倒过来影响社会。因此,研究文字系统,可以让我们透视整个社会:文字并不是形成早期城邦的单一的因素,但却是促进其形成的重要催化剂。相比之下,音节(以及由此发展出来的字母)系统更加实用,但即使它们没有被马上采用,这说明社会和象征的因素决定了这个选择,特别保留文字的语义标识系统。有人认为,当所有文字都能被一连串的音节所组成的符号书写出来这一原则形成时,语义标识传统就会消亡。确实,一些早期的文字是沿着这个方向发展的,例如公元前 2000 年的楔形文字。但是通常情况下,一个符号的音节功能却是附加上去的,是与其语义标识一起使用的。即使是在音节居于主要地位的书写系统中(例如,线性文字 A 与 B),一些语义标识和一些部首的功能仍被保留下来。另一方面,例如在玛雅文字中,语义标识作为文字发展的一个阶段被保留了下来,而一些被重置为音节符号的标识似乎失去了语义功能。

  埃及的象形文字被视为极具独特意义。在中国,非音节的符号使用随着时间不断增多,例如,出现在商代青铜器上的兽面纹被称为"饕餮",这本是一个多音节连

---

[1] J. Marcus, *Mesoamerican Writing Systems: Propaganda*, *Myth*, *and History in Four Ancient Civilizations*, Princeton University Press, 1992, 18.

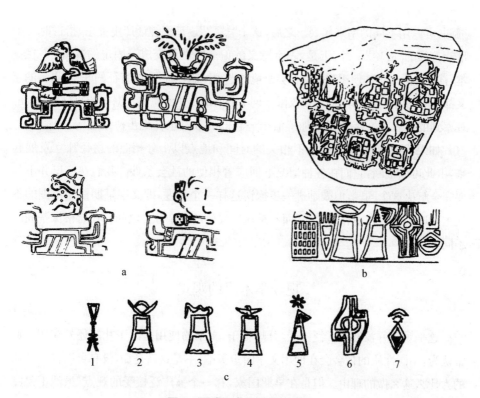

图 2　图腾和表示城市的符号

a. 中美洲: 早期萨巴特克宫殿标识　　b. 埃及: 前王朝表示城市的符号(约公元前 3100 年)
c. 美索不达米亚: 早期王朝表示城市的符号(约公元前 2800 年)

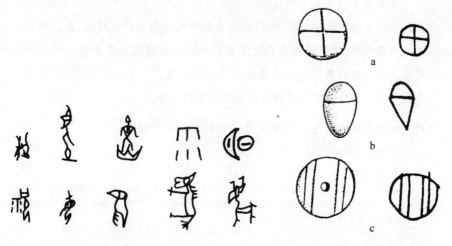

图 3　商代甲骨文中的象形会意字
　　(约公元前 1300 年)

图 4　代用币与模仿的象形字

a. 羊　b. 油　c. 纺织品

绵词,可以用不同的字来代表。之后,这个"饕餮"逐渐跟神话产生关系,指古时一个部族首领的"贪婪"子孙,于是,表示意义的偏旁"食"就变成了固定的部首。① 在日本,直到今天文字的使用都受到社会语境的严密控制,通过不同特征的联系,更多的意义都与书面语产生关系,而不仅仅限于词本身所能传达的意义。据布劳克(M. Bloch)观察到的,"表意文字变得更加鲜活……它们的数量也在稳步持续地增长"②。

如果我们看到,文字在毫不相关的时间和地点以十分相似的途径独立发展起来,由此可以推断,它们在各种情况下回应着相似的社会条件。我们在这里并不是要完全解决这个问题,但鼓励进一步探讨这样一个命题,即文字早期使用范围的不同主要取决于考古遗存的结果,而不是这些最早的复杂社会之间存在着根深蒂固的不同。

现今学术界的观点

这一观点并没有被广泛接受,分歧在于,文字的使用是出于礼制还是实用。通常认为,不同性质的社会会在使用文字时走极端,不是这就是那,没有可以自我证明的为什么这么做的理由。但是在早期国家,有一个被广泛接受的观点(虽然不是完全无异议),那就是,书写的目的主要是出于礼制和象征意义,而不是实用性。这一观点在罗恩(Ray)这里得到了详细的表述(他本人后来有所改变):

> 在美索不达米亚人和埃及人的文字系统之间的一个明显区别就是,埃及人的文字更注重维护皇权,他们的文字是用来纪念宫殿的建成、区分朝臣和皇室成员等级的,它更多的是礼制方面的内容。他们的文字是用来记录那些早已被统治阶级所熟知的一些用来统治人民的条条框框。以这种观点来看,埃及象形文字才能被自夸成为可以永远存在的文字。③

对美洲新大陆的情况,中美洲的学者也持有相似的观点:

---

① Wang Tao, "A textual Investigation of the Taotie", in R. Whitfield ed., *The Problem of Meaning in Early Chinese Ritual Bronzes*, University of London, Percival David Foundation, Colloquies on Art and Archaeology in Asia 15, 1992, 102 - 118.

② M. Bloch, "Literacy and Enlightenment", in M. T. Larsen & K. Schousboe eds., *Literacy and Society*, Akademisk Forlag, 1989, 15 - 35, esp.30.

③ J. D. Ray, "The Emergence of Writing in Egypt", *World Archaeology*, 17/iii (1986), 307 - 316, esp.311.

由此可知,奥尔梅克文字很可能起源于奥尔梅克地区之外的复杂社会,它作为加强社会精英们的权利和合法性的视觉系统的一部分,被礼仪性地使用;这就是美洲文字的原则性功能。[①]

在文章开头,我们已经引用过柯尔(Coe)的话了;在同一本书里,他还写道:"纪念性铭文……是古代玛雅人所留下的文字。而永远消失掉的是那些纯文学性的书写……经济方面的记录、土地转让等文件,我觉得还有有关个人和外交通信的。"[②]马柯丝(J. Marcus)在近期的研究中也认为:"跟早期中美洲象形文字一样(与早期苏美尔人的经济内容的相关记录形成鲜明对比),早期埃及文字也是用来记录统治阶级的一些事迹,并且使他们的统治权力合法化。"她接下来给出了这种现象的社会条件的相关理论:"在中期形成阶段,酋长们的权力远远比他们想得到的要少,因此他们主要依靠宣传来取得自己的尊贵与更多的权力。"按照她的说法,"直到酋长们把他们的成就记录了下来,真正的书写才开始出现"。"中美洲的文字既是一种工具,又是角逐荣誉和领导权的副产品。"她还写道:"埃及早期文字产生的一个动力,就是国家需要宣告法老的神性和给社会秩序立下规章制度。"这样看来,"中美洲文字的功能和起源,提供了与埃及文字相似,而与美索不达米亚文字大相径庭的类比模式"[③]。

在中国,证明早期书写系统存在的最早的例证就是商代的甲骨文(刻在龟甲或是动物肩胛骨上的文字)和祭祀用的青铜器上的铭文。于是,学者的研究多集中在其正式的礼制功用上。张光直是这样描述的:"有关商代文字的考古记录是我们唯一可以找到的流传下来的信息——成组代表身份的符号(陶器上的刻画符号和青铜器上的族徽)、占卜记录、互换礼物的记录。"他的观点很具代表性,"在中国,文字的产生是与社会身份,而非经济交易相关。……在以血缘组成的家庭氏族中,氏族中的成员首先被记录下来"[④]。一个普遍的认识就是,日常实用性文字可能与那些正式的书写同时存在,但是大部分注意力还是放到了文字的仪式性上。只有在美索不达米亚,由于数以千计用于书写的泥版,大家才同意最早的文字是用来记录日常活动的。我们开头就提到了桑普森认为美索不达米亚的模式也适用于其他地区。

---

① J. S. Justeson, "The Origin of Writing Systems: Preclassic Mesoamerica", *World Archaeology*, 17/iii (1986), 437-458, esp.445.

② M. D. Coe, *Breaking the Maya Code*, 265.

③ J. Marcus, *Mesoamerican Writing Systems*, esp.10-32.

④ K. C. Chang, *Shang Civilization*, Yale University Press, 1980, 247-248.

　　所有这些推论都必须面对这样一个事实：需要长久保存的铭文通常都会选择刻在比较贵重、质地比较坚硬的材料上，而出于短暂的或是日常实用的目的，则会使用一些廉价和易腐的材料。因此可以说，只有那些仪式性目的的文字被保存下来了。詹斯特森(J. S. Justeson)指出："……经济方面的记录很少，出现也晚，多在贡品单上。"①但是，我们不应该因此就认为经济活动的记录总是很少，并且出现的时间也很晚，也不能认为，如果这些文字的时间更早一点的话，它们就会被刻在石头、陶器或青铜器上了。在某些，甚至大多数文明中，早期文字之所以看上去跟礼仪性相结合，跟我们意识里的先入为主有关。事实是，早期文字的使用范围一定很大，我们现在看不到的原因是因为它们书于易腐的材料之上，在考古记录中没有留存下来。

　　因此，下面让我们逐个地区去寻找有关证据。

美索不达米亚

　　现今有证据可以证明的观点是，早在公元前4000年前的美索不达米亚地区就有文字产生了。至今为止，早期文字出现范围最大的地区就是乌鲁克地区，文字最初是以图画的形式刻在泥版上的，不久之后就演变成为楔形文字。这些泥版出土的地层年代现在大致定为公元前3200—前3000年，这种文字起源的证据主要依赖于一个先于文字系统的信息传播系统，它也是一些书写符号的直接来源。主要在乌鲁克(但不是唯一的地区)，我们找到了立体的符号载体，或者叫它们"代用币"：一些是表示数字的，另一些是表示动物或物品的。有时这些"代用币"被装在封闭的泥球里，还盖上了印章。这跟最早的泥版相似，不仅刻有象形符号，也加盖印章。当同样的立体符号也出现在平面的象形文字中，这也许不只是一种巧合。斯卡曼德-巴塞瑞特(Schmandt-Besserat)对这一领域的很多建设性观点虽然没有被所有人接受，②但是，从"代用币"到象形符号的转变——楔形文字系统由此演变——出现了与同时期内最平行相似的符号，这种情况不像是偶然产生的(参见图4)。

　　乌鲁克泥版上的书写内容是实用性的，记录了日常物品、牲口和人员等等，这估计是来自寺庙的管理人员在他们管辖的地区把档案废弃不用了。有将近百分之十五的文字被研究美索不达米亚的专家称作"词汇"——很多符号都按组的形式列举

---

① J. S. Justeson, "The Origin of Writing Systems: Preclassic Mesoamerica", 445.

② D. Schmandt-Besserat, "Tokens at Uruk", *Baghdader Mitteilungen*, 19(1988), 1 - 175. 参看评论 P. Michalowski, "Tokenism", *American Anthropologist*, 95(1993), 996 - 999.

出来,例如职业、树木、石头等等。这样可以方便书写者参考,让他们更好地从事他们的行业。在之后的公元前 2700—前 2600 年,乌鲁克泥版上的书写内容才开始转变成非实用性的。[①]

尽管石头在美索不达米亚地区是稀有物品,在建筑工程中都被节俭地使用,但如果需要的话,抄写员可以把文字抄在石头上面在公共场合展出(这种现象后来发生过,特别是在埃及和中美洲的早期国家)。他们可以用烘烤过的泥版书写(这比没有烘烤过的泥版寿命长),或者刻在圆形印章上,这两种材料比没有烘烤过的泥版更容易保存在考古记录里。我们可以假设,在最早的阶段,文字并不是用来宣传或作展示,而是单独作为行政的一种工具。当然也可以假设,这些泥版能保存下来是由于寺庙抄写员的缘故,但这只是一个大胆的假设。在南美索不达米亚平原,那一时期遗址的考古发掘证据很少,而这些"数字"泥版在美索不达米亚中心地区之外也有大规模的发现。这说明,这种书写系统的早期版本已经被寺院围墙之外的商人广为流传(不管他们是为谁服务)。再说,没有理由认为寺庙内的管理人员不会同时融入"世俗"社会里,书写也不可避免地适应世俗的需要。

埃及

埃及文字最早的实例由一组符号组成,在阿比多斯的 U-j 墓中发现。[②] 这座墓的墓主是当地的一位首领(很可能是这一地区的统治者,也就是第一代王朝国君的直系祖先),U-j 墓的年代大约在公元前 3150 年前后。[③] 在该墓中发现的文字主要有两种形式:

1. 刻有数字或 1 个至 4 个象形符号的小骨签。这些符号暂时被释读为表示布料尺寸的意思(参见图 5)。这些符号很可能记录了不同物品的来源,属于皇室财产、行政机构,或是尼罗河三角洲的布巴斯提斯宫殿。这些骨签不是一般人所有,这从其上所刻的符号本身所彰显出来,其中包括皇冠,以及类似"宫殿表面建筑"的排状墙体。

---

① J. N. Postgate, *Early Mesopotamia: Society and Economy at the Dawn of History*, Routledge, 1992, 66. J. H. Krispijn, "The Early Mesopotamian Lexical Lists and the Dawn of Linguistics", *Jaarbericht Ex Oriente Lux*, 32(1993), 12 - 22.

② G. Dreyer, "Nachuntersuchungen im frühzeitlichen Königsfriedhof, 5/6/Vorbericht", *Mitteilungen des Deutschen Archäologischen Instituts Abteilung Kairo*, 49(1993), 23 - 62.

③ R. M. Boehmer, G. Dreyer & B. Kromer, "Einige Frühzeitliche ^{14}C-Datierungen aus Abydos und Uruk", *Mitteilungen des Deutschen Archäologischen Instituts Abteilung Kairo*, 49(1993), 63 - 68.

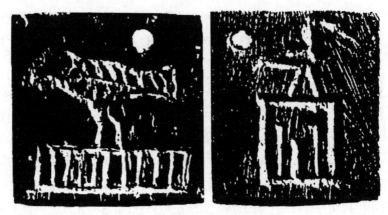

图5　阿比多斯 U–j 墓中出土的骨签

2. 通常用黑色的墨水画在陶器上的文字。这些铭文的释读目前还没有完全确定。一种意见是它们跟用来表示财产有关,强调了这些器皿的来源。

很多前王朝晚期(公元前 4000 年后半叶)的陶器上都发现有符号(参见图 6)。包括 1 个到 4 个之间单独的符号,这些符号的组合通常遵循某种规律,学者有各种不同的解释。霍夫曼(1980)认为,这些符号在某种程度上是与埃及文字起源相关的。[①] 哈尔克(1990)更深入地认为,这些符号属于消失已久的下埃及早期文字;[②]这一观点还未被广泛接受。可能性更大的观点是,这些陶罐上的符号属于一种类似于近期的银器上的印戳,都传递了器皿成分或是来源的信息。单一的符号传递的是基

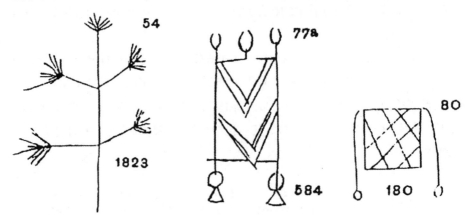

图6　前王朝时期陶罐上的符号

---

① M. A. Hoffman, *Egypt before the Pharaohs*, Routledge & Kegan Paul, 1980.
② W. Helck, *Thinitischen Topfmarken*, Harrassowitz. Ägyptologische Abhandlungen 50.

本信息,复合符号传递的是一些更详细的信息(凡・邓・布瑞克 1992)。^① 至少从埃及国家形成的年代开始(约公元前 3100 年),陶罐符号系统就已经标准化了,表明了一种物品的收集与再分配由某个中央集权负责。这样的话,罐子上的符号并不能被严格地称为"前文字",但是它们反映出,为了经济和行政监管,中心管理系统把信息记录作为一种手段。

早期文字里毫无异议的例子,就是墨书的最早确证的王室成员的名字(一起写在陶罐上,参见图 7)。像陶罐符号一样,墨书文字也是记录了物品的来源,或是表明它们是国王的税收。这些书写再次证明了它们所扮演的经济与行政角色。

同时,即使不否认象形文字在国家形成年代(前王朝晚期到早期王朝的过渡期,约公元前 3200—前3000 年)被用来记录统治者的丰功伟绩(例如Narmaer 调色板上的符号),我们可以这样说,在埃及发现的最早的文字证据表明,文字是出于行政目的发展起来的。

图 7　用墨书写的早期皇室名字
(前王朝后期,约公元前3050 年)

U-j 墓最显著的特征是出土了大量来自巴勒斯坦的器皿(可能是用来装酒的)。这些证据清楚地表明了公元前 4000 年晚期,上埃及与叙利亚—巴勒斯坦有着频繁的贸易往来。很可能,为了组织和维护发展这种关系,远距离的信息交流和交易记录能力由此得到发展。

早期记录的最大的语言库可以追溯到第一王朝前半叶(约公元前 3950—前2950 年),是由骨签、木签或是象牙签组成的(参见图 8)。它们一般称作"年签",通常出土于大型的皇室或贵族墓葬中,用珍贵的材料制成(乌木或象牙),文字雕刻得很精细,多用来表明高价值的物品(特别是油料)。尽管这种骨签是用来记录皇室的重要事件的(例如征服外国、庆典,或是参观重要的圣地等),它们最重要的目的都只有一个,就是做记录。这些被记录下来的事件都可以证明在国王统治区域内发生的大事件的具体年份,以及表明与之相关的商品的时间。在这些早期文字的例子中,

---

① E. C. M. Van Den Brink, "Corpus and Numerical Evaluation of the 'Thinite' Potmarks", in R. Friedman & B. Adams eds., *The Followers of Horus: Studies Dedicated to Michael Allen Hoffman*, 265 - 296, Oxbow Publications, 1992.

图 8　两片泥质年签(第一王朝早期蒂尔统治时期)

有关皇室重大事件的记录都是出于行政目的。这些制作精美的年签当然不会只是行政管理的简单工具，而是反映了对繁复书写技巧的贵族化。它们证明文字潜在的记录功能已被埃及统治者所认识并加以利用。年签证明了埃及文字最根本的行政性起源，书写被上埃及前王朝统治阶级作为一种工具而存在。

中国

中国的新石器时代大致年代范围是公元前 6000—前 2000 年。陶器是用来蒸煮和储存食物的，在这些器皿上发现了早期的人们所刻上去的符号。刻划符号发现于公元前 5000—前 4000 年间的黄河流域的仰韶文化(参见图 9)。在半坡和姜寨遗址，发现有两百多片上面刻有各种刻划符号的碎陶片，这些符号都是单独出现的，大多数都是数字或是制陶人的特殊标记，因此很难被看作是"文字"。

然而，很多中国的考古学家认为，很可能另外一种形式的符号存在标志着中国文字的开始。1984—1987 年间，考古学家在河南舞阳贾湖发现了一个约公元前 6500—前 5500 年的新石器遗址，出土了几片龟甲和一件石器，上面都刻有特殊的符号。因为其中的一些符号与后来的汉字相似，所以一些学者认为，这就是世界上出现最早的文字。通过与商代刻在龟甲上的占卜卜辞对比，我们不能完全否定这些舞阳贾湖出土的符号也许具有某些象征意义。东部沿海的大汶口文化(约公元前 4000—前 2500)出土的大陶罐上也有一些符号，而且，有的符号是由多个元素组成

图9 仰韶文化陶器上的刻划符号（约公元前 5000—前 4000 年）

的。但是，虽然这个复合符号（参见图 10b）就是之后的汉字雏形，但仍然不能确定它是否作为文字系统里的词来使用。就像鲍则岳（William G. Boltz）和其他一些学者所认为的那样，这可能只是一个"族徽"。①

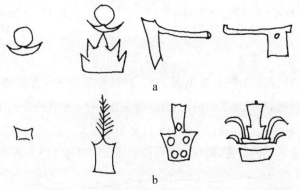

图 10　大汶口文化陶器上的刻划符号（公元前 4000—前 2500 年）

　　真正意义上的文字出现在中国，应该是公元前 2500—前 2000 年左右，主要地点是东南沿海的良渚文化（约公元前 3300—前 2200 年）和山东半岛的龙山文化（约公元前 2500—前 2000 年）。良渚玉器上有一些复合符号（参见图 11），可能跟舞阳贾湖龟甲和大汶口陶器刻符一样，也许是一些宗教性的符号或族徽。而且，在良渚文化的陶器上，符号是成组而非单个出现的。1936 年发现于浙江良渚镇的一个黑

---

① W. Boltz, "Early Chinese Writing", esp. 420 – 435.

陶盆的边缘上刻有一组 8 个刻符(参见图 12)。另一件现藏于哈佛大学赛克勒博物馆的良渚文化黑陶盆上也有 5 个刻符。[①] 这些符号都是按连续的顺序排列的,但不是象形文字,它们至今仍未被破译。

图 11　良渚文化玉器上的刻划符号
（公元前 3300—前 2200 年）

图 12　良渚文化黑陶盆上的
8 个成组符号

龙山文化陶器上也发现了文字。1992 年在山东莒县丁公出土了一片陶片,上面刻有 11 个成行排列的符号(参见图 13)。1993 年发现于江苏高邮龙丘的陶片上也发现有类似符号,年代比丁公的还要早(参见图 14)。在这两个例子中,文字是以草体出现的,不同于之后如商代甲骨文的任何书体形式。这说明龙山文化符号可能代表了一种完全不同的语言,同时也给释读这些文字带来了巨大的难度。

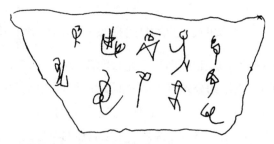

图 13　山东丁公出土陶片上的 11 个成组符号（龙山文化,约公元前 2400—前 1900 年）

---

① S. Kaplan, "Early Pottery from the Liang Chu Site, Chekiang Province", *Archives of the Chinese Art Society of America*, 3(1948/9), 13 - 42, plate XV1c.

新石器时代兽骨、陶器和石器上单独出现的符号略而不论,出现在良渚文化和龙山文化陶器上的成组符号应该可以算作中国出现的最早的"真正"文字。公元前 2000 年时,中国还处在新石器向青铜时代过渡的时期。良渚文化丰富的出土资料展示出了一个高度集权的社会:玉器雕刻技术高度发展,大型祭坛建立。龙山文化时期,南方和北方都出现了城市—国家的雏形,展现出有组织的国家行为。在具备这些文化特征的区域找到早期文字不会让人十分惊讶,但是因为良渚文化和龙山文化陶器上的符号还未被解读,所以很难得出它们究竟是出于行政还是宗教之结论。在这些新石器时代的文字被彻底解读出

图 14　江苏龙丘出土的陶片
(龙山文化,约公元前 2400—前 1900 年)

来之前,我们也不能断定其是否就是后来中国文字系统的开创之祖。

目前一个最主要的障碍就是没有搞清新石器时代晚期文字和六百年之后的晚商文字之间的差别。所谓的商代甲骨文主要是指发现于河南安阳小屯村的刻有文字的龟甲和其他动物的肩胛骨(参见图 15、图 16)。[1] 安阳是盘庚迁殷至周灭商这段时间商朝国都的所在地,大致持续了 270 余年。刻有文字的甲骨片数量超过了十万,内容涵盖了方方面面:祭祀、军事征伐、身体状况、出行、狩猎、天气等,大部分都是占卜过程中的记录。直到最近,大部分人认为,这些占卜记录的命辞都是提问,目的是与祖先和神交流。然而最新的研究表明,这些命辞可能是陈述句而非疑问句。[2] 而且,这些记录是在占卜过程结束后才刻上去的,所以像是一种正式的档案。尽管很多的甲骨都不是通过正式的考古发掘获得的,许多来自扰乱了的地层,但从目前考古发掘的情况判断,这些卜骨最初经过仔细整理后是成批储放的。所以甲骨文既不是单纯用作祭祀过程的展示,也不是随意性的记录,它们应该是王室档案的一部分,以便将来随时参考。

---

① 参见 D. N. Keightley, *Sources of Shang History: The Oracle-Bone Inscriptions of Bronze Age China*, University of California Press, 1978. 甲骨文基本上出自小屯,但其他地方也有一些零星发现,例如二里冈遗址,见陈梦家《殷虚卜辞综述》,科学出版社,1956 年,插图 15 右上。

② Qiu, Xigui, "An Examination of Whether the Charges in Shang Oracle-Bone Inscriptions are Questions", *Early China*, 14(1989), 77 – 114.

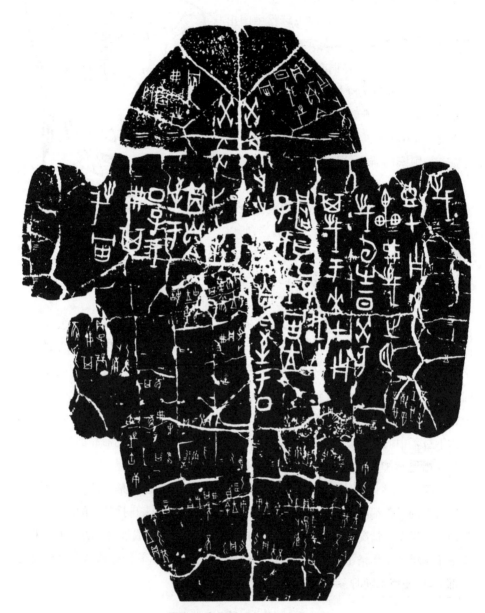

图 15　商代龟甲卜辞(《合集》)

H24:416
1116

图 16　商代牛肩胛骨卜辞(《合集》251)

中美洲

中美洲区域广阔,差不多有美索不达米亚和埃及加起来那么大。马柯丝已经就这一地区早期文字发表了经典性的专著。① 尽管我们对她的结论存有异议,但她的综合性研究给我们的讨论提供了一个切入点。

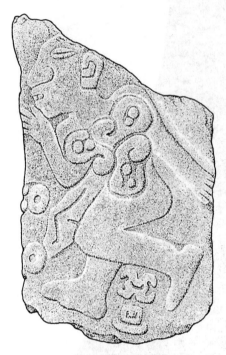

图17 最早的萨巴特克象形文字

中美洲文字出现的最早证据是形成期中段(公元前 700—前 400 年)的墨西哥南部社会。然而这些刻在石头上的文字恐怕不是最早的文字证据,今后的考古发掘可能会发现更早的例子。文字出现在酋邦战争时期,带有战争和地位竞争的特征。最早的刻有文字的丰碑(最早的萨巴特克象形文字,参见图 17)描写了一些身份较高的人,或是那些被他们屠杀或用作牺牲的俘虏。

正如我们前面所提到的,有时候很难在文字与复合性图像之间作出明确的区分。图 18 是一个纯文字的例子,刻在蒙特奥尔本发现的石碑上,年代约公元前 500—前 400 年。文字传达了日历和非日历的内容,虽然也没有被完全释读,但它似乎与军事有关,表现战争和供奉敌人。这种刻在石头上的文字使用了十分繁复的书体。最早的玛雅象形文字发现于公元三世纪末期的提卡尔。正如其他保存下来的文字一样,玛雅文字也是为了记录历史事件、公共展示而产生的。不久之后,这些内容与复杂的历法记录混在一起。中美洲在被欧洲人征服之前的绝大多数文字都是雕刻或是直接写在石头和墙上,但是古典时期的彩绘陶器上的符号经常将复杂图像与象形文字混用,有一些器皿上的文字也用草体。②

---

① J. Marcus, *Mesoamerican Writing Systems*.

② T. P. Culbert, *The Ceramics of Tikal: Vessels from the Burials*, *Caches and Problematical Deposits* (*Tikal Report 25. A*), University Museum, Monograph 81, 1993, figures 39 - 40, 147.

图 18　中美洲最早的"纯文字"例子（约公元前 500—前 400 年）

以上是早期文明中心地区见到的最早的文字证据,但这并不是整体的情况。与文章一开始引用的库尔(Coe)的观点相比,我们认为,在美索不达米亚、埃及、中国、玛雅等地区,文字最早都是出于行政目的被使用的,有可能要早于将文字用于礼仪,最起码是同一时间。为了支持这一观点,下面着重考察书写的技术性问题,例如书写材料,然后寻求是否有可以证明文字非礼仪性功用的积极证据。

考古中遗存中的长久性材料

某些材料保存得要比其他材料好。书写者出于某种原因选择相对不易长期保存的材料来写实用性的文字,而越是正式的内容越会选用能长久保存的材料。这种选择不仅受材料持久性所影响,也与材料本身的价值和方便程度有关。在石头上刻字表明了他们想将其留给子孙后代;而且,材料都是根据它们不同的内部价值所选择的(不论是铭文还是物体本身,例如带文字的器皿和雕像);用于雕刻文字的劳动力花费也增加了内容本身的价值。通常来讲,那些保存下来的文字内容都是用于礼仪目的,并且书写在持久度较好的材料上。

　　这一观点,以及文字载体的重要性,可以从跟建筑的比较中得到体现。在中美洲和埃及,用石头建寺庙或是其他纪念性建筑的地方,都会有当时礼仪性的文字保存下来。中国的建筑都是木质结构的,因此不易保存。在美索不达米亚地区,无论是建筑用的泥砖还是楔形文字,都没有太多有关礼仪的铭文。

　　当然也有一些例外,非礼仪性书写也保存了下来。美索不达米亚就是最好的例子,正如马尔克斯所言:"早期的写有楔形文字的泥版……似乎都是与经济贸易有关的。"(1992:29)这些泥版显而易见是用最廉价也是最易得到的材料制作的,当黏土被磨细并晒干,就可以大量地存放于地下并长久保存。美索不达米亚地区早期文字的使用与众不同,这可以归功于美索不达米亚人日常记录的保存潜力,而非社会组织意识形态不同。同样,没有人会认为克里特岛和迈锡尼的宫殿里发现的文字是礼仪性的,这些文字刻在泥版上,具有强烈的行政色彩。

　　另一个相对保存较好的材料是铅。约公元前十世纪上半叶,安纳托利亚中部,有时与房产有关的法律文件是用卢维象形文字记录在薄薄的铅条上,我们可以从克鲁鲁找到罕见的例子,还有一些文件是在亚瑟地区找到的。① 可以推论,这种把铅用于书写材料的情况很普遍,但为什么没有找到更多的类似的文件呢? 有一个容易的解释:比起纸和木头来,铅确实保存得更长久,但却不像泥板一样通常只使用一次,铅完成了它最初的用途后,还可以反复利用。

图19　哈马卡墓中出土的莎草纸卷

　　埃及也是一个特例,在极端干旱的条件下,很多的考古资料被意外地保存了下来,特别是莎草纸和一些有机材料(如皮革)。然而时代越久远,保存下来的莎草纸文献就越稀少。具有讽刺意味的是,最早的莎草纸并没有用于书写——在哈马卡墓葬的陪葬品中发现一个木盒子里面装有一卷没有任何使用痕迹的莎草纸卷,墓主人是第一王朝中期国王邓手下的一位高官(参见图19)。这一发现直接证明了文字已经用来书写文件,我们可以期待发现更多的草体和实用性

---

① J. D. Hawkins, "The Kululu Lead Strips, Economic Documents in Hieroglyphic Luwian", *Anatolian Studies*, 37(1987), 135 – 162.

文字。确实,同时代的证据表明这种文字的存在,而且是以更易长久保存的石头为载体的。很多在萨帕拉金字塔下发现的石质器皿的年代可以追溯到第一王朝,上面写有文字(参见图20),多数用黑色,少量用红色的墨水,它们记录了接受礼物的细节,包括捐赠者的名字、赠送礼物的场合,有时还有礼物的尺寸。

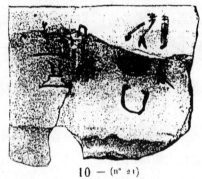

图20　金字塔下出土的有墨书的石碗

在中国,青铜器、龟甲、牛肩胛骨都很容易保存下来。商代青铜器上的铭文一般是铸器者的名字,以及接受青铜礼器者的名字。其中也包括一些记录大型历史事件的长篇铭文,例如特殊祭祀和军事征伐。后来,西周青铜礼器上的铭文多是与祀礼有关的,通常在铭文的末尾都有一句惯用语"子子孙孙万年永宝用"。对周代统治者而言,铸造在铜器上的铭文可以使其权力合法化。以上提到的中国境内有关文字的考古发现,不用多说都是书写于坚硬的材料(石头、陶器、龟甲),可以假设,跟书写在保存能力较差的材料上的实用性文字相比,这些只是冰山之一角。

在公元前3000年左右的印度河流域遗址,保存下来的文字几乎都是泥质印章。[①] 很难想象一种完全成熟的文字仅是为了一个单一的目的而存在,另外,偶尔也会有文字其他用途方面的线索:在多拉维那遗址很罕见地发现了刻在一种水晶类的材料上的印度河文明文字,每个水晶体高37厘米,宽25—27厘米,可能用作木板排列。[②] 我们可以接受一个长期流行的观点,正如最新出版的印度河流域印章集录的作者这样写道:"经济性的记录肯定存在,但它们总是被记录在易腐的材料上,

[①] A. Parpola, *Deciphering the Indus Script*, Cambridge University Press, 1994, 106 - 113.

[②] R. S. Bisht, "Dholavira: A New Horizon of the Indus Civilization", *Puratattva*, *Bulletin of Indian Archaeological Society*, 20(1991), 71 - 82. A. Parpola, *Deciphering the Indus Script*. 113.

例如印度的传统书写材料棕榈叶。"①

在中美洲，萨巴特克和玛雅文字系统的证据多来自石雕，而阿兹特克和米斯特克文字的证据主要是来自布料、树皮纸、动物皮等原料制作的彩绘书。这些不同的媒介被用来记录不同内容的文件。在古代玛雅社会，根据不同的主题可以将石碑分成不同的类别，例如，门楣是用于私人宗教仪式的。然而玛雅人并不只是在石碑上书写，石碑是传递正式内容的媒介，他们经常也把一些较短的文字加到彩绘花瓶的图案里，而其他例如年鉴、星座、天文方面的内容则用彩绘的册子。

考古遗存中易腐的材料

现在让我们考虑一下在世界各个地区用于书写的其他不易保存的材料。中国商代以前，除了写在骨、石、陶和青铜上的文字，其余的文字证据都没能保存下来。但是，后来的朝代，用来记录诸如礼制、历法、法律、遣册等内容的材料主要是木和竹简。有理由推测，商代人应该也会将一些内容记录在木或竹片上，只是由于书写材料不易保存，故没有流传下来而已。至今所发现最早的木竹简（曾侯乙墓出土竹简）年代在公元前五世纪，这支持了此类材料是更早人们用于书写日常记录的材料之推论。

在中美洲，复杂的文字内容主要是书写在涂了一层粉灰的树皮上，可以折叠起来，像是屏风一样的册子。这种材料很显然在美洲中部的热带低地很难保存下来。四部保存下来的玛雅文册子时代比较晚，大致年代是在西班牙人占领美洲之前，很多的文献都在西班牙人放的大火中毁灭了。可以确定这种书写材料在较早的时期也会使用，在古典时期的玛雅墓葬中就发现过很多实例，但是这些文献都保存得很不好，且上面的内容也已经无法辨认了。②

一些保存下来的写在易腐材料上的例子是很有指导意义的。在埃及极度干旱的气候条件下，从遗址中出土了大量的莎草纸文书。这种情况在其他地方也会发生，例如发现于约旦沙漠岩洞里的死海经卷，以及斯坦因在丝绸之路找到的大量纸

① A. Parpola, "The Indus Script: A Challenging Puzzle", *World Archaeology*, 17/iii(1986), 403; also *Deciphering the Indus script*, 54. 据 Dilip Chakrabarti 博士告知，这种棕榈叶最晚到公元 1872 年仍在使用。1873 年奥瑞萨送来的人口调查结果就是写在棕榈叶上。

② M. D. Coe, *Breaking the Maya Code*, 255; D. M. Pendergast, *Excavations at Altun Ha*, *Belize*, *1964 - 1970* I, Royal Ontario Museum, 76 - 78; A. L. Smith, *Uaxactun*, *Guatemala: Excavations of 1931 - 1937*, Carnegie Institution of Washington, 1950, 97; A. V. Kidder, *Artifacts of Uaxactun Guatemala*, Carnegie Institution of Washington, 1947, 70.

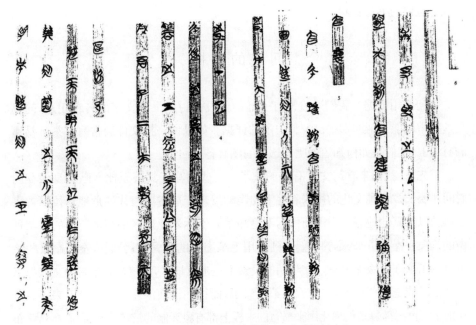

图 21   湖北包山出土的楚简（公元前四世纪）

书佛教经卷。保存条件的另一个极端是泡在水里：英国哈德里长城发现的罗马人写在木头上的书信，还有日本近年在奈良平原发现的公元七世纪的木简。[1] 在土耳其西南海岸发现的沉船上有一块青铜时代晚期的带有铰链的木板，虽然上面没有文字保留下来，但仍然被认为是一块用来写字的木板。[2]

也有人认为，尽管大多数实用性的文字内容都是记录在不易保存的材料上，但一些也会出现于耐久性书写材料，例如以色列地区发现的泥片上的希伯来文书（许多属于古典时期），或是近年发现于斯里兰卡阿努拉德普勒地区的婆罗迷文，写在陶片上，大致年代可上溯到公元前四世纪。这得根据情况而定。在美索不达米亚，文字要写在湿软的泥版上，这种材料随手可得；陶片的使用很晚，直到公元前七世纪左右，我们才见到陶片上用墨水书写的阿拉米文书。在埃及，陶片经常被用来代替昂贵的（虽然并不缺少）莎草纸，但是大量的行政档案是不能用陶片来记录的。这并不奇怪：西欧近几个世纪以来不怎么用陶片记录，理由很简单，纸张价廉，也更容易获得。早期中国也使用陶片，但随后，木片和竹片更有优势，也容易得到，于是取而代

---

[1]   K. Tsuboi, & M. Tanaka, *The Historic City of Nara: An Archaeological Approach* (trs. D. W. Hughes & G. L. Barnes), Centre for East Asian Cultural Studies/UNESCO, 1991.

[2]   R. Payton, "The Ulu Burun Writing-Board Set", *Anatolian Studies*, 41(1991), 99–106.

之成为主要的书写材料。

<h2 align="center">间 接 的 证 据</h2>

如何使用证据？我们通过没有实证的假设去讨论早期文字的各种用途，问题是这些举证能否证明那些已经消失了的证据。如果说一批文件通常写在某种易腐的材料上，我们是如何知道的呢？这个问题有各种回答。

首先，让我们来看与文字有关的技术。一些书写工具甚至比文献本身保存的时间还要长。玛雅文化的用来装毛笔的陶罐发现于后古典时代的危地马拉阿古塔卡遗址以及其他地方。中国商代的毛笔和美索不达米亚地区书写员所用的芦苇秆做的笔没有保存下来，尽管我们找到了用毛笔书写的甲骨文；骨制或金属制成的笔也可以用来在泥版上书写。在晚期的美索不达米亚地区，阿拉米和希腊的文献都书写在皮革或是莎草纸上，它们后来都消失了，而挂在上面的泥签却保存下来了。公元前十三世纪乌鲁布伦文化用来书写的木板上都有象牙制的铰链，如果我们在乌鲁布伦青铜时代晚期的考古遗存里仔细查看一下那些"用途不明"的象牙或骨制的圆管和圆柱体，它们恐怕就是这种书写板铰链的一部分。

图 22 最早的"书写者"象形文字
（第一王朝晚期，约公元前 2800 年）

我们还可以看一看当时书写系统的图像学证据。在埃及，第一王朝的晚期，表示"书写员"的象形文字由几个因素组成：一支芦苇笔、一瓶墨水和一个水袋（没有刻字的凿子）（参见图 22）。中国古代的"笔（画）"字表示的是竹子，而不是青铜器或其他材料。在中美洲，一个公元一世纪的伊扎潘纪念碑上画着玛雅折叠板。[①] 玛雅花瓶上也有如何书写册子的画面，就像图 23 所描绘的那样，一只腰间系着美洲豹皮的兔神正在折叠书写板上认真地抄写（古典时代晚期，约公元八世纪）。长期使用折叠板的证据可以从玛雅语言自身中体现出来，玛雅语言中，"写"就是"画"的意思。[②] 这些册

---

① "生活之树"纪念碑，插图见于 V. G. Norman, *Izapa Sculpture*, New World Archaeological Foundation, Paper 30, plates 9&10.

② M. D. Coe, *Breaking the Maya Code*, 249.

子当然是很正式的文献，就像我们今天的书籍。我们不知道他们日常的简短的书写用的是什么材料，就像我们用纸一样。文字的作用是如此重要，以至于有一位玛雅"官方公告记账之神"，这在早期古典时期的画像中就可以辨认出来。①

图 23　兔神在写字，玛雅花瓶上所描绘的阴间场景(约公元 800 年)

也可以从文献本身找到线索。写在泥版上的以楔形文字形式出现的赫梯文字常常被称为"图画"，它们也经常以象形文字的形式被写在木板上（锡明顿 1991）。②再回到美索不达米亚地区，泥版上的内容讲到，涂有一层薄蜡的木制写字板至少在公元前十三世纪就用于行政目的，③但是考古中唯一保存下来的只是一些公元前1000 年有关文学内容的图书馆文献，而且写字板多是用象牙制成的。在中国商代，甲骨文记载了其他文字载体形式的存在，如"册""典"，这类象形、会意字表明竹片用线编连在一起。《尚书》中，《多士》一章是关于西周早期（公元前 900 年）时代的内容，提到了"惟殷先人，有典有册"。这里的"册"和"典"很明显是指正式的文件和书籍。

不同的书体——草体与正体

当提到文字的书写材料以及材料和文字内容的关系时，也要注意文字书体的意义。学者一般并不注意书写材料和书体与特殊内容的文字之间通常是有联系的。

在中美洲，玛雅陶罐上绘有草体象形文字，也有一些符号是刻上去的（颇伦克神

---

①　G. Berjonneau, E. Deletaille & J.-L. Sonnery, *Re-Discovered Masterpieces of Mesoamerica: Mexico-Guatemala-Honduras*, Editions Arts, 1985, plate 364.

②　D. Syminton, "Late Bronze Age Writing Boards and Their Uses: Textual Evidence from Anatolia and Syria", *Anatolian Studies*, 41(1991), 111-123.

③　J. N. Postgate, Middle Assyrian Tablets: the Instruments of Bureaucracy, *Altorientalische Forschungen*, 13(1986), 10-39.

庙石碑上有 96 个符号），它们显然脱胎于绘画符号。库尔曾经提出，玛雅古典时期花瓶上精美的装饰来源于手绘册子。他的观点被多数研究玛雅文化的专家所接受。文字书体的影响在埃及表现得淋漓尽致，文字遭遇了纪念碑型象形字和草体简化象形字的两极分化。草体简化字经常被书写在陶器上，或是在陶罐上记录日历。我们要注意到，还有一种过渡性文字，称为草体象形文，几乎是墨书全写在莎草纸上。正如上文所述，无论草体还是正式书体至少都在埃及第一王朝时期就开始使用了。

中国商代甲骨文的内容与青铜器铭文的内容是不同的。鲍则岳注意到甲骨文与同时期的青铜器上的文字是不同的，但是他认为一些商代青铜器上铭文的年代要早于甲骨文。这个观点没有足够证据。[①] 甲骨文是用锋利的金属或玉刀刻在甲骨上的，给人一种"粗率和直笔"的感觉，而青铜器上的铭文都是先由铸工泥模制作，比较端庄，笔画弯曲圆润。一个泥制的模子，内装有圆形、椭圆形和弯曲的笔画。鲍则岳认为这些不同都可以归因为书写材料的物理特质不同。

鲍则岳的分析没有注意到，在商代甲骨文中也有那种正式的书体的例子，类似于青铜器上的铭文。从这些文字的书法特征来看，可以探寻到毛笔书写的踪迹。一些殷墟早期（公元前十四—前十二世纪）的实例证明，当时的甲骨文书体形式有两种：大的正式书体字和小的草体字。大字往往用红色颜料填充，小字有时涂抹黑色。两者的不同之处也许是出于某种展示效果或其他原因，但我们无法肯定。[②] 殷墟晚期的一些例子表明，甲骨文和青铜铭文不论是内容还是书体都十分相近，通常跟祭祀或是铸造礼器有关。由此推论，如果有需要，商代甲骨文的书写者（或刻工）完全有能力在甲骨上使用正式书体，而决定使用哪种书体并不仅仅是由书写的工具和材料所决定，主要是由文字的内容决定的。同样的，书写所花费的时间（反映了对内容的重视程度）也会影响书体的选择，重大祭祀或事件采用正式书体，而一般内容用草体。甲骨文内容尽管也很正式，但与青铜器铭文相比，多是一些日常的描述性内容，因此主要使用草体为多。

商代正式书体与草体的区分也同样被西周早期文字（公元前 1100—前 800 年）所继承。铸在青铜器上的祭祀性的铭文几乎都是正式书体。1976 年，在陕西周原岐山县发掘了西周早期的建筑遗址，考古学家发现了 16 000 多片甲骨，其中 280 片是有文字的。与商代大多数甲骨文一样，周原甲骨文也是草体小字，甚至用肉眼很

① 　W. Boltz, *Early Chinese Writing*, 423–424.

② 　Wang Tao, *Colour Symbolism in Late Shang China*, Ph. D. dissertation, University of London, 1993, esp. 25–28.

难识读。[1]

最后，还可以看看书体的仿古性，古代的文字形式其本身就有昭示后代的象征意义。这在今天也为人们所熟知，例如恐怖小说喜用哥特式字体。在美索不达米亚地区的楔形文字中，例如刻在石碑上的汉谟拉比法典已经使用了一些特殊的符号，它们通常出现在比法典早了 300 年的泥版文字中。埃及的象形文字在后代被大量使用，也是这方面一个最为典型的例子。

相对证据的评估以及不同应用的重要性

我们从上面每个角度的论述都可以看到，文字有其他各种存在方式，只是有力的证据很少，怎么量化评估它们的重要性？我们如何推论文字的主要功能，可以说最根本的使用是跟实用性相关，而不是已经被长篇累牍地论证过的礼仪性功用的一个附属衍生？要验证这些问题需要新的证据，但是在没有这种证据的同时，却有很多方法可以打破这些先验性的假设。一个类别里存在的唯一实例可以说明许多问题。因此，不起眼的乌鲁布伦写字板对理解公元前 2000 年前地中海中部地区书写扮演的角色起到了一种不寻常的影响，这一发现有着方法论上的深远意义：作为一类材料里的幸存者，正应了一句话"文字如此流行，一定会有些证据留下来"：在这一发现之前还没有任何相关方面的证据，但幸运的是，一瞬间这件在水里浸泡了3 200 年的遗存物改变了整个局面。值得注意的是，当大量的行政内容文献出土后，人们就不难调整他们的看法了，例如，近年在日本奈良发现了 130 000 多片公元七世纪的木简，而第一块木简最早发现于 1961 年。[2] 在希腊科纳索斯和皮洛斯宫殿发现的档案，已经证明了文字在这些社会中发挥了明显的实用性功用。

换一个角度来看，如果我们没有在美索不达米亚发现泥版，只有石头和金属作为书写材料，像其他地方一样，那情况会怎么样呢？可能会出现和公元前 3000—前2000 年间的印度河文明相似的境况，印章上刻着神话传说、石基带铭文、人像上刻着文字。基于这样的证据，确实容易得出结论：文字最早的功用就是记录礼仪性的内容。同样可以认为，英国罗马时代的文字都是出于宗教、市政和建筑展示。可是，在英国北部文德兰达偶然发现的泡在水里的木简向我们提示，在罗马帝国，文字已

---

① 徐锡台：《周原甲骨文综述》，三秦出版社，1987 年。

② K. Tsuboi，& M. Tanaka，*The Historic City of Nara*，67.

经普及到日常行政和社会生活中。我们必须记住,在其他文化里,也是归罪于他们书写所用的材料,某一类文字内容的证据无人知晓。举例说明,公元前十六世纪的埃及文字如何?西奈半岛的涂鸦文字只是一个极端边缘化的表现,而其他地中海和西亚的文字从年代学上填补了它们和目前所知最早的西闪米特文字之间的空白。克利特文明和迈锡尼文明的书写者只是在抄写行政备忘录吗?他们难道不能在书写板上写下精美繁复的文书,而不是像我们现在所见到的都是散乱的泥条?中美洲文字除了礼仪性功用,一定还有其他更重要的用途,刻在石头上的文字只是玛雅书写者工作的很小一部分,但是缺少早期时代的证据使我们不能掌握这种文字形成阶段的情况。

结　　论

　　一个根深蒂固、已经广为人知的观点是,文字是随着礼仪性目的发展起来的,而其正是用于此道。然而,最新的埃及和其他地区的考古证据表明,文字起源于日常的行政性的应用。书写材料的选择主要取决于文字的内容,因为不同材质的保存性不同,正式的礼仪性内容往往选择耐久、容易长期保存的材料进行书写,它们占了支配性的位置,这就导致了理解古代文字的偏差。一些偶然保存下来的易腐的文字材料,配以其他的证据,可以纠正这些狭隘之见。

　　考虑到所有的因素,很可能早期的书写系统是由于实用性而发展起来的,而且广泛地应用于世俗目的。这并不是否认一些不同的文字的某些因素来源于礼仪性符号,也不是坚持说文字没有为政治上的强权者所用。再说,本文题目所包含的两个极端选项当然不是完全真实的。埃及的年签和中国的甲骨文虽然不是单纯为了礼仪性的展示,它们确实是正式的文件,有意记录在耐久的材料上,但这并不否定我们的结论,从单个符号发展成为连贯的文字系统的动力很可能来自行政需求,而非为了宣传某种政治利益。如果这一观点对早期文字角色的评估有几分合理性的话,这将会促进我们对早期复杂社会出现的认识,而文字是这个发展进程中的一个典型标志。

致谢

　　本文作者想对以下许多同事在论文写作过程中不遗余力的帮助以及所提出的宝贵意见表示诚挚的谢意:Dr. Dilip Chakrabarti, Dr. Aidan Dodson, Professor

Norman Hammond，John D. Ray，Dr. Todd Whitelaw，Dr. Gina Barnes。Professor Stephen Houston 和他的匿名合作评议人所提的意见使本文水平得到很大的提高。我们需要声明的是，他们的意见并不代表他们需对文章的观点或是文中的错误与不足承担责任。

原文"The Evidence for Early Writing：Utilitarian or Ceremonial?"（with N. Postgate and T. Wilkinson），*Antiquity* 69－264(1995)，pp.458－480. 刘含译。

安瑙印章及其引出的问题

  2000 年 9 月,美国—土库曼斯坦合作考古队在南土库曼斯坦的安瑙遗址偶然发现一枚炭精印章,上面刻有一些不为人所熟知的文字。[①] 这个发现引起了西方学术界很大的兴趣,学者们于 2001 年的 4 月和 5 月专门发表了"来自失落的亚洲文明的第一个文字"的相关专题论文。[②] 这枚印章也立即引起中国学术界的注意,《中国文物报》(中国文化遗产新闻)很快刊登了一组文章。[③] 中国学者视这个惊人的发现为研究中国印章及文字起源不可忽视的一个重要方面。除此之外,这个发现也为研究早期中国与中亚之间的文化交流提供了线索。但是关于这枚印章的发现背景、发现日期及一些尽可能的释读等仍有一些问题尚未解决。在本文中我们将重新审视其中一些有争议的问题。为使此研究得以深入进行,我们将更广泛地探讨中亚和中国的考古,特别是中国印章的发展及其与中国新疆的一些可资比较的例子。

  安瑙遗址位于土库曼斯坦与伊朗之间的边界即北科帕特(Kopet)山的高原上。它位居军事要地,处于古代中亚、西亚及印度文明的十字路口。该遗址最早是在 1880 年由 A. V. 库马若夫(A. V. Komarov)将军发现的,并于二十世纪早期开始由

[①] 虽然炭精被当作一种矿物,但并不是地质意义上的真正矿物,而是一种经过高压后从炭化了的林木里生成出的一种坚硬的有机准矿物,也即一种高密度的煤,在欧亚大陆的许多地区都有发现,常被用来切割或抛光做首饰。

[②] 例如,"Missing Civilization", *The Philadelphia Inquirer*,2001 年 4 月 30 日;"In Ruin, Symbols on Stone Hint at a Lost Culture", *The New York Times* 2001 年 5 月 13 日;"First Word from Asia's Lost Civilization", *The Times*, 2001 年 5 月 15 日;还有一篇比较低调的报道是发掘者之一的 Fredrik T. Hiebert发表的:"What in the World? Unique Bronze Age Stamp Seal Found in Central Asia", *Expedition*, 42/3(2000), 48. 这个发现首先是由 Hiebert 于 2000 年 10 月在土库曼斯坦向媒体发布的。

[③] 关于这个发现的中文报道和讨论见《中国文物报》,第一篇比较详细的报道发表于 2001 年 5 月 23 日。随后李学勤于 7 月 4 日发表了《中亚安瑙遗址出土的印章》一文,对安瑙遗址及印章本身,以及铭文拓本等作了详细的介绍。水涛于 8 月 19 日发表《关于中亚安瑙遗址出土的印章及其相关问题》一文,对李学勤的文章作了一些批评并增添了一些新的材料。陈星灿于 2001 年 11 月 30 日发表了《〈纽约时报〉发表关于安瑙出土"石印"的争论》一文,试图厘清 John Noble Wilford 于 2001 年 7 月 31 日在 *New York Times* 上发表的报告中提出的争论问题。

地理学家拉斐尔·普姆佩利(Raphael Pumpelly, 1873—1959)和考古学家胡伯特·
施密特(Hubert Schmidt, 1864—1933)首次发掘。[1] 来自苏联的考古学家很快在安
瑙遗址和相邻的纳马兹伽德佩(Namazga-depe)、阿尔丁德佩(Altyn-depe)及卡拉德
佩(Kara-depe)展开积极的发掘工作。这些遗址的出土物包括人物雕像、织物、陶
器、青铜器等,体现出典型的铜石并用时代与青铜时代的文明。这些青铜时代的遗
址现在被归为巴克特利亚—马尔基亚娜考古文化类型(BMAC),其年代分期目前是
靠这些典型遗址的出土物来确定的,如纳马兹伽德佩。[2] 安瑙文化的早期(安瑙 IA)
要早于铜石并用时代,但是在安瑙也发现了少量的铜矿渣。纳马兹伽德佩I—III期
是铜石并用时代文化(约公元前 3700—前 2500)的代表,IV—VI期则是青铜时代文
化(约公元前 2500—前 1000)的代表。

　　就印章的发展来说,特别值得注意的是在卡拉德佩(Kara-depe)发现了陶制印
章,它们属于纳马兹伽德佩III期。[3] 印章上的图案类似于一种十字,同样的纹饰也在
同一遗址出土的陶罐上发现。在沙赫里斯科塔(shahr-i-Sokhta)也发现了铜印章和
石印章,这处遗址在年代上同安瑙大体相同,而且也处于南土库曼斯坦,这些印章上
也发现了相同的十字纹饰及动物符号纹饰。[4] 从阿尔丁德佩一处青铜时代的遗址
来看,青铜和其他金属例如银制的印章在数量上有了显著的增长。[5] 这些印章上的
图案表明它们是沿袭了早期印章的传统,不过也有一些图案看起来更像原始的文
字。尽管我们不能十分肯定,但一些标记似乎显示出伊朗高原的青铜文化和印度河
流域文明之间的联系。[6] 这一时期的印章通常在反面有一个小穿孔,或是在侧面有

[1]　Raphael Pumpelly, ed., *Explorations in Turkestan*, *Expedition of 1904: Prehistoric Civilizations of Anau, Origins, Growth, and Influence of Environment*, Carnegie Institution of Washington, 1908. Hubert Schmidt 的论文"Archaeological Excavations in Anau and Old Merv"收录于这个论文集中。

[2]　对安瑙文化及 BMAC 的考古介绍,参见 S. P. Gupta, *Archaeology of Soviet Central Asia, and The Indian Borderlands*, 2, B. R. Publishing Corporation, 1979, cha. 2, 3, 53 – 220;以及最近由 Fredrik Talmage Hiebert 发表的专题论文"Origins of the Bronze Age Civilization in Central Asia", *American School of Prehistoric Research Bulletin*, 42, Peabody Museum of Archaeology and Ethnology, Harvard University, 1994.

[3]　Gupta, *Archaeology of Soviet Central Asia*, 96, pl. 2.24.

[4]　Gupta, *Archaeology of Soviet Central Asia*, 120, pl. 2.39b.

[5]　Gupta, *Archaeology of Soviet Central Asia*, 162, pl. 3.15; 169, pl. 3.20.

[6]　例如,类似哈拉帕的印章在阿尔丁德佩(Altyn-depe)遗址发现(参见 Gupta, *Archaeology of Soviet Central Asia*, 168, pl. 3.19)。但是印度河流域的文明的书写文字还难以破译。印度与纳马兹伽关系的争论还需要更多坚实的证据。阿尔丁德佩的发掘者,Vadim M. Masson 认为印章上的两个符号是图画文字("卐"字纹出现在第二个印章上),参见 V. M. Masson, *Altyn-depe*, H. N. Michael, trans., University Museum, University of Pennsylvania, 1988, PL. XXII, Ib.

一个洞,可以在上面穿绳,反面则没有纽。类似的印章在阿富汗也有发现。[①] 二十世纪九十年代,随着苏联解体,土库曼斯坦迅速着手与国外考古学家建立联合项目。1995 年,联合国和土库曼斯坦签署了一份共同发掘安瑙遗址的五年期的协议备忘录。这种合作非常成功,为使这个联合项目能在 2002—2006 年继续进行,他们又签署了一个新的备忘录。这个项目的主持者是宾夕法尼亚大学的弗雷迪克·T. 赫伯特(Fredrik T. Hiebert)和土库曼斯坦文化遗产中心的卡喀穆拉德·库尔班萨科哈托夫(Kakamurad Kurbansakhatoy)。[②]

安瑙印是在 2000 年的考古发掘中被发现的。[③] 这个发现最初并没有引起特别的关注,当时的考古发掘主要集中在该遗址南部的建筑遗存,这个遗存似乎和纳马兹伽德佩文化的Ⅳ和Ⅴ期的时间相当,约在公元前 2500—前 1600 年。这个炭精印章是在一个用砖土建成且门口用石头铺设的房屋的遗址中被发现的。与之相关的发现包括小型石器、陶器及人物雕像的残片。值得一提的是考古学家们证实这栋房屋已经被修整过多次并做过不同用途。它最初可能是一个仓库,之后用作一个作坊。其地板、墙壁和台阶上都有许多印记,表明它们在不同时期的不同用途。另外在该房屋南边的院子里,有一个露天的窑,在里面发现了不少圆形的陶片(可能曾被用作印模)。根据炉床样片的碳-14测定大约在公元前 2300 年。考古学表明早在公元前三千纪,中亚地区的青铜文明已经得到很大发展,那些成熟的手工制品、宫殿、宗教建筑和住宅已经与城市发展的早期阶段类似。不过,从某种特定意义上来说这一时期并没有发现文字,也正是因为这个原因,在安瑙遗址发现的这枚印章上的铭文就显得弥足重要。

这枚印章上的铭文包括 3 个(也可能是 4 个)符号,是被雕刻上去的,上面还专门涂有一种红色的颜料(参见图 1)。考古学家最初认为它们看起来像印度河流域文明的哈拉帕(Harappan)文字,因为这枚印章的铭文形式与印度河流域发现的文字类似。虽然一些印章与之前在中亚的印度河流域和美索不达米亚发现的印章有一

①　Gupta, *Archaeology of Soviet Central Asia*, 127, pl.2.42.

②　关于其发掘报告,参见 Fredrik T. Hiebert and Kakamurad Kurbansakhatov, *A Central Asian Village at the Dawn of Civilization: Excavations at Anau, Turkmenistan*, University of Pennsylvania Museum of Archaeology and Anthropology, 2003.

③　此处信息来自 Fredrik Hiebert 于 2002 年 2 月在伦敦大学亚非学院做的一个讲座,该文发表在 *Circle of Inner Asian Art Newsletter*, 15, June 2002, 3 - 10, esp.5 - 6, pl.3:13. 更全面的报告见 Hiebert, "The Context of the Anau Seal", *Sino-Platonic Papers*, No.124, University of Pennsylvania, August 2002, 1 - 34.

a   b

图 1　安瑙印的两幅照片，出自土库曼斯坦安瑙遗址，公元前 2500—前 1600 年，炭精，1.3 cm×1.4 cm。采自 Victor H. Mair（梅维恒），"Notes on the Anau Inscription", pls. Ⅴ-Ⅵ

定类似，但是通过对材料的广泛收集，并没有发现与该印章铭文相匹配的东西。

　　不过，如果注意一下安瑙印上的文字形式，就会发现其可能表示的是和汉字相似的一种音节文字。于是他们邀请了宾夕法尼亚大学著名的汉学家梅维恒（Victor H. Mair）教授来帮助解读。具有深厚古汉语基础及对早期东西方文化交流饶有兴趣的梅维恒可以说是第一位认识到这枚印的重要性的人。[1] 他确信这枚印上的铭文或许是四千年前的中亚文明中已消失的一种文字，其和汉文的相似性揭示出中国文字的起源或许受到中亚文明的影响。[2]

　　2001 年 6 月，梅维恒来到北京，向著名的中国学者北京大学裘锡圭教授求教，[3] 裘锡圭认为安瑙印和中国的汉印在形制及铭文上具有相似性，而且他还特别注意到它和另一枚已知汉印的相似之处。这枚印在新疆尼雅发现，也是用炭精刻成。尼雅印的铭文是汉文，读作"司禾府印"，即官府粮仓之印（参见图 2）。尼雅这枚印是 1959 年从文物普查中收集而来的，[4] 并非发掘品，因而其年代要靠一些二手资料及书写风格来确定。根据汉文史籍记载，汉代政府在塔里木盆地，包括尼雅地区建立

---

① Victor H. Mair（梅维恒）, "Notes on the Anau Inscription", *Sino-Platonic Papers* No.112, University of Pennsylvania, July 2001.

② 梅维恒认为文字也和青铜冶金术、轮式车、日历、神话、丧葬活动、武器、皇家狩猎及国家机构模式等文化一起传到中国（Mair, "Notes on the Anau Inscription", 46），不过这种泛传播理论似乎在当今考古学家中并没有得到太多响应。

③ 以下部分就是摘自 Mair, "Notes on the Anau Inscription"中发表的通信内容。

④ 史树青《新疆文物调查随笔》首次提到这枚印（附铭文），《文物》1960 年第 6 期，第 27 页；其后贾应逸又再次提到它，见《文物》1984 年第 9 期，第 47 页，这次她附了照片和尺寸大小说明。

了好几处军屯,正因为如此,发现这枚汉印的考古学家们认为它一定属于汉代官府之印。这枚尼雅印的铭文风格也和汉代的印相同,所以它不可能早于公元一世纪。然而裘锡圭认为该印并非一定是来自汉代中央政府的官印,很有可能是尼雅地方政府对汉印的一个仿制品。当我们将安瓷印和尼雅印进行比较时,会发现两者是如此惊人地相似(都是刻在炭精上,而且铭文式样也相同),这绝不可能是纯粹的巧合。裘锡圭猜想安瓷印或许就是汉印的中亚仿制品,所以其铭文被断章取义,显得晦涩难懂。[①] 他坚持认为有关安瓷印的资料不可能早到公元前 3000 年,该印或许是混杂在该遗址早期文化层中的晚期物品。

a　　　　　　　　　　b

图 2　印章 N.0015,出自新疆尼雅遗址,年代不详,炭精,2 cm×1.6 cm。采自《新疆文物大观》,新疆维吾尔自治区文物事业管理局等编,1999 年,图 0101

　　这些看似矛盾的推论也引出了一些需要认真思索的问题。如果尼雅印和安瓷印的类似性——如裘锡圭所推测——是来自直接的影响或是模仿,那么我们就需要解释汉印是如何被仿制,并且如何最终出现在安瓷遗址的早期文化堆积层中。另一方面,如果我们认为安瓷印出现时间是在前 3000—前 2000 年,那么合理的解释就如梅维恒所推测的那样,即中国印章的发展,或者说中国的文字书写体系从某种程度上是受到中亚文化(即 BMAC)的影响。[②] 为支持梅维恒的猜想,约翰·卡拉鲁索(John Colorusso)进一步推测安瓷在公元前 3000 年得到很大的发展,其影响扩展到

---

① 然而,裘锡圭也尝试着对安瓷印进行一种汉文的解读:"己五禾",和尼雅印的字符相同。见 Mair, "Notes on the Anau Inscription", 4.

② Louisa G. Fitzgerald-Heber 也注意到了 BMAC 青铜制品和中国二里头文化的出土物之间的相似性,参见其论文"Qijia and Erlitou: The Question of Contacts with Distant Cultures", *Early China*, 20(1995), 17 - 67, esp.52 - 65.

了中国。而且尼雅印要远远早于汉印,可能推至公元前 700 年或更早。[①]

在下结论前,我们认为有必要把这个问题放在一个更广泛的大背景下进行考虑:把安瑙印和古代汉文印章的发展及其他的文化传统进行比较,更重要的是要重点考察一下塔里木盆地及邻近地区的考古文物。

最早的印章出自美索不达米亚、埃及、印度河、爱琴海及希腊的古代文明中。[②]它们有两种基本的形式:图章印和滚筒印。它们最初可能是用来在罐子上刻划的木制印章或者是用来给家畜打烙印的金属标记。严格地说,使用印章进行物物交换的印戳或是加盖于文书开始于公元前 5000 年。印章有时也可能用作族徽或是用来避邪的宗教物品(护身符)。最早的印章上面没有铭文,其图案大多是几何纹及动物纹,尽管在公元前四千纪印章上出现了抽象的人物形象。公元前 4000—前 3500 年,在美索不达米亚和伊朗西南地区都使用过图章印和滚筒印,这种形式的印章不久就在图案中出现了铭文。在大印度河流域,印章直到公元前 3600 年才出现,它们通常都是圆形或方形图章印,背后有穿孔,上面刻有动物及几何纹饰。约在公元前 2500 年,出现了图像(几何形或是有代表性的图案)和文字的结合。[③] 在伊朗东北地区发现的印章显然是受到印度河流域文明的影响,因为在这个地区发现的带有穿孔的圆形和方形的印章似乎非常普遍。在公元前二千纪,阿纳托利亚地区的赫梯人也使用过刻有象形文字的图章印。更早一些,在公元前三千纪的末期,米诺人和美锡尼人使用过图章印,并且在公元前二千纪中期,一些指环上也使用刻石。在所有的这些文明中,各种各样的石头、金属及其他材料等被用来制作印章。

印章在中国出现较迟,肯定要晚于美索不达米亚、古埃及及印度河流域。有三枚已知的印章被定在晚商时代(公元前 1300—前 1045),[④]这几枚印都是青铜制成,方形平底,背部有一个穿孔。虽然它们不是经过科学发掘,但是初步比较研究显示其中两枚印上的文字与商代甲骨文很接近,很可能是被用作族徽。[⑤] 要证明商代印

① 参见 John Colarusso, "Remarks on the Anau and Niyä Seals", Hiebert, "The Context of the Anau Seal", *Sino-Platonic Papers* No.124, University of Pennsylvania, August 2002, 42 – 43.

② 对于这些地区出土的印章的基本介绍,参见 Dominique Collon, ed., *7000 Years of Seals*, British Museum Press, 1997.

③ Asko Parpola, "Seals of the Greater Indus Valley", in Collon, ed., *7000 Years of Seals*, 47 – 53.

④ 这三枚印章最早是由黄濬首先公布的,见《邺中片羽初集》及《邺中片羽二集》,1、2,北京,1935 年。其中两枚印章现收藏在台北故宫博物院,收入《故宫博物院历代青铜印章特展目录》,台北故宫博物院,1987 年,图版 1、2。

⑤ 李学勤:《玺印的起源》,收入《缀古集》,上海古籍出版社,1998 年,第 78—81 页。但是也有一些学者始终质疑这些印章的可靠性,参见金夷和潘江《再论中国玺印的起源——兼说所谓商玺的真伪》,《考古与文物》1996 年第 1 期,第 43—45 页,他们对此持不同的观点。

章(或者从某种程度上来说即商代文字)在公元前二千纪受到外来文化的影响是很难的,[①]但是值得一提的是商代的铜印和印度河流域的印章在形式上很相似。也就是在这段时期,中国西南地区的文化开始和西方的邻国进行某种形式的交流。[②] 西周的印章在近年的考古中发现很少,已知的印章都带有程式化的几何和动物图案。[③] 从公元前五世起,印章的使用发展很快,特别是在春秋战国时期,官印和私印在许多地区被广泛使用。许多印章及其盖在物品上的印戳得以保存下来。印章的发展或许是中国古代经济的发展导致的结果,但是也可能受到外来因素的影响。秦汉时期,印章制度已成为公务生活的一个重要组成部分,而且在其他方面印章也得到广泛使用。似乎看起来几乎所有的往来公文和信件都要加盖印章,而且作坊和营业场所也都将它们生产或销售的产品加盖印章。印章的标准形式已经统一,而且上面的书写文字也已发展成为一种非常独特的书写风格。[④] 以后历代都保持着使用官印的传统。

中国印章的主要特色就是使用汉字(虽然图画文字的印章也曾广泛使用过),印章的结构采用了汉字的结构和布局。就这方面来说,中国印章发展形成了一种独特的形式。但这并不是说其与外部没有联系,不同地区的印章在形式和功能上有太多的相似性。如果我们考虑到印章和封印早期曾被广泛使用和进行传播,那么印章从西亚和南亚的文明中传到东亚也是有可能的。但是交流并非是单向的,中国的文明也可能会传播到西方。

目前虽然没有足够的证据表明中国和中西亚之间存在着直接的联系,可以让我们来探寻印章的发展轨迹,不过安瑙印的发现为我们检视或者在某些方面重新检视在中国新疆的一些考古资料提供了良机,在这个地区汉文化和其他文化以不同的形式相互交融,有时会形成一种独特的文化风格。事实上,古代新疆地区的居民通常还是具有一种对自己文化的强烈认同。[⑤] 来自这个地区的一些考古资料或许能

---

① Lothar Wagner 认为这种商代印章不是文字,而是一种青铜装饰图案。见 Collon, ed., *7000 Years of Seals*, 205.

② 中国的几位学者认为四川三星堆文化和印度河流域文明有一定的联系,见张辉《试解三星堆之谜——中西交流与融合的第一个见证》,叶奕良编《伊朗学在中国论文集》第 3 辑,北京大学出版社,2003 年,第 223—226 页。

③ 参见罗红侠、周晓《试论中原遗址出土的玺印》,《文物》1995 年第 12 期,第 76—77 页。他们主要是基于考古学的例证,同时也增列了在旧收藏中发现的四枚西周玺印。

④ 关于春秋和战国时期印章的总体性研究,参见曹锦炎《古玺通论》,上海书画出版社,1996 年。

⑤ 这是显而易见的。例如他们对制造本地货币的需求,如和田的汉佉二体钱和高昌地区的高昌吉利钱。参见 Helen Wang, *Money on the Silk Road: The Evidence from Eastern Central Asia to c. AD 800*, with a Catalogue of the Coins Collected by Sir Aurel Stein, British Museum Press, 2004, esp. cha. 6.

为我们解决这些疑难问题提供一些线索。

在塔里木盆地发现了大量的印章,一部分是由二十世纪早期欧洲和日本探险队发现的,更多的则是近年来由中国考古工作者发现的。刘文锁在他近期的一篇论文中,将塔克拉玛干沙漠南缘发现的印章(多来自叶尔羌、和田和尼雅)进行了统计,共有 125 枚,其中一部分是斯坦因(Marc Aurel Stein,1862—1943)在他的三次中亚探险(1900—1901、1906—1908、1913—1916)中发现的,更多的则是二十世纪九十年代中日联合考察队发现的。① 这些来自塔里木盆地的印章有青铜的、铅的、木头的、骨头的、角质的、石头的、黏土的、炭精的及各种宝石的,形状也五花八门:方的、圆的、长方形的、五角的、椭圆的、菱形的、心形的。这些印章的背后通常都有一个穿孔。其他一些印章则被制成指环。这些印章上面通常刻有动物纹、人物纹、花朵、抽象符号、几何图案和其他图案等组合。比较清晰的铭文有汉文、巴拉米文、帕拉维文及藏文。给这些印章断代是相当困难的,有的早到青铜时代,有的甚至晚于公元十二—十三世纪。

这些印章中最著名的代表就是由斯坦因所收集的那些样品。② 正如我们另文所提到的:"斯坦因对出处的格外关注,他的现场发现的记录、对所获之物的细节的关注,以及邀请专家来帮助验证实物等,使得他的来自中亚东部的钱币的收藏成为独一无二的资源。"③这种评价也同样适用于他的印章收藏。在斯坦因的收藏中,一些材料也的确表明了塔里木盆地与其周边地区的早期联系。在《古代和田》一书中,斯坦因提到了他在约特干遗址购得的一枚青铜印章(Y.002.C)。④ 这个印平而方,背面有一个小的穿孔,上面刻画有一个"卐"(swastika)图案。这枚印和哈拉帕发现的印章,⑤以及前面提到的在阿尔丁德佩发现的印章,⑥都非常相似。哈拉帕印和阿尔丁德佩印之间有着明显的联系,两者都来自考古发掘,而且它们所处的文化层使之

① 刘文锁:《中亚的印章艺术》,《艺术史研究》第 4 辑,2002 年,第 389—402 页。也有超过 120 枚印章收藏在中国旅顺博物馆,这些印章主要来自大谷光瑞在新疆的探险所获。参见王珍仁、孙慧珍《新疆出土的肖形印介绍》,《文物》1993 年第 3 期,第 84—91 页。韩国国立中央博物院也收藏有一些青铜印章,也是大谷光瑞在新疆库车探险所获,见《中亚艺术特展》(*Art of Central Asia: Special Exhibition*),韩国国立博物馆,2003 年,图版 124—129。

② 在大英博物馆和大英图书馆斯坦因的收藏品中也有 200 多枚印章和封泥。

③ 参见 Helen Wang, *Money on the Silk Road*, 22.

④ 关于 Y.002.c.,参见 M. A. Stein, *Ancient Khotan: Detailed Report of Archaeological Explorations in Chinese Turkestan*, Clarendon Press, 1907, repr. Hacker Art Books, 1975, 210, pl.L.

⑤ 参见 Parpola, *Seals of the Greater Indus Valley*, 52, pl.3/12. 该枚印章出土于摩亨佐达罗(Mohenjo-Daro),也有"卐"(swastika)图案及方形穿孔,时间约在哈拉帕全盛时期(约公元前 2000—前 1900)。

⑥ 参见 V. M. Masson, *Altyn-Depe*, N. Michael tran., University Museum, University of Pennsylvania, 1988, pl. XⅫ, Ib.

很容易被断代为公元前二千纪早期。但是我们无法确定约特干印章的年代,因为它缺乏考古背景。

如果我们注意一下斯坦因所收集的汉文印章,就会发现大多数印章可确定在汉至魏晋时期,换句话说,就是从公元前一世纪至公元四世纪。一枚汉文的印章,或

图3 封泥 N. XXXⅦ.i.2,出自新疆尼雅遗址,公元一至五世纪,2.9 cm× 2.7 cm。采自 Stein, *Serindia*, pl. XXⅢ

者印章上的印记,才是特别值得注意的地方。在一些木简的封泥上也盖有同样的印记(N. XXⅣ.viii.74,93;N. XXXⅦ.i.2)(参见图3),其中有两枚是1906年在尼雅的一处大型居所的官府遗址(N. XXⅣ.viii)出土的。[1] 沙畹(Edouard Chavannes)首次将其释为"鄯善郡印"。根据中国历史文献记载,尼雅在公元三世纪隶属于汉朝统治下的古鄯善。斯坦因据此认为该印是对鄯善行使政治管辖的中国政府的印绶。[2] 孟凡人则对此持不同看法,他认为印文不是"鄯善郡印",而是"鄯善都尉"。他也将这枚印定在公元三世纪后半期,当时的鄯善处于西晋王朝的管辖。[3] 但是后来马雍于1979年提出另一种断代说法,鉴于"鄯善都尉"这个名称在《汉书》(成书于公元二世纪)里就出现了,马雍认为该印为汉代之印,但在公元三世纪还在使用。[4] 最近孙慰祖又一次提到了这枚印的年代问题:根据印上的铭文分析,他将之定在北魏中期,即公元五世纪。[5] 看来对该印的年代争论还将持续下去。

这其中的一个问题是:正如我们在那枚刻有"司禾府印",即官府粮仓之印(也是来自尼雅)炭精的印章上所看到的,这些印章并非一定是中国中央政府授予的官印。如裘锡圭所言,在尼雅发现的汉文印章或许是当地的仿制品,考古资料也支持了他的看法。我们知道,譬如那枚带有印戳的木简(N. XXⅣ.viii.74)是一个

① 对于 N. XXⅣ.viii.74,参见 M. A. Stein, *Serindia. Detailed Report of Explorations in Central Asia and Westernmost China*, Oxford University Press, 1921, repr. Motilal Banarsidass, 1980, 228, 230, 232, 260, 266, 329. 关于 N. XXⅣ.viii.93,见 Stein, *Serindia*, 227, 230, 262, 266, 329. 关于 N. XXXⅦ.i.2,见 Stein, *Serindia*, 230, 266, 329.

② Stein, *Serindia*, 230.

③ 孟凡人:《楼兰鄯善简牍年代学研究》,新疆人民出版社,1995年,第446—447页。

④ 马雍:《新疆所出佉卢文书的断代问题》,《西域史地文物丛考》,文物出版社,1979年,第89—111页。

⑤ 孙慰祖:《中国古代封泥》,上海人民出版社,2002年,第244—245页。

关于土地买卖的契约,使用的是佉卢文
(Kharoshthi)。或许更值得注目的是,在
尼雅发现的其他一些印章,所刻的铭文类
似汉字,但表示的是一种当地语言。例如
炭精印(N.0015)上刻的是一种类似汉字
的铭文,[①]但是仔细研究发现它根本不是
汉字。在尼雅木简(N.XY.167)(参见图 4)
上发现的另一个封泥印戳,[②]上面也有 4
个类似汉字的印文(其中有 3 个从表面看
是完全相同的),这几个字用十字格分隔
开。[③] 这枚印戳的结构和布局非常接近于
汉文印章,但是任何用汉语去解读它们的
企图都是徒劳的。对这些特殊的印章的
断代还需要今后进一步的努力,我们目前
只能暂将它们的年代推定为汉代至北魏
时期,也即公元一——五世纪。

鉴定印章如果没有充分的证据来确
定其文化来源是相当困难的,要是没有考
古的背景就更复杂。我们在做这个研究
的过程中,偶然在大英博物馆的收藏品中
发现了一个非常重要的实例。[④] 这是一枚
青铜印章,背面有一个小小的环套。正面
的铭文见图 5,大概也是由四个字组成,其
文字结构非常接近汉文的印章书写字体。
特别是其中的一个字"旵"与安瑙印上的
文字几乎一模一样,或许表明它们属于同

图 4 木简上的封泥 **N.XV.167**,出自新疆
尼雅遗址,公元一至五世纪,木简
12.8 cm × 77.7 cm。采自 **Stein,
Ancient Khotan, pl.LXXII**

图 5 来源不明的印章(阿富汗或西北印度),
年代不详,青铜,**1.8 cm× 1.8 cm,
British Museum, Accession No.1887.7 -
17.204**

① Stein, *Serindia*, 268. 斯坦因将这枚印归入在尼雅遗址发现的杂物类,并指出它是在废墟的东南部被
 发现的。
② Stein, *Ancient Khotan*, pl.LXXII.
③ Stein, *Ancient Khotan*, 355n, 356, 406.
④ 大英博物馆的 Dr. Michael Willis 博士给我们展示了这枚印章,在此谨致谢忱。

一种文化传统。这枚印最初来自亚历山大·古宁汉姆爵士(Sir Alexander Cunningham，1814—1893)的收藏。古宁汉姆是印度考古考察队的第一任队长，在印度进行过多次考古发掘工作。因为我们没有关于这枚印的来源的原始记录，从古宁汉姆的收藏来源看，①很可能其来自印度次大陆的西北或是阿富汗。这个材料或许可以让我们从另一个角度来看待这个问题，即安瑙印可能出自古代阿富汗。

　　总之，我们该对安瑙印作出什么样的定论呢？它可能是汉文印章的中亚祖先？或是恰恰相反，它是汉文印章的一个中亚的仿制品？虽然安瑙印上面的文字似乎很像汉字，但却无法释读。我们可以根据它和尼雅遗址发现的印章的相似之处，尝试用汉文书写字体来解读它的象征意义，但这似乎更为勉强。这枚印上的符号是否属于一种成熟的文字体系还有待于探讨。在伊朗高原和中亚地区发现了一些刻画和印戳的标记符号，也和安瑙印上的印文相似。如果我们肯定这是一种文字的话，那么它一定代表着另一种语言。如果我们将两枚炭精印背后的穿孔进行比较的话，可以看出它们之间的明显区别。另一方面，我们还是不能排除这是一枚汉印的地方仿制品的可能性，尽管这只是一种不太令人信服的设想，因为没有其他的材料证明其所受的汉文的影响。到目前为止，我们对安瑙印还不能得出一个确切的结论。但是将安瑙印和在中国新疆特别是尼雅遗址发现的印章进行比较，我们还是能看出中国和西方之间的文化传播。因此这枚安瑙印的重要性已经超出了安瑙文化的研究范围。

　　与 Helen Wang(汪海岚)合著，原文"The Anau Seal and the Questions it Raises"，*Journal of Inner Asian Art and Archaeology*，2/2007. 韩香译。

---

① 参见 Elizabeth Errington, Vesta Sarkhosh Curtis, *From Persepolis to the Punjab: Exploring Ancient Iran*, *Afghanistan and Pakistan*, British Museum Press, 2007, 14‐16.

陕西周原甲骨刻辞中的"太保"

　　1977、1979 年两次在陕西岐山凤雏西周建筑遗址出土了西周卜骨卜甲共
17 275 片、有字甲骨 292 片,其中有两片记载了"大保":

H11：15：

　　大保今二月往……

H11：50：

　　大保

H11：15　　　　　　　　　　　　　　　H11：50

　　此二片皆为残龟甲。H11：15 的刻辞位于龟面的左边,不全;右边似有刻辞若
干,但不清楚,无法释出。H11：50 仅存两字,两字之间有一个似"2"的号,在字的右

边还有一竖刻线。类似的刻线还见于 H11∶4、12、23、27、38、75、78、81、94、103,它们看上去像是特意为划分或标明刻辞而做的。

大多数学者都同意,这里的"大保"就是西周金文和先秦文献里的大保召公。确认了这点,就为我们断定这两片甲骨的年代提供了参照。可是,据文献记载,召公是文王之子、周公之兄,历经武王、成王、康王三世,以长寿著称。所以在断定这两片刻辞的具体年代时,学者们仍然难以适从。

首先从字形看,这两条刻辞中的"保"字是有所区别的∶H11∶15 作僲,H11∶50 作保。陈全方先生已注意到了这一点,并推论说,这两片刻辞"当不是出自同一时期一人之手",他将 H11∶15 定在武、成时期,又把 H11∶50 与周厉王时期的铜器铭文相比,推测此片中的太保不是西周早期的召公太保,而是在"召太保之后的太保"。①

在对西周甲骨断代时与金文进行比较是行之有效的方法。但由于我们对用来参照的青铜器与陈全方先生的理解不尽一致,故在此得出一些不同的结论,现略作阐述,请陈先生和诸位学者指正。

一、西周铭文里的"太保"

西周铭文直接提到"太保"(写作"大保")的不少。据陈寿先生统计有 19 件,再加上两件铸有"大保"的兵器和一件玉戈,共 21 件。② 这些都是我们可资比较的第一手材料。河南出土、现藏于上海博物馆的保卣在所有的所谓大保器中年代可能最早(河南省博物馆藏的保尊铭文相同)。陈梦家把它定为武王时器,主要依据是铭文的体例风格。③ 其他大部分学者将它划为成王时期。从器的形制花纹来看,它确实可以定在周初。由于武王在位时间很短,说它在成王初年也未尝不可。此器铭文仅仅提到"保",而非"大保",在这里究竟是指周公子明保还是召公奭,诸家意见不一。④

明确提到"大保"的较早的器物是大保簋,此器清末于山东寿县出土,现藏于美

① 陈全方:《陕西岐山凤雏村西周甲骨文概论》,《古文字研究论文集》,《四川大学学报丛刊》第十辑,第305—434 页。
② 陈寿:《大保簋的复出和大保诸器》,《考古与文物》1980 年第 4 期,第 23—30 页。
③ 陈梦家:《西周铜器断代(一)》,《考古学报》9(1955),第 157—160 页。
④ 陈梦家认为保是官方,平心把它当作明保(《保卣铭新释》,《中华文史论丛》1979 年第 1 期,第 49—55 页),黄盛璋(《保卣铭的时代与史实》,《考古学报》1959 年第 3 期,第 51—59 页)和唐兰(《西周青铜器铭文分代史征》,中华书局,1986 年,第 64—68 页)则主张这里的保是指召公太保。

国华盛顿弗利尔美术馆。此器高足四握,形制与现藏于大英博物馆的康侯簋接近。铭文记载了成王初年,东方诸侯国反叛,大保讨伐有功,受到赏赐的事。《逸周书》和《史记》对这一史实都有记载,《史记·太史公自序》曰:"成王既幼,管蔡疑之,淮夷叛之;于是召公率德,安集王室,以宁东土。"铜器铭文的口吻极似大保本人,器铭中"保"字的写法亦跟周原甲骨 H11∶50 相同。从器形和铭文内容判断,铸器时间当在成王初年。

在其他提及"大保"的诸器铭文中,"保"字的写法都作僺,与周原甲骨 H11∶15 相近。现藏于北京中国历史博物馆的旅鼎同样记载了成王征东夷的事,此器风格亦为成王初年,但铭文称"公大保",另有署名,显然不是召公大保本人,而是其下属旅所作。现藏于浙江省博物馆的史叔隋卣记载了王姜的下属叔在宗周受到大保赏赐,于是为其铸器,陈梦家认为铭文中的王姜就是成王之后。1976 年出土于北京琉璃河的堇鼎记载的是燕侯下属堇在宗周受到大保赏赐而铸器作铭,结尾有署名。有的学者仅仅根据器形而把此二器划到康王时期,看来是偏晚了。史叔隋卣和堇鼎从铭文内容判断更可能是成王时器。[①]《大保玉戈》提到大保南巡,所记亦当是成王时。[②]

召公太保肯定是活到了康王年间,但具体的去世时间不易断定。[③] 康王时期提及大保的器物应该包括了大保方鼎、大保簋卣、鲁鼎、作册大方鼎。由于大保方鼎和大保簋卣明白记着"大保铸",它们当是太保仍然在世时所作。作册大方鼎铭文称"皇天尹大保",似乎是对已去世的召公大保的尊称。鲁鼎称大保为"召白父辛",可能是召公之子为纪念其父而作。陈梦家把西周金文中的大保之称分为三类,除了作生称和追称之外,还有作族名的例子。[④] 在一组器中"大保"和具体的人名连用,例如两件在河南出土的西周兵器和现藏于瑞典远东古物馆的周大保鼎,除了大保署名外,还有人名"喆""遄"(一释"菁""遭")。另一件同是藏于瑞典远东古物馆的西周风格的青铜盘,上有铭文"大保郑铸"。它们到底是大保的私名,还是用作族名,这个问题可以继续研究。[⑤]

① Edward Shaugnessy("The Role of Grand Protector Shi in the Consolidation of the zhou conquest", *Ars Orientalis*, 19, 1989, 51–77)把此二器作为康王时期器来讨论,但陈梦家和唐兰都认为它们应属于成王时。

② 庞怀靖认为它是成康时物,见《跋太白玉戈——兼论召公的有关问题》,《考古与文物》1986 年第 1 期,第 70—73 页。

③ 《竹书纪年》说召公死于康王二十四年。

④ 《西周金文断代(二)》,《考古学报》10(1955),第 97 页。

⑤ 冯蒸反对《史篇》将喆与蓂当作一人的说法,主张喆为召公后裔,见《关于西周初期太保氏的一件青铜兵器》,《文物》1977 年第 6 期,第 50—54 页。

总之,通过西周甲骨刻辞与同时代金文的对比,我们可以看到,凤雏出土甲骨H11：15的年代恐怕不会晚到康王末期,刻辞的口吻是指在世的大保。H11：50的年代不但不能后延到厉王时期,相反,它应该比 H11：15 早,最迟不能晚于成王初年,大概跟大保簋的年代相当。

二、"保"字的字形学分析

上面的讨论主要是字形学的比较,我们能不能也对"保"字字形变化的过程和原因作些推测呢? 现代的保字从"人"从"呆",与原来的形意不合。《说文解字》"从人孚省声",并给出了另外一个古文 ，即"俘"字。于是,历代注家都从读音上把"保"跟"俘"相靠。"保"在上古音里读上声,帮纽幽韵,"俘"读平声,滂钮幽韵,通转的可能性是有的。战国铜器中山王厝鼎铭文中的保字确实写作"俘"（ ）。可是,这两个字在字义上又相差太远,它们之间的关系不像是同源字,而是假借字。"保"的字义为"养也",象人负子之形,从形义和读音上看,可能是从"抱"字发展来的。最早的"保"字写作 ,象人抱子之形,这实际上应该是"包""抱"的本字。

"保"字在西周金文和先秦文献里主要有以下几种用法：1. 用作人名官名,例大保、明保；2. 用作动词时可以理解为保护；3. 另外还常常用作"宝"字的通假字。过去有人把"俍"字上的"王"当作"玉",可是周原甲骨的例子恰好证实了它应该是"王"。在"保"字上加"王"是从西周初期成王时开始的。唐兰提出："太保官名之保,在成王前期,本只作保,是师保之意,此用俍字,当在成王后期。至康王时则全用俍字了。"[①]为什么要加这个"王"呢? 它显然不是一个声符,而是意符。我认为这刚好反映了成王时期召公大保的地位。大保本是官名,为西周时期的三公之一,其他二职为大师和大傅。[②] 这三公之职的确立,有人认为是武王时期,[③]可是对文献和西周青铜铭文的全面考察显示,太保和太师官位的确立大概是在成王时期。最早提到"大保"的青铜器铭文是成王时的大保簋。《史记》和《尚书》都记载了在成王刚继承了王位后,东夷反叛,召公为保,周公为师,讨伐东方的史实。并且,只是在论及成王作洛

---

① 《西周青铜器铭文分代史征》,第 97 页。

② 关于西周三公的说法,学者有不同意见,参见杨善群《西周公卿位考》,《中华文史论丛》1989 年第 2 期,第 41—54 页。

③ 《吕氏春秋·诚廉》提到武王"使保召公就微子开于共头之下",这大概是后人对召公的尊称,不一定是当时的情况。

和伐东夷时才开始用"大保"这个官名,贾谊《新书·保傅》言:"昔者周成王幼在襁褓之中,召公为太保,周公为太傅,太公为太师。保,保其身体;傅,傅之德义;师,道之教训;三公之职也。"这虽然是贾谊本人的推论,但对我们理解"保"字的含义是有启发的。成王初期,召公的地位不但不比周公低,反而更贴近周王。周公作《君奭》就是为了宽慰召公。周公去世后,召公的地位更是显赫。在这种情况下,在"保"字上加"王",用作意符,除了表示召公对成王的保护之意外,也同时透露了召公身份的上升。

通过上面很有限的例子,我们对周原甲骨的断代有以下一点感受。由于周原甲骨为窖藏,其时代关系比较复杂,最早的刻辞可以上推到文武时期。结合考古学上的层位学证据与同出器物时代作为参照,岐山凤雏西周建筑遗址的使用年代下限约在西周晚期,甲骨的最晚时代也不会迟于此。可是,更精确的断代必须靠与青铜器铭文的对比,例如李学勤先生将周原甲骨刻辞中的"不木旨"与同是周原扶风出土的不㫃方鼎对比,认为这批甲骨的最晚下限当在昭王穆王时期。[①] 这种比较既可从内容上进行,也同样可以是字形上的。王宇信和徐锡台先生都在这方面作出了成绩。[②] 目前最紧要的任务应该是取得这批西周甲骨的较为清晰的照片和摹本,以便进行字形形态学上的仔细分组分类,然后再把它们跟金文材料作全面的对比。只要建立了标准器物,以及它们和刻辞的关系,周原甲骨的断代就可以更上一层楼。

原文载《远望集——陕西省考古研究所华诞四十周年纪念文集》,陕西人民美术出版社,1998 年。

---

① 李学勤:《序〈西周甲骨探论〉》,载王宇信《西周甲骨探论》,中国社会科学出版社,1984 年,第 1—8 页。
② 王宇信:《西周甲骨探论》,第 203—250 页。徐锡台:《西周甲骨文综述》,三秦出版社,1987 年。

马王堆帛书《式法》中的"二十八宿"与"式图"

　　《文物》2000年第7期发表了马王堆帛书中有关阴阳五行数术的释文摘要和部分图片,[①]为进一步研究这批珍贵的出土文献资料提供了方便。正如帛书的整理者所言,这部分文字是书写在一整幅帛上的。总篇目《式法》是根据内容拟定的(最初发现时定名为《阴阳五行》甲本,亦称"篆书阴阳五行");释文分为七部分,各自加上了小标题("天一""徙""天地""上朔""祭""式图""刑日"),这均为整理者所为,并不代表原来的分章和标题。同时还公布了两个图:"式图""刑日"。按:在读释文时,必须注意图文的关系,例如,第五部分"祭"部分的文字跟第六部分的"式图"直接有关,它应该也包括了排在"式图"部分的文字,一直到94页上的"……其弁(变)必"。我认为"祭"和"式图"没有必要分为两个部分,两部分的文字都是对式图的说明。从已经发表的材料中,我们可以找到一些关于原物的说明。[②] 原帛超过3米,残损比较厉害,断裂成30多个残片,文字和图互相穿插,约23个单元。这次发表的应该是这23个单元中的7个。

　　这批新材料的主要内容是关于星占,其中涉及天一和岁的运行,以及如何选择与它们有对应关系的吉凶日与祭祀行为。我在这里只想对这篇《式法》文图部分中提到的"二十八宿"及其有关的几个问题作些探讨。必须声明的是,笔者未曾目睹原物,现在发表的也只是部分释文和照片,所以许多看法不过是一种推测,还有待材料全面发表后再作探讨。

　　在《式法》第五部分"祭"里,我们读到一段原先没有见到过的文字:

　　　　……心尾箕掩,东井与(舆)鬼复,酉(柳)七星张折,翼轸掩,胃(胃)矛(昴)

---

① 马王堆汉墓帛书整理小组:《马王堆帛书〈式法〉释文摘要》,《文物》2000年第7期,第85—94页。
② 周世荣:《略谈马王堆出土的帛书竹简》,《长沙马王堆医书研究专刊》;或陈松长:《帛书史话》,中国大百科全书出版社,2000年,第52—53页。

必(毕)折,此(觜)觿参掩,斗紧(牵)牛复,须女去(虚)危折,荧(营)室东辟(壁)掩,……

这段文字中反复出现的关键词是"复""折""掩"三个动词;二十八宿按照"复—折—掩"的次序排列,循环周转。据文例与上下文来推断,这段文字当有不少脱漏的地方,可能是当时抄写者的粗心疏漏。在"心"字前,当补"角堲(亢)复,舼(氐)房",在"心"字后,漏抄一"折"字;在"翼轸掩,胃(胃)矛(昴)必(毕)折"两句之间,当漏抄了"奎娄复"。我现试将原文作一复原,补出的字放在[ ]括号中。

　　……[角堲(亢)复,舼(氐)房]心[折,]尾箕掩;东井与(舆)鬼复,酉(柳)七星张折,翼轸掩;[奎娄复,]胃(胃)矛(昴)必(毕)折,此(觜)觿参掩;斗紧(牵)牛复,须女去(虚)危折,荧(营)室东辟(壁)掩;……

复原后的文字有几点值得讨论的地方。首先是跟二十八宿有关的三个词:"复""折""掩"。"复"的意思应该就是"终而复始"的"复",表示回复、起始之义。"掩"的意思也不难理解,应该是指消失、隐藏,《淮南子·本经训》"上掩天光,下斡地财"[1],掩当为覆盖之意。"折"的含义要费解一些,一种可能是把它当作"晢"的假借,"晢"的字义为明亮,[2]这里可以解释为星宿的明亮度。《诗经·东门之杨》"明星晢晢"注:"晢晢,犹煌煌也。"[3]可是,我认为也许按"折"字本来的词义来理解更好,"折"表示曲折、逆行的意思。《广雅·释诂》:"折,曲也。"《淮南子·览冥训》:"河九折注于海。"折,表示弯曲之意。这段文字里的"复"和"掩"都是动词,表示岁星的运行,"折"应当也用为动词。

马王堆出土的帛书中有一份《五星占》,其中保存了西汉以前对五大行星观察的知识。席泽宗先生对《五星占》以及中国古代关于行星的认识过程作了科学的说明,他说:"行星在天空星座的背景上自西往东走,叫'顺行';反之,叫'逆行'。顺行时间多,逆行时间少。顺行由快而慢而'留'(不动)而逆行;逆行亦由快而慢而留而复顺行。"木星(岁星)是外行星,它在星空的轨迹呈"之"字形,其先后次序是:合—西方照—留—冲—留—东方照—合;逆行发生"冲"的前后,两次"留"之间,这时行星也最亮。[4]

---

① 所引《淮南子》本文,均依《二十二子》武进庄氏校本,上海古籍出版社,1985年。
② 佐川茧子、池田知久:《"马王堆帛书〈式法〉释文摘要"研究》,提交"新出简帛国际研讨会"(2000年8月,北京大学)的论文。
③ 据《毛诗正义》,《十三经注疏》本,中华书局,1980年。
④ 席泽宗:《马王堆汉墓帛书中的〈五星占〉》,《中国古代天文学文物论集》,文物出版社,1989年,第46—58页。如果从真实天象来看,有两种解释,一种将"折"理解为行星的逆行,另一种把它读为"晢"的假借字,指星宿的亮度,似乎都能说得通。

由此看，"复""折""掩"三个词的使用，跟古人对真实天象的观察有联系。古书里把发现行星逆行现象的时间定为汉代初年，《史记·天官书》描述："岁星出，东行十二度，百日而止，反逆行；逆行八度，百日，复东行。"①这跟我们在帛书里发现的情况是相符合的。

帛书里的二十八宿按照"复—折—掩"的次序分为十二组。《淮南子·天文训》中根据太岁运行的周期把二十八宿分为十二次："太阴在四仲，则岁星行三宿；太阴在四钩，则岁星行二宿；二八十六，三四十二，故十二岁而行二十八宿。"这种计算方法跟"复—折—掩"（2—3—2）的分法是一致的。可是，这种分法跟把二十八宿配"九野"和分为十二宫的分法完全不同。我们在《淮南子·天文训》里可以读到"九野"和"十二宫"的描述。为了便于比较，现转录如下：

> 中央曰钧天，其星角、亢、氐；东方曰苍天，其星房、心、尾；东北曰变天，其星箕、斗、牵牛；北方曰玄天，其星须女、虚、危、营室；西北曰幽天，其星东壁、奎、娄；西方曰颢天，其星胃、昴、毕；西南曰朱天，其星觜嶲、参、东井；南方曰炎天，其星舆鬼、柳、七星；东方曰阳天，其星张、翼、轸。
>
> ……
>
> 太阴在寅，岁名曰摄提格，其雄为岁星，舍斗、牵牛，以十一月与之晨出东方，东井、舆鬼为对；太阴在卯，岁名曰单阏，岁星舍须女、虚、危，以十二月与之晨出东方，柳、七星、张为对；太阴在辰，岁名曰执除，岁星舍营室、东壁，以正月与之晨出东方，翼、轸为对；太阴在巳，岁名曰大荒落，岁星舍奎、娄，以二月与之晨出东方，角、亢为对；太阴在午，岁名曰敦牂，岁星舍胃、昴、毕，以三月与之晨出东方，氐、房、心为对；太阴在未，岁名曰协洽，岁星舍觜嶲、参，以四月与之晨出东方，尾、箕为对；太阴在申，岁名曰涒滩，岁星舍东井、舆鬼，以五月与之晨出东方，斗、牵牛为对；太阴在酉，岁名曰作鄂，岁星柳、七星、张，以六月与之晨出东方，须女、虚、危为对；太阴在戌，岁名曰阉茂，岁星舍翼、轸，以七月与之晨出东方，营室、东壁为对；太阴在亥，岁名曰大渊献，岁星舍角、亢，以八月与之晨出东方，奎、娄为对；太阴在子，岁名曰困敦，岁星舍氐、房、心，以九月与之晨出东方，胃、昴、毕为对；太阴在丑，岁名曰赤奋若，岁星舍尾、箕，以十月与之晨出东方，觜、嶲、参为对。

---

① 《史记》卷二七，中华书局，1969年；类似的说法亦见《汉书·天文志》和《隋书·天文志》。

这里的"九野"跟文献里所记"九宫"的分法近似。至于十二宫的奇怪名称,《尔雅·释天》《史记·天官书》《淮南子·天文训》里的记载基本相同。对十二宫的起源,学者有不同看法。但有一点可以肯定,把二十八宿与十二宫相配是较晚的产物,它与马王堆帛书《式法》中二十八宿的十二分次没有共同之处。从占卜的角度来看,《式法》中二十八宿的十二分次更加方便实用;而后来太岁十二宫说法的流行,使得帛书中按"复—折—掩"次序排出的十二分次法被人遗忘,两千多年来不再为人所闻。这次新发表的《式法》终于让我们再次了解到它的原来面貌,可以说是中国天文学史上的一个重大发现。

下面需要进一步解释的是二十八宿排列的次序。传统的排法是由东方苍龙七宿起始:角、亢、氏、房、心、尾、箕;然后北方玄武七宿:斗、牵牛、须女、虚、危、营室、东壁;西方白虎七宿:奎、娄、胃、昴、毕、觜角、参;最后南方朱雀七宿:东井、舆鬼、柳、七星、张、翼、轸。这个次序表示了岁星自西向东,逆时针运行。可是,这段帛书文字里对二十八宿的描述顺序却是东、南、西、北,顺时针转。对照复原后的"式图",南方在上,北方在下,这表明一年四季春、夏、秋、冬的走向为顺时针方向,自东向西移动,所以文字和图的顺序是互相吻合的。

以前也有学者注意到这个有趣的现象。马克教授在讨论马王堆帛书《刑德》时指出:帛书里提到的"太岁"就是《淮南子·天文训》里的"太岁",它不是以十二年为周期而运行于十二辰的游神,与《汉书》所记载的太岁纪年法无关,而是以十二月为周期运行四方;太岁运行的方向不是右行(东北西南),而是左行(东南西北),造成南北顺序的互换。[①] 其实,天文史学家已经发现,在以十二年为一周天、由西向东运行的岁星纪年法出现之前,已经有了十二支纪月法,由东向西运行。为了调和这个矛盾,人们就另外假想出一个岁星,其运行方向与真岁星的方向相反。《史记·天官书》:"岁阴左行在寅,岁星右转居丑。"泷川资言《史记会注考证》引新城新藏曰:"岁星右行,与十二辰相反,故历家假设太岁左行,以与十二辰相应。"又曰:"岁阴、太阴、太岁,名异,其实一也。"[②]

云梦睡虎地秦简《日书》甲种里有《岁》篇,不少学者都指出,这个"岁"就是太岁。新发表的湖北九店楚简里也发现了有关太岁和二十八宿的记录。李家浩先生引用

① 马克(Mark Kalinovski):《马王堆帛书〈刑德〉试探》,《华学》第一期,1995 年。
② 泷川资言、水泽利忠:《史记会注考证附校补》卷二七,上海古籍出版社,1986 年,第 784 页;王念孙:《太岁考》《经义述闻》卷二九、三十,《国学基本丛书》,商务印书馆,1936 年;亦参见陈遵妫《中国古代天文学简史》,上海人民出版社,1955 年,第 83—87 页。

了孙星衍的说法,认为九店楚简里的"太岁"就是用来纪月的太岁。① 不同的是,睡虎地秦简《日书》里《岁》篇中"太岁"运行的顺序为东、南、西、北,而九店楚简《日书》里的"太岁"运行顺序为西、北、东、南。然而,这并不表示它们运行的方向相反,而是南北方向的调换,如果有式图的话,睡虎地秦简《日书》当是上南下北,九店楚简《日书》上北下南。马王堆帛书《式法》中的式图跟睡虎地秦简相同,也是上南下北。

如果我们把马王堆帛书里的式图和文字进行对照,还会发现一些有趣的问题。式图经过复原,为一大方框,四角四个小框,在式图上自外向内标出二十八宿、十天干、十二地支(天干地支同一行书写)、十二月。在文字和式图中,四季按夏历一至三月为春、四至六月为夏、七至九月为秋、十至十二月为冬。另外,对式图上二十八宿的布局也有说明。现将有关文字抄录如下:

> [春三月,甲乙坐阴,]尾箕晢,翼轸勺。夏三月,丙丁坐阳,翼轸晢,此(觜)觽参勺。秋三月,庚辛坐[阳],此(觜)觽参晢,荧(营)室东辟(壁)勺。冬三月,壬癸坐阴,荧(营)室东辟(壁)晢,尾箕勺。

这段文字有缺文,整理者作了初步复原,我认为有可商之处。"甲乙坐阴"的"阴"应为"阳";"庚辛坐[阳]"的"阳"应为"阴"。王念孙《读书杂志》引用《五行大义》:"阳则为前为左为德,阴则为后为右为刑。"②对照式图,春夏在左在前,秋冬在右在下。文字中还标出了四季北斗月望所在之宿,这很关键,因为刑德吉凶日的推算与北斗运行有关,《淮南子·天文训》:"北斗之神有雌雄,十一月始建于子,月从一辰;雄左行,雌右行;五月合午谋刑,十一月合子谋德。太阴所居辰为厌日,厌日不可以举百事。"

在《式法》中,我们还可以读到一些这样的句子:

> 壬斗、甲角、丙东井、庚违(奎),……
> 癸须女、乙至(氐)、丁酉(柳)、辛胹(胃),……
> 壬癸违(奎)、甲乙斗、丙丁角、庚辛东井,……
> 癸危荧(营)室、乙心尾、丁张翼、辛必(毕)此(觜)觽,……

---

① 湖北省文物考古研究所、北京大学中文系:《九店楚简》,中华书局,2000 年,第 125—126 页。李家浩先生在注 272 中引《淮南子·天文训》中的咸池太岁"月从右行四仲,终而复始",王念孙《读书杂志》引钱大昕之说,指出这里的"咸池为太岁"的太岁"乃后人转写之误",如果是指假想的太岁,应当左行才是。王念孙在解释《淮南子·天文训》的文句时,由于没有意识到南北方向对调带来的左右方向的改变,认为太阴"左前刑,右背德"当为"右背刑,左前德",是"写者颠倒耳"。

② 王念孙:《读书杂志》,江苏古籍出版社,1985 年,第 789 页。

春之轸角,夏之参东井,秋之东辟(壁)恚(奎),冬之箕斗,……

这些描述表明天干的位置可以左右移动。有意思的是,与天干对应的二十八宿的位置就是把它们作"复—折—掩"十二分的分合点,也就是式图大方框的四个角,以及四个小方框与大方框交合的点。

最后,我想就马王堆帛书《式法》式图中的一个疑难问题提出一些个人的看法。在式图上,除了二十八宿之外,还有天干地支、十二月,其中天干是以顺时针移动,甲乙、丙丁、戊己、庚辛、壬癸分别与东、南、中、西、北相对应。这里天干配五方的说法与《月令》《淮南子·天文训》里的说法基本上是一致的。十二个月的端月从尾、心宿开始,天干甲,地支戌,按顺时针方向绕行一周,这应该就是假想的"月太岁"的移动。可是,如果照《淮南子·天文训》,应是"正月建寅,月从左行十二辰",这份式图上的十二地支却以逆时针的方向排列,这会不会是当时的制图者抄错了呢?

从表面上看,这很像是笔误。因为书于同一帛书的"刑日图"上的地支顺序是自右向左,顺时针移动。再把早先已经发现的所有的古式拿来对照一下:现存汉代式的实物有7件,有干支和二十八宿的6件,比较完整的3件,其中特别是安徽阜阳双古堆1号墓出土的西汉初漆木式盘,以及甘肃武威磨咀子62号墓出土的王莽时期漆木式盘,大体的布局和名称与马王堆帛书里的式图接近。阜阳双古堆出土的西汉初古式盘,地盘上从外向内书有二十八宿、地支、天干、四门,天盘上也有二十八宿、十二(月)、北斗七星。武威磨咀子西汉末古式,地盘有二十八宿、地支、天干(地支天干同行交叉书写)、四门(用圆圈点表示),天盘上是二十八宿、十二神、北斗七星。有意思的是,这两件式盘地盘上的十二地支都是按顺时针方向排列的。就是在其他较晚的式上,我们也找不出地支左行的例子。①

可是,我认为马王堆帛书这种"错抄"的原因不是偶然的。它可能是由于南北方向对调的结果。我们知道楚地原先的传统是上北下南,与北方秦国上南下北的传统相反。目前所知道的最早的二十八宿的记录,见于曾侯乙墓出土的漆木衣箱(E66),盖面上绘着青龙白虎,并书有二十八宿的名称,青龙在左,白虎在右,中间书一"斗"字,二十八宿从角开始,自右向左按顺时针方向排列,此图是上北下南。② 长沙子弹库早年出土的楚帛书,其方向问题亦是学者们多年来争论的焦点。李零先生经过反

---

① 对这个问题,李零先生有专门的讨论,见《中国方术考》,人民中国出版社,1993年,第82—166页。
② 湖北省博物馆:《曾侯乙墓》,文物出版社,1989年,第354—355页。

复的研究,认为楚帛书的置图方向当为上北下南。① 近年江陵九店出土的楚简,虽然没有图,但《日书》文字里的"太岁"运行顺序为西、北、东、南,这表明如果式图存在的话,也应该是上北下南。② 可见,直到战国晚期,南方楚地的传统仍然是上北下南。而秦国流行的上南下北传统,可能要到秦汉时期才逐渐被其他地区所接受。

我们如果试着将马王堆式图的南北方向对调一下,就会看到十二地支的移动顺序变成左行顺时针,与习惯上的地支顺序并不矛盾。更重要的是,这种"错误"另外可能还有一个原因,由于马王堆式图上的十二月是顺时针,代表了月太岁的运行,要表示与之相反的岁星的移动,制图者有意将十二地支按逆时针排列;在推算吉凶日时,还是按照这种旧的地支顺序。后来的式盘上,十二地支是顺时针转,而十二月和十二神却是按逆时针方向排列,这与马王堆式图的情况刚好相反。明白了这一点,为我们重新理解马王堆帛书中的一些疑难问题提供了一把钥匙。例如,《式法》中的"徙"篇,文中录出了各个月与建除对应的吉凶日。按常规,三月、七月、十一月中与除、执、收对应的地支应该为丑、巳、酉,可是在《式法》"徙"篇中却写作卯、未、亥,这跟睡虎地秦简《日书》里的建除日矛盾。刘国忠先生认为这是"由于抄手的笔误所致"③。可是,如果我们使用的是马王堆帛书中的式图,地支顺时针排列,推算出的结果就与"徙"篇的记录相吻合。可见,这并不是"误抄"。

马王堆出土的帛书里还有定名为《刑德》甲、乙的本子。陈松长先生将甲、乙本作了对照,④他注意到甲、乙本的内容基本相同,但文字和图的排列完全相反,甲本是从右至左,先是书写日月云气杂占的文字,然后是刑德大游甲子表,再是刑德小游九宫图,最后是图表下面关于刑德大小游的文字;乙本则相反,从右至左,先是刑德小游九宫图、刑德大游甲子表,下面书写刑德小游的文字,最后才是日月云气杂占的文字。我认为这正是因为南北方向的对调,才产生了如此现象。另外,《刑德》甲乙本在文字上也有出入。例如,关于刑德五根,甲本作"德在木,乙卯为根;在金,辛酉;在火,丙午;在水,壬子;在土,戊子",而乙本作"德在木,乙卯为根;在金,辛卯为根;在火,丙午为根;在水,壬子为根;在土,戊戌为根"。陈松长先生认为乙本中的"在金,辛卯为根","辛卯"为"辛酉"的误抄。其实,乙本的干支位置正与《式法》中的式

---

① 李零:《中国方术考》,第 125—130 页。
② 见马克《马王堆帛书〈刑德〉试探》。
③ 刘国忠:《试论马王堆帛书〈式法〉的"徙"篇》,提交"新出简帛国际研讨会"(2000 年 8 月,北京大学)的论文。
④ 陈松长:《马王堆帛书〈刑德〉甲、乙本的比较研究》,《文物》2000 年第 3 期,第 75—84 页。

图相合，表明这两者之间的关系较近。陈松长先生还认为甲本的年代早于乙本，后者是在前者基础上的加工修改本。甲本抄写的年代约为前 196 年；乙本上有"孝惠元"的记录，表明它当抄写于前 194 年以后，但在马王堆 3 号墓的下葬时间——公元前 168 年之前。我觉得虽然甲本抄写的年代可能比乙本早，但很难说乙本是直接照抄甲本的，因为它们代表了两个不同的系统，或者说，两种系统同时存在，正处于交替阶段，为了应付占卜实际的需要，才会产生一个墓中同出两个本子的复杂现象。

综上所述，可以得出这样一个结论：马王堆帛书《式法》的重要价值是多方面的。首先，它向我们揭示了传世文献中遗失了的一种二十八宿划分法，这是天文学史上值得大书特书的发现。另外，《式法》为了解古代星占术提供了重要的原始材料。以前凡是研究古代星占术，总是以《甘石星经》为正宗，可是，《甘石星经》原本失传已久，后人所辑佚的仅是凤毛麟角，而且还可能经过修改加工。现在，马王堆帛书《式法》及有关文字的发表，对如何使用式来占卜、如何从天象来解释祭祀行为等直接提供了一把钥匙。最后一点，《式法》中流露出来的一些貌似矛盾的地方，表明它的时代正处于一个新旧交替的关头，原来不同的系统被糅合到一起。于是，正确地解读马王堆帛书《式法》的内容，对我们进一步研究新材料和重新理解旧材料都会产生积极的作用。

原文载艾兰、邢文编《新出简帛研究》，文物出版社，2004 年。

从墓志铭看唐代书法艺术与平民社会

中国书法艺术到了唐朝(618—907)可以说是登峰造极。篆隶行草,继续流行,而由魏晋南北朝发展起来的真书,到了隋唐,已经完全成熟,从此成为各种书体之正宗。唐朝书法名家辈出,文献中有名的能书者近二百人,大大超过了前代。更重要的是,书法渗入了唐代社会的各个阶层;作为一门重要的视觉艺术,它所代表的不仅仅是书法家个人的成就,还以一种特殊方式表现了社会群体与个人的社会意识和体验。唐代书法家的墨宝真迹,目前可以看到的寥寥无几;要想研究唐代的书法和社会,都离不开勒刻于石的碑铭墓志。这也是出土石刻文字受到学者和收藏家普遍重视的原因之一。

海外华侨常万义先生,嗜好石刻,收藏了不少古代雕塑墓志精品。我在这篇文章里,将以常氏藏品中的七件唐代墓志为例来讨论一下这些墓志的书法特点,并结合历史文献和考古资料,进一步探讨各种社会因素对墓志内容以及书法艺术的影响。下面先将这七件墓志按原题列出:

1. 贾德墓志铭(失原题。永徽六年,655,49 cm×49 cm,志盖存)

2. 唐故贞白先生王府君墓志铭并序(咸亨元年,670,52 cm×52 cm)

3. 唐故耿君墓志之铭并序(仪凤四年,679,58 cm×58 cm)

4. 唐故处默先生武城崔府君墓志铭并序(垂拱三年,687,51 cm×51 cm)

5. 唐故士董君墓志之铭并序(开元二十七年,739,53 cm×53 cm,志盖存)

6. 唐故栗君墓志之铭(上元二年,761,63 cm×63 cm)

7. 唐故昭义节度押牙衙前兵马使银青光禄大夫检校太子詹事陇西郡开国侯赐紫金鱼袋上柱国陇西李府君墓志铭并序(宝历元年,825,49 cm×49 cm)

关于这批墓志的来源地，赵超先生已经作了很好的考证。[①] 它们都应该是山西长治出土的，此地在唐代称作潞州。七位墓志的主人，除了贾德和李坚曾为朝廷命官和藩将，其他五件墓志的主人都属于没有官职的庶民。而且，这七件墓志的时间跨度大，几乎涵括了初唐、盛唐和中唐。我们只要仔细地观察一下它们的内容和形式，就会发现一些很有意思的问题。

我先就它们的书法形式作些分析。从书体上说，它们都属于"真书"一类；但如果再细分，它们之间仍存在着一些差别。永徽六年的《贾德墓志》(图 1)大体上是用真书，但保留了不少隶书的结体笔法，例如数字三、五、七、六、十、廿，还有单字叶、乎、并、丹、不、器、年等，它们的横笔作钉头燕尾，给人以峭拔之感。咸亨元年的《王策墓志》(图 2)为字体秀丽的真书，但有四五个单字用行书写法，例如以、秀、正、之、分，其中以、之虽然出现了多次，但写法各异，更增添了一种活动多变之趣。仪凤四年的《耿卿墓志》(图 3)在真书中夹杂了一些行书和草书的单字，显得洒脱飘逸。垂拱三年的《崔会墓志》(图 4)也是真、行、草各体相杂，并且用了不少怪字，不拘一格，

图 1　贾德墓志

有一种怪诞古雅之气。开元二十七年的《董牛墓志》(图 5)的字体确切说应该在真、行之间，字体结构严谨，笔锋峭劲潇洒。上元二年的《栗德墓志》和宝历元年的《李坚墓志》也都以真书为主，略带行书意味，只是前者行笔舒缓有归，以儒雅取胜，而后者已经脱离了方格的拘束，字体结构严谨，通篇行气迫人。

应该说，这七方墓志的书法各有特色，均属于唐代墓志中的上乘之作，而且刻工精良，基本上保存了笔墨原味。历来研究古代书法艺术者，多以有名的书法家为主，就像考古类型学必须首先建立标准器，再根据标准器去评断其他的作品。我们不妨也先采用这种方法，把这几方墓志铭跟它们同时的书法大家的作品作一番比较，弄清它们之间的关系。

---

① 赵超：《常万义先生所藏墓志九种综考》《常万义先生所藏墓志续考》，常越编《宝相庄严》，文物出版社，2003 年，第 147—167、168—188 页。

图2　王策墓志 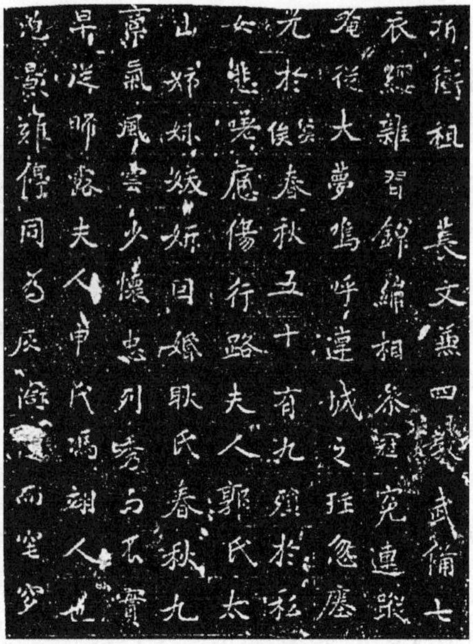　　　　　　　　图3　耿卿墓志

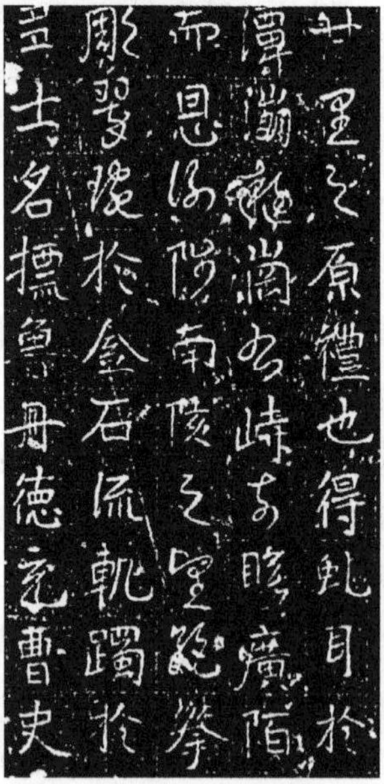

图4　崔会墓志　　　　　　　　图5　董牛墓志

初唐书法名家,欧阳询(557—641)、虞世南(558—638)、褚遂良(596—658)、薛稷(649—713),还有欧阳询的儿子欧阳通都是开一代世风、被推为书坛宗主的大家。特别是欧、虞、褚三人由于其书法名望,受到唐太宗(599—649)的赏识,在政治上也十分显赫。太宗本人也是颇有造诣的书法家。盛唐、中唐之际的书法家包括唐玄宗(685—762)、贺知章(659—744)、颜真卿(709—785)、李邕(675—747)、李阳冰(722—789)、张旭(675—750)、怀素(725—799)等。到了晚唐,书坛渐衰,柳公权(778—865)成为一代绝响。这些书法家的名气在当时与后世都很大,备受人们推崇,他们的书迹被刻为碑铭的不少,对当时的书风一定有所影响。但是每个人的影响程度不一样,其作品以碑刻传世的应该首推李邕、颜真卿,而以草书见长的贺知章和怀素,其作品的流传面则小得多。另外,作为皇帝,太宗、高宗、武则天、玄宗的书法也受到当时人的喜爱和模仿。

这里,值得强调的是书法作品的流传方式和它们的流传面。墓志的书法很大程度上反映了社会上最为流行的风尚,而领导这种风尚的大多是在公开场地展示、让人得以观赏临习的碑碣之铭。仔细观察一下这七件唐代墓志,我们可以看到它们跟出自书法名家之手的作品之间有某种相似之处,特别是初唐大家褚遂良和盛唐时期的李邕。另外还有隋朝和尚智永所书的《真草千字文》,当时曾作为学习真书、草书的范本,广泛流传。

褚遂良因为能书,由魏徵推荐,入弘文馆,得到唐太宗信任。他是太宗和高宗在位时的重臣,在朝廷上举足轻重,后因反对高宗欲废皇后王氏而立昭仪武氏受贬,死时六十三岁。褚遂良隶书、楷书都写得很好,并且能鉴定书法作品的真伪。他的书法渊源来自虞世南,一直上推到晋代的钟繇和王羲之、王献之父子,并且继承了汉魏六朝碑铭的传统。褚遂良所书的传世碑铭不少,最有名的要数《大唐三藏圣教序》,刻石于永徽四年(653),其书法风格以真书为主,兼用隶书、行书笔法,瘦劲中有流动,统一里有变化,实为褚书之极致。我们所看到的咸亨元年《王策墓志》、仪凤四年《耿卿墓志》、上元二年《栗德墓志》也都是真书中带有行书笔意,其书法风格明显与褚遂良书法有相似之处。

生活在上元、天宝年间的李邕也是一位名声冲天的书法家。《旧唐书》载:"初,邕早擅才名,尤长碑颂。虽贬职在外,中朝衣冠及天下寺观,多赍持金帛,往求其文。前后所制,凡数百首,受纳馈遗,亦至巨万。时议以为自古鬻文获财,未有如邕者。"[1]

---

[1] 《旧唐书》卷一四〇中,中华书局,1975 年,第 5043 页。

李邕的真书、行书都名绝一时,以唐人之法,而得晋人之韵,被称为"书中仙手"。最值得一提的是,他的书法流传面极广,尤以行书入碑。据说他一生所书碑铭超过八百首,现在还能见到的有十余种,最有名的是《东林寺碑》《法华寺碑》《李思训碑》《麓山寺碑》。将李邕的书法与我们所讨论的墓志铭对比一下,我们可以看到李书的影响。特别是李邕五十三岁时所写的《麓山寺碑》(开元十八年,730),用笔挺劲老辣,神情见于笔端;对比时间相近的《董牛墓志》(开元二十七年,739),[1]其书法也是在真、行之间,笔力豪健,透露着一股雄迈之气,虽然不能说达到了李邕书法的境界,但不难看出对李邕的模仿追从。李邕的书法不容易学习,他自己有一句名言:"似我者俗,学我者死。"话虽然这样讲,但从侧面反映出当时学习李邕书法的人不在少数。

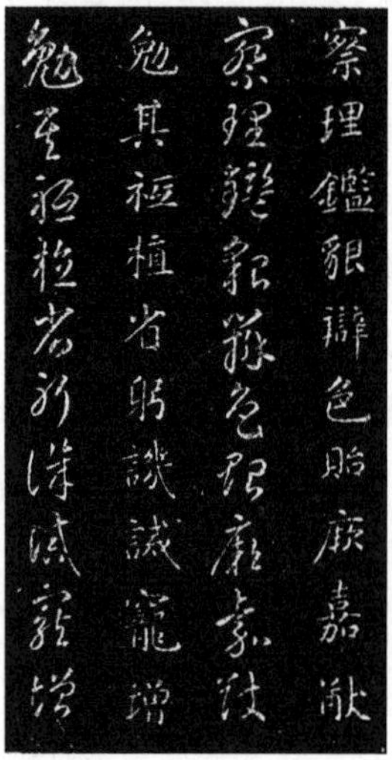

图 6　智永《千字文》

　　从以上的对比中,我们可以看到墓志书法与它们当时的书法名家之间存在着相近之处。这种相似性从某种程度上可以归结为前者对后者的模仿,例如这些墓志中的不少章草字都很像智永《真草千字文》(图 6)里的字。可是,必须强调的是,这种影响不是绝对的和单一的。墓志的书写,更多的是直接来源于碑碣传统。这跟当时的书法大家从碑刻书法中发展出自己的独特风格差不多。初唐名家的书法风格跟隋朝名刻《龙藏寺碑》《启法寺碑》《董美人墓志》《信行禅师砖塔铭》等作品之间的继承关系是有目共睹的。[2] 所以说,我们从墓志铭上看到的它们与有名书法家书法的相近之处,很多情况下是因为它们来源相同,平行发展。而且,有时我们还会看到另外一种现象,墓志书法跟书法名家的风格背道而驰,自成一体。

　　例如,垂拱三年的《崔会墓志》夹杂了不少章草字体,真书的风格也跟常见的唐人书风有异,多用圆笔,结构比较疏阔,多多少少有古篆和魏碑的影响。清代碑学崛起,许多书法家,上推汉魏的古、隶、行、草,下从南北朝隋代碑碣、造像、墓志的真书,并创立了自己独特的书法风格,重振书坛。清末道光至宣统,扬碑抑帖成为一时风尚,碑学的殿军康有为,除了在理论上建立起尊碑变法的原则,还提出了具体实践的方法:"乃悟秦分本圆,而汉人变之以方;汉分本方,而晋字变之以圆。凡书贵有新意妙理。

---

① 墓志中记录的埋葬时间为"开廿七年"(739),可能有笔误,墓主死于开元二十年,很难设想丧期会有七年之长。如果是开元二十一年,应该是公元 732 年。

② 参阅朱仁夫《中国古代书法史》,北京大学出版社,1992 年,第 240—243 页。

以方作秦分，以圆作汉分，以章程作草，笔笔皆留；以飞动作楷，笔笔皆舞，未有不工者也。"①这里最有意思的是，康有为本人的书法，跟《崔会墓志》有明显的相似之处。康有为当然不可能见到或是临习过这方墓志铭的书法，只能说康有为总结概括出来的书法特点，在古代的书法实践中已经有所体现。更明显的是《贾德墓志》，真书里保存了大量的隶书因素，这里见不到多少当时所谓的书法名家的痕迹，但从风格上跟隋朝的《暴永墓志》(开皇九年，589)更接近(图7)。暴永的祖父做过并州刺史，世居上党壶关，死后也埋葬本地。隋代的上党郡就在现在的山西长治。

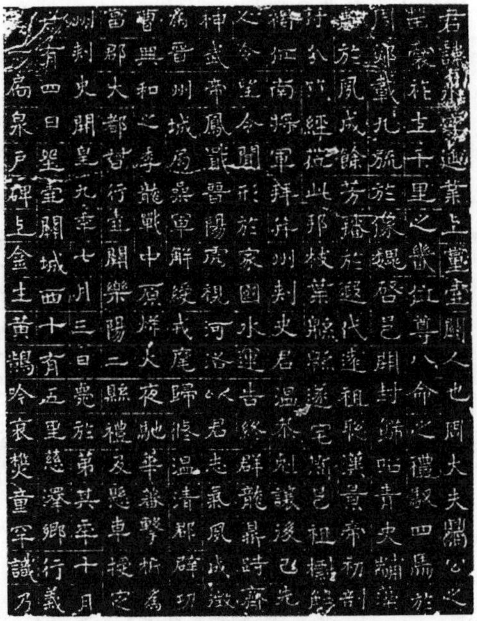

图7　暴永墓志

所以，在研究古代墓志书法时，我们首先必须注意到它们的时代性与地方性。叶昌炽《语石》在谈到唐代墓志书法时说："大抵自唐初至宋，约分五变。武德贞观，如日初升，鸿朗庄严，焕然有文明之象。自垂拱迄武周长安，超逸妍秀，其精者兼有褚河南、薛少保之能事。开元天宝，变而为华腴，为精整，盛极而衰，苏灵芝、吴通微之流，即出于是时。乾元以后，体格稍卑，其流派亦分为二：以肉胜者，多近苏灵芝、王缙；以骨胜者，多近柳诚悬。至开成，遂有经生一派。学欧者，失之枯腊；学虞者，失之沓拖。浸淫渐渍，驯至为宋初之袁正己、孙崇望。于是苏、黄诸家，始出而振之。此书学迁流之大概也。试取有唐三百年墓石，从原竟委，覃研精究，虽覆其年月而射之，十可得七八。于以知翰墨之事，亦随气运为转移。闭门造车，出门合辙，在古人亦不自知也。"②叶氏为近代研究碑铭石刻的佼佼者，经验丰富，所言大致不虚。他也注意到了墓志出土地与铭刻书法的关系，提到"唐志精者，皆出于西北。近襄阳新出各石，亦皆秀逸可喜"③。但当时出土的墓志有限，他不可能对各个地方的书法风

① 康有为：《广艺舟双楫》，引自《历代书法论文选》，上海书画出版社，1979年，第788页。
② 叶昌炽撰，柯昌泗评：《语石、语石异同评》卷四，陈公柔、张明善点校，考古学专刊丙种第四号，中华书局，1994年，第228—229页。
③ 同上书，第237页。

格都作出精确的概括。

近年来,有的学者根据新出土的材料,开始进一步探索书法"地方体"的形成及特点。施安昌先生关于"北凉体"和"西晋洛阳体"的研究十分具有启发性。[①] 他指出:"书法的地区风格,或叫地方体,是指某一地方流行一时并具有鲜明特征的书体,它是群众与民间书手的集体创造。在此意义上,地方体和书法名家的个人艺术风格,和书法的时代风格均有区别。同属一种地方体的书迹,因书人不同,修养高低,仍会有一些差别。"[②]视觉艺术里的所谓同一种风格,不一定是指细节相同,而是应该反映在艺术家所追求的一种相同或相近的艺术境界和理想。

以常氏收藏的这七件唐代墓志为例,它们来源于同一地方,虽然时间跨度大,书手不一,但在它们之间仍然可以见到某些共同的特点。最显著的就是追求一种具有晋人逸韵、灵活多变的书法风格,或是混杂了真、隶、行、草,几种书体同时使用,创造出一种特殊的艺术效果。为了进一步证明这种"地方性",并追溯其源头,我们还可以再举一些考古发现的例子:

  1. 北齐库狄回洛墓志(河清元年,562),1973 年山西寿阳出土。[③]

  2. 北齐斛律夫人墓志(河清元年,562),1973 年山西寿阳出土。斛律夫人为库狄回洛原配,东魏武定三年(545)去世,河清元年与夫合葬。[④]

  3. 北齐尉氏墓志(天保十年,559),1973 年山西寿阳出土。尉氏为库狄回洛妾,天保十年去世,河清元年与夫合葬。[⑤]

  4. 唐范澄及夫人韩氏墓志(显庆五年,660),1986 年山西长治出土。[⑥]

  5. 唐崔挐墓志(乾封二年,667),1984 年山西长治出土。[⑦]

  6. 唐乐方墓志(仪凤四年,679),1960 年山西长治出土。[⑧]

  7. 唐乐道仁墓志(文明元年,684),1960 年山西长治出土。[⑨]

---

① 施安昌:《西晋洛阳体析——兼谈书法地方性的形成背景》,《书法丛刊》1992 年第 1 期,第 29—34 页;《"北凉体"析——兼谈书法的地方性》,《书法丛刊》1993 年第 4 期,第 1—7 页。据作者说法,《"北凉体"析》一文的写作时间要早于《西晋洛阳体析》,但发表时间要晚。

② 见施安昌《"北凉体"析》,第 7 页。

③ 王克林:《北齐库狄回洛墓》,《考古学报》1979 年第 3 期,第 377—401 页。

④ 出处同上条。

⑤ 出处同上条。

⑥ 长治市博物馆:《长治县宋家庄唐代范澄夫妇墓》,《文物》1989 年第 6 期,第 58—65、72 页。

⑦ 王进先:《山西长治市北郊唐崔挐墓》,《文物》1987 年第 8 期,第 43—48、63 页。

⑧ 山西省文物管理委员会晋东南文物工作组:《山西长治北石槽唐墓》,《考古》1965 年第 9 期,第 462—466 页。

⑨ 出处同上条。

8. 唐冯廓墓志(天授二年,691),1986 年山西长治出土。①

9. 唐连简及妻张氏墓志(天册万岁二年,696),藏山西襄垣县。②

10. 唐向彻及妻韩氏墓志(长安三年,703),藏山西襄垣县。③

11. 唐李度墓志(景云元年,710),1987 年山西长治出土。④

12. 唐宋嘉进墓志(贞元八年,792),1987 年山西长治出土。⑤

从时间上看,这几件墓志里以北齐库狄回洛墓里所出的三方墓志为最早。库狄回洛和斛律夫人的墓志同时刻于河清元年(562),即夫妻合葬时所制。墓志的书法都是带有隶书意味的真书,或称魏碑体,比较方正,而且风格接近,很像是出自一人之手。可是,库狄回洛之妾尉氏的墓志却不尽相同,它写刻的时间要早三年,为天保十年(559),书体也介于真、隶之间,但风格与库狄回洛和斛律夫人的墓志很不相同,用真书结构,略带隶书笔法,蚕头燕尾,清劲典雅。虽然相差了近百年,这跟永徽六年的《贾德墓志》书法一脉相承,有不少相似之处。寿阳地处晋中,靠近太原,此地在北齐时称为朔州。

其他的唐代墓志,都是公元七—八世纪的,时间与我们所讨论的墓志基本重合,而且,出土地点也都在长治一带,符合我们所谓的"地方性"条件。仔细比较一下它们的书法,我们可以看到它们之间一种惊人的相似之处。显庆五年(660)的《范澄及夫人韩氏墓志》真、行、篆通用,有晋人书法意味,有的地方跟永徽六年(655)的《贾德墓志》接近。乾封二年(667)的《崔拏墓志》,真、行、草相兼,笔端跳跃着一股生动之气。这跟开元二十七年(739)的《董牛墓志》风格十分接近。可以作如此比较的还有文明元年(684)的《乐道仁墓志》与咸亨元年(670)的《王策墓志》,以及同是刻于仪凤四年(679)的《乐方墓志》与《耿卿墓志》,虽然书写刻石者不一定是同一人,书风却很接近。天授二年(691)的《冯廓墓志》、天册万岁二年(696)的《连简及妻张氏墓志》、长安三年(703)的《向彻及妻韩氏墓志》、景云元年(710)的《李度墓志》和贞元八年(792)的《宋嘉进墓志》也是行书味道极重的真书,还夹杂了不少篆书。它们跟垂拱三年(687)的《崔会墓志》也具有异曲同工之妙。

古往今来,书法评论家对这种不伦不类,介乎几者之间的混杂书体有贬有扬。

---

① 长治市博物馆:《山西长治市唐代冯廓墓》,《文物》1989 年第 6 期,第 51—57 页。

② 向文瑞:《襄垣县发现唐武后时墓志碑石》,《文物》1983 年第 7 期,第 91—92 页。

③ 出处同上条。

④ 长治市博物馆:《山西长治市西郊唐代李度、宋嘉进墓》,《文物》1989 年第 6 期,第 44—50 页。

⑤ 出处同上条。

启功先生把它们称作"变态的字体",并且还作了几种划分：第一种是隶书、真书的化合体,来源于汉代末期的新隶书;第二种是杂糅各种字体的一种混合体;第三种是以真书为主,但仍然表现隶书笔画姿势。启功先生曾经精到地指出：在这些"变态书体"出现的时代,篆书、隶书、草书、真书的过渡早已经完成;从表面上看,它们所反映的是沿用了过渡体,其实是一种向前追摹的"掉书袋习气"。[1] 这是因为墓志铭书体的使用场合比较正式,常常采用复古的字体。

山西,特别是长治（唐代潞州）地区形成的这样一种书法风格,跟当时的京都长安和洛阳是有所区别的。长安洛阳周围出土的唐代墓志数量很大,书法风格总的来说比较靠近标准的真书,也有标准的隶书,而且来自书法名家的影响较为直接,但很少见到这种混合书体,以及一篇兼数体的情况。从长治到洛阳的距离并不是太远,却流行着一种相对独立的书法传统。为什么会这样呢？我认为,除了书法艺术发展的独特性之外,具体的社会环境和社会因素也是导致一种艺术风格产生和流行的主要原因。作为一门视觉艺术,书法在当时有着比绘画、雕塑更为普遍的社会基础。人们对这门艺术的理想需求、经济负担能力以及使用场合,往往影响着它的表现形式。下面,我就对这些因素与墓志书法的关系作进一步的探讨。

关于墓志出现的时间,历来有不同意见。有的学者认为它的主要特征是标识墓主身份。从形式上来看,在墓里埋存一块刻有死者姓名、籍贯、卒葬年月日的砖石的习俗可以上溯到秦代。考古学家发现了大量的"墓砖铭",但它们还不能称作严格意义上的墓志。我们姑且将这些标明墓主身份的文字通称为"墓记"。在葬礼中用来标识墓主身份的器物主要有铭旌,常为丝织品,上面写有死者的姓名籍贯,埋葬时盖在棺椁上面;或者直接在棺椁上刻写死者身份。同样用来标明墓主身份的还有刻在墓门墓壁上的"封记"和戴在身上的玺印等,先秦古籍里就有这类器物刻铭的记载,而且,它们常常同时存在,一直沿用到石墓志流行以后。所以,墓志的功能显然不单单是要标明死者的身份,一定还有其他含义。例如,汉代墓葬里还存在着一种"告地状",将死者的身份和随葬物品通报给地下的神"土主"。[2]

从内容上来说,墓里埋藏的墓志跟地面上竖立的碑表有直接的联系。自东汉始,社会上开始流行给死者树碑立传的风气,特别是社会上层,例如皇室贵族。墓碑除了简单记录死者的姓名、籍贯、卒葬时间,还增加了不少新的内容,特别强调死者

---

[1] 启功：《古代字体论稿》,文物出版社,1999年,第37—38页。
[2] 关于墓志起源及发展的最新讨论,请参看赵超《古代石刻》,文物出版社,2001年,第110—140页。

的家族渊源、社会关系、功德业绩，以及其子孙对死者的哀悼之情。碑铭成为一种专门的文体，有固定格式，用词讲究，朗朗上口。不少文人雅客都擅长于此。可以说，墓碑渐渐变成了一种陈列于大庭广众的永久性标志，颂死者之功德，亦给活人大争体面。于是，此风愈演愈炽，人们争崇仿效，从社会上层渐渐传到各个阶层。唐代封演《封氏闻见记》："古葬无石志，近代贵贱用之。齐太子穆妃将葬，立石志。王俭曰：'石志不出《礼经》，起元嘉中颜延之为王琳石志。素族无名策，故以纪行述耳，遂相祖习。储妃之重，礼绝常例，既有哀荣，不烦石铭。'俭所著《丧礼》云：'施石志于圹里，礼无此制。侍中缪袭改葬父母，制墓下题版文。原此，将以千载之后，陵谷迁变，欲后人有所闻知。其人若无殊才异德者，但纪姓名、历官、祖父、姻媾而已；若有德业，则为铭文。'按俭此说，石志，宋齐以来有之矣。"①

这样说来，地下墓记和地面墓表都是后来墓志的源头，大约肇端于汉末，最后的结合应该是在魏晋南北朝时代。这种转变也可以看作是把墓表碑铭的内容转移到原来仅仅是标志墓主身份的砖石墓志上。这种改变的背后有一个重要的原因。当时的魏晋政府，出于各种原因，对在墓前立碑的风气开始禁止。梁朝沈约《宋书·礼志》曰："汉以后，天下送死奢靡，多作石室石兽碑铭等物。建安十年，魏武帝以天下雕弊，下令不得厚葬，又禁立碑。魏高贵乡公甘露二年，大将军参军太原王伦卒，伦兄俊作《表德论》，以述伦遗美，云：'祗畏王典，不得为铭，乃撰录行事，就看于墓之阴云尔。'此则碑禁尚严也。此后复弛替。晋武帝咸宁四年，又诏曰：'此石兽碑表，既私褒美，兴长虚伪，伤财害人，莫大于此。一禁断之。其犯者谁会赦令，皆当毁坏。'至元帝太兴元年，有司奏：'故骠骑府主簿故恩营葬旧君顾荣，求立碑。'诏特听立。自是后，禁又渐颓。大臣长吏，人皆私立。义熙中，尚书祠部郎中裴松之又议禁断，于是至今。"②可见当时政府对墓前立碑时禁时弛。需要指出的是，在墓志转入地下之后，地面的墓表并没有完全消失。许多重要人物兼有两者。这种现象延续到了后代。还有，碑铭原来是替皇家贵族和身居高位的官吏所准备的，如果社会上的三教九流也同样照搬，隐恶扬美，或是编造家谱，攀联名人。作为统治者，自然不会允许此风泛滥。《封氏闻见记》："近代碑稍众，有力之家，多辇金帛以祈作者，虽人子罔极之心，顺情虚饰，遂成风俗。蔡邕云：'吾为人作碑多矣，惟郭有道无愧词。'隋文帝子齐王攸薨，僚佐请立碑。帝曰：'欲求名，一卷史书足矣。若不能，徒为人作镇石耳。'

① 赵贞信：《封氏闻见记校证附引得》下册卷六，哈佛燕京学社，1933 年，第 17 页。
② 《宋书》卷十五，中华书局，1974 年，第 407 页。

诚哉是言也。"

话虽然这样讲,到了唐代,无论死者社会地位高低,墓里随葬石刻墓志已经成为普遍的现象。常万义先生藏品中的这七件唐代墓志铭,除了宝历元年(825)埋葬的李坚和永徽六年(655)埋葬的贾德本人属于唐朝军队将领和地方官吏,其他的大都是无官职的庶民。可是,他们的祖先都做过几朝命官,出身应为当地有一定社会地位的名门士族。李坚世代为官,子继父业。贾德之父曾经做过并州刺史,自己被授为朝散大夫,又授冀州主簿。王策曾祖是北齐武成帝的记室参军,祖父为并州东阁祭酒,算得上是书香门第。耿卿也是世代为官,高祖为并州刺史,曾祖为代州雁门府折冲,祖父为忻州秀容县主簿,但其父和他本人没有官职。崔会高祖曾为并州刺史,食邑屯留,子孙分封于斯,曾祖为横野将军,祖父为宣惠尉。董牛高祖曾任晋州刺史,曾祖为银州司户,祖父为怀州河内县主簿。栗德之父当过相州内黄县主簿。这类主簿、祭酒的职务,多由文化程度较高的官员担任。

虽然没有正式官职,这些墓主的身份却不低,属于"士"的阶层。许多学者利用墓志铭材料,对魏晋南北朝隋唐时期的门阀士族制度作了深入研究。[①] 作为一个重要的社会中上阶级,"士"的身份除了官职以外,更看重的是其出生门第和文化修养。在魏晋南北朝时期,官职和门第最为要紧;到了唐代,个人品格与文化修养开始变得日益重要。陈寅恪在《唐代政治史述论稿》中专门讨论了隋唐时期门第升迁变化的情况,他指出:"所谓士族者,其初并不专用其先代之高官厚禄为其唯一之表征,而实以家学及礼法等标异于其他诸姓。……凡两晋南北朝之士族盛门,考其原始,几无不为是。""夫士族之特点既在其门风之优美,不同于凡庶,而优美之门风实基于学业之因袭,故士族家世相传之学业乃与当时之政治社会有极重要之影响。"[②]从墓志铭中,我们也可以看出这种转变。《贾德墓志》说贾德"神机宿植,器量天然,起纵横之谋,应变无穷之计。……本性凝发虑求贤,敬崇秘典"[③]。我们虽然不能把这里的每一句话都当真,但它所推崇的品格值得注意。《王策墓志》描述其祖父"摧修词林,含章笔海,驰九光于赤野,孕十德于蓝山,道足经时,位不充量",看来,读书尊礼、文学才能已经成为一种资本;而且还对类似道家的高雅闲情大加赞赏:"……包上善于清

① 毛汉光:《中古大族著姓婚姻之研究——北魏高祖至唐中宗神龙年间五姓著房之婚姻关系》,《"中央研究院"历史语言研究所集刊》第 56 本第 4 分,1985 年。赵超:《新唐书宰相世系表集校》,中华书局,1998 年。

② 陈寅恪:《唐代政治史述论稿》,中央研究院历史语言所专刊,商务印书馆,1947 年,第 53—54 页。

③ 赵超在《从唐代墓志看士族大姓通婚》(收入《周绍良先生欣开九秩庆寿文集》,中华书局,1997 年,第 64—74 页)中还举了一些例子,表明世代儒风是唐代士族大姓的主要特点。

流；园吏谈玄，齐至涂于小鸟；刘君颂酒，浑天性于螟蛉。桎梏难婴，顾荣华之可揖；虚恬有乐，悟静［进］退之难违……"《范澄夫妇墓志》里也提到范澄"……以志便山水，性好清虚，玩习琴书，不求荣仕"，颇有老庄的退隐之意。可见，对某些当时的"名士"来说，追求功名已经不是唯一的目标；而追求文学雅致、山水闲情的精神跟这些墓志书法所透露出来的飘逸灵活的美学观是一致的。死者家属的文化素养和美学品位常常是决定书法效果的重要因素。

除了美学品位，另外一个决定书法风格和艺术价值高低的因素是死者家属的经济能力。在墓志铭书写、勒刻的过程中，富有的家族尽量请有名的文人和书法家来操笔。现在流传下来的墓志中有一些出自名家之手笔。正传野史里都有不少这方面的趣闻。例如，唐代著名文人韩愈（768—824）就经常为人写墓志铭，报酬极丰。他替王用撰写神道碑的报酬为"马一匹并鞍衔及白玉腰带一条"（《谢许受王用男人事物状》），为韩弘写碑收到的礼物为"绢五百匹"（《奏韩弘人事物表》《谢许受韩弘物状》）。① 这充分表明了唐朝贵族和士大夫为求墓志，不惜耗费巨资。这似乎已经是一种时代风气。墓志铭成为一种消费品，许多文人都靠给人撰写墓志铭谋生。唐朝李肇《国史补》中有一条"韦相拒碑志"的材料："长安中争为墓志，若市贾然。大官薨，其门如市，至有喧竞构致，不由丧家者。是时裴均之子将图不朽，积缣帛万匹，请于韦相贯之。举手曰：'宁饿死，不苟为此也。'"②

墓志如此昂贵，主要是因为它已经成为一种重要的社会标志。它不仅代表了死者家属的哀悼之情，更重要的是它象征着死者家族的地位。从现存的材料来看，替人写墓志有各种原因，为名、为利，还有不少情况是受亲朋好友之托。可以说，墓志成了当时人们社会关系的写照物。特别是贵族和士大夫阶层，对他们来说，墓志是保持他们社会地位的依托，也是自我身份确定的重要手段。在唐代葬礼仪式中，墓志铭的位置也越来越重要，这一点可以从文献和考古中略见一二。

《大唐开元礼》对所谓的"凶礼"（葬礼）有比较详细的规定和描述。例如，从人死到埋葬，大约有三十多种过程与祭祀仪式，包括复（招魂）、设床、奠、沐浴、袭、含、设冰、设铭、悬重、服变等等，繁简由品位高低而定。值得注意的是，一般的丧期都在数月以上，这期间，死者的家属忙于各种准备，而亲朋好友上门进行悼念活动。唐代

---

① 《韩愈全集校注》（屈守元、常思春主编），四川大学出版社，1996 年，第 2133、2229、2230 页。黄正建在《韩愈日常生活研究》（《唐研究》第 4 卷，1998 年，第 252—273 页）一文中引用了这两条文献，并且作了一个统计，"绢五百匹"在当时价值四百贯，买米可供一百人吃一年。
② 宋朝王谠《唐语林》引了这条材料，但措辞略有改动。见《唐语林校证》（周勋初校证）卷一，中华书局，1987 年，第 25 页。

《疋娄府君墓志》："……及属圹之夕，远近亲识、前后佐史，望枢而奔讣者日以百十矣。"①埋葬时还有许多具体的程序，最重要的是送葬与封墓，有一系列的仪式活动。了解墓志铭在这个程序中出现的情况，对我们研究墓志铭的功能与书法有直接关系。据唐代杜佑(735—812)《通典》记载，葬日前夕，必须准备好枢车，把葬礼器物陈列出来，"……陈布吉凶仪仗，方相、志石、大棺车及明器以下，陈于枢车之前"；出行时，谁前谁后，有严格次序，"……彻遣奠，灵车动，从者如常，鼓吹振作而行。先灵车，后次方相车，次志石车，次大棺车，次顿车，次明器舆，次下帐舆，次米舆，次酒脯醢舆，次苞牲舆，此食舆，次铭旌，次蘽，次铎，次臑车"；当把随葬品和棺枢都安放好了以后，必须封墓，"……施铭旌志石于圹门之内，置设讫，掩户，设关钥，遂复土三"。②

　　这里，我们注意到一个有趣的问题：作为葬礼中的一个组成部分，墓志铭的功能似乎有点近似于公开展示的碑铭；在送葬的浩浩荡荡的车队里，墓志铭有专车运送；观众除了死者的亲属之外，还有来围观的民众，"赴殡者云集，送枢者盈涂"。可以说，在葬礼举行时，许多人都会看到墓志铭，并说长道短。所以，墓志铭制作的精美程度与书法的拙美十分重要。文献里还有一些关于葬礼具体实行情况的材料。例如《唐会要》记载：太极元年，右司郎中唐绍上疏反对当时盛行的用明器厚葬之风，特别提到"望请王公以下送葬明器，皆依令式，并陈于墓所，不得徇路昇行"。还有，元和六年，唐朝廷颁令，三品以上，允许用志石车，但"任画云气，不得置蕙竿额带"。会昌元年，御史台又上奏，五品到九品，不得置志石车。③ 朝廷一再申明对葬礼等级的规定，表明当时一定有不少人僭越。我们很难说这些规定是否真的生效，但文献里描写的墓志铭埋葬位置跟考古出土的情况基本一致。山西寿阳北齐库狄回洛墓里的三方墓志，安放在棺材的前面，正对着墓道。在长治发掘的几座唐墓里(范澄及夫人韩氏墓、崔拏墓、乐方墓)，石墓志的位置也大致相同，位于中间显要位置。

　　最后一个问题是：墓志一旦埋进墓里，是不是就从此不见天日，无人再见到呢？我认为不尽然。许多墓志表明，它们是在迁葬、合葬时制作的，这就是说，古代埋好的墓常常被重新打开，改葬迁葬。《大唐开元礼》对"改葬"也有比较详细的规定和描

---

① 《唐代墓志汇编》(周绍良主编，赵超副主编)，上海古籍出版社，1992年，开元209。
② 引文据杜佑《通典》卷一三八、一三九、一四九，中华书局，1988年，第3506—3586页。
③ 《唐会要》卷三八，国学基本丛书，商务印书馆，1935年，第691—699页。

述,包括重新安置墓志。时代迁移,地不爱宝,古今被挖被盗的墓葬何其多也。我们今天由于考古学家的功劳,见到的古代墓志倍超前人,大饱眼福。然而,古人在埋葬它们的时候,似乎就已经预见到了这个结果。《通典》记载:"魏文帝于首阳为寿陵,作终制,其略曰:……自古及今,未有不亡之国,亦无不掘之墓,……"我们还可以来看看墓志铭本身提供的线索。北魏《侯刚墓志》(孝昌二年,526):"若夫沸腾易川,岸谷变位,缣竹炳于俄顷,金石载于永久,故铭泉刊德,以照不朽。"[1]唐代《淮安靖王墓志铭》:"惧溟海之为田,怆佳城之见日,式铭贞石,以记芳猷。"[2]这些证据表明,古人对陵墓有一种超脱之感,墓志的功能之一,就是要让后来挖开墓的人知道墓主是谁,金石传名,以求不朽。这也是为什么古人要费劲费财去请最有名的文人与最好的书法家来作墓志铭,要让后来见之者为其动心、为其感叹,将墓主当作楷模。从这样的结果看,书法艺术的力量远远超过了艺术形式本身,而变成了社会历史与文化遗产的一项重要载体。目睹古人遗物,吾生之有幸哉。

原文载常越编《宝相庄严》,文物出版社,2003 年。

---

① 张伯龄编:《北朝墓志英华》,三秦出版社,1988 年。
② 《唐代墓志汇编》,贞观 024。

窑 神 崇 拜

——宋代耀州《德应侯碑》

一、石碑的发现和释读

1953年,北京故宫博物院的几位陶瓷专家在著名学者陈万里的带领下,在陕西省铜川县黄堡镇实地考察古代窑址时,很偶然地在当地一所小学校里(学校建在旧东岳庙内)发现了一块石碑。经过仔细检查,他们确定这块被用作食堂餐桌的石碑就是文献里记载的《德应侯碑》。[①] 民国年间修的《同官县志》中提到了德应侯庙和石碑:"德应侯庙,宋熙宁中建,故址在黄堡镇,黄堡旧有陶场,居人建紫极宫祀其土神;宋熙宁中,知州奏封其神为德应侯,以晋人柏林配享。有碑。"县志中并抄录了碑文。[②] 在论及当地陶瓷生产史时,县志还引用了碑文中的句子:"黄堡镇故瓷厂,在县南四十里,创始未详,据县境宋熙宁时耀州太守阎公奏封德应侯碑,载云:晋永和中,有寿人槐林(注:当为柏林之误),传居民以陶术。或其始也。地方故老相传:南北沿河十里,皆其陶冶之地,所谓十里窑场是也。所制之瓷,经鉴定为宋器,式样雅朴,刻画工巧,釉色精美,上裂冰纹,虽欧瓷之艳丽、景瓷之细致,亦弗能相匹。近年颇为中外人士所珍视,竟有囊巨资来斯地以重值觅购者。但因年久,地形变迁,掩埋地下,挖掘未悉其处,得之匪易,间或得之,完者甚少,类多破损,购者竟持破瓷片以去(或误购陈炉瓷之仿佛宋器者)。"[③]从此推断,这块石碑当时还在庙里,而且在二十世纪中叶还广为人所知。

石碑高120厘米,宽64厘米,厚13—16厘米,周边刻有牡丹和卷草纹饰,这在唐宋时期的碑上比较常见。刚发现时石碑应该是完整的,中国国家博物馆(原中国历史博物馆)藏的拓片显示没有断裂,但后来断成两截,修复后现陈列于西安碑林博物馆。石碑的表面有些腐蚀风化,因此有个别刻字不易辨认。碑额正面刻有两竖行楷书"德应侯碑"四个大字。碑文亦用楷书书写,共585字,27竖行,内容分碑题、撰书人、正文以及结尾立石刻字有关人员记录。下面从右至左录出碑文,每一编号代表一竖行:

  (1) 宋耀州太守　阎公奏封　德应侯之碑

---

① 参见陈万里《我对耀瓷的初步认识》、商建青《耀州窑与碑》,《文物参考资料》1955年第4期,第72—74、75—78页。
② 《同官县志》(黎锦熙总纂,1944年)卷二三《宗寺文祠》,卷十二《工商志》,陕西铜川市印台区史志办公室整校,2006年。
③ 出处同上条。

（2）三秦张　隆　撰并书及题额

（3）熙宁中尚书郎　阎公作守华原郡粤明年时和政通奏

（4）土山神封

（5）德应侯

（6）贤侯上章

（7）天子下诏　黄书布渥

（8）明神受封庙食终古不其盛哉

（9）侯据黄堡镇之西南附于山树青峰四回绿水旁泻草木奇怪下视居人如在掌内居人以陶器为利赖之

（10）谋生巧如范金精比琢玉始合土为坯转轮就制方圆大小皆中规矩然后纳诸窑灼以火烈焰中发青烟

（11）外飞锻炼累日赫然乃成击其声铿铿如也视其色温温如也人犹是赖之为利岂不归于

（12）神之助也至有绝大火启其窑而观之往往清水盈匀昆虫动活皆莫究其所来必曰

（13）神之化也陶人居多沿长河之土日以废瓷投水随波而下至于山侧悉化为白泥殊无毫发之余混沙石

（14）之中其灵又不可穷也殿之梁间板记且古载

（15）柏翁者晋永和中有寿人耳名林而其字不传也游览至此酷爱风土变态之异乃与时人传烧（火?）窑甄陶之

（16）术由是匠士得法愈精于前矣民到于今为立祠堂在

（17）侯之庙中永报休功不亦宜乎一方之人赖

（18）侯为衣食之源日夕祗畏曾无少懈得利尤大者其惟茂陵马化成耳岁以牲豚荐享之又喜施财为之完

（19）饰此真所谓积善之家宜乎有余庆者也易曰显诸仁藏诸用正合

（20）侯之功矣隆退栖林泉之下久不弄笔砚一日太原王从政至于门且言马君事

（21）侯之勒碑为文刻诸石将使万古之下传之无穷又皆知

（22）侯因阎太守而位列于

（23）王公之下矣斯诚可纪固无惜荒唐之言直笔以书之

（24）大宋元丰七年九月十八日立石　镇将刘德安　张化成

(25) 三班奉职监耀州黄堡镇酒税兼烟火吕　闰

(26) 茂陵马化成施石立碑　男马安　马信　马明

(27) 太原王吉掌　敕　看庙清河张昱　州人刘元刊

前面说过,民国年间的《同官县志》里已经抄录了碑文。陈万里1954年发表的文章里也录出了碑文的主要内容。后来他又转录了全部碑文。[①] 这份录文大致可靠,除了第15行中的一个字风化严重,根据文意推测当为"烧"或"火"字。为了读者方便,我作了标点并分段写出:

宋耀州太守阎公奏封德应侯之碑
三秦张隆撰并书及题额

熙宁中,尚书郎阎公作守华原郡,粤明年,时和政通,奏土山神,封德应侯。贤侯上章,天子下诏,黄书布渥,明神受封,庙食终古,不其盛哉!

侯据黄堡镇之西南,附于山树,青峰四回,绿水旁泻,草木奇怪。下视居人,如在掌内。居人以陶器为利,赖之谋生,巧以范金,精比琢玉。始合土为坯,转轮就制,方圆大小,皆中规矩。然后纳诸窑,灼以火,烈焰中发,青烟外飞,锻炼累日,赫然乃成。击其声铿铿如也,视其色温温如也。人犹是赖之为利,岂不归于神之助也。至有绝大火,启其窑而观之,往往清水盈匀,昆虫动活,皆莫究其所来,必曰神之化也。陶人居多沿长河之土,日以废瓷投水,随波而下,至于山侧,悉化为白泥,殊无毫发之余混沙石之中,其灵又不可穷也。

殿之梁间,板记且古,载:柏翁者,晋永和中有寿人耳,名林,而其字不传也。游览至此,酷爱风土变态之异,乃与时人传烧窑甄陶之术,由是匠士得法愈精于前矣。民到于今,为立祠堂在侯之庙中,永报休功,不亦宜乎。

一方之人,赖侯为衣食之源,日夕祗畏,曾无少懈,得利尤大者,其惟茂陵马化成耳,岁以牲豚荐享之,又喜施财为之完饰,此真所谓积善之家,宜乎有余庆者也。《易》曰"显诸仁、藏诸用",正合侯之功矣。

隆退栖林泉之下,久不弄笔砚。一日,太原王从政至于门,且言马君事,侯之勒碑为文,刻诸石,将使万古之下传之无穷,又皆知侯因阎太守而位列于王公之下矣,斯诚可纪,固无惜荒唐之言,直笔以书之。

---

① 见《陈万里陶瓷考古文集》,紫禁城出版社,1997年,第194—198页;文末附全部碑文,并注明是1959年3月转录。

　　　　大宋元丰七年九月十八日立石。镇将刘德安、张化成,三班奉职监耀州黄堡镇酒税兼烟火吕闰。茂陵马化成施石立碑,男马安、马信、马明。太原王吉掌敕,看庙清河张昱,州人刘元刊。

　　《德应侯碑》具有双重意义:第一,它是中国现存最早的窑神碑刻,从文献意义上说是珍贵的第一手资料;第二,碑文生动地描述了黄堡(耀州窑)的陶瓷生产,黄堡是宋代最重要的陶瓷生产中心之一,这在任何其他的文献中都很少有记录。另外碑文还透露了当时对窑神以及当地制陶业开创者的崇拜,这种风俗一直影响到后代,这对我们了解古代陶瓷生产的精神层面也提供了有用的证据。尽管《德应侯碑》很重要,发现以来常常被引用,也有一些学者做了具体研究,[①]但是仍然有一些值得进一步探讨的问题。本文旨在进一步探讨该碑文的含义,特别是结合历史、考古和宗教研究的背景,作些新的阐述,希望能通过讨论,更好地了解耀州窑在中国陶瓷史上的成就和影响,以及中国窑神崇拜的传统。

　　讨论《德应侯碑》首要的一个问题,就是它的年代,以及它跟宋代朝廷之间的关系。古代窑神虽多,但耀州窑的德应侯是我们所见到的唯一被朝廷尊奉的窑神。碑文记载立碑的时间是元丰七年,即1084年。碑文中还提到,黄堡窑神被朝廷封赐"德应侯"的时间是"熙宁中",这跟前面已经引用的明代《耀州志》记载相符合。熙宁是宋神宗赵顼使用的一个年号,即1068—1077年,共10年时间。那么封德应侯具体是哪一年呢?

　　李毅华、杨静荣引用了《宋史·礼志第五十八》里的一段记载:"【诸祠庙】自开宝、皇祐以来,凡天下名在地志,功及生民,宫观陵庙、名山大川能兴云雨者,并加崇饰,增入祀典。熙宁复诏应祠庙祈祷灵验,而未有爵号,并以名闻。于是太常博士王右请自今诸神祠无爵号者赐庙额,已赐额者加封爵,初封侯,再封公,次封王,生有爵位者从其本封。……故凡祠庙赐额、封号,多在熙宁、元祐、崇宁、宣和之时。"[②]他们认为:"若联系《德应侯碑》载的请封时间和《宋史》中载的宋代整理天下祠庙赐额封爵的史实,似其上限可提到熙宁年间。有理由判断是宋神宗在熙宁年间令耀州窑烧贡瓷,又适逢其下令整理天下祠庙。地方官为提高耀瓷的社会地位,刺激工匠生产的积极性,故借机向皇帝请封耀州的土、山神为德应侯。"这个推论是有一定道理的。

---

① 比较重要的研究有傅振伦《跋宋德应侯庙碑记两通》,《文献》第15辑,1983年;李毅华、杨静荣《窑神碑记综考》,《中国古陶瓷研究》第1辑,1987年;李裕民《中国最古的窑神碑——宋耀州德应侯碑考》,《三秦文史》2007年第1期。
② 《宋史》卷一〇五,志五十八,礼八(吉礼八)。

可是,他们把碑文中的"土山神"分为两个不同的神,这就不对了。

李裕民指出,土山其实就是山的专名,土山神就是土山的神,并不是有不同的土神和山神。他所依据的是《宋会要辑稿·礼二〇》里的记载:"【土山神祠】土山神祠在同官县。神宗熙宁八年六月封德应侯。"这里明确无误地记下了朝廷封赐耀州土山神为德应侯的事件和时间:熙宁八年六月。李裕民还注意到了《宋会要辑稿》里的另外一条记载:"神宗熙宁七年十一月二十五日,诏:应天下祠庙祈祷灵验未有爵号者,并以名闻,当议持加礼命。"就是说,朝廷的诏书在熙宁七年传达到下面,地方官作调查,上奏章,正式赐封是第二年,即熙宁八年。李裕民的推论是合理的。其实,《宋会要辑稿》里还记载了跟耀州窑德应侯同时被赐封的地方神祠,包括:

明山神祠。明山神祠在沅州卢阳县,神宗熙宁六年六月封顺应侯。

北山神祠。北山神祠在泉州府同安县。神宗熙宁八年六月封静应侯。

高岗山神祠。高岗山神祠在威州保宁县。神宗熙宁八年六月封宁应侯。

圆山神祠。圆山神祠在漳州府龙溪县。神宗熙宁八年六月封通应侯。

射辽山神祠。射辽山神祠在郁林州南流县。熙宁八年六月封林应侯。

同一年被赐封的还包括其他一些地方神祠:

思灵山神祠。思灵山神祠在浔州桂平县。宋神宗熙宁八年十月,封显应侯。

梨山神祠。梨山神祠在荣州荣德县。神宗熙宁八年十月封灵应侯。

灶君山神祠。灶君山神祠在鲁山县。宋神宗熙宁八年十一月封灵佑侯。

我们可以看到这些被赐封的山神,从北到南,各显神通,但他们的爵号都很近似。于是,从朝廷赐封德应侯的爵号(1075)到最后立碑(1084),其间隔了九年。这期间,朝廷的诏书("黄书布渥")应该是保存在窑神庙内的。这也许能解释为什么《德应侯碑》结尾还记下了朝廷文书的保管人和寺庙的看守人(掌敕、看庙)。德应侯由山神转化为窑神,这是比较独特的情况,这跟耀州窑当时成为陶瓷生产重地有密切关系。由自然神变为生产神,反映了社会结构的改变。这点我们后面还会展开讨论。

接下来,我们可以讨论一下跟《德应侯碑》有关系的几个人物。碑的开头就讲述了德应侯的赐封归功于当时的耀州(华原郡)知府阎充国(碑文称为"阎公")。明代嘉靖年间刻印的《耀州志》(李廷宝修,乔世宁纂)记载:"黄堡镇一名黄堡寨、三堡寨,皆前时居民守御地也。黄堡在金时尤为重镇,《地理志》载焉。镇故有陶场,居人建紫极宫祀其土神。宋熙宁中,知州阎作奏以镇土山神封德应侯,以陶冶灵应故也,祀以晋人柏林配享,林盖传居人陶术者。"①这也跟乾隆年间《西安府志》中引用的两条记载相吻合:"阎充国,《耀州志》熙宁中知耀州,募流民治漆水堤。""阎作《耀州志》知耀州,奏以黄堡山神封德应侯。"《续资治通鉴长编》(李焘编纂)中也提到了他的事迹:"熙宁七年,知耀州阎充国乞募流民修添水堤,诏省仓给豆、粟各万石。"可见这都是事实。

　　关于阎充国的身世,我们的信息主要来自宋代政治家范纯仁为他写的一篇很长的墓志铭《朝议大夫阎君墓志铭》。② 范纯仁是宋代著名作家、政治家范仲淹之子,也是阎充国的亲戚(阎充国娶了范仲淹的外甥女为妻)。墓志铭较长,有很多套语,但信息量还是很大的,从中我们知道阎充国出身官宦世家,祖籍幽州,后举家迁到河南洛阳。他生于1019年,1042年通过科举考试,在德州、耀州、博州等地方政府担任过官职;他娶了三位夫人,都是名门之女,而且儿孙满堂。他于元丰八年(1085)六月二十四日无疾而卒,享年六十有七。这刚好是耀州《德应侯碑》立碑的后一年,所以说他去世前应该看到了此碑。碑文里对他十分尊敬,称赞有加。范纯仁对阎充国的政治功绩和个人品行都很肯定,描述他在霸州、德州做官时修堤防水患、造良田,深为当地百姓拥戴,并且形容他"内外尽诚,不为矜阙善,甚于嗜欲,而喜自晦涩,不欲人知事难阙物于势利,则薄己而厚人,乐易善容,犯而不校"。他对家人也很关照:"轻财好施,所得俸禄均及亲族,故旧随尽无益,嫁族女之孤者数人。卒之日,家无留资,敛以浣衣。"这可以说是一位德行很高的官吏,"以经行著名乡里"。可是,关于阎充国的性格,不同人却有不同的描述。《宋史》里提到,神宗熙宁二年,司马光在奏章里写道:"皮公弼,陛下明知其贪;阎充国,陛下明知其猥。二者皆以知县权发遣三司判官。及得罪而出,皆为知州。"③不知为什么司马光会形容阎充国"猥"却仍然受到重用,也许跟当时朝廷内部的派系党争有关。

　　除了阎充国,我们对《德应侯碑》里提到的其他人物知之甚少。不过,还是可以看出一些有意思的现象。碑文的作者(兼书写者)为三秦人张隆。"三秦"一词来源于秦朝(前221—前206)灭亡之后,秦国的三位将领控制了原秦国领地的南北和中部,因此该名称常用于指陕西关中的地理区域。所以说张隆是陕西当地人。张隆应该是一位颇有文学名望的退休官吏,因此受人之托写了《德应侯碑》的文本。但是,我们在历史文献中找不到任何关于张隆生平的资料,除了《德应侯碑》,也找不到他

---

① 引自冯先铭《中国古陶瓷文献集释》,艺术家出版社,2000年,第57页。
② 《范忠宣集》卷十四,《宋集珍本丛刊》本,线装书局,2004年,第477页。
③ 《宋史》卷十一。此事亦见于《皇宋通鉴长编纪事本末》卷五八。

留下的任何其他著作。从碑文的书法来看,他也是一位很有造诣的书法家。这项工作应该给他带来了一笔可观的报酬。在唐宋时期,许多有名的文人通过为私人客户写墓志铭或抄碑赚了很多钱。

　　文中提到的另一个重要人物是马化成,他是耀州窑神庙翻修和立碑的主要捐助者。他也不是耀州本地人,而是来自另一个距离黄堡相当远的城镇茂陵。值得注意的是,这里提到的人都专门标明他们的籍贯。例如,上门去拜访张隆,并请其撰写《德应侯碑》的是来自山西太原的王从政。王姓家族是山西最显赫的世系之一,他可能是一个社会地位颇高的人。碑文后记中,窑神庙保管皇家诏书的人王吉也来自太原王家。另外,窑神庙的护卫张昱来自河北清河,刻碑人刘元是耀州当地人。其中,许多人来自耀州以外的地区,为什么有这么多外地人在黄堡呢? 这也表明耀州黄堡镇在当时已经成为一个重要的城镇,吸引了不少外来人士,也许这要归功于它高度发达的陶瓷工业和陶瓷贸易。在传统的农业社会中,人口流动性很小。但是,随着社会逐步向工业化、城市化方向发展,这种情况开始发生变化,特别是贸易发展带来了人口的更大程度的流动。

　　此外,直接参与《德应侯碑》立石和管理工作的人员是政府官吏:刘德安、张华成是两名驻军镇守;三班奉职监吕闰应该是黄堡镇最有权势的地方行政长官,他同时还是管酒税兼烟火的税务官——宋代官吏常常兼职,这也表明黄堡镇的税务相对独立。据《宋会要》记载,1077 年,黄堡镇是单独划出的一个税区,它的税收比邻近的孟店镇高出三倍,甚至比整个铜川县还要高。因为赐封德应侯是一项朝廷法令,所以立碑在很大程度上是一项公共事务。但具有讽刺意味的是,制作石碑的全部资金支持,包括支付给作者张隆的稿费,并非来自政府拨款,而是由私人捐助者马化成和他的儿子们捐赞,他们可能是在耀州经营陶瓷买卖赚了大钱的商人。

　　现在,让我们再来看看《德应侯碑》描写耀州窑陶瓷实践活动的部分。在描述瓷器生产时,最著名的句子是"巧如范金,精比琢玉"。黄金和玉石被视为最珍贵的材料,这里不仅把陶瓷比作金玉,而且从工艺上也用了"范"和"琢",充分表明了陶瓷在中国美学系统中的独特地位。此外碑文还生动描述了黏土的准备、陶轮的使用,以及陶窑的烧制过程;更奇妙的是它描述耀州窑瓷器的成品,"击其声铿铿如也,视其色温温如也",所有这些特征都可以通过实物加以证实。宋代耀州器以其绿褐色玻璃质地的青釉而闻名,看上去温润含蓄;另外入炉后以煤为燃料,高温烧成,所以瓷质异常坚硬,敲击时发出清脆的声音。

　　然而,在阅读《德应侯碑》的碑文时,我们发现有的描述往往掺杂着某些迷信,让人难以置信。碑文讲述了陶器生产中的奇迹,例如,它描述陶窑经过长时间的火烧后,人们打开窑门,可以看到窑里面积有一洼洼水,还有小昆虫在里面游动:"至有绝大火,启其窑而观之,往往清水盈匀,昆虫动活,皆莫究其所来,必曰神之化也。"这种现象也许是因为陶窑降温时产生了蒸馏水,但当时的人认为这是神的作用。还有:"日以废瓷投水,随波而下,至于山侧,悉化为白泥,殊无毫发之余混沙石之中,其灵又不可穷也。"这是说,当陶工把烧废弃的陶器扔进河里(漆水)时,这些碎片被水冲到山脚下,又再变成了白色的黏土,这也是神灵的力量。类似的故事也出现在南宋周辉的《清波杂志》中,看来是一种普遍的信仰。对于古代陶工来说,陶器的制作过程被视为带有某种神助,充满了迷人的奇迹。当然,是不是古代所有的人都相信这种说法也不一定。《德应侯碑》碑文作者张隆也无法说服自己相信这些故事,所以他称之为"荒唐之言"。我们今天知道,陶瓷生产是一种科学与技术的产物,陶土经过高温烧成瓷胎之后,无论怎样用水浸泡也不可能再变回泥土。

从考古角度看,耀州窑的历史可以追溯到唐代。从唐朝到明朝,黄堡窑址出土的窑炉有 800 年的历史。耀州窑陶瓷技术的发展在北宋(960—1127)达到了顶峰,分为三个阶段:第一阶段是真宗统治时期(998—1022);第二阶段是仁宗至神宗统治时期(1023—1085),这段时期是耀州窑陶瓷生产的顶峰;第三阶段由哲宗至北宋末年(1086—1127)。黄堡遗址的考古成果非常丰富,在发掘的 200 多个作坊和窑炉中,宋代有 35 个作坊和 22 个窑炉。[①] 在作坊里,考古学家发现了用于混合黏土的坑、陶器轮的底座和用于成型容器的平台。宋代窑的典型结构是马蹄形的"馒头窑",有炉坑、燃烧室、通风口、排气孔和烟囱。这些考古证据给《德应侯碑》陶窑技术的描述提供了最直接的脚注。

在比较考古和文献证据时,我们可以注意到它们之间存在着一些差异甚至互相矛盾的地方。例如,尽管宋代耀州窑瓷器的产量大,质量很高,但在官方文献中很少被提及。一些历史文献如《元丰九域志》《宋史》都记录了耀州瓷器是朝廷贡品,这已经被考古发现所证实。[②] 但许多作家把耀州的器物描述为"贫朴不佳"的民间用器,例如南宋著名诗人陆游。[③] 这可能是因为南宋之后耀州黄堡的陶瓷生产渐渐衰落,而北宋的耀州窑器却被误认为其他窑的器物。考古学家禚振西曾提出耀州窑器

---

① 陕西省考古研究所、耀州窑博物馆:《宋代耀州窑址》,文物出版社,1998 年,第 15—93 页。

② 参见 Lü Chenglong(吕成龙), "The Apogee of Carved Celadon: The Yaozhou Wares", in *Marvels of Celadon: The Shang Shan Tang Collection of Yaozhou Wares*, OM Publishing, 2019, 12‐16.

③ 冯先铭:《中国古陶瓷文献集释》,第 57 页。

可能是久负盛名的柴窑,或是鼎窑。① 尽管这些推论还需要得到更多考古证据的支持,可是无论如何,《德应侯碑》表明耀州窑与北宋官府有着直接关系。朝廷赐封德应侯这件事意味着神宗本人一定已经知道了耀州窑的产品,而且将之作为宫廷用器。这从侧面证实了为什么北宋年间耀州窑如此受到重视。德应侯碑立于1084年,这段时间正是在神宗统治下,耀州窑生产的最高峰。因此,应该说德应侯碑是耀州窑跟朝廷关系最直接的证据。

《德应侯碑》还记录了窑神祭祀的另一个有趣的方面。传说中当地陶瓷生产的创始人柏林与从山神变成窑神的德应侯一起被崇拜。碑文说,在东晋永和年间(345—356),一位叫柏林的高龄老人从河南洛阳来到耀州黄堡,带来了先进的制陶技术。后来,柏林因传授陶瓷技术而广受赞誉,自己也变成了窑神。例如,在河南当阳峪窑,当地的陶工1100年为窑神建造了一座寺庙,并于1105年竖立了一座石碑《德应侯百灵翁之庙记》。② 在立碑过程中,他们基本遵循了黄堡镇德应侯窑神庙的模式,但将"伯林"改名为"百灵",这或许暗示着"灵效"的含义。③ 在语音方面,柏林和百灵在中古汉语中是可以互换的(参见《广韵》)。而且,这块窑神碑上,百灵直接被当成了德应侯。明朝弘治三年(1490),山西榆次窑上又立了一块石碑,又称柏灵为陶器的创始者,称他为仙公。④ 对古代陶瓷工匠来说,制陶不仅是一项体力劳动,也是他们精神生活的中心。这就是为什么窑神需要得到尊重和崇拜的原因吧。

二、窑 神 崇 拜

在许多不同的文化中,窑神崇拜是一种广泛传播的现象。⑤ 尽管我们可以推测,中国的窑神崇拜可以追溯到宋代之前,⑥但耀州窑的《德应侯碑》是中国最早的祭祀窑神的官方记录。碑文描述了土山的原始山神——一个自然神——被宋朝的皇令转化为有人间特色的窑神。可以合理地假定,这种转变实际上是指农业社会出

---

① 禚振西:《柴窑与耀州窑的几个问题》,《考古与文物》1989年第6期,第90—95页。
② 这块碑也是陈万里发现的,见陈万里《谈当阳峪窑》,《文物参考资料》1954年第4期,第72—74页。
③ 参见叶喆民《耀州碑"伯林"问题考释》,《景德镇陶瓷》第1辑,1983年,第177—180页。
④ 冯先铭:《中国古陶瓷文献集释》,第42页。
⑤ 关于各种文化窑神崇拜的一般性介绍,参见 Geiger-Ho, *The Worship of Kiln Gods*, Outskirts Press (self-publishing), 2012.
⑥ 关于中国古代烧窑崇拜和窑神崇拜的研究,参见李建毛《祭窑与窑神》,《中国古陶瓷研究》第8辑,2002年,第148—154页。

现或多或少工业化倾向的社会转变。宋代手工业,特别是陶瓷生产和贸易,在经济中起着重要作用,是加速城市化的推动力。也许正是因为这个原因,窑神被提升到了比山神等古老的自然神灵更高的地位。我们从石碑上看到,德应侯的尊称是由朝廷直接赐封的。"德应"的含义可以解释为"有灵验的";尊称"侯",使他成为贵族体系的一位成员。窑神以一种特殊的方式保护和祝佑了黄堡镇的陶工和商人,因此,石碑的整个制作过程都由政府官员负责,地方豪绅赞助。德应侯供奉在神庙里,定期接受祭品。这样的祭祀可以使每一个参与者体验到强烈的集体性和幸福感。

在对中国古代宗教的分析中,法国汉学家葛兰言(Marcel Granet)观察到,山川与农耕崇拜有着明显的联系,它们往往是某种"圣地"和当地宗教朝拜的中心;他还注意到研究中国古代宗教的一个难题就是如何区分公共的和私人的信仰,是民间的还是国家级别的宗教,例如佛教和道教,它们常常混融在一起。他写道:"对每个思想体系而言,在城市中建立起来,并在抽象原则的影响下,由于积极社会生活的持久性,土地崇拜一点一点地失去了它具体的丰富性,虽然在开始时几乎难以察觉,我们开始看到它们之间渐渐明显的区别。在城市中仍然存在着严格意义上的对土地的崇拜和对收成的崇拜,但这是一个整体;同时也存在着公共的和私人性的农耕崇拜,它们被按等级排在一起。"①虽然不能与对土地和收成的祭祀相提并论,我们对山神和窑神的祭祀似乎可以用类似的方式来理解。

葛兰言还提到,在中国古代宗教的研究中,困难之一是将民间宗教与国家宗教或其他正统宗教(如佛教和道教)分离开来,以区分私人宗教和公共宗教。在这方面,窑神崇拜也提供了一个有用的研究案例。正如我们之前所看到的,一方面,对窑神的祭祀可以看作是某种形式的民间宗教,或类似于祖先崇拜;但另一方面,它显然与道教信仰和实践有着密切的关系。就耀州窑的例子来看,地方宗教是由政府官员直接控制的,但得到了私人赞助的支持。不仅窑神庙建立在一座古老的道教寺院(紫极宫)遗址上,窑神崇拜的仪式也跟道教仪式差不多。道教炼丹术被视为烧制技术的重要组成部分;在某些地方,道教创始人老子就被视为与窑神有着同等地位。

对窑神的崇拜一直持续到现在。例如,在陕西铜川,祭祀窑神的仪式通常每年举行两次,一次在农历正月二十日(有人说是五日),另一次在中秋节,它涉及大众游

---

① Marcel Granet, *The Religion of the Chinese People*, trans. introduction by Maurice Freedman, Harper & Row, 1975, esp. 75 - 76.

行、舞龙、祈祷、烧香、供奉羊和猪。但是，在某些地方，只要每次烧制完成，开启窑门之时，人们就会聚集在一起祭拜窑神。在景德镇，大量私人的窑都会为窑神举行一些献祭仪式。在新的社会发展中，旧传统很难消亡，而且重新发挥着作用。当今，在中国传统工艺美术（包括陶瓷工艺）蓬勃复兴的大势头下，进一步研究工匠的精神信仰再次成为我们理解中国艺术过去与未来发展的重要课题。

原文"The Efficacious God of the Yaozhou Kilns: A Close Reading of the Stele of Marquis Deying", in *Marvels of Celadon: The Shang Shan Tang Collection of Yaozhou Wares*, OM Publishing, 2019. 刘含译。

形与象

视而不见名曰夷，听之不闻名曰希，搏之不得名曰微。此三者不可致诘，故混而为一。其上不徼，其下不昧，绳绳兮不可名，复归于无物。是谓无状之状，无物之象，是谓惚恍。迎之不见其首，随之不见其后。执古之道，以御今之有。能知古始，是谓道纪。

——老子：《道德经》第十四章

饕餮纹的文本学解读

在考古学家和美术史学家关于中国古代青铜器的装饰问题的讨论中,饕餮纹是最吸引人和值得关注的话题。站在考古学角度的学者往往使用文献里的证据支持他们的发现,或是根据古书里的命名来确认青铜器上的图案。研究美术史的学者也同样引用早期文献中的相关记载来诠释古代青铜器纹饰,而没有注意到这些文献本身的时代性。这个缺陷造成了对早期青铜器艺术的误解,同时,也使文献中的这种含混不清继续存在。这篇文章主要解决以下问题:考察被称为"饕餮"的纹饰母题,以及相关的文献记录——这些文献应当从它们特殊历史时期的知识背景来理解。从这个方面讲,我不是进行考古学的研究,而是从另外一个层面,对关于这个古代青铜纹饰的各种解释进行文本学的讨论。

我们要讨论的这个纹饰,其主要特征是两只突出的眼睛,出现在一定时期(主要从二里冈时期到西周时期,公元前十六—前八世纪)的礼器,特别是青铜器上。[①] 这种图案并不难辨认,但如何理解它因人而异。今天,观看者的第一反应通常会有这样的提问:这种图案是不是有什么含义? 如果有,那是什么? 我的研究不直接试图回答这两个疑问,而是涉及其他的问题。(1)是否可能从现存的商代文字材料中找到解释这种纹饰的证据? 如果可以,我们才能试着解释它对商代人有何意义。(2)后世的中国人是如何理解这种纹饰图案的? 他们又是怎样看待商周时代的青铜器?

有很多相关文献涉及这些讨论,我将从目前所知最早的文字资料——商代甲骨文开始着手。这些商代卜辞虽然没有直接涉及青铜器图案本身,但它与青铜器图案存在一定的联系。作为同时代的证据,这对于我们考察"饕餮"很有意义。之后,

---

① 关于早期青铜器双目纹饰的起源与发展的讨论,参看李学勤《良渚玉器与饕餮纹》; R. Bagley, *Shang Ritual Bronzes in the Arthur M. Sackler Collections*, Harvard University Press, 1985, 19 - 21; J. Paper, "The Meaning of the t'ao-t'ieh", *History of Religions*, 18:1(August 1978), 18 - 41;陈公柔、张长寿《殷周青铜器上兽面纹的断代研究》,《考古学报》1990年第2期,第137—168页。

我还将从两部最有代表性的古代文献——《左传》(成书于前四世纪)、《吕氏春秋》(成书于前三世纪)中寻找答案。"饕餮"一词最早出现于《左传》,而第一次把"饕餮"用来命名特殊的古代青铜器纹饰的是《吕氏春秋》。现代美术史学家所使用的"饕餮"这个词,与上述文献中所提到的"饕餮"或许是同一种纹饰,但也可能不是。与以上记载同时代或稍晚的其他文献中,也可以看出这个名称与青铜纹饰的内在联系。稍晚,我们看到吕大临的《考古图》(十一世纪)中正式把上古青铜器上饰有两只眼睛的纹饰定名为"饕餮"。① 这个观点至今仍被大多数人接受并使用。然而,我认为把"饕餮"与"两只眼睛的纹饰"挂钩有些误导人,它们之间的关系仍然值得探讨。

商代甲骨卜辞里"𥄉"字的解读

　　一些学者从语源学上注意到早期象形文字与某些器物,例如青铜器和青铜纹饰之间有所联系。闻宥首先注意到甲骨卜辞中带"目"文字与青铜器纹饰有关。② 之后,丁山提出甲骨卜辞中的 𦫳 字就是青铜器上的带两只眼睛的餮纹。③ 他的主要理由是青铜器纹饰与 𦫳 的相似性,其共同特征都是两只睁开的眼睛,并且有很多带羊角的例子。丁山认为青铜器上的这种纹饰代表一种山羊(或羚羊),它象征一种"辟邪"功能,因为山羊或羚羊的角至今仍可用作一种有解毒功效的药材。确实,这个青铜器上两只眼睛的纹饰与甲骨文的 𦫳 字极其相似,这为两者之间存在某种关系提供了可能性。但是,丁山的结论今天看起来仍是有缺陷的,尽管这个甲骨字的字形看起来接近青铜器上的纹饰,但它在甲骨文句子中没有用作表示这个纹饰的名词。此外,我们没有任何证据来证明商代青铜器或青铜器上的这种纹饰具有辟邪功能。"饕餮"被赋予了辟邪的概念是很久以后的事情。我在本文的第二部分会讨论这个过程。

　　那么,"𦫳"字在商代甲骨卜辞中意味着什么? 孙诒让最早把它释为"苜",但没有指出这种考释的理由。④ 其他学者把 𦫳 当作"羊"的变体,并引申为"祥",暗含

---

① 吕大临、赵九成:《考古图/续考古图/考古图释文》,中华书局,1987 年,第 7 页。
② 闻宥:《上代象形文字中目文之研究》,《燕京学报》1932 年第 11 期,第 2353—2375 页。
③ 丁山:《中国古代宗教与神话考》,龙门书局,1961 年,第 281—293 页。
④ 孙诒让:《契文举例》(1917),参看李孝定《甲骨文字集释》,"中研院"历史语言研究所,1965 年,第 1316 页。近来,连劭名《甲骨文"苜"、"屮"及相关的问题》(《北京大学学报》1981 年第 4 期,第 56—59 页)和张政烺《殷契"苜"字说》(《古文字研究》第 10 辑,第 15—22 页)遵从孙诒让的读法,把"苜"字释为"蔑",认为在甲骨刻辞中这是一个否定词。

"吉利"之意。① 这些解释都只看到了 □ 的表面特征,而忽略了 □ 在甲骨卜辞句子中的语法功能。郭沫若指出, □ 是一个经常与否定词连用的虚词,并隶定为 □ ,在句子中读为"遽",并认为它是 □(瞿)字的初形。郭沫若的考释今天看来仍有合理的部分,但在那个时候并不能为多数人信服。②

甲骨卜辞中这个字有好几种写法: □ 、□ 、□ ,都由两只突出的眼睛和通过强调角来代表羊的部分组成;③大部分时候,一只眼睛被省略,写作 □ 。这个字在甲骨卜辞中频繁出现,但它的字形在自组、宾组、历组、出组卜辞中略有差异。比如,在早期的自组卜辞(根据商代甲骨卜辞新分期法)中,这个字象形意味很浓。④ 在稍晚的黄组卜辞中,这个字较为简化,写作 □ ,与上述字形为同一个字。

卜辞中有这个字的例子不少。我这里挑选其中一些有代表性的例子来帮助我们理解这个字的含义(隶定一律采用 □ ,对异体不再区分):

丙申卜,王,贞:勿 □ 陷于门,辛丑用。十二月。

自组,《合集》19800

……巳卜,王:壬申……不 □ 雨。二月。

自组,《合集》20546

壬申卜,王……用一卜,弜 □ 辛卯不……口至。十月。

自组,《合集》21401

壬戌卜,雨,今日小采允大雨,延伐, □ 日惟启。

自组,《合集》20397

癸亥卜,贞:旬一月,昃雨自东,九日辛未,大采,各云自北,雷,延大风自西,刮云率雨,毋 □ 日……

自组,《合集》21021

---

① 见李孝定《甲骨文集释》,第 1315—1320 页。金祖同认为这个字含"吉利、吉兆"之意,因为羊(＝祥)有好运的意思;他还引用汉代的一些例子,说明"羊"与"祥"确实是可以互换的。李孝定支持金祖同的观点。

② 郭沫若:《殷契萃编》(1937 年,日本),科学出版社,1965 年,第 265 页。在《殷契"昔"字说》中,张政烺指出,郭沫若对甲骨例子的解释有错误。

③ 一件出土于郑州白家庄的早商青铜酒器(罍)上,有双目纹饰带了一对栩栩如生的羊角,图片见于 *The Genius of China*(text by William Watson),Times Newspapers Ltd.,1973,no.70,p.67. 事实上,青铜器上有不少例子,双目纹饰确实配有羊角(也有另一组是牛角),并且突出了两只睁大的眼睛,有时写实,有时简省。参见上海博物馆青铜研究组编《商周青铜器纹饰》,文物出版社,1984 年,第 11、15、17、44 号,这些纹饰是带有羊角的双目纹。

④ 关于甲骨卜辞分期的最新研究,见李学勤、彭裕商《殷墟甲骨分期新论》,殷商甲骨文发现 90 周年国际学术研讨会论文,安阳,1989 年。

庚午卜,扶,曰:弗其雨,允多。

自组,《合集》20953

贞:弜其,惟吉用。

子组,《合集》15422

丁丑卜,宾,贞:侑于丁,勿其牢用。

宾组,《合集》6

庚申卜,古,贞:勿其施于南庚牢用。

宾组,《合集》14 正

贞:王勿其比沚□。

宾组,《合集》5719

丙寅卜,贞:勿其令逆从盡于垂。六月。

宾组,《合集》4918

……卜,王,贞:[余]狩麋,不其擒。七月。

宾组,《合集》10377

a. 勿其惟乙亥酚下乙十伐又五,卯十牢,四……
b. 惠乙亥酚。
c. 勿眔乙亥酚。

宾组,《合集》903 正反

a. 壬戌卜,争,贞:翌乙丑侑伐于唐。用。
b. 贞:翌乙丑勿其侑伐于唐。二告。

宾组,《合集》952

a. 勿其侑于蔑。
b. 勿侑于蔑。

宾组,《合集》14810 背

a. 贞:勿其自上甲至下乙。
b. 贞:翌甲辰勿其羌自上甲。

宾组,《合集》419

a. 丁巳卜,疾趾,禦于父庚。
b. 疾趾,勿其禦于父辛。
c. 勿禦于父辛。

宾组,《合集》775 背

a. 壬寅卜,㱿,贞：尊雀惟……基方。

b. 壬寅卜,㱿,贞：子商不𦟀戕基方。

宾组,《合集》6571

丁亥,贞：弜𦟀酚升伐。

历组,《合集》32251

己酉,贞：王亡𦟀擒土方。

历组,《屯南》994

甲午,王卜,贞：作余酚朕禾酉,余步从侯喜,征人方,上下□示,受余有祐,

不𦟀戕,告于大邑商。亡蚩在畎,王占曰：吉。在九月遘

上甲𩟖,惟十祀。

黄组,《合集》36482

要完全隶定出卜辞中的每个字是有困难的,因为有些卜辞的意思并不完全明白。不过,通过这个字在上下文中的通读,我们还是能够得出一些可能的解释。在甲骨文句子中,这个字大部分情况下是与一个表示否定的虚词连接(尽管也有极少数没有跟否定词相连的例子),它在卜辞中的三种语境里出现：

1. 在表示宗教祭祀行为的卜辞中,绝大多数例子属于这种类型；

2. 涉及一定的活动如狩猎、征伐、下达命令等的卜辞中；

3. 关于气候预测,如下雨、日出等的卜辞中。

在甲骨卜辞中,否定词的使用是个颇为复杂的问题。商代使用的否定词有"不""弗""勿"和"弜"等。[①] 当这个字与否定词相连时,它被当作修饰词使用,强调否定的意义。我认为这个字本身也包含了加强情绪的意思,特别是在一些活动如狩猎、战争中,有惊恐或鲁莽等意；在祭祀中,可能表示虔诚或敬畏的心情；这种恐惧的情绪或许代表宗教祭祀活动中身体的反应,也可能通过肢体的摆动、前冲等动作来体现。[②]

这个甲骨字最早是个形声兼会意字,由眼睛和羊角两部分组成,羊角有可能表示读音。但是,在后来的发展中,羊角的部分消失了,眼睛的部分同时具有表意和表音功能。在上古汉语里,字形为双目的"䀠"字,与瞿(发音 qu)、懼(发音 ju)和戄(发

---

① 参见裘锡圭《说"弜"》,《古文字研究》1979 年第 1 辑,第 121—124 页；《释"勿""发"》,《中国语文研究》1981 年第 2 期(收入裘锡圭《古文字论集》,中华书局,1992 年,第 70—75 页)。

② 我认为这个字可以释读为"乖",见《甲骨文"𦟀"字新考》(未公开发表)。

音 jue)等字常常可以互换。它们之间的联系可能是早期有着相近的读音，互为通假；根据对上古音系统（西周时期古汉语）的复原，①瞿、懼同音（＝＜＊gwjag），②可能跟矍（＝＜＊kwjak）为同源词。③

在最早的汉语语源学字典《说文解字》（许慎撰于二世纪）中，这些字大都跟眼睛或情绪有关："朙，左右视也。从二目。凡朙之属皆从朙。读若拘。又若良士瞿瞿。""瞿，鹰隼之视也。从隹从朙，朙亦声。凡瞿之属皆从瞿。""懼，恐也。从心，瞿声。愳，古文。""矍，隹欲逸走也。从又持之，矍矍也。读若《诗》云'穬彼淮夷'之'穬'。一曰视遽皃。"段玉裁《说文解字注》："凡《诗》《齐风》、《唐风》，《礼记》《檀弓》、《曾子问》、《杂记》、《玉藻》，或言瞿，或言瞿瞿，盖皆朙之假借。瞿行而朙废矣。瞿下曰'鹰隼之视也'。若《毛传》于《齐》曰'瞿瞿，无守之皃'、于《唐》曰'瞿瞿然顾礼义也'，各依文立义，而为惊遽之状则一。从二目。会意。"可见，在这一相关字组中，每个字都带有双目符，《说文》的定义显示了它们有相同的语根；作为指意的符号，眼睛的部分暗示着不安、敬畏、恐惧之意。为了更进一步理解这些字的使用，我们还可看看它们在一些早期文献中出现的例子。④

例1：《周易·震》："震索索，视矍矍。"⑤正义曰："震索索，视矍矍"者，索索，心不安之貌，矍矍，视不专之容。上六处震之极，极震者也。既居震位，欲求中理以自安而未能得，"故惧而索索，视而矍矍，无所安亲"。

例2：《诗经·东方未明》："狂夫瞿瞿。"《蟋蟀》："良士瞿瞿。"⑥疏：《蟋蟀》云"良士瞿瞿"，瞿为良士貌，故传云"瞿瞿然顾礼义"。此言"狂夫瞿瞿"，谓狂愚之夫，故言"瞿瞿，无守之貌"，为精神不立，志无所守，故不任居官也。序云"挈壶氏不能掌其职"，则狂夫为挈壶氏矣，故又解其瞿瞿之意。古者有挈壶氏以水火分日夜，谓以水为漏，夜则以火照之，冬则冰冻不下，又当置火于傍，故用水用火，准昼夜共为百刻，分其数以为日夜，以告时节于朝，职掌如此。而今此狂夫瞿瞿然志无所守，分日夜则

---

① 参见郭锡良《汉字古音手册》，北京大学出版社，1986年。关于上古语音体系的复原，我基本上使用李方桂《上古音研究》，《清华学报》第9.1—2期（1971年），第1—61页；《几个上古声母问题》，《蒋公逝世周年纪念论文集》，台北"中研院"，1976年，第1143—1150页。

② 同一词组的还有：衢、趯、臞、躩、戄、癯、鸜。

③ 同一词组的还有：钁、攫。

④ 引文据《四部备要》，商务印书馆，1936年。关于《诗经》《尚书》的英文翻译，参见 B. Karlgren, *The Book of Odes*, *The Book of Documents*, Bulletin of the Museum of Far Eastern Antiquities, repri. Stockholm, 1950.

⑤ 《周易》（王弼、韩康伯注）卷五，13a。

⑥ 《毛诗》（郑玄笺）卷五，3b；卷六，1b；卷十三，1a。

参差不齐,告时节则早晚失度,故责之也。

例3:《礼记》:"见似目瞿,闻名心瞿。"①正义曰:"见似目瞿"者,谓既除丧之后,若见他人形状似于其亲,则目瞿然;"闻名心瞿"者,闻他人所称名与父名同,则心中瞿瞿然。上云"目瞿",此应云"耳瞿",而云"心瞿"者,但耳状难明,因心至重,恻隐之惨,本瞿于心,故直云"心瞿"。

由此,我们可以推定,这组同源字跟甲骨文里的 𤲯 字是有联系的,许多先秦传世文献里的用法可能源自商代甲骨文。

那么,这个甲骨字与青铜器上的纹饰究竟有何关系? 前面说过,丁山认为这个字就是指饕餮纹,但其理由不够充分,因为没有发现甲骨卜辞中这个字直接代表青铜器图案的例子,甚至没有提及"饕餮"纹饰。然而,这个甲骨字字形确实可能是对某种事物的描绘。在自组卜辞中,这个象形字很写实,与青铜器上的双目纹饰非常相似,这是不能被忽视的。我们可以假定,可能有一种潜在的图像是两者共同的源头。如果我们接受这个用作虚词的甲骨字,跟表示否定、动态、焦虑、惊恐等意思有关的话,可以推想,青铜器上这种纹饰的含义也很可能与人们对它的反应有关。凝视的双眼,基本上都会使人们联想到这是有生命的、生机勃勃的事物。凝目的图案在很多古老的文化中都存在,并且有非常突出的地位。这是因为对目而视,会给正视者带来一种焦虑、恐惧的感觉。

恩斯特·贡布里希(Ernst Gombrich)从心理学的观点出发,把"饕餮"与其他文化里的带眼睛的图案进行比较,认为它们应该都带有辟邪的含义。② 不幸的是,他对"饕餮"的定义和比较有点笼统而不精确,特别是他关于商代青铜器上这种特殊的纹饰具有所谓的"辟邪"功能的观点是有缺陷的,因为这种解释忽视了这种图案与商代文化背景之间的特殊关系。在商代的宗教信仰中,善良或邪恶的灵魂是不被区别的。这种图案的母题延续了相当长的时期,很可能在不同的时期里有不同的含义。即使我们同意这种图案对商代人来说确实意味着什么,但没有证据来证明它在商文化中有辟邪而不是其他的含义。在这里,任何假设充其量只是一种假设而已。

到了周代晚期,这种青铜器上带两只眼睛的纹饰基本消失了,这反而说明这种

---

① 《礼记》(郑玄注)卷十二,13b。
② E. Gombrich, *The Sense of Order: A Study in the Psychology of Decorative Art*, Phaidon, 1979, 224, 259 - 260, 262 - 272.

纹饰是有特殊意义的,它的特殊意义只在专门的文化环境中才显现出来。[①] 随着社会的发展,艺术的审美风尚也在改变。公元前十一世纪时,周在政治上灭了商,全盘继承了商文化,最重要的是延续了商人的书写语言。从我们看到的西周青铜器铭文,可以看出商人的宗教影响仍在西周早期盛行。根据刘雨近期的研究,西周穆王之前,金文中大约有 20 余种宗教仪式频繁出现,这些宗教仪式中,有 17 种见于商人的甲骨卜辞,这表明周人基本接受了商代的宗教系统,尽管有些微小修正。[②] 因此,在西周统治阶级开始对旧的制度和思想失去兴趣之前,周人可以理解这种青铜器纹饰所代表的意义。事实上,这种“饕餮”图案从主流青铜器上消失,大约发生在西周晚期,也许是西周穆王时期(前九—前八世纪)青铜礼器“革命”的一个体现。[③] 由于社会的剧烈变动,东周青铜器也经历了一个剧烈的变革。正如查尔斯·韦伯(Charles Weber)指出的:“随着旧封建制度的逐渐解体,东周时期的中国存在一种内在变革的动力,这也唤起了一种新的图像艺术的产生。”[④]在这种环境下,青铜器的铸造、装饰都逐渐变得更加开放自由。这时,带着两只眼睛的“饕餮”纹在青铜器装饰中变得不重要了,因为商代影响的主要部分已经不再存在,因此,这种纹饰失去了对人们的吸引力,而且对工匠来说,也失去了占支配地位的审美需求。那个时代的人们看到青铜器上的图案不会产生像商代人一样的感受,因为他们已经从特殊的宗教环境中解脱出来,不再明白这种图案所代表的具体含义了。

商代甲骨文与最早的传世文献之间仍有五百多年的间隔。从我们下面将要讨论的文献中可以观察到,古代青铜器到后来被以一种新的知识视角来看待,换句话说,这是基于一种不同于之前的新的信仰内的知识体系。

我们必须区分这种纹饰原始的与后来的发展,以及对它的阐释。关于青铜器纹饰的“辟邪”概念,是大约在公元前四世纪左右才变得清晰起来的。在讨论这种变化如何产生之前,我先考察一下“饕餮”一词的本义,以及跟“饕餮”相关的神话是怎样创造出来的。

---

① 参见 Sarah Allan(艾兰), *The Shape of the Turtle: Myth, Art and Cosmos in Early China*, State University of New York Press, 1991. 书中她对饕餮纹饰与商代青铜器的关系作了讨论。
② 刘雨:《西周金文中的祭祖礼》,《考古学报》1989 年第 4 期,第 495—522 页。
③ 参见 Jessica Rawson(罗森), *Western Zhou Ritual Bronzes from the Arthur M. Sackler Collections*, The Arthur M. Sackler Foundation, 1990.
④ 参见 Charles D. Weber, *Chinese Pictorial Bronze Vessels of the Late Chou Period*, Artibus Asiae Publishers, 1968, esp.202.

关于"饕餮"的神话

我们所知道的关于"饕餮"的最早记录,出现在《左传》中,它是一个古老部族的后裔的名字。这个故事要追溯到文公十八年(前609),莒国纪公的长子仆杀了父亲纪公,并带了很多宝玉敬献给宣公,宣公想以一座城池作为交换送给仆,但被他的大臣季文子劝阻了。季文子立刻把仆的使者驱逐出境。为了回复宣公对这件事的询问,季文子让大史克给宣公上了一课。大史克在谈话中提到了"饕餮"的故事:饕餮是古代缙云氏的后裔,与浑敦、穷奇、梼杌并称为"四凶"。让我们进一步看看"饕餮"在文献中的记载:

> 昔高阳氏有才子八人,苍舒、隤岂、梼寅、大临、龙降、庭坚、仲容、叔达,齐圣广渊,明允笃诚,天下之民谓之八恺。高辛氏有才子八人,伯奋、仲堪、叔献、季仲、伯虎、仲熊、叔豹、季狸,忠肃共懿,宣慈惠和,天下之民谓之八元。此十六族也,世济其美,不陨其名,以至于尧,尧不能举。舜臣尧,举八恺,使主后土,以揆百事,莫不时序,地平天成;举八元,使布五教于四方,父义、母慈、兄友、弟共、子孝,内平外成。昔帝鸿氏有不才子,掩义隐贼,好行凶德,丑类恶物,顽嚚不友,是与比周,天下之民谓之浑敦。少皞氏有不才子,毁信废忠,崇饰恶言,靖谮庸回,服谗蒐慝,以诬盛德,天下之民谓之穷奇。颛顼有不才子,不可教训,不知话言,告之则顽,舍之则嚚,傲很明德,以乱天常,天下之民谓之梼杌。此三族也,世济其凶,增其恶名,以至于尧,尧不能去。缙云氏有不才子,贪于饮食,冒于货贿,侵欲崇侈,不可盈厌,聚敛积实,不知纪极,不分孤寡,不恤穷匮,天下之民以比三凶,谓之饕餮。[1]

分析一下以上记载的内在结构,"八元"和"八恺"是古代统治者杰出的十六个后裔,代表十六种品德:齐、圣、广、渊、明、允、笃、诚、忠、肃、恭、懿、宣、慈、惠、和。尽管有很多推测,但这些部族最初的名字内容不完全清楚。[2] 这里的记载表明他们每个人都有一种特定的品质。

　　与这十六个道德良好的后裔相对应的却是古代统治者的四个品德败坏的后代,被称为"四凶"。他们的名字就反映了四种不好的性格特征:浑敦("凶顽")、穷

---

① 洪亮吉:《春秋左传诂》,中华书局,1987年,第389—391页。
② 参见刘文淇《春秋左氏传旧注疏证》,科学出版社,1959年,第600—601页。

奇("庸谗")、梼杌("嚣傲")、饕餮("贪侈")。早期的学者已经注意到这些名字的字义本身暗含了某些特征。[①] 然而,"浑敦"的字面意思也可解释为"大而无形曰混沌"[②],它在其他早期文献中以不同的形式出现,例如《庄子》记载:"中央之帝为浑沌。倏与忽时相与遇于浑沌之地,浑沌待之甚善。倏与忽谋报浑沌之德,曰:'人皆有七窍,以视听食息,此独无有,尝试凿之。'日凿一窍,七日而浑沌死。"[③]《山海经·西山经》中,"浑敦"被用作描述帝江的形容词:"又西三百五十里曰天山,多金玉,有青雄黄,英水出焉,而西南流注于汤谷。有神鸟,其状如黄囊,赤如丹火,六足四翼,浑敦无面目,是识歌舞,实惟帝江也。"[④]"穷奇"被视为"行为恶劣、荒诞"[⑤],但在《山海经》中它涉及两种不同的动物;[⑥]"梼杌"有"顽固"之意;[⑦]"饕餮"之"饕"指贪财,"餮"指贪食。[⑧]

这些词在词汇学上都是联绵多音节词,不是一般的单音节词,并且有一些是复韵母的。尽管古代汉语单音节词占绝大多数,但过度强调这种特性使整体面貌变得模糊。学者们已经发现汉语中有很多双音节词,一些名词,特别是某些专用名,只被当作双音节词来理解,比如"蝴蝶"。[⑨]《左传》记载的"四凶"名字,最好理解为双音节词;但是关于这些词是舶来词还是当地既有词的推测,仍有待证实。[⑩] 卜弼德(Peter A. Boodberg)曾经推测"饕餮"(他的语音复原为 $=<$* grau-gren$)一词起源于汉藏语系,是表示一种野牛($=<$* brong-bri$)的语标。[⑪] 他的观点很有新意,但并不是基于坚实的证据,并且他的汉藏语音学复原的可靠性也未被语言学家接受。

关于"共工"神话的研究,近年有鲍则岳(William Boltz,卜弼德的学生)著文,认

---

① 汉代有两个重要的《左传》注疏本:贾逵的《左氏传解诂》和服虔的《春秋左氏传解》。虽然没有完整的版本流传下来,但其他一些古书诸如《史记正义》保存了一些早期引文。参阅刘文淇《春秋左氏传旧注疏证》,第603—606页,及《史记》,中华书局,1959年,第35—38页。

② 引自《一切经音义》卷十六,上海古籍出版社,1986年,第18页。

③ 郭庆藩:《庄子集释》,中华书局,1961年,第309页。

④ 袁珂:《山海经校注》,上海古籍出版社,1980年,第55—56页。但郝懿行《山海经笺疏》(巴蜀书社,1985年,第28a页)所引《初学记》中没有"沌"字,只有"混"字。

⑤ 见服虔的注解,《史记》第37页注4。

⑥ 袁珂:《山海经校注》,第63页。

⑦ 《说文》中,"梼杶(杌)"意为"断木",见段玉裁《说文解字注》,上海古籍出版社,1981年,第269页,以及《史记》第37页注5。

⑧ 贾逵和服虔的注释,见于刘文淇《春秋左氏传旧注疏证》,第606页。

⑨ 参见 George Kennedy, "The Butterfly Case", in Tien-yi Li, ed., *Selected Works of George A. Kennedy*, Far Eastern Publications, Yale University, 1964, 274 - 322.

⑩ 参见 P. Kratochvil, *The Chinese Language Today*, London, 1968, 65.

⑪ P. Boodberg, "Hu T'ien Han Yüeh Fang Chu 胡天汉月方诸"(1932), in A. Cohen, ed., *Selected Works of Peter A. Boodberg*, University of California Press,1979, 166 - 170.

为"共工"一词的词源是"蛮横的、肆无忌惮的、不受约束的"①。他的结论基于语音学的复原和词汇的分析,而且强调汉语本身的内在关联,而不是外来起源。事实上,像"共工""饕餮"等一些神话人物的名字,都是双音节词,并且有可能是由外来语言翻译的。这些名字没有在商人的信仰系统中出现,可能是由周人引进的,或者是晚些时候才从当地传统中写成文字。即使这样,一旦被记录下来,这些名字与所用的汉字所体现的含义之间的关系是不应该被忽视的。当一个翻译者(或编者)选择某些特殊的字来代表它的发音和含义时,他是有意识地这样做的。例如,我们在《左传》中所看到的"四凶",他们的名字在不同文献里写法不一样。可是,到了以后的版本中,他们的名字就固定下来,一看到"四凶"之名,我们就可以知道"四凶"的个性和特征。

尽管"饕餮"这个词最早是作为双音节词连读,但在《说文解字》里,"饕餮"被当作两个单独的字,"饕,贪也","餮,贪也"。② 这表明那个时候的人们已经把这个双音节词当作两个单独的同义词了。我们需要注意"饕餮"和"贪"之间的关系:它们的语义和语音结构在古代汉语中很接近。在早期文献中,饕(= <* thag)经常与贪(= <* thəm)互换,两者语音上的关系起着很重要的作用。例如,《庄子》中说:"今世之仁人,蒿目而忧世之患;不仁之人,决性命之情而饕贵富。"③这里"饕"字用作动词,表"渴望"之意。我们还可以看到"饕"字在《韩非子》中出现了两次,跟"贪"字连用,作形容词,意为"贪婪的""贪财的":《亡征》:"饕贪而无餍,近利而好得者,可亡也。"《八经》:"贤者止于质,贪饕化于镇,奸邪穷于固。"④

另一个有趣的例子出现在《尚书·多方》(西周)中,"有夏之民叨懫","叨"是"饕"的另一书写形式,⑤"懫(= <* tjit)"被后来的注释家解释为"言忿怒违理也"(《正义》),其实它可能是"餮(= <* thit)"的假借字。⑥ 根据这两个字语音上的通转,《尚书》中的"叨懫"可能就是《左传》中"饕餮"的同名异形。因此,我认为"饕餮"

---

① William Boltz, "Kung Kung and the Flood: Reverse Euhemerism in the *Yao Dian*", *T'oung Pao*, 67: 3 - 5(1981), 141 - 153.

② 段玉裁:《说文解字注》,第 221—222 页。

③ 郭庆藩:《庄子集释》,第 319 页。

④ 陈奇猷:《韩非子集释》,中华书局,1958 年,第 267、1006 页。

⑤ 《说文》说"叨"是"饕"的俗体,可以互换,见《说文解字注》,第 222 页。另外,"叨"字除了见于《多方》中外,也出现于青铜器《叨尊篹》的铭文中,参见徐中舒主编《汉语古文字字形表》,四川辞书出版社,1981 年,第 198 页。

⑥ "懫"字的另一个异体字"鷙",在语义和发音上都和"餮"接近,表示"忿戾也"之意,参见孙星衍《尚书今古文注疏》,中华书局,1986 年,第 462 页。

最初是一个双音节词,并普遍用于描述贪婪的人,这是合理的。

　　更有趣的是,我们可以进一步了解"饕餮"一词是如何被历史拟人化的。《左传》中,"饕餮"指有恶劣品格的人或部族,意为"贪婪之人"。虽然《左传》可能成书于公元前四世纪,但它确实来源于更早的史料。① 鲁国的大史克是第一个讲述"饕餮"故事的人(时间为公元前 609 年的冬天)。春秋时期是著作盛行的时期,早期的神话被作为历史史料记录下来,哲学从宗教中脱离出来。由于周王室的衰落,各诸侯国为土地和权力而战,过去的历史与现实的生存密切相关。因此,出于政治的需要和个人主义的觉醒,历史学变得格外流行。大史克可能作为诸多历史记录者中的一个,从传统和记忆中把遥远过去的一些事情叙述了出来。

　　然而,这里有一个关于"四凶"原型的问题。跟《左传》里的"四凶"一样,《尚书·尧典》中也出现了"四罪": 共工、驩兜、三苗、鲧。后世的注释家明白地把他们与"四凶"联系在一起: 共工＝穷奇,驩兜＝浑敦,三苗＝饕餮,鲧＝梼杌。② 从结构主义的观点看,这种互换关系的主要理由是在叙述结构中他们所扮演的角色十分相似。尽管如此,这个结论仍然需要找到文献中的证据。《尚书·尧典》中记录的叙述内容和背景的确与《左传》近似:帝尧任命帝舜作为他的继任者,"(帝舜)流共工于幽州,放驩兜于崇山,窜三苗于三危,殛鲧于羽山,四罪,而天下咸服"③。《左传》中这样记载:"舜臣尧,宾于四门,流四凶族浑敦、穷奇、梼杌、饕餮,投诸四裔,以御魑魅。"④另外,大史克在他的故事里所引用的句子与《尚书·尧典》中的句子是完全一样的,⑤可是,他所引用的《周礼》中的一些话,在现存版本的《周礼》中已经佚失了。⑥ 另一本被引用的书称为《誓命》,已经失传了,但我们可以从《国语》中发现相同的句子。⑦这些都表明《左传》叙述的故事与先前的史料有着明显的联系。换句话说,如果我们承认《左传》的故事主要采自比它早的《尚书·尧典》,那么,大史克所讲的这个故事是否真的历史事实,确实值得怀疑。

---

① 参见 B. Karlgren(高本汉), "On the Authenticity and Nature of the Tso Chuan", *Goteborgs Hogskolas Arsskrift*, vol.32 - 3, 1926;胡念贻《〈左传〉的真伪和写作时代考辨》,《文史》第 11 辑,1981 年,第 1—33 页。

② 参见《史记》,第 36—38 页。

③ 孙星衍:《尚书今古文注疏》,第 56—57 页。

④ 洪亮吉:《春秋左传诂》,第 391 页。

⑤ 洪亮吉:《春秋左传诂》,第 392 页。孙星衍:《尚书今古文注疏》,第 32—33 页。

⑥ 参见洪亮吉《春秋左传诂》,第 389 页。《周礼》一书在公元一世纪之前被称为《周官》,因此,所引用的《周礼》记载可能另有来源,或者只是大史克自己的杜撰。

⑦ 《国语》,上海古籍出版社,1988 年,第 176 页。如果我们不再坚持旧说,认为《左传》和《国语》是同一个作者(左丘明),这两处引文可能都来自《誓命》已经失传了的更早的版本。

我们并不否认《左传》中的"四凶"可能有自己的最初源头。他们可能来自不同于《尧典》作者所写的更早的神话传说,或者是当地传统故事中的人物,但当他们后来进入文字记录的时候,就改变了自己的样子。为了证实以上的推测,我们可以从一些没有被彻底"历史化"的记录(例如《山海经》)中找寻答案。《山海经》中对"四凶"的描述,就如我前面提到的那样,是一种更原始的形式:"四凶"并不是古代统治者或古老部族的后裔;"穷奇"是两只神话动物的名字;"浑敦"仅仅是描述帝江的一个形容词,而不是一个专门的名字。值得注意的是,在《山海经》这部"早期神话的著名大全"中,并没有关于"饕餮"的记载。然而,学者们认为《山海经》中描述的一种想象中的动物"狍鸮"可能就是指"饕餮":[①]"……有兽焉,其状如羊身人面,其目在腋下,虎齿人爪,其音如婴儿,名曰狍鸮,是食人。"[②]后来的读者很容易把"狍鸮"的描述与"饕餮"联系起来。郭璞在他的《山海经注》中写道:"为物贪惏,食人未尽,还害其身,像在夏鼎。《左传》所谓饕餮是也。狍音咆。"[③]

通过以上文献衍生的分析,我们可以看到后来的编者们如何把先前的资料想当然地使用。这样的例子如《神异经》,一部汇集了早期神话、民间传说的作品,传统上都认为是汉代东方朔所作,实际上并不是出于一人之手。[④] 在这本书的故事编排和描述中,关于"四凶"的章节,很显然是以《山海经》为范本。例如,"饕餮"的描述是:"西南有人焉,身多毛,头上戴豕,性很恶,好息,积财而不用,善夺人谷物。强者夺老弱者,畏群而击单,名饕餮。……《春秋》饕餮者,缙云氏之不才子也。"[⑤]还有,饕餮是一种兽的名字,"羊身人面,目在腋下,食人"[⑥]。《神异经》的作者有两种不同的资料来源,文中的大部分来自《山海经》,一部分来自《左传》,最初的"饕餮"是一种吃人的动物,后来就指行为恶劣、野蛮贪婪的人。这样,"饕餮"的两个突出特征就被

---

① 见朱骏声《说文通训定声》,中华书局,1984年,第313页。他根据读音将"饕餮"和"狍鸮"联系起来,但根据李方桂的上古音复原,饕餮(= <* thag-thit)和狍鸮(= <* brəgu-gjiag),声母韵母都距离较远,很难通转。

② 袁珂:《山海经校注》,第82页。

③ 郭璞:《山海经注》(道藏本),胡道静、陈莲笙、陈耀庭编《道藏要籍选刊》第七卷,中州古籍出版社,1989年,第219页。

④ 许多学者认为《神异经》是公元四世纪的一部伪书,但应该说早在公元二世纪时它就出现了,服虔关于"四凶"的描述就是引自《神异经》。参见洪亮吉《春秋左传诂》,第390—391页。

⑤ 见陶宗仪编《说郛》引文(宛委山堂本,1647年,卷六六,第7—8页)。有的版本有些不同的地方:"西荒中有人焉,面目手足皆人形,而胁下有翼,不能飞,名曰苗民。《书》曰'窜三苗于三危',西裔,为人饕餮淫泆无礼,故窜于此。"《四库全书》版,上海古籍出版社,1987年,第1042—1269页。这里提到来源于一些更早的文献,如《尚书》。

⑥ 引文不见于现存的《神异经》版本,而见于服虔对《左传》的注释中。参见洪亮吉《春秋左传诂》,第391页。

综合在一起,虽然最初并不来源于同一个版本,但自此以后就被联系在一起了。

　　然而,历史记录和神话描述中的"饕餮"并没有提供给我们直接回答商代青铜器问题的答案。我们不能用《左传》或《山海经》中的解释来解读这种双目的青铜纹饰的最初含义,因为这些文献来自商朝以后相当长的历史时期,代表的是后来人的信仰体系。例如,当郭璞注解说"饕餮"是古代青铜礼器上的动物纹饰时,很难说他看到的具体纹饰到底是什么样的;在他开始解读青铜器上的纹饰,或者在整理文献之前,他的观点已经明显地受到《左传》所记录的故事影响,先入为主的观点影响了他的解释。

　　《左传》和《山海经》一般被认为是公元前四世纪前后的资料,这样的话,最好是用它们来帮助理解那个时代的青铜器。东周时期,青铜器的铸造和装饰风格进入了一个新的阶段。青铜器明显地并越来越多地受到南方的影响,有很多纹饰图案与《山海经》所描述的神话人物有对应关系。① 古代青铜器和文献分别都是某种知识结构、审美环境和技术条件的产物。我们如何更好地理解青铜器纹饰与文本诠释之间的关系呢?

宗教学家和伦理学家的解释

　　简单地通过公元前四世纪以来的文献资料,是无法弄清商代和西周早期青铜器上双目纹饰的真实含义的。我前面的分析主要注重"饕餮"一词潜在的语义和文本性演变。在这些文献中,"饕餮"被描述成一种吃人的动物、贪婪之徒。这个定义是构成后来青铜器纹饰的象征性阐释的基础。

　　每一种关于古代青铜纹饰的解释都有它自己的观点和证据来源。接下来,我将以《左传》(前四世纪)和《吕氏春秋》(前三世纪)里的例子来说明人们因所持有的不同视角,而作出对青铜器纹饰的不同阐释。这两部不同时期的记载对于我们的讨论很重要,因为它们代表了不同的立场:礼学家和哲学家。

　　礼学家的例子反映在《左传》所记载的一个故事里。鲁国宣公三年(前606),王孙满与楚子进行了一场对话,应对楚子问周鼎之事,王孙满这样回答:

---

① 蒙文通认为《山海经》是描述南方风土的代表性著作,见其《略论〈山海经〉的写作时代及其产生地域》,收入《古学甄微》,巴蜀书社,1987年,第35—66页。关于东周时期南方青铜器造型与纹饰的讨论,参见 Colin Mackenzie(马麟),"Meaning and Style in the Art of Chu", in Whitfield ed., *The Problem of Meaning in Early Chinese Ritual Bronzes*, London, 1993, 119–149.

　　……在德不在鼎。昔夏之方有德也，远方图物，贡金九牧，铸鼎象物，百物而为之备，使民知神奸。故民入川泽山林，不逢不若，螭魅罔两，莫能逢之，用能协于上下，以承天休。[①]

关于鼎的传说，古文献中有不同的版本。青铜鼎在中国历史上是一种王权的象征，谁真正统治天下，谁就拥有鼎。虽然如此，王孙满义正词严的声明提出了一个重要问题：青铜器及其上面的纹饰具有某种功能和含义。这里的关键词是"禁御不若""协于上下""以承天休"，它们向我们说明了关于古代青铜器的一个新的"辟邪"理论，这已经不再是商人所理解的含义，而是基于周代晚期宗教信念及实践的新阐释。因此，青铜纹饰具有辟邪和通神的功能，这是周代晚期礼学家而不是商代人的解释。那时候，人们并不满意于仅仅使用宗教，而且尝试着对宗教进行解释。

　　在《墨子》（前四世纪）中也记载了一个关于铸鼎的故事，细节稍有出入：

　　　　昔者夏后开使蜚廉折金于山川，而陶铸之于昆吾；是使翁难卜于白若之龟，曰："鼎成四足而方，不炊而自烹，不举而自臧，不迁而自行。以祭于昆吾之虚，上乡！"卜人言兆之由曰："飨矣！逢逢白云，一南一北，一西一东，九鼎既成，迁于三国。"夏后氏失之，殷人受之。殷人失之，周人受之。夏后、殷、周之相受也，数百岁矣。使圣人聚其良臣，与其桀相而谋，岂能智数百岁之后哉？而鬼神智之。是故曰，鬼神之明智于圣人也，犹聪耳明目之与聋瞽也。[②]

象征天命的"九鼎"由夏后开铸造，它们"不炊而自烹，不举而自臧，不迁而自行"，铸造时还作了占卜，青铜鼎明显是一种神物。九鼎的故事被赋予了特殊的意义，而且在中国历史上不止一次地被重复。但这并不意味着它就是商周青铜器产生时最初的意义。

　　与礼学家的阐释背道而驰的，是哲学家基于哲学伦理学背景而对古代青铜器纹饰作出的不同解释。《吕氏春秋》中有一段被频繁引用的记载，它的重要意义在于第一次把"饕餮"与古代青铜器上的纹饰联系起来。引用这段记载的人大都承认文献中的描述与青铜器上的纹饰是一致的，也就是说，当他们读到这段文字，他们的眼前就会浮现出青铜器纹饰。有些人并不同意这个观点，因为他们觉得这段文字描述中关于"饕餮"的客观定义太简单了，只是说饕餮"有首无身"。然而，大部分人都忽

---

① "不逢不若"应读为"禁御不若"，见刘文淇《春秋左氏传旧注疏证》，第 634 页。
② 孙诒让：《墨子间诂》，中华书局，1986 年，第 385—390 页。

视了这段记载的具体语境,以及行文的特殊之处。我们具体分析一下:

《吕氏春秋·先识览》:"周鼎著饕餮,有首无身,食人未咽害及其身,以言报更也。"①(卷十六)

《吕氏春秋》中还有几处相关的对古代青铜器纹饰的描述,这些也都揭示了作者的伦理道德观:

《慎势》:"周鼎著象,为其理之通也。理通,君道也。"②(卷十七)

《离谓》:"周鼎著倕而龁其指,先王有以见大巧之不可为也。"③(卷十八)

《适威》:"周鼎有窃曲,状甚长,上下皆曲,以见极之败也。"④(卷十九)

《达郁》:"周鼎著鼠,令马履之,为其不阳也。不阳者,亡国之俗也。"⑤(卷二十)

很明显,以上这些描述,其作者的目的并不仅仅针对青铜器的纹饰,还掺杂了他们自己的伦理道德观。青铜器的纹饰是作为陈述道德准则的隐喻,这从论述的题目就可以看出来:《先识览》,告诫人不能像"饕餮"一样贪得无厌;《慎势》,以大象来说明为君之道;《离谓》,用人物形象来劝告人不可投机取巧;《适威》,也是用窃曲来告诫人们过犹不及;《达郁》中,鼠是不祥之兆,所以要用马来踩踏,明显受到阴阳学派哲学的影响。从哲学家的角度,青铜器物和纹饰的意义是为伦理说教服务的,至于实物本身存在与否并不重要。

《吕氏春秋》由吕不韦(前290—前235)招募不同学派的学者所写,汇集成书于公元前三世纪后半叶,这是当时不同哲学学派的著作辑本。里面这些关于青铜器纹饰意义的章节很明显地是出自哲学家(伦理学家)之手。与《左传》和《墨子》中的记载相比较,我们能够区分出它们之间不同的态度和阐释方法。这些不同的观点反映了公元前四世纪至公元前三世纪后期这200年间的历史背景的变迁,它们显示了不同的特征和侧重点:一种是基于礼学家的理论与实践,关于古代青铜礼器的功能和意义只能在特定宗教环境里才能被理解;而另一种是以哲学说教的形式出现,更多地有意识地涉及人们的处事原则和伦理准则,随着人文主义的出现和个人主义的觉

---

① 陈奇猷:《吕氏春秋校释》,学林出版社,1984年,第947页。
② 出处同上条,第1110页。
③ 出处同上条,第1179页。
④ 出处同上条,第1282页。
⑤ 出处同上条,第1374页。

醒,这种观点逐渐成了主流。正如孔子所言:"务民之义,敬鬼神而远之,可谓知矣。"①

名不符实:吕大临《考古图》中的"饕餮"

虽然文献中关于"饕餮"的相关资料并不少见,但最早把古代青铜器上的双目纹饰与"饕餮"直接挂钩的是吕大临的《考古图》(1092)。据我们所知,吕大临此书第一次用目录的形式,将青铜器配图加以说明与命名。吕大临除了是一位传统学者外,还是一位真正意义上的美术史学家。吕大临引用了李公麟的说法,把"饕餮"跟青铜器的双目纹饰挂钩,理由如下:

    1.《左传》记载:饕餮是上古统治者的"贪吃"的不肖子孙;

    2.《吕氏春秋》记载:饕餮形象著于鼎上,告诫贪婪的人;

    3. 郭璞在《山海经注》中说道:狍鸮,羊身人面、虎牙人手、腋下有目,这个怪兽就是青铜器上的"饕餮"纹饰。②

基于以上资料,把青铜器上的双目纹饰确认为饕餮似乎不无道理,这种说法至今仍被许多人接受。

然而,如果我们换个角度来理解,那么结论就不同了。青铜器上的这个纹饰很容易被冠以其他名字,这不仅仅是一种毫无根据的猜测,在吕大临将青铜器双目纹饰定名为"饕餮"的同时,就有人提出了不一样的假设。罗泌的《路史》中记载了关于一个上古时候的反叛者蚩尤的故事。黄帝之时,蚩尤造反,被黄帝杀死,他把蚩尤的头砍下来,"后代圣人著其(蚩尤)象于尊彝,以为贪戒"。罗泌的儿子罗苹后来写道:"蚩尤,天符之神,状类不常,三代彝器多著蚩尤之象,为贪虐者戒。其状率为兽形,傅以肉翅。"③可见,宋代也有人把青铜器上的纹饰定名为蚩尤。

《路史》是一部关于古代历史的书,以一种不同于正史的、神话的方式来叙述,它主要取材于古代方士的传统,特别是《丹壶记》(已佚)。④ 关于黄帝与蚩尤大战的故

---

① 刘宝楠:《论语正义》,商务印书馆,1933 年,第 311 页。
② 郭璞除了《山海经注》外,还著有《山海经图赞》,这应该是一个插图本,已失传。对青铜器上纹饰的命名,郭璞可能要早于吕大临。郭璞引用了一些其他文献,参见王谟《汉唐地理书钞》,中华书局,1961年,第 71 页。
③ 《路史》卷三,《四部备要》本,中华书局,1936 年,第 12 页。
④ 葛洪在《抱朴子》中引用了《丹部经》的文字。见王明《抱朴子内篇校释》,中华书局,1982 年,第 334 页。

事见《龙鱼河图》,引自唐人《史记》注。① 我们可以推测,吕大临关于青铜器纹饰"饕
餮"的说法很可能有更早的源头。

因此,我们可以看出：任何一种阐释都是对事物的主观反映,并且有着自身的
局限性。将"饕餮"与青铜器上双目纹饰直接挂钩,从而引出了各种自圆其说的理
论。一些学者意识到"饕餮"作为青铜器纹饰的定名,仅仅是一种约定俗成的习惯,
但这仍然导致了不少谬论。例如,有人认为"饕餮"纹饰是古老部族的一种图腾。②
这些推论只是一种假想,缺少可靠的文本分析。

结 论

以上研究,总结起来有以下几点：

1. 商代青铜器上的双目纹饰与甲骨卜辞中的"𩇜"字之间的关系值得研究,它
们都是同一种文化背景下的产物,并且形式上具有明显的相似性,或许有共同的源
头。青铜器上的双目纹饰给观者一种紧张不安的感觉,甲骨文"𩇜"字从语义学上
表示了一种恐惧的情绪和急躁的行动。语源学研究能够为我们的探索提供一些线
索。但是,在研究的过程中,我们必须谨慎,它们之间的关系不能过分强调,不能想
当然地认为"𩇜"直接代表了这种青铜纹饰,两者之间的联系还有待进一步证实。

2. "饕餮"出现在文献中相对较晚。它最初是个双音节联绵词,作为人格化了
的神话人物的名字。这个词与"贪"有语言学上的联系。在不同的文本传统中,它具
有不同的特征和含义。在历史文献中,"饕餮"被描述成古代统治者的不孝后裔,被
放逐荒野的一个原始部族。在神话资料中,"饕餮"被描述成一种吃人的动物,贪婪
好食。这两种解释后来被糅合在一起,成为"饕餮"的新阐释的基调。

3. 文献中关于古代青铜器及纹饰,有两种最具代表性的阐释(公元前四至前三
世纪)：一是基于宗教实践而强调青铜器的辟邪功能,这被称为礼学家的解释;另一
个是哲学家的传统,他们对青铜器纹饰的阐释更多地与伦理教化、社会功能结合
起来。

4. 最后,为了避免进一步的误导和无谓争论,我建议在讨论青铜器纹饰本身

---

① 张守节：《史记正义》,见《史记》,第 4 页。
② 例如,何光岳《饕餮氏的来源与饕餮(图腾)图像的运用和传播》,《湖南考古辑刊》第 3 辑,1986 年,第
200—208、199 页。

时,以"双目纹饰"来代替"饕餮纹"一词。如果我们承认,"饕餮"一词的含义并不是商人所理解的最初含义,并且这种后来的解释是基于"辟邪"和"告诫贪婪之人"两种不同理论的话,我们实在没有理由继续将上古青铜器上的双目纹饰称为"饕餮纹"。

原文"A Textual Investigation of the Taotie",in Roderick Whitfield,ed.,*The Problem of Meaning in Early Chinese Ritual Bronzes*,*Colloquies on Art & Archaeology in Asia* No. 15,Percival David Foundation of Chinese Art,School of Oriental and African Studies,University of London,1992. 刘含译。

另一个世界的面孔

——古代墓葬出土的玉面罩

用玉器随葬是中国墓葬中的一个常见现象,汉代(前 206—220)葬玉主要有四种类型:(1) 琀——把玉器放入嘴里;(2) 塞——把玉器塞进鼻、耳等九窍之中;(3) 握——把玉器放在手里握住;(4) 衣——用玉片制作成玉衣。判定是否葬玉的狭义标准是,它是否专门为尸体而制作。① 河北满城出土的刘胜及妻窦绾的墓(还有其他几座汉墓)中发现的随葬金缕玉衣让考古学家惊讶不已,这引起了他们极大的研究兴趣。② 卢兆荫和夏鼐最早提出,汉代金缕玉衣的前身是更早的随葬玉面罩,在东周时期就已经十分流行用玉片组成玉面罩,以及简单的覆盖上半身的玉衣作为随葬品。③ 本文要讨论的是公元三世纪以前,墓葬中发现的玉面罩。根据最新的考古发现,我们将追溯早期随葬中玉面罩使用的发展过程,讨论这一特定习俗的复原和阐释的有关问题。

大多数古代玉器都发现于墓葬中,可是,要在随葬品里把葬玉与其他的玉装饰品区分开来,并不是一件容易的事。所谓葬玉是指特为尸体制作的玉器。早在新石器时代已出现用玉器随葬。一些玉器可能与随葬礼制相关,许多玉器出土于商代(前 1800—前 1027)或商以前的墓葬。例如,1976 年小屯发现的妇好墓出土了 755 件玉器,有一些特别小的刻有动物形状的玉坠饰,可能是用作尸体装饰。但是,考古

---

① 那志良在《古玉论文集》(台北,1983 年)中把发现在棺椁和墓葬中的玉圭、玉璋、玉璧、玉琥、玉璜、玉饰品和玉册都列为葬玉。有关文献和讨论,参见刘铭恕《中国古代葬玉的研究——注重珠衣玉匣方面》,收入《古玉论文集》,第 520—533 页。

② 参见卢兆荫《试论两汉的玉衣》,《考古》1981 年第 1 期,第 31—58 页;《再论两汉的玉衣》,《文物》1989年第 10 期,第 60—67 页。

③ 见上注。夏鼐:《汉代玉器——汉代玉器中传统的延续和变化》,《考古学报》1983 年第 2 期,第133—137 页。卢兆荫当时认为最早的玉面罩是东周时期,但最近的考古发掘将其追溯到了西周晚期。

发掘中直到西周早期前段都没有出现玉衣和玉面罩。^① 到了西周中期，玉面罩似乎变成随葬体制的一个重要部分。下面，将简要地介绍一下有关资料。

1983—1986 年中国社会科学院考古研究所在陕西省长安县张家坡发掘了 400 座墓葬，一些是西周时期井叔氏族墓。^② M157 在发掘前已被严重破坏，出土 5 块绿色玉片，被考古学家识别为玉面罩的部分组件：一片为眼睛形状，一片为眉毛形状，一片为鼻子形状，一片为耳朵形状，一片为嘴形状。这些玉片表面都刻有人面部特征，都很写实。玉片背面边缘钻有斜孔，表示这些部件原来是跟织物缝在一起的，也许是缝在一块丝绸上，盖在死者面部。通过对墓葬中其他文物的研究，尤其是有铭文的青铜器，该墓的时代为西周中期（前 975—前 875）大约懿王时期。这座墓有两条墓道并且形制巨大，死者应属于井叔家族高级贵族。^③

张家坡 M303 中出土的面罩有 19 块玉片，比 M157 那件要完整得多。这些玉片是发青或黄色的蛇纹石，制作成眼睛和鼻子的形状，但有 4 片上面刻龙纹和云纹，还有 7 片较小的三角形玉片，可能用作面罩边缘的坠饰（图 1）。因为这座墓曾经被盗，原始状态已被毁坏，想完全复原玉面罩的具体位置很困难。^④ 这座墓的时代属于西周晚期。

1990 年河南省文物局和三门峡考古队在上村岭发掘了一组西周晚期虢国墓葬。M2001 未经扰乱，出土了一套完整的玉面罩，这让我们可以较容易地将面罩复原（图 2），玉片包括眼睛、眉毛、额头、鼻子、耳朵、嘴、脸颊、下巴和胡子。^⑤ M2006 也发现有玉面罩，但是考古报告没有详细说明，只是初步介绍有一部分动物形状（龙、虎、小鸟、兔子）的面罩组件。^⑥ 上村岭的两座墓葬都属于西周晚期。

---

① Christian Deydier, *XVIe Biennale des antiquaries*, Paris, 1992，14 - 17. 该书中发表了一件玉面具，由 16 个玉片组成，雕刻出眼睛、眉毛、鼻子、嘴等五官特征，玉片的背面钻有斜孔，表明可以用线连缀起来。作者根据风格（有点类似出土的青铜面具）把它定为商代晚期/西周早期铜面具的风格，但是，由于缺乏考古出土背景资料，我们不能判断商代是否使用玉面具随葬。

② 中国社会科学院考古研究所：《长安张家坡西周井叔墓发掘简报》，《考古》1986 年第 1 期，第 22—27 页。

③ 张长寿：《西周的葬玉》，《文物》1993 年第 9 期，第 55—59 页。

④ 见上注。张长寿认为三角形玉片是牙齿，不是边缘上的缀件，他的复原漏掉了原来作为眉毛和脸颊的 4 片。

⑤ 河南省文物研究所、三门峡文物工作队：《三门峡上村岭虢国墓地 M2001 发掘简报》，《华夏考古》1992 年第 3 期，第 104—113 页。可是，考古报告中的复原跟《中国玉器全集》（杨伯达主编，第二卷，河北，1993 年，图版 296）中发表的图片不一致，原来一块半圆形玉片被认为是下巴，在此图中重新拼为缀饰。

⑥ 河南文物考古研究所、三门峡文物工作队：《上村岭虢国墓地 M2006 的清理》，《文物》1995 年第 1 期，第 4—31 页。

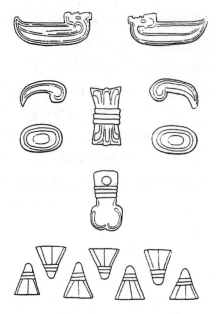

图 1　张家坡 M303 出土面罩复原,见 张长寿《西周的葬玉》,《文物》 1993 年第 9 期,插图 6.3

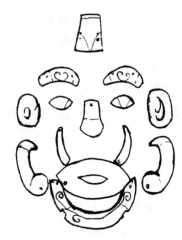

图 2　上村岭 M2001 出土面罩复原,见河 南省文物研究所、三门峡文物工作 队《三门峡上村岭虢国墓地 M2001 发掘简报》,《华夏考古》1992 年第 3 期,插图 3

　　最重要的发现是,1992—1994 年,北京大学文博学院和山西省考古所在北赵和 天马曲村发掘了西周晚期晋国诸侯墓葬,出土了 7 套玉面罩。M8 出土的玉面罩由 52 个玉片组成(图 3),据发掘者观察,[1]这个面罩应该有两层(甚至可能是两套玉面 罩重叠在一起):上面的一层有 19 片,代表脸上各部分,8 片小三角形,还有一些是 周围的挂饰;下面的一层,玉片的形状类似眼睛、鼻子、嘴,另外还有刻成虎形和人形 的玉件。上面那层玉面罩,鼻子是用柄形器改制的。

　　M31 墓主应该是 M8 墓主的夫人,[2]墓中出土的玉面罩由 79 个玉片组成 (图 4),用了许多小玉片和旧玉片改制。M64 是曲村墓地中最大的墓葬,应是晋国 诸侯墓,墓中也出土了一套玉面罩,但目前只是初步介绍,未作详细说明。[3]

① 北京大学考古系、山西省考古研究所:《天马—曲村遗址北赵晋侯墓地第二次发掘》,《文物》1994 年第 1 期,第 4—28 页。
② 同上注,第 22—33 页。
③ 同上注,第 4—21 页。

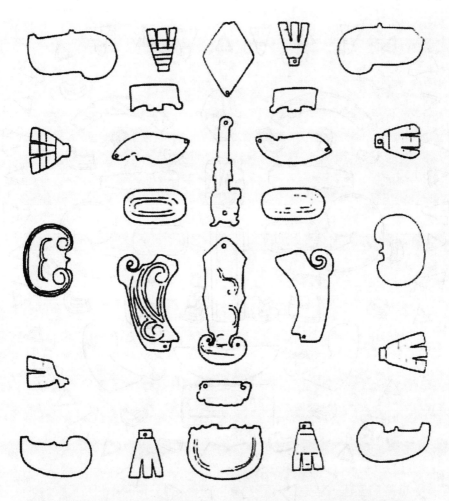

图 3　侯马曲村 M8 出土面罩复原,见北京大学考古系、山西省考古研究所《天马一曲村遗址北赵晋侯墓地第二次发掘》,《文物》1994 年第 1 期,插图 33

第四套玉面罩由 48 片组成,出土于 M62(图 5),这套面罩的玉片,从玉质到雕刻都比前面提到的那两套精美许多,每片都由青玉制作,上面刻有虎、龙、熊、云形象的图案。考古学家认为这座墓埋的是诸侯邦父的第一个夫人。

近期发掘的三座墓葬中也出土了玉面罩。M91(图 6)的玉面罩有 24 片,其中只有眼睛和坠饰是专门制作的,其他部件都是死者生前使用过的玉器再利用。墓主是男性,应该是地位较高的贵族。M92 墓主是女性,可能是 M91 墓主的夫人。M92(图 7)出土的玉面罩有 23 片,可能跟 M8 出土的那件一样,分为两层(或两套),埋葬时将一层压在另一层的上面,玉片的设计和雕刻比起 M91 那套更加精致和用心。

图4　侯马曲村 M31 出土面罩复原，见北京大学考古系、山西省考古研究所《天马—曲村遗址北赵晋侯墓地第四次发掘》，《文物》1994 年第 8 期，插图 7

有趣的是，出土时，上面那层的玉片正面是朝下放置的，表示不是像通常理解的那样，将玉片放在上面，布或丝绸里子贴在脸上。M93 与 M91、M92 没有关系，墓主为男性，此墓出土的玉面罩有 31 片（图 8），出土时，玉片雕刻面也是向下的。[1]

① 北京大学考古系、山西省考古研究所：《天马—曲村遗址北赵晋侯墓地第五次发掘》，《文物》1995 年第 7 期，第 4—39 页。

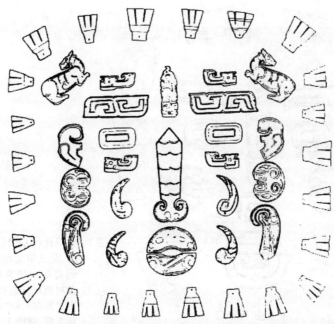

图 5　侯马曲村 M62 出土面罩复原，见北京大学考古系、山西省考古研究所《天马—曲村遗址北赵晋侯墓地第四次发掘》，《文物》1994 年第 8 期，插图 19

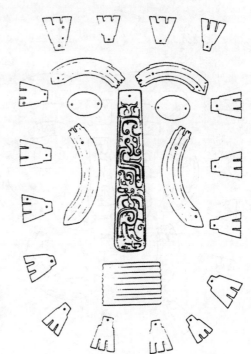

图 6　侯马曲村 M91 出土面罩复原，见北京大学考古系、山西省考古研究所《天马—曲村遗址北赵晋侯墓地第五次发掘》，《文物》1995 年第 7 期，插图 10

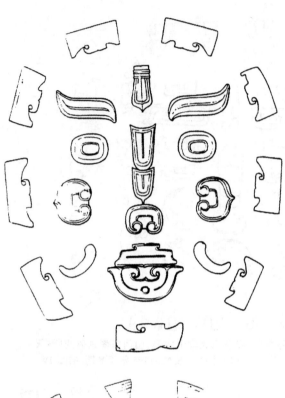

图7　侯马曲村 M92 出土面罩复
　　　原,见北京大学考古系、山
　　　西省考古研究所《天马—
　　　曲村遗址北赵晋侯墓地第
　　　五次发掘》,《文物》1995 年
　　　第 7 期,插图 17

图8　侯马曲村 M93 出土面
　　　罩复原,见北京大学考
　　　古系、山西省考古研究
　　　所《天马—曲村遗址北
　　　赵晋侯墓地第五次发
　　　掘》,《文物》1995 年第 7
　　　期,插图 49.1

　　这些例子的年代属于从西周中期后段到东周早期,显示当时随葬玉器已成为丧葬习俗,而玉面罩是贵族墓葬中的一种重要器物。除了使用玉面罩和玉配饰外,死者嘴里还放入碎玉。随葬玉器的风尚一定是随着当时祭祀习俗的改变而变化的,反映在祭祀用品的制作和使用方式上。罗森(Jessica Rawson)观察到,[①]西周中期玉器和青铜器出现了新的装饰风格,玉器的风格更复杂化和多样化,青铜器的变化相对滞后。

　　东周时期物质文化发生极大变化,随葬玉面罩这一时期也经历了一些改变。有一件不是由考古发掘获得的玉面罩很重要,它是 1994 年由一位海外华裔捐赠给中国国家博物馆的(图 9)。这套玉面罩共有 32 片,雕刻有龙、蝉、云、兽面纹等,雕工精美,略显抽象,都是当时流行的纹饰图案,代表了春秋时期典型的装饰风格。[②]

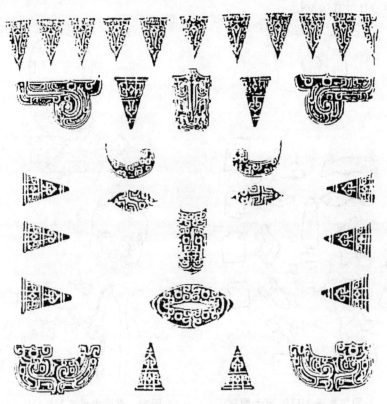

图 9　中国历史博物馆收藏私人捐赠面罩,见易苏昊《春秋缀
　　　玉覆面人记》,《收藏家》1994 年第 7 期,第 49 页

---

①　Jessica Rawson (assisted by C. Michaelson), *Chinese Jade*, *from the Neolithic to the Qing*, London, 1995, 45 - 53.

②　易苏昊:《春秋缀玉覆面人记》,《收藏家》1994 年第 7 期,第 48—49 页。

　　1950年代,当时的中国科学院(现社会科学院)考古研究所在河南省洛阳市中州路发掘了大量东周战国时代的墓葬,其中不少出土了玉片和石片(考古报告中普遍描述为石而不是玉),出土时覆盖在死者的脸部和身体上。[①] 例如,M1316出土了一套面罩的组件(图10),有眼睛、眉毛、鼻子、嘴形状,这样的组合具有一定的意义。除了两个椭圆形的玉片代表眼睛,应该是专门制作的以外,没有模仿具有面部特征的玉器,而是用其他形状的玉器组成:眉毛、脸颊和下巴是8片动物形状的玉片,嘴和鼻子也是用不规则的玉片,周围10片矩形玉片,边缘钻有小孔。使用矩形或不规则玉片很值得注意。例如,M1和M467出土的玉面罩只是由边缘有小孔的玉片组成(图11)。类似的玉片在死者颈部和胸部也有,这意味着,它们像面罩一样用来覆盖死者身体的其他部位。

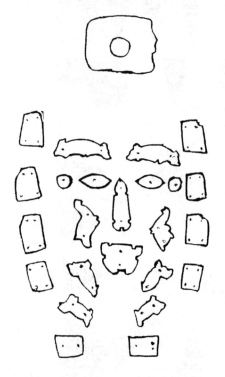

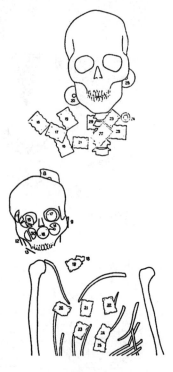

图10　洛阳中州路 M1316 出土面罩复原,见中国科学院考古研究所《洛阳中州路(西工段)》,科学出版社,1959年,插图62.2

图11　洛阳中州路 M1、M467 出土石片位置图,见中国科学院考古研究所《洛阳中州路(西工段)》,科学出版社,1959年,插图86、88

---

① 中国科学院考古研究所:《洛阳中州路(西工段)》,北京,1959年,第116—123页。

用玉面罩随葬一直延续到西汉早期。江苏徐州发现的两个例子代表了东周后期的两种典型风格,它们都是从先前的形制演化而来的:第一件是子房山出土(图12),面罩使用玉片制成的眼睛、鼻子、嘴等五官,颇具古风;另一件是后楼山出土(图13),薄玉片用线串联起来盖在脸上,和玉衣的制作技术一样。到了公元前二世纪后半期,覆盖整个身体的玉衣开始流行,玉面罩逐渐减少,甚至退出主流。这与墓葬中的其他变化有一定关系,反映了汉代墓葬制度的转型。① 随葬玉面罩在汉代之后还延续了很长一段时间才消失,不一定用玉,其他常见的材料包括漆器和纺织品等。②

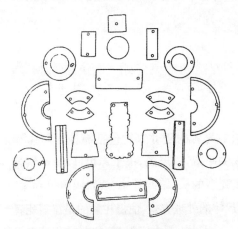

图12 徐州子房山 M3 出土面罩复原,见李银德《徐州出土西汉面罩的复原研究》,《文物》1993 年第 4 期,插图 2

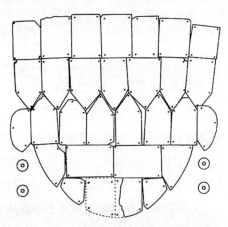

图13 徐州后楼山西汉墓出土面罩复原,见李银德《徐州出土西汉面罩的复原研究》,《文物》1993 年第 4 期,插图 3

如果能复原埋葬仪式和活动,随葬玉面罩的习俗就更加容易理解。一些同时代的文献有助于这方面的研究。《周礼》中有大量随葬玉器的资料,③例如有专门负责管理宫廷玉器的官员,称为"典瑞";各种各样的玉器用于隆重的葬礼上,碎玉放入死者嘴里,而且,把传统的礼玉,如玉璧、玉圭、玉琮等穿起来,放在死者身上。④ 这些文献记录的时代似乎要早于随葬玉面罩的使用。

---

① 卢兆荫:《试论两汉的玉衣》(第 57 页)已经指出了这点。
② 1950 年代,中国考古学家在新疆发掘了一组六—七世纪的墓葬,在墓葬中发现了 32 套丝绸面罩。有学者认为面罩是从寒冷气候下保护头部的"面衣"演变而来。它们的复原跟古代墓葬里出土的面罩很不一样。参见王炳华《覆面眼罩及其他》,《新疆考古三十年》,乌鲁木齐,1983 年,第 662—665 页;武伯伦《关于"覆面"》,《新疆考古三十年》,乌鲁木齐,1983 年,第 660—661 页。
③ 《周礼》的年代有争议,传统认为是汉代刘向编撰,但包含了许多早期的材料。关于《周礼》的介绍,参见 M. Loewe, ed., *Early Chinese Texts: A Bibliographical Guide*, Berkeley, 1993, 24 - 32.
④ 参见孙诒让《周礼正义》卷三九,北京,1987 年,第 1597 页。

另一部礼书《仪礼》中有关于随葬玉面罩的直接记载。① 其中《士丧礼》在描述葬礼和随葬衣物时,提到了布巾和幎目(眼罩):

> 陈袭事于房中,西领,南上,不绩。明衣裳,用布。鬠笄用桑,长四寸,纋中。布巾,环幅,不凿。掩,练帛广终幅,长五尺,析其末。瑱,用白纩。幎目,用缁,方尺二寸,赪里,著,组系。握手,用玄,纁里,长尺二寸,广五寸,牢中旁寸,著,组系。决,用正王棘,若择棘,组系,纩极二。冒,缁质,长与手齐,赪杀,掩足。爵弁服、纯衣、皮弁服、褖衣、缁带、韎韐、竹笏。夏葛屦,冬白屦,皆繶缁绚纯,组綦系于踵。庶襚继陈,不用。

> ……

> 商祝掩,瑱,设幎目,乃屦,綦结于跗,连绚。乃袭,三称。明衣不在算。设韐、带,搢笏。设决,丽于腕,自饭持之,设握,乃连腕。设冒,櫜之,幠用衾。巾、柶、鬠、蚤埋于坎。②

这段文字描述了社会上有身份的人的葬礼:死者的随葬衣物包括有掩盖尸体和裹头的布料、白色棉花做成的耳塞,还有丝绸眼罩,外层黑,里子赤色,以及丝织品握手和手套等。入棺前必须一步步做好裹死者的头、填塞耳朵、放置眼罩等程序。

《士丧礼》不厌其烦地描述了随葬品和尸体的处理方式,值得注意的是覆盖死者头部或眼部的两个地方,它对应了我们前面介绍过的考古资料,例如曲村墓葬中发掘的两套玉面罩。文字描述中没有提到使用玉器,因为《士丧礼》是关于社会身份较低的士级而不是诸侯和高级贵族,贵族使用的玉面罩没有被记录下来。当时严格规定并实施丧葬仪式,例如,《礼记·丧大记》中写明了埋葬仪礼,棺椁的数目及棺饰必须符合死者的身份地位。③ 这种情况下死者的待遇和生前一样,随葬品的材质显示了死者的财富和社会地位。

我们需要解决的主要问题是:为什么古代中国人用玉面罩随葬? 其他古文化中也有类似情况:古埃及人用黄金为已故的国王做面罩,南美洲也有用玉面罩随葬的传统。但我们不能由此推论所有的传统和习俗都遵循一个普遍原则,每个地方都有独特之处和自己的答案。古老的近东风俗中制作具有代表性的面具是模仿真人;墨西哥早期随葬面具多用宝石和陶制成,早期特征明显单一,但造型越来越仿真化。

---

① 《仪礼》成书的年代大约在公元前五—前四世纪,由孔子的门生所著。关于《仪礼》的进一步研究,参见沈文倬《略论礼典的实行和仪礼书本的撰作》,《文史》第15辑,1982年,第27—41页,第16辑,第1—19页。
② 胡培翚:《仪礼正义》卷二六,南京,1993年,第1702—1708页。
③ 孙希旦:《礼记集解》卷四四,北京,1989年,第1179—1191页。

对比之下，虽然古代中国墓葬中的玉面具形制不一，其却并非模仿真人形象。①

中国人深信玉是一种有灵性的石头，能保护尸体不腐烂。这种观念在汉代很流行。班固的《汉书》中记载了杨王孙的话："口含玉石，欲化不得，郁为枯蜡，千载之后，棺椁朽腐，乃得归土，就其真宅。"②他对用玉随葬不满，认为玉放在嘴里会导致尸体不能化解而变得干燥，只有千年之后，棺材腐烂，身体最终回到土壤才算定居在真正的家。许多历史记载都是关于因随葬玉器，死者尸体保存完好的例子。例如，史料提到西汉末年，赤眉军起义，攻陷咸阳，"发掘诸陵，取其宝货，遂污辱吕后尸。凡贼所发，有玉匣敛者率皆如生，故赤眉得多行淫秽"③。

一些古代哲人更关注玉器的社会功能。选择不同质地的材料、设计、雕刻等因素显示了死者的社会地位。荀子（前313—前238）写道：

> 丧礼者，以生者饰死者也，大象其生以送其死也。故事死如生，事亡如存，终始一也。始卒，沐浴、鬠体、饭唅，象生执也。不沐则濡栉三律而止，不浴则濡巾三式而止。充耳而设瑱，饭以生稻，唅以槁骨，反生术矣。设亵衣，袭三称，缙绅而无钩带矣。设掩面儇目，鬠而不冠笄矣。书其名，置于其重，则名不见而柩独明矣。荐器：则冠有鍪而毋縰，瓮庑虚而不实，有簟席而无床第，木器不成斫，陶器不成物，薄器不成内，笙竽具而不和，琴瑟张而不均，舆藏而马反，告不用也。具生器以适墓，象徙道也。略而不尽，貌而不功，趋舆而藏之，金革辔靷而不入，明不用也。象徙道，又明不用也，是皆所以重哀也。故生器文而不功，明器貌而不用。凡礼，事生，饰欢也；送死，饰哀也；祭祀，饰敬也；师旅，饰威也。是百王之所同，古今之所一也，未有知其所由来者也。故圹垄，其貌象室屋也；棺椁，其貌象版盖斯象拂也；无帾丝歶缕翣，其貌以象菲帷帱尉也；抗折，其貌以象槾茨番阏也。故丧礼者，无他焉，明死生之义，送以哀敬，而终周藏也。故葬埋，敬藏其形也；祭祀，敬事其神也；其铭诔系世，敬传其名也。事生，饰始也；送死，饰终也；终始具，而孝子之事毕，圣人之道备矣。刻死而附生谓之墨，刻生而附死谓之惑，杀生而送死谓之贼。大象其生以送其死，使死生终始莫不称宜而好善，是礼义之法式也，儒者是矣。④

---

① 关于中国早期艺术中人物形象再现性的研究，参见 L. Kesner, "Likeness of No One: (Re) Presenting the First Emperor's Army", *The Art Bulletin*, 77: 1 (March 1995), 115-132. 他认为跟其他古代社会的艺术形成鲜明的对比，中国古代艺术中缺乏关于人神形象和活动的再现。

② 班固：《汉书》，北京，1962年，第2908—2909页。

③ 范晔：《后汉书》，香港，1971年，第483—484页。

④ 《荀子·礼论》。英文翻译见 John Knoblock, *Xunzi: A Translation and Study of the Complete Works*, vol.3, Stanford, 1994, 67.

荀子认为，随葬仪礼中使用随葬品应该与生前是一样的，"事死如生"，对待死者和对待生者是一样的。这段文字中描述的墓葬情况与《仪礼》十分近似。罗森（Rawson Jessica）认为，玉器是个人财富，反映自己的社会阶层地位，玉器在墓葬中象征着他们的权利，玉面罩和玉衣在另一个世界里有着相同的功能，保护墓主免受恶魔侵害。①

　　然而，不同人的角度会有所不同。这里可以举一个有趣的唐代墓志铭中的例子，唐朝时，朝廷重臣刘濬的夫人李氏，出身名门望族，知书达理，临终前对她的家人说："古有失行者耻见亡灵，所以用物覆面，后人相习，莫能悟之，吾内省无违，念革斯弊。"②可见唐朝时仍然流行死者随葬用面罩的习俗，但是，并不是所有的人都遵从。李夫人可谓是具有独立思想的反潮流者。

　　对玉面罩的阐释可以从社会学、心理学、经济学或象征理论的角度入手。如果我们想进一步地了解它的深层意义，必须尽可能地复原玉器在中国思想中概念化的具体过程，由此分析它隐含的象征性结构。

　　牟永抗提出中国历史上使用玉器分为三个阶段，它与人们的思想观念变化有关。第一个阶段是新石器时期，玉器是神秘和神圣的；第二阶段是商周时期，玉器个人化了，与礼制和行为道德有关；第三阶段是唐宋时期，玉器已世俗化。牟永抗还指出，玉器随葬的繁盛时期主要是第二阶段后期，玉器的装饰和随葬功能取代了它用作祭祀礼器的功能，尤其是玉器成为专门保护尸体不腐朽的工具。③学者还观察到，这一时期玉器普遍被与圣贤的美德联系起来，或是扮演重要哲理的隐喻。④巫鸿在一篇论文里提出，有名的刘胜金缕玉衣标志着人们观念的转变，汉代人似乎认为通过用玉，人的身体也能转化为玉。⑤

　　在观念转变过程中有两方面因素起到关键作用，玉器最大的价值在祭祀和礼制中，因为它含有"精气"，能够帮助人与神灵界沟通。关于隐藏在玉器中的"精气"的讨论，裘锡圭先生将中国人认为的"精"与波希米亚宗教中的"mana"作了有趣的

① Rawson, *Chinese Jade*, *from the Neolithic to the Qing*, 52.

② 《刘濬墓志铭》，见周昭良、赵超《唐代墓志汇编》，上海，1992年，第1365—1366页。

③ 参见牟永抗《古玉考古学研究的自我认识》，伦敦大学亚非学院中国玉器研讨会提交论文，1993年11月17日，第114—134页；顾森《悟性、灵性、品性、情性——中国石文化的认识演进》，《文艺研究》1994年第3期，第114—134页。

④ Sarah Allan, "The Meaning of Jade in Early Chinese Philosophy and Ritual" (unpublished manuscript, 1995).

⑤ Wu Hung, "Princes of Jade Revisited: Han Material Symbolism as Observed in Mancheng Tombs", in Rosemary E. Scott, ed., *Chinese Jades*, London, 1997, 147 - 170.

比较,①"mana"是一种看不见的力量,存在于各种形式的物质尤其是珍贵的石器中,这些石器不仅是装饰品,而且是获得财富、长寿、子孙藩衍的工具,而且有保存尸体的功效。

汉代丧葬仪礼透露出,人们渴望死后保存尸体,汉代的灵魂不灭观念起着显著的作用。古代中国信仰里,灵魂由"魂""魄"两部分组成。《左传》昭公七年(前535)记载,赵景子问子产,人死了会不会变成鬼。子产曰:"能。人生始化曰魄,既生魄,阳曰魂,用物精多,则魂魄强,是以有精爽,至于神明,匹夫匹妇强死,其魂魄犹能冯依于人,以为淫厉,况良霄。我先君穆公之胄,子良之孙,子耳之子,敝邑之卿,从政三世矣,郑虽无腆,抑谚曰,蕞尔国,而三世执其政柄,其用物也弘矣,其取精也多矣,其族又大,所冯厚矣,而强死,能为鬼,不亦宜乎?"②这就是说,一个人用物(包括玉器)多,取得的"精"也多,魂魄也就强大。但是,如果死者的灵魂没有得到很好的处理,它们就会伤害活着的人。所以,严格遵循葬礼变得十分重要。

罗伯特·哈玛茵(Roberte Hamayon)在研究西伯利亚萨满教中,注意到葬礼中受雇佣的萨满教祭司做法事,确保收回死者灵魂;那些异常死亡的人,比如说难产而死的妇女,其灵魂很难重生再世。哈玛茵还观察到,西伯利亚猎人相信猎物的骨头和死人骨骼一样,内含精气,必须进行祭祀,让骨头里的灵魂出来,再次轮回投生。③

葬礼中使用玉面罩或面具可能跟这种意识观念有关系。亨利·贝纳特(Henry Pernat)在研究世界各地的面具仪礼中,发现为死者制作随葬面具的基本动机是,一方面防止死者鬼魂继续徘徊游荡在活人中(祭祀是提供一种新的支持、鼓励或强制死者离开人生活的地方,让他们看到精灵的世界),另一方面确保死者到达人世之外的另一个合适的地方。④

这种念头似乎在中国古代随葬玉面罩的制作过程中显现出来。尽管重复使用许多旧玉,但玉面罩的眼部一般还是专门制作的,而且眼睛总是睁开的,暗示死者可以看见,而且还活着。玉器内含有精气,能帮助灵魂轮回,而且,玉面罩所用的玉上常常雕刻虎、龙、蝉等动物,它们似乎有神奇的力量确保死者顺利过渡到另一个世界。我们可以把中国古代随葬的玉面罩与因纽特人的萨满面具进行比较,萨满教祭

① 裘锡圭:《稷下道家精气说的研究》,《道家文化研究》第2辑,1992年,第180—185页。
② 杨伯峻:《春秋左传注》,北京,1990年,第1292页。
③ R. Hamayon,"An Essay on 'Playing' as a Basic Type of Ritual Behavior",伦敦大学亚非学院比较宗教学(The Louis H. Jordan Lectures in Comparative Religion)1995年年度演讲。
④ H. Pernat, *Ritual Masks: Deceptions and Revelations*, L. Grillo trans., South Carolina, 1992, esp.102.

司举行仪礼时带着有动物装饰的面具,面具之下,他能访问神灵,而动物装饰加强了他与神灵世界沟通的能力。① 当然,古代中国墓葬中的死者不是萨满教祭司,但他们比起普通民众有较高的社会地位,以及相伴的强大的精神力量,能使他们更好地进入另一个世界。换句话说,他们的财富提供了优越的机会。

总而言之,阐释随葬玉面罩的第一步工作是把葬玉跟其他玉器区分开来,比如说墓葬中的祭祀礼器和装饰品。首先,死者的玉面罩不是在生前使用的。其次,中国玉器发展观念决定了日常生活和其他各种宗教活动中玉器的使用方式,这里灵魂不灭的信仰起了重要作用。再次,丧葬制度往往随着礼制制度改变而发生变化,于是,只有将文献资料和考古资料结合,仔细分析,才能合理解释随葬玉面罩的意义。

补记: 本文首次宣读之后,又有许多重要著作和新资料出现。今后的研究必须把这些考虑进去。最重要的是,1995—1996 年,考古学家抢救性发掘了山东长青县的汉墓 M1(《考古》1997 年第 7 期,第 1—9 页),墓主是汉武帝时期的一位大臣。出土的玉面罩由 18 片玉组成,表示鼻子的玉片为荸荠形,雕镂空旋纹,其他的玉片表面打磨光滑,边沿上钻有小洞,表明原来是用线串连起来的。这个玉面罩是过渡形态的代表,与子房山和后楼山汉墓出土的玉面罩相比较,形态上它比较接近子房山的古代风格,但它的制作技术和后楼山的相似,都是用线将玉片串起来。

我们还要感谢荣新江教授告知中亚游牧民族随葬面具研究的新状况,特别是本柯(M. Benko)关于大迁徙时期(公元一世纪)欧亚游牧民族随葬面具的论文(*Acta Orientalia Academine Scientiarum Hung Tomus* XLVI(2 - 3), 1992 - 3, 113 - 131)。本柯认为中亚随葬的面具多使用贵金属(金、银、铜)制作,缝到丝绸面罩上,这种传统是从地中海通过丝绸之路传到欧亚草原地区的。我们的看法有些不同,正如他已经观察到的,这一地区随葬面具是缝在丝绸面罩上,这跟中国古代通常将玉件缝到丝绸面罩上的做法如出一辙,欧亚草原的那些面具可能是受到中国传来的影响,是中国古代礼制遗风和当地文化结合的产物。

原文"The Face of the Other World: Jade Face-Covers from Ancient Tombs", in Rosemary E. Scott, ed., *Chinese Jades*, *Colloquies on Art and Archaeology in Asia* No. 18, Percival David Foundation of Chinese Art, University of London, 1997. 单月英译。

---

① 参见 Robert Layton, *The Anthropology of Art*, Cambridge, 2nd Edition, 1991, 193 - 198.

人物、动物、怪物

——对中国早期艺术的一点观察

一、人物造形

凡是对艺术史略有所知的人都知道，在中国的早期艺术，尤其是雕塑艺术品中，比较缺乏表现人物形象的造型，虽然艺术史专家们都尝试解释这一现象，但是一直没有较为成功和具有说服力的研究成果。在半个世纪里，一些十分重要的考古发现改变了我们原先对中国艺术的认知。现在，依据这些重要的新证据，我们对于中国早期艺术中的人物表现形式这一问题，已经能够提出一些初步而积极的观察。

首先，与古代埃及和近东地区的表现国王和神灵的巨大石质雕塑相比，中国的早期文明似乎更倾向于泥塑艺术传统。在黄河流域的早期农耕文明中，新石器时代的仰韶文化以它的彩陶闻名于世。仰韶陶工们以几何纹样和植物纹样装饰陶器，同时，动物和人物图案也以写实的方式得到表现。研究者们尝试解读新石器时代的艺术装饰主题，陶器上绘制的人脸通常被解释为可以与动物和神灵进行沟通的萨满巫师。但是，仔细观察这些人物面孔，有的表情丰富，变化多端，可能代表了不同的内在感情和情绪表达(图1)。

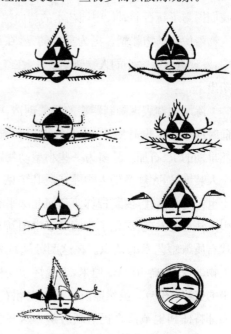

图1　陕西出土仰韶文化彩陶绘人面

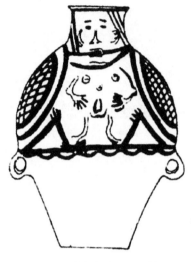

**图2 甘肃出土马厂文化
彩陶罐浮雕人像**

史前时期的制陶工匠也尝试对他们的材料进行立体处理,例如,在一件马厂文化时期的陶罐上装饰有人物形象,人物头部绘于陶器的窄颈之上,器身上用平面绘画和浅浮雕的手法表现出人物的脸部、胸部以及被着重强调的生殖器官(图2)。这些特征使这件陶罐充满了独一无二的雕塑艺术特色。另一个例子也是马厂文化的陶制水壶或水瓶,或者整个水壶做成一个人物形象的造型。为了达到这一艺术目标,制陶工匠必须掌握极其熟练的制陶技术,并且还要具备设计造型的能力。这在雕塑的发展上确实是一个非常重要的阶段。将实用器处理成具象的艺术形式,是中国雕塑艺术最显著的特征之一。这些处理手法延续至后来的历史时期,并反映在不同的素材里。

在史前时期,虽然有个别例证,但总体来看人物形象以立体雕塑的方式表现还是十分少见的。最近几年,中国东北发现的红山文化和长江中游的石家河文化,为我们揭露了新石器时代中国艺术的新面貌。在湖北省石家河遗址,发现了陶制小型人物雕像和动物雕塑。更为重要的是,在辽宁西部的牛河梁遗址的"女神庙"遗址中,发现有真人大小的人物雕塑残片,在红山文化的墓葬中也有怀孕女性形象的陶塑出土。

除了强调表现陶制器物的具象创造,中国史前时期的艺术也有对于玉、石的加工和雕刻,虽然早期的玉、石加工品多为一些小型动物雕塑和个人装饰品,大规模的人物雕塑极其罕见。在二十世纪八十年代,内蒙古林西和河北滦平有一些引人注目的发现,深化了我们对于中国新石器时代石质雕塑艺术的认识。在这两处遗址发现的人物雕像,约高10—35厘米,表现怀孕女性蹲或坐的姿势(图3)。虽然雕刻工艺相对粗糙,女性面部特征和生殖器官仍清晰可辨。这些雕像最初发现于祭祀场所周围,由于它们与红山文化的

图3 河北滦平出土红山文化石人像

雕像相近,考古学家认为这些雕像是相同新石器时代考古学文化的遗物。

我们讨论的这些新石器时代的石质或陶制人物雕像,其形象特征表现出与生殖崇拜较为密切的联系。然而,试图将这些雕像与特定的神灵或个体联系起来却几乎是不可能的,因为它们没有体现出任何带有个性的尝试,看起来非常呆板和固定化,可能只是当时人们高度概括抽象的某一类祭祀崇拜的对象。要了解这些人物形象的意义,我们必须深入了解它们的背景和内涵,但是目前没有任何口头传统或文字证据可以用来支持这一推测性的解释。

到了公元前十七—前十六世纪,中国土生土长的青铜文明在中原地区产生和发展起来,同时该文明的发展也受到了外来因素的促进和刺激。中国新石器时代雕像艺术的许多特征都延续到了商代。小型陶制雕像在许多商代遗址中均有发现,石质和玉质雕刻也发展到了一个新的高峰,例如在安阳殷墟的大型墓葬中发现的大理石质的雕像就非常精美(图4)。虽然商代的一些人物雕像也是跪或坐的姿势,但是与新石器时代的例子明显不同。商代雕塑更注重细节,抓住对于面部特征的表现;在雕塑表面的处理上,这两个时代也不尽相同,商代雕塑有非常精细的阴线图案装饰,与同时期的青铜容器上的底纹近似。这些人物雕塑的姿势动作、服饰发型,暗示他们的身份可能是掌控祭祀的祭司,或被奉献的人牲,而不是神灵或统治者。

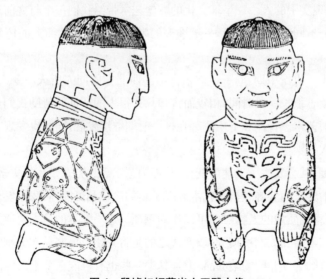

图4 殷墟妇好墓出土玉雕人像

随着新的金属铸造技术的运用,造型艺术也随之有了显著的改革和创新。在郑州、安阳等中心区域,青铜礼器的设计与装饰更加注重图式化和规范化。除了流行的纹饰例如"饕餮"纹——这其实是一种混合型纹饰主题,青铜礼器上也发现有许多拟人的主题纹饰,但是,其中仅有很小一部分是描绘具体形象的。虽然我们通过对青铜器的研究发现,商代的工匠已经掌握了非常先进的青铜铸造技术(包括模制法和分铸法),如果他们需要,是完全有可能制作出真人大小的人物雕塑的。但是,除了个别面具,我们至今没有在商代的都城安阳地区发现过任何真人一样的青铜雕塑。

安阳以外,尤其是南方地区,我们发现的人物形象雕像,艺术处理手法更写实一些。在二十世纪八十年代中期,四川三星堆遗址出土了一批令人赞叹的青铜人物头像和立像,证明在中国的西南地区,曾经有一种与商文明同时期,具有浓厚自身特征的青铜文化繁荣发展。三星堆文化的人物塑像艺术十分先进,出土了一件比真人略大的青铜立人像(图5),还有许多造型各不相同的青铜人头塑像。这些人物塑像上最初绘有颜料,或贴有金箔,并且人头可能有与之相配的木质身体。许多学者认为,这些塑像最初是放置在神殿之中的,那件高大的青铜立人像可能代表了地位最高的大祭司,换言之,这些塑像代表了"真"的人。然而,即使上述推测为我们所认可,这些人物形象也呈现出一种概括性,以及相当程度的程式化。三星堆遗址发现的一些体积巨大、令人印象深刻的青铜面具,其尺寸在70—130厘米之间,这些大型面具应是固定在树或木柱上用来祭拜的,它们有巨大的耳朵和突出的眼睛,很可能是代表神灵,而不是现实中的人。三星堆文化的雕塑艺术带给我们一个与之前理解的早期中国艺术完全不同的印象,然而,三星堆人的宗教信仰似乎比商人的还要难以窥探其真貌。

公元前十一世纪中期,商王朝被来自中国西北方的周人所灭。令人惊奇的是,虽然西周持续了很长一段时间,相较而言却只有很少的证据能帮助我们重建这一历史时期的雕塑艺术。青铜和玉质雕刻在这一时期继续发展,同时也发现有少量的铜面具和立体人物塑像。

东周时期,社会发生了迅速的变化,从而为艺术表达方式带来了更多新的发明。多种新材料的尝试为装饰和再现艺术开辟了新的途径和可能性,我们发现大量的玉质、漆木质和青铜质地的人物雕塑可以作为例证。这一变革的最主要原因是使用活人殉葬这一旧习俗为人们所摒弃,取而代之的是将人物形象制作作为殉葬品。这些器物通常是被归为"明器"的陪葬品,但是其中一些也有可能在墓主人生前就开始使用,死后随葬。

东周时期有许多杰出的单独创作的人物圆雕,我们略举数例:(1)湖北曾侯乙墓出土的青铜编钟架人物塑像,公元前五世纪(图6);(2)河北中山王墓出土的青铜

立人形灯,公元前四世纪(图7);(3) 青铜立人形烛台,公元前四—前三世纪(图8);
(4) 手握调色器的青铜人物塑像,公元前四—前三世纪(图9)。通过观察,我们发现,这些雕塑非常注重人物面部和衣饰的处理。

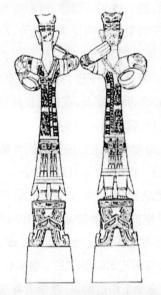

图5　四川三星堆出土青铜人像

图6　湖北曾侯乙墓出土青铜编钟架人像

图7　河北中山王墓出土青铜人像灯盏

图8　战国时期青铜人像灯盏,Eskenazi
图录,1993年,编号7

**图 9　战国时期青铜手握调色
罐人像, Eskenazi 图录,
1996 年, 编号 9**

图 6 的人物面部扁平, 身姿轻盈; 服装紧身窄袖, 说明这件雕塑所描绘的是一个南方人。图 7 的人物, 胡须茂盛, 八字须延伸至脸颊的上方, 有着黑色宝石镶嵌的眼睛, 脸上镀了一层银, 身穿宽袍大袖, 人物的面部特征和服饰说明他来自北方, 可能与鲜卑游牧民族有关。图 8 的人物同样有茂盛的胡须和浓密的眉毛, 帽子系于下巴, 身着长袍窄袖。图 9 的人物圆眼、阔鼻, 耳朵穿孔, 在他的长袖外衣之下还有刺绣的内袍, 腰间挂两块玉璧。

雕塑艺术史上最重要的也是最具戏剧性的转折点, 发生在公元前三世纪, 秦始皇统一中国之时。同他宏伟壮丽的建筑相似, 秦始皇为自己修筑了异常壮观并且规模空前宏大的陵墓。在 1974 年, 随葬于秦始皇陵墓附近的兵马俑被意外发现, 从而揭开了研究中国雕塑艺术的新篇章。很明显, 这些真人尺寸的陶制兵马俑是在带着表现不同个体的意图下塑造的, 一些学者甚至提出, 在制作这些兵马俑时可能使用了真人作模特(图 10)。通过近距离观察, 我们发现

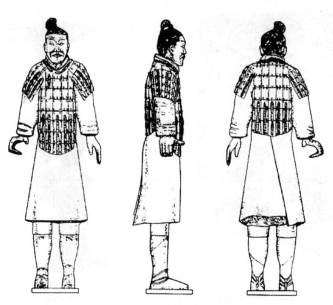

图 10　秦始皇陵出土陶俑线图

雕像的面部特征虽然高度概括化,但是可以看出当时的工匠确实有表现"真人"的意图。这些泥塑士兵俑们手持真实的铜兵器,身体结构和服饰细节都刻画得非常逼真,栩栩如生。但是,这种写实人物雕塑艺术发展趋势的生命力非常短暂,在秦帝国覆灭之后,便再也没有达到这么高的水平。

相较而言,汉代的雕塑似乎又转回到了东周的水平和发展趋势,除了霍去病墓前的大型石雕之外,这一时期的人物雕像多为依比例缩小的。然而从对汉代绘画艺术的变化趋势的考察来看,随着汉代绘图技术的日趋成熟,绘画艺术的变化开始影响到整个视觉艺术的范围,包括绘画、浅浮雕和圆雕在内的各种艺术体裁,发展出一种全新的生机勃勃的风格,即高度精练的线条风格,图11中这件西汉的女性舞蹈陶俑就是一个很好的范例。

图 11 西汉彩绘陶舞俑,**Eskenazi 图录,1995年 6 月,编号 35**

这种简洁的线条艺术风格多多少少支配了汉代以后的中国艺术,并影响了四世纪时的中国佛教造像艺术。以前,学者们尝试在古印度艺术或古希腊(大夏)艺术中寻找中国佛教造像形制的来源,然而随着我们深入了解中国早期雕塑艺术的发展全貌,可以发现较晚时期佛教雕塑艺术的一些基本特征,如流云般的衣纹、低额娴静的姿态,都可以在中国早期的艺术中找到它们的前身。

二、动物造型

如果我们早早就对中国艺术的人物形象形成了略带死板而缺少动感的印象的话,那动物的造型会给我们完全不同的感受。动物经常被塑造得很生动,通常处于运动状态,而且经常是成群出现的。中国早期文化中的动物形象可分为驯养的和野生的两大类,不管是哪一类,艺术家都能完美地体会和表现动物以及它们的动态。

新石器时代湖北石家河遗址发现了大量陶质动物雕塑,有猪、羊、狗、公鸡、象、貘、猴子、野兔、鸟等,大小在4—10厘米不等。此外,在中国东北地区的红山文化中还发现有雕刻的玉鸟和玉龟。

青铜时代的工匠延续了这一传统,他们创造了多种多样的动物造型,在青铜、玉、木和其他很多材质上都有发现。中国动物造型艺术的一个重要特点就是将动物特征和器物功能做到完美结合。这方面有大量实例,我们可以从艾斯肯纳兹(Eskenzazi)艺廊过去 20 年中经手过的珍品中挑选一些代表性例子。

图 12　战国时期青铜猴形带钩,Eskenazi
图录,1996 年 6 月,编号 7

第一个例子是一件青铜镶嵌绿松石猴形带钩(图 12)。猴子(准确地说是长臂猿)的造型和带钩的功能被设计者很熟练地综合设计出来,长臂猿一只手臂向外平伸,像是抱住树枝,形成带钩钩子,而另一只手垂下握着一环,也起到带钩挂物件的功能。第二个例子也是一件青铜猴(长臂猿)形挂件,可能是用来承载或附属于某件大型器物的,猴子两条手臂非常长,向上伸展,仿佛要抓住树枝,两腿弯曲,可以蹲放在某个管状形的器物之上。这两件器物年代均属公元前四世纪到公元前三世纪之间,而且都表现出器物艺术造型和实用功能的完美结合。第三个例子是一件爬行状的龟形香炉(图 13)。龟的造型非常逼真和写实,特别是它的头、颈、足和尾部。除此之外,龟的身体采用错金银装饰,龟壳能揭开,用作可移动的器盖,壳上有镂孔装饰。匠人写实与抽象相结合的精巧设计在这件器物上得到了充分体现。最后一个例子是一件貘造型的青铜酒器,整体造型采用非常写实的方式,但是器身花纹(龙纹和鳞纹)图案非常程式化(图 14)。

图 13　战国时期青铜错金银龟形器,Eskenazi
图录,1998 年 3 月,编号 9

图 14　战国时期青铜貘形器,Eskenazi
图录,1998 年 3 月,编号 3

这反映了青铜容器由实用性向艺术性的发展,正如前面所说,这种发展演变的源头可追溯到新石器时代文化。这方面最佳的例子来自山东半岛的大汶口文化和龙山文化,工匠们对造型格外具有敏感力,陶器造型把握得非常精准。这些陶器多种多样,有些带有突出的装饰,有些陶器本身就是动物的造型,例如盉的原形可能就是某种鸟类动物。这种变化成为公元前 3000 年左右各种文化之间相互影响逐渐加剧的重要标志。

青铜时代的金属匠人继承了同样的传统,他们创造了大量形态各异的青铜器。商周时期发现有以象、虎、野猪和猫头鹰等为造型的青铜容器,而且许多青铜器附件也普遍被制作成动物造型。

最近的艾斯肯纳兹(Eskenzazi)中国古代艺术展览中有两件珍品文物正好能说明这一问题:

1. 图 15,装饰有各种各样动物造型的青铜鼓座,春秋时代,约为公元前七—前六世纪。底盘装饰有以写实手法表现的浅浮雕夔纹和蛙纹交绕的图案,中心部位为一管状,周围饰有一对鳞蛇纹、一对虎纹和一对野猪纹,均为高浮雕。架子有四个支脚,每个支脚都是一个圆雕人兽复合造型,最下面是蚕纹。

2. 图 16,一对鎏金青铜樽,战国时代,约公元前四—前三世纪。此类青铜器用作木器两端的配件,是在非常重要的祭祀仪式中使用的器物。该器物造型为蹄形兽足,器身可见有凤、猴、蛇和龙形纹饰,这两件铜器的设计十分复杂,还带有部分镂空纹饰。

图 15　春秋时期青铜鼓座,Eskenazi, *Masterpieces from Ancient China*, 2000,编号 2

图 16　战国时期青铜鎏金嵌料器樽一对,Eskenazi, *Masterpieces from Ancient China*, 2000,编号 3

图 17　夏商时期青铜嵌绿松石虎形牌饰，
Eskenazi 图录，1999 年 3 月，编号 2

从下面两个例子中我们能看出，中国匠人在不同时代对动物艺术拥有各不相同的处理方式。第一个例子是一件青铜牌饰，整个牌饰侧面呈蹲伏的虎形（图17），虎身镂孔，中间镶嵌绿松石。整个造型突出老虎特征部位，如尖尖的耳朵、锋利的爪子、张开的嘴和尖锐的牙齿。牌子背上的穿孔表明此物原来是固定在木板上使用的，可能是用于宗教场所如神庙或祭坛。从其造型和制作技术可以判定，这件器物应属于二里头文化时期，年代约在公元前1700年之际。第二个例子是一件虎形带钩，同样为扁状（图18），但这件虎形带钩除了尺寸之大令人吃惊外，其镶嵌金银工艺更是超乎寻常地精湛，十分夺目，其年代为战国晚期，公元前三世纪左右。

图 18　战国时期青铜错金银虎形带钩，Eskenazi 图录，1998 年 3 月，编号 5

　　东周和秦汉时期镶嵌金或银的青铜器逐渐流行，这应是受到草原游牧文化的影响。草原文化以描绘搏斗的动物纹饰闻名，对金银装饰喜爱有加。公元前五世纪前后，中原动物纹饰和造型艺术基本可以肯定是受到了北方游牧文化的影响。

　　这里我们必须要提到一组四件的青铜席镇，年代为战国晚期或西汉，约公元前二世纪。每件青铜镇都作老虎咬熊状圆雕。此类器物有很多，但这组器物有一个显著特点，就是其镶嵌了多种贵金属，老虎身上的条纹错金银而成，器身上还交替镶嵌红玛瑙和绿松石，十分引人注目。

　　在某些情况下，艺术能为我们重建已经消失的文化因素提供独一无二的证据。这里的青铜马就是一个很好的例子（图 19）。这匹青铜马的造型在中国早期艺术，特别是公元前三世纪前的青铜器中相当少见，与秦汉之后出现的外来的良种大宛马有着根本的差别；这种马整体较为矮壮，鼻子略呈钩状，腿非常短，这可能就是中国在进口外来马之前土生土长的本地马的样子。据此，这件青铜马的年代可定在公元前四世纪或略早的东周时期。值得注意的是，马身上似乎有

图 19　战国时期青铜马，Eskenazi 图录，1996 年 6 月，编号 15

覆盖物，像是一种保护铠甲。假如果真如此，那这件动物造型器物将是早期使用马铠甲的最佳实例。

　　就中国早期艺术中的其他动物形象比较而言，牛是十分普遍的主题。下面的三个例子年代的跨度在数百年：

　　1. 图 20 是青铜牛形立体件，牛作站立状，很有可能是北方水牛。牛身体和头部铸造良好，嘴微张，脸上略带微笑表情，整头牛身饰以几何"S"纹；牛背上有竖立孔，表明牛形件本来是用作某类杆子的插座。这件器物的年代属于春秋早期，公元前

图 20　春秋时期青铜牛，Eskenazi 图录，1975 年 6 月，编号 6

八—前七世纪。

2. 图 21 也是一件青铜牛形镇，不过牛是处于躺卧休息姿势。此器造型生动写实，牛身表面的装饰花纹却颇为抽象，为错银弧形或卷形的条带状，整体给人留下相当复杂的视觉效果。从器底部的铭文可知，该器是约公元四世纪楚王室用物。

3. 图 22 是一件年代晚得多的青铜牛，年代大约为公元一世纪，而且属于独特的文化传统，来自中国西南地区云南的滇文化。滇文化代表了非常成熟的青铜文明，生产了大量青铜容器、武器和牌饰，通常饰有动物和人物图案。滇文化的匠人技艺高超，应用了失蜡法等铜器冶铸技术。这件青铜牛是中空的，牛的造型非常逼真，它可能是某件青铜容器（储贝器）上的附件。

图 21　战国时期青铜错银牛，Eskenazi 图录，1993 年 6 月，编号 8　　　　**图 22　滇文化青铜牛，Eskenazi 图录，1996 年 6 月，编号 19**

需要指出的是，上文论述的许多青铜造型属于不同的文化系统，例如滇文化的牛与楚文化的牛看上去很不相同，然而它们的冶铸水平十分接近。动物的造型不仅受实物观察的影响，还是一种"充满同情心的直觉"的结果（用英国学者 Fry 的话来形容，见 Roger Fry et al, *Chinese Art: An Introductory Handbook to Painting, Sculpture, Ceramics, Textiles, Bronzes & Minor Arts*, 1935）。换句话说，这些工匠力图表现特定动物的"个性"，而这"个性"自然地来自他们对动物世界的深入理解。许多动物早在新石器时代就开始被驯养，如狗、羊、猪、牛和蚕等。甚至工匠似乎也已经对野生物种（如老虎、象和蛇等）的生活习性和外形特征有了较深的认识。这些证明了中国早期工匠对动物世界非凡的感知能力。

最后，我们也许要问：为什么中国早期匠人如此喜欢创作动物造型？某些动物应带有特殊的意义,例如龟,它在中国历史上经常与宇宙论联系在一起。有些动物来源于更早的装饰传统,也有些可能直接来源于艺术家的即时想象。但是,我们很难说动物造型的选择纯属随机的或任意的,特别是在某些情况下,动物造型被刻意地改变或重新组合。

三、怪物——复合造型

这里的复合造型指的是在现实世界中并不存在的生物种类,包括半人、半兽或完全由不同动物的不同部位拼凑而成的新复合体。

我们先来看一下所谓的"饕餮"纹,它是以双目为主的兽面,流行于商代和西周早期青铜礼器之上。这明显是一个混合型纹饰,它既有动物的,也有人的特征。许多学者主张双目纹来源于良渚文化玉器上的兽面纹饰,良渚文化玉器刻的兽面纹饰是带有爪的人的形象。而双目纹更直接的来源是二里头文化发现的镶嵌有绿松石的青铜牌饰(图23)。

创造出复合型造型的方式有许多种。例如,晚商时期的妇好墓出土的玉质小雕像,其上雕刻的形象既有男性生殖器也有女性生殖器的特征,而且头上还长有角。同一墓葬中出土的另一小玉雕像,呈

图23　二里头文化青铜嵌绿松石牌饰,**Eskenazi** 图录,**1999**年 **3** 月,编号 **1**

跪坐姿势,背上有龙形尾巴。在三星堆遗址也发现有人头鸟身青铜像。在东周时期的楚国,墓中放有大量半人半兽复合体的木雕像,此类雕像的发现可能说明这些复合体造型被人重视,也许被认为具有某种超自然的能力,但是我们还不能确定这些复合体造型的真正含义,有学者推论它们可能与萨满教信仰和祭祀行为有关系。

战国和秦汉时期,人与鸟的复合体造型非常流行,这可能与这一时期的神仙信仰有密切关系。大约成书于公元前四—前三世纪的《山海经》记录了许多此类怪物。或许,复合体造型的含义和力量更普遍地来源于一系列的神话创造,我们只需要看一下中国文化中最普遍的神话形象——龙。龙的形象在新石器时代就已出现,一直流传至今。龙在中国艺术里是最长久不衰的形象,如果我们仔细观察一下龙的表现手法,就会发现它其实有多种形式,它可能蟠卷成一团,有长长的牙齿和角

（图 24），或是有着熊一样的身体、老虎一样的爪子，以及独角（图 25）。为什么龙的
造型会如此多样？中国最早的文字资料——商代的甲骨文——中记载了求雨祭祀
活动中制作和使用龙的情况。在中国古代神话中，龙是掌管雨的神。不过，龙的神
话可能来源于口头传说，描述因人而异，而不是严格地写成文字，统一制作，这样才
能解释龙的形象为何千差万别。

图 24　春秋时期嵌绿松石金环，Eskenazi 图录，1995 年 6 月，编号 1

图 25　西汉青铜鎏金龙形配件一对，Eskenazi 图录，1993 年 6 月，编号 24

随着控制思想的统治者失去了他们的权威，青铜器逐渐丧失了它尊贵的礼器
地位，而制作精美的青铜器变成流通商品，或是成为财富的象征，换句话说，也成为
社会地位的象征。许多情况下，复合体造型不再具有单独的神话和宗教意义，它们

开始成为大型器物的配件，如作为一件容器的足（如图 26），或作为屏风的一部分，或作为车马器的装饰。在此背景之下，它内在的含义和意义就越来越不重要了，工匠更关注的是如何制作出最漂亮的器物。

图 26　西汉漆樽配青铜鎏金鸟形、兽面、怪物足，
Eskenazi 图录，1991 年 6 月，编号 11

原文"Human, Animal and Hybrid: Some Observations on Early Chinese Art", in *Masterpieces from Ancient China*, London, Eskenazi, 2000. 裘珊珊译。

大 象 无 形

——图像、词语和喻象

引 言

上下未形何由考之？

······

冯羽为象何以识之？

这段文字相传为公元前四世纪时著名的楚国天才诗人屈原所作。在《天问》中，屈原追询宇宙之形成，并抛出其对历史传说的层层质疑。或许正如王逸在作注时指出的那样，屈原当时是看到楚国神庙中的壁画后有感而发。而这简短的两句话无疑已经触及了艺术史上"图像"和"表现"之间的矛盾和模糊地界。

在这篇文章中，我将试图探索中国早期艺术表现的模式和特征，实例包括从中国史前时期、青铜时代、铁器时代，直到秦始皇在位时期（约公元前6000—前200），在需要比较时也许会用到更晚近的例子。考虑到时间跨度之长和涵盖范围之广，我尽可能避免在这些实例上贴上标签，正如柯律格（Craig Clunas）敏锐地提出的，"中国艺术"这个概念本身即是西方学者在二十世纪的发明。[1] 我的目的并不是要揭示一个独特的"中国式"表现手法，而旨在显示表现材料的多样性，并指出这样的"视觉表现"惯例可能需要修改和更正。本文将采用对比的研究手法以显示在其他文化中发现的类似模式。同时，为了更好地检验文本和图像之间的关系，我也会引用后期的文献记载，因为它们会或多或少地反映，或曲解原始文本和这些"无声"的证据的含义。

首先让我回顾一下这一学术领域的几个重要观点。1913年1月2日在美国俄亥俄州克利夫兰市举办的美国人类学协会的年会上，美国人类学家和汉学家劳费尔

---

[1] Craig Clunas, *Art in China*, Oxford, 1997, 9-13.

(Berthold Laufer)发表了《中国祖先像的发展》一文,①文中他主要讨论了有关的祖先的表现方式,特别是祖宗灵位牌。他认为中国早期艺术中的图像分为四类:

1. 一系列几何形图像,通常刻在特定颜色的玉上,用来祭拜宇宙神明及天地四方;

2. 一系列以老虎、鱼、龙和其他野兽为形状的动物形象;

3. 一系列源自萨满教的人形陶俑,用于治疗疾病、保护墓中尸体,同时也能作为萨满自身的表现;

4. 英雄人物和祖先的雕像。

劳费尔很有见地的分类为我们进一步的研究提供了一个很好的出发点。他最有影响的提议就是研究中国艺术史需要结合考古学和语言文献学两方面的功力,这一方法当时还未被大多数的西方艺术史研究者所采用。距劳费尔文章近一个世纪之后,中国考古学面临着不断发掘出的前所未有的新材料,从而需要更加复杂的理论构架。1996 年,欧洲举办了一个重要的中国考古文物展览,"人与神:古老的中国——公元前 5000 年至公元后 220 年"②,这个展览以"人和神"作为主题,不但给西方观众带来了他们前所未知的新实例,更重新开启了理论探索的新路径。在这篇文章中,我会引用和这一问题直接相关的新例子,但目的不是要展示这些新证据的全部,我集中关注劳费尔及其他学者原先提出的假设和理论。我的讨论分成几个部分:1. 以混合体或抽象形式表现的宇宙神;2. 以人的形式表现的祖先和神明;3. 书写如何作为一种图像。

宇宙神灵的表现形式

在视觉艺术创作中,艺术家总是面临着一个难题,即表现"真实的"和"虚构的"事物,两者择一,由此带来表现形式的差异。与西方艺术所偏爱"真实的"写实表现相反,在中国,我们首先要对待的是自然界看不见的力量和神灵的无形状态。艺术家常常需要表现那些不存在于现实,而只有通过我们想象才存在的事物。中国古代

---

① Laufer, "The Development of Ancestral Images in China", *Journal of Religious Psychology*, 6, No.2, April 1979, 111 – 123.

② "Das Alte China: Menschen und Götter im Reich der Mitte 5000v. Chr.– 220n, Ch",该展览于 1996 年 8 月至 1997 年 1 月在伦敦的大英博物馆以不同的名字展出,"Mysteries of Ancient China: New Discoveries from the Early Dynasties"(古中国的神秘:来自早期王朝的新发现)。两个展览都出版了图录。

的哲学家韩非子(约前 280—前 233)写过一个为人所熟知的故事:"客有为齐王画者,齐王问曰:'画孰最难者?'客曰:'犬、马最难。'齐王曰:'孰易者?'客曰:'鬼魅最易。'夫犬马,人所知也,旦暮罄于前,不可类也,故难;鬼魅无形者,不罄于前,故易之也。"那么,古代中国人是否用偶像来祭祀诸神,譬如天地、宇宙万物之神和上帝? 它们又有什么样的表现形式呢?

最早的关于"上帝"的文字记载已经出现于商朝晚期(约公元前十二世纪)。我们发现甲骨文中的"帝"有多种用法和含义。"帝"的图像在甲骨文上展现的是花蒂的样子。相关的商代记载(不包括"帝"用作动词或尊称)表明"帝"是一个非常强大的宇宙神,他能够"控制(令)"云风雷雨,"散播(降)"洪水和灾害,"批准(若)"或"否决(不若)"国家大事,如城邑的建设或战争的发起。从某种程度上说帝与商朝祖先共同承担这些责任,但是祖先通常只有影响而不是指挥自然现象的作用。然而商朝的王和老百姓总是向祖先献祭而很少直接向帝献祭。大多数学者断定甲骨文中的"帝"是个单一的宇宙神灵,就像后期宗教中的"上帝"一样。裘锡圭先生曾经提出,甲骨文中的"帝"有可能是具有直系亲属关系的祖先神类或一群的称谓。[①] 伊若泊(Robert Eno)在最近的论文中提出他赞同这种解释。[②] 他提出商人把"帝"作为祖先的头衔,在脑海中形成一个帝的"与人同形"的形象。这一推论在当时的文字记载,诸如甲骨文或是考古学证据中都是缺乏依据的。

在讨论"天"的概念及其在中国早期艺术表现形式的论文中,学者常引用《史记·殷本纪》中的一段描写:"帝武乙无道,为偶人,谓之天神。与之搏,令人为行,天神不胜,乃僇辱之。为革囊,盛血,卬而射之,命曰'射天'。"要记住的是司马迁写下这个故事的时间离故事的发生已经有了一千多年的间隔。这些文字并不能当作是真实可靠的历史资料,而是后世的传说。不过值得一提的是文中描写的天神是一只没有面孔的"革囊"。从考古实例看,虽然有一些代表天神或宇宙崇拜的偶像,但它们大都来自春秋时期和汉代,而不是商朝。

因此,在史前时代、商朝和西周早期,有没有图像或实物能被确认是宇宙神的表现呢? 劳费尔关于宇宙神灵(如天与地)是由刻画着几何图像的礼玉来表现的说法是不是正确呢?《周礼》中记载的关于玉琮和玉璧的解说,确实是和宇宙论相关的:天圆地方(圆的璧代表天,方的琮代表地)。这个流传于公元前四世纪的文本中或许

① 裘锡圭:《关于商代的宗族组织和贵族与平民两个阶级的研究》,收入《古代文史研究新探》,南京,1992年,第 296—342 页(原载《文史》第 17 辑,1983 年)。

② Robert Eno, "Was There a High God Ti in Shang Religion?", *Early China* 15(1990), 18-20.

反映出了较早的一种传统,但是我们都知道,最早的玉琮和玉璧在太湖地区的史前时代(良渚文化,公元前 3000 年前后)就出现了,虽然没有直接的证据证明它们和宇宙崇拜宗教仪式有关系,多数情况下,这些玉器埋藏于社会上层阶级的墓葬中。虽然璧一直被认作是太阳真实形象的模拟,但学者们对于琮的形象产生了很大的困惑。琮为四方,中有圆孔,且发现的例子大小不一。在玉琮的边角上,我们经常能发现刻画的眼睛或面具,有时是人兽同时出现的更复杂的图像。邓淑苹提出了一个非常有趣的理论,她认为琮在祭祀仪式时是固定在一个木杆上并竖起来的,换句话说,它本身就可能是一个天神(或祖先灵魂)的象征。① 同时,为了解释宗教玉器的含义,她认为琮和璧在仪式中是被萨满祭司用来"给天与地提供沟通桥梁的尝试"。关于萨满教的解释也获得了很多学者的支持。例如张光直认为琮这样的玉器不但是萨满用来"连接天和地"的工具,也是"力量的象征"。② 牟永抗对琮的解释在这基础上更进一步,认为琮是萨满祭司实际使用的法器,他认为琮应该用手握住并从下往上观天,像望远镜一样,中间的圆孔就代表了萨满进入另一个世界的通道。③ 在萨满仪式中,萨满祭司可以穿越不同世界的边界,有时候也需要动物的帮助。

如果说文字记载的缺乏使得对史前宗教的理解形成了缺失,那么到了商朝,书写开始广泛传播并用于记录占卜。甲骨文字"巫"或"方"(两字可互换)或许暗示了宗教仪式的工具——萨满使用的方尺。其他还有一些甲骨文也与宇宙崇拜有关。例如,甲骨文中有一个短语"方帝",其解读可以是"帝献祭于方"或者是"方对帝之仪式",但是更有可能的解释应该是,宗教仪式朝四个空间方位("方",或代表方向的神灵"帝")进行。艾兰(Sarah Allan)在最新的商代宇宙论研究中提出,在商朝信仰中,宇宙可能是通过一个"亚"字状的形式表现的,它是一个具有四边的正方形,宇宙神灵居住其内,这就解释了为什么龟可以被当作一种宇宙模型。④

这也能够解释晚期时代对天神的崇拜情况。周灭商(约公元前 1045 年)不久以后,或许与周朝巨大的社会变迁有关,对天的崇拜和对上帝的崇拜就结合在了一起。在西周青铜器的铭文上,"帝"通常被形容为"上帝"或"皇天上帝"。这一改变不但加

① 邓淑苹:《考古出土新石器时代玉石琮研究》,《故宫学术季刊》第 6 卷第 1 期,1988 年,第 10—48 页。

② 张光直:《谈琮及其在中国古史上的意义》,《文物与考古论集——文物出版社成立三十周年纪念》,北京,1986 年,第 252—260 页。

③ Mo Yongkang, "An Archaeological Investigation into the Function of the Jade *Bi* and *Cong*", in R. E. Scott, ed., *Chinese Jade*, London, 1997.

④ Sarah Allan, *The Shape of the Turtle : Myth, Art and Cosmos in Early China*, State University of New York Press, 1991. 中文翻译见艾兰《龟之谜:商代神话、祭祀、艺术和宇宙观研究》(增订版),汪涛译,北京,2010 年,第 94—138 页。

强了帝的支配地位,更让他成为了神殿顶端最强大的神。这可能与周代发生的社会形态剧变有关。但与此同时,朝廷的宗教仪式依旧保持着原有宇宙崇拜的习惯,而萨满("巫")在其仪式中仍扮演着重要的角色。从早期的文献,例如传为屈原所作的《离骚》中,我们也对萨满前往另一世界的旅程非常熟悉了,用霍克斯(David Hawkes)的话来说:"一个宗教仪式的旅程,通常是宗教仪式的轮回,是一种可以获取或加强力量的方式,这个观念是根深蒂固的,并以不同的形式在艺术、文学甚至是政治理论中反复出现。与此同时也形成了一种观念,即对称的曼陀罗形的宇宙,它的不同部分被不同的力量所支配着。"①

要阐释一个来自"前文献化"(non-literary)社会的材料,我们就需要参考现代人类学研究。如很多学者所述,"萨满教"和早期宇宙论是紧密相连的。尽管"萨满"一词并不是中国"巫"的完美诠释,但关于中国早期宗教的观察和西伯利亚萨满教的民族学研究在很大程度上却是吻合的。譬如,在西伯利亚居住的萨满巫师精通于穿越到神灵世界并把有关这些地方和它们的居民的知识带回,他们也一定能够讲述并描绘他们所到过的世界。被社会的大部分人普遍接受的宇宙论观念是和萨满教紧密关联的,他们的世界观是由萨满巫师提供并掌控的。而另一方面,为了获得并保护他们在社会宗族中的超人力量,萨满巫师不得不绘声绘色地呈现出具有说服力的另一世界的景象,在那里充满了有助于萨满巫师超人力量的奇怪动物和四处游荡的混合物。因此,萨满巫师是最早的神话缔造者,也是将宇宙神灵的形象表现出来的第一批艺术家。

根据流传下来的文献,对宇宙神灵的崇拜包含了使用某种偶像祭祀。在关于宗教礼仪的早期文献《仪礼·觐礼》中提到一个仪式用品"方明",它为木质,立体四方形,四尺长,设六色,各面一色。有人曾把方明和玉琮联系在一起,很明显,古代就有学者把"方明"看作是上下及四方神明的象征物("上下四方,神明之象也")。这里很重要的一点就是宇宙神的形象("象")和具象的表现并没有多大的关系,而是通过未经雕琢的几何形木头,或者说更重要的是通过它的颜色来表现的。

颜色在很早的时候就开始在神灵崇拜仪式中扮演重要的角色。商朝的宗教仪式中祭牲的颜色特别被赋予了含义。《周礼·春官·大宗伯》中有记载:"以玉作六器,以礼天地四方:以苍璧礼天,以黄琮礼地,以青圭礼东方,以赤璋礼南方,以白琥礼西方,以玄璜礼北方。"《周礼》传为周公所著,但在成书年代上并不早于《仪礼》。

---

① David Hawkes, *The Songs of the South*, London, 1985, 47.

书中的理论很有可能是秦汉时期集合的成果,但也可能起源于早期的资料。书中提出玉琮、玉璧与天地的关系可以建立在集合形式和颜色象征的基础上,宇宙神的象征通过颜色而不是偶像更有效地表现出来。

在《史记》中我们也能读到,秦汉时期宫廷有祭祀"五色帝"的习俗,这明显与宇宙方位有很大的关系:中央黄帝,南方赤帝,西方白帝,东方青帝,北方黑帝。从公元前六世纪开始到东周时期,激进的知识运动直接导致了早期信仰和神话的格式化和系统化。古老的传说和传统终于被记载下来,获得了新的生命。一个成果就是宇宙神灵开始有了明显的人格特征,既是神灵又是祖先,有了名字、脸和宗谱。比如"五帝":黄帝、炎帝、太昊、少昊和颛顼,它们常常与后土、祝融、句芒、蓐收、玄冥混淆。在文学记载中,宇宙神灵通常有变形的身体,例如没有脸的生物或是混合体,在创造它们形象的过程中,奇异的动物如蛇、虎和鸟总是更多地被借用。例如,代表中央的"黄帝"(帝江)被描述为"状如黄囊,赤如丹火,六足四翼,浑敦无面目"。其他诸神则如下:东方之神句芒,鸟身人面,足乘两龙;西方之神蓐收,人面虎身,身披白毛;南方之神祝融,兽头人身,足踏两龙;北方之神玄冥(也被称作禺强),耳挂两蛇,足踏两蛇。

这表明到了东周时期,宇宙神灵开始有了"神人同形"的特征。同时,抽象的图案,例如云雷纹也可以用来表现天神。这里的文字记载似乎和考古学的发现一致。举例来说,1978 年在湖北随县发现的曾侯乙墓(约公元前六世纪)内棺上,就有云、雷、鸟、龙、蛇和其他混合动物的装饰图案。这些形象很明显与另一世界的神灵有关联。稍晚时候的战国时期,在著名的楚帛书上,四个方向通过不同颜色的树来表现,同时还有十二张图像围绕文字铺展,其中有半人半兽的生物,也有抽象的生物,如无脸的神。这些图像很有可能代表了十二月神,也就是掌管历法的宇宙神。最著名的例子就是出土于湖北荆门的战国青铜戈上,展现了一个双手拿蛇、足踏日月的形象,这和山海经中的描述完全一致。戈上的铭文确认了这个形象与"太岁"或"太一"相吻合,这一宇宙神到了汉代就转化成了"帝"。当一个混合物被创造出来时,它指的是现实生活中不存在的特殊生物,是属于"另一世界"的生物。这是一个全新的构造,它不寻常的特征表明其拥有的超自然力量,换句话说,在宗教仪式中,它特别有着驱魔辟邪的力量。

提到这里,很值得回顾一下商代艺术中的"饕餮纹"这一老话题。饕餮根本上是一个混合的形式,既有动物形状又有神人同形的特征。传统的解释将饕餮和一个贪得无厌的黄帝之后代联系起来。现代学者多认为它代表的是巫师或死去的祖先或宇宙神灵。但在问"饕餮纹代表了什么"这一问题之前,我们得先来看一下这一图像被赋予的多层含义。

首先让我们来看一下几位学者的研究。张光直指出饕餮纹可能和商朝人民的萨满教活动有关。[1] 艾兰将商朝宗教艺术和神话尤其是神话似的思维相结合,提出了解释饕餮纹的一种新的方式。[2] 江伊莉(Elizabeth Childe-Johnson)认为饕餮纹代表了商朝宗教仪式中使用的面具。[3] 其他学者如罗越(Max Loher)和贝格利(Robert Bagley)则坚持商朝宗教青铜器上的纹饰只是单纯的装饰,没有实际意义。[4] 罗森(Jessica Rawson)强调纹饰创造和欣赏的社会背景。[5] 而柯思纳(Ladislav Kesner)推测有饕餮纹和其他兽形纹饰的青铜器是被放在诸如祖先庙等公共场所,它能够加强对商朝人带来的心理、视觉冲击。[6] 巫鸿指出,商朝青铜器装饰的最大特征就是"变形",饕餮纹结合了多种动物的特征但"从未形成自然的表现或规范的样式"。他还指出,这些形象似乎证实了创造超自然和真实的中间状态是极其不易的,这一中间状态有时候只能意会而不能落笔。[7] 那么,我们真的应该沉溺于关于饕餮含义的争论中吗?"饕餮纹"这个有两只眼睛的纹饰或许真的让商朝的觊觎者感到"恐慌",但是这并不是它的含义,而是作用。饕餮的含义,实则为后人诠释所得。[8]

从风格上看,饕餮纹有它自己的起源。从商朝青铜器上发现的饕餮纹可能源自新石器时代良渚玉器上的神面。要追溯一个图像的来源,有时候它直接来自艺术家的创造,有时候它是艺术家被古老装饰传统所激发的反映。尽管如此,很难说纹饰的选择是完全偶然和随意的,特别是当它为某种宗教意图而作出改变和重组时。对饕餮纹而言,问题则是,这一图像在跨越了一个长远时间的间隔后,从一种材料转移到另一种材料,它背后的含义或神话是否还能原封不动地流传下来?学者并不满

[1] 见前引文。

[2] 见前引文。

[3] Elizabeth Childe-Johnson, "The Metamorphic Image: A Predominant Theme in Shang Ritual Art", *Bulletin of the Museum of Far Eastern Antiquities*, 70(1999), 5 - 171.

[4] Max Loehr, *Ritual Vessels of Bronze Age China*, Asia Society, 1968; Robert Bagley, "Meaning and Explanation", in Roderick Whitfield, ed., *The Problem of Meaning in Early Chinese Ritual Bronzes*, London, 1993, 34 - 55.

[5] Jessica Rawson, "Late Shang Bronze Design: Meaning and Purpose", in Roderick Whitfiled, ed., *The Problem of Meaning in Early Chinese Ritual Bronzes*, 67 - 95.

[6] Ladislav Kesner, "The Taotie Reconsidered: Meaning and Functions of the Shang Theriomorphic Imagery", *Artibus Asiae*, 51, 1/2(1991), 29 - 53.

[7] Wu Hung, *Monumentality in Early Chinese Art and Architecture*, Stanford, 1995, esp.48 - 53.

[8] Wang Tao, "A Textual Investigation on the Taotie", in Roderick Whitfiled, ed., *The Problem of Meaning in Early Chinese Ritual Bronzes*, 102 - 118.

足于简单描述饕餮纹刻画的方式,而是试图分析调查饕餮在宗教背景中的多种功能。我们或许知道一些商代的宗教仪式,但是对青铜彝器是如何使用的,以及为什么特别选择饕餮纹来装饰青铜彝器的原因所知甚少。

祖先神灵的表现方式

如果说宇宙神灵的表现方式已经给我们提出了挑战的问题,那么如何表现祖先神灵又会带来什么答案呢?中国早期艺术被普遍认为缺乏有祖先肖像的人物表现,尤其是作为立体可塑的形象。就如同早期印度教和犹太教中的情况一样,很多学者试着从中国早期的"反偶像论(aniconism)"来解释这一现象。这是一个合理的推测吗?为了回答这一问题,让我们从最新的考古学发现中来看一下中国早期艺术中的人物造型。

与古埃及和近东出土有大量石质国王和神灵雕像相比,中国早期文化似乎更倾向于二维的平面艺术。在黄河流域,新石器时代的仰韶文化中就有非常出名的彩陶。陶工主要用几何和花纹图案装饰陶器,偶尔也会用形态自然的动物或人物形象。过去这些仰韶陶器上的人形被人看重,总是被解释为某种神灵的象征。但是,新的发现表明这些脸可以展现一系列不同的情绪,也就是说,它们也可以被理解为是祖先神的表现,也就是一些真实人物的写照。

新石器时代的陶工也尝试在陶器上运用三维立体制作的技巧来表现他们所需要表现的事物。例如,一个马厂类型的陶罐上有一个人形的图案,头在细瓶颈处,而脸、胸以及女性生殖器特征则用浅浮雕来强调。这种表现方式给瓶子带来十分特别的雕塑效果。其他例子有根据人的形象制作的瓶子。要达到这样的效果,陶工需要的不仅仅是制陶能力所需要的技术,同时他需要掌握人物造型的精湛技巧,这也是迈向雕塑制作的重要一步。将实用器皿作为一种表现艺术,是中国早期雕塑艺术最显著的特征之一。这种手法一直在后期延续下来并在不同的材料中都有体现。

近年来,关于中国史前文化的令人惊讶的考古新发现为我们提供了很多原不为人知的重要例子。中国东北红山文化和长江中部的石家河文化(约公元前3000年)中发掘出了新的例子。在湖北石家河遗址中,与动物雕塑一起发现的还有小的人物陶土坐像。更引人注目的是,在辽宁西部的牛河梁遗址女神庙中,发现了一尊与真人一样大小的泥塑女神像残体,以及在红山文化墓葬中发现的类似孕妇的小像。这些形象明显地呈现出大小不一的人形,而它们与欧洲发现的女神像的形象有某些相似，中国考古学家认为它们或许代表了地母神，用于祈求丰收的祭祀中。

　　尽管中国新石器时代的艺术主要集中于陶土制品，但石刻传统也很早就发展起来了。例如约公元前5000年，人们就已经用玉器作为个人的装饰品或小型的动物雕塑。石质的人形雕塑虽然十分罕见，但也存在，最好的例子就是二十世纪八十年代在内蒙古林西县和河北省滦平县发现的辉石岩群像。这些雕像高10厘米到35厘米不等，显现出孕妇或坐或蹲的姿态。尽管雕刻粗糙，但其面部表情和女性生殖方面的特征却是清晰可辨的。它们原本是环绕着一个圣坛放置的。因为和红山文化中的陶土孕妇雕像类似，考古学家将它们认定为来自同一新石器时代文化的产物。安徽凌家滩也出土了玉雕小人像，可能是代表巫师。它们的发现使我们对新石器时代中国石质雕像的知识有了很大的飞跃。值得一提的是，在红山文化中，不但有人形雕塑，也有表现真实动物或神秘动物的，例如玉质的猪龙。关于玉猪龙的形象有很多不同的解说，根据一些早期文字资料的记载，有学者推断它代表红山先民的神话祖先。

　　到了约公元前十八世纪，中原地区出现了青铜文化。任何喜爱中国古代文明的人都会被商朝（公元前1600—前1046）杰出的青铜器工艺所震撼。商朝在其末期迁都殷墟（现河南省安阳市小屯村），在这里商代青铜冶铸业在商王室的支持下达到了其巅峰，装饰艺术也随着人们金属制作技术的提高而有了显著的创新。不但出现了新的器型，更复杂的工艺也被运用到这些器物的表面装饰上。总的来说，安阳青铜器的主要特征是它们十分程式化的且抽象的风格，被许多学者称为"都市风格"。与之相比，在安阳以外的地区，尤其是南方的例子，神人同形的纹饰则体现出更加自然主义的特征。

　　就造型艺术而言，新石器时代的雕像特征一直延续到了商朝艺术中，很多商代遗址中都有小型陶土塑像出土，其石器和玉器的雕刻传统也达到了一个新的高度，如安阳王墓中出土的大理石和玉雕十分精美。与新石器时代的小塑像相比，商朝的小雕塑更注重细节特别是面部表情，但这些并没有通过写实主义的手法来描绘。其表面的装饰也有着与之前完全不同的品质：商代玉石小雕像采用了一种非常独特的凹切线型，和同一时期的青铜器上的凹雕和浮雕的纹饰类似。

　　商代的小型人像，无论是陶质还是石质，其形式特征都显示出它们和商朝祖先祭祀仪式有着密不可分的关系，但是几乎无法辨别它代表的人的身份。这些雕塑看上去完全是静态的，并没有表现出任何动态或是个性特征。从造型、服饰和发型可以看出它们有的可能是殉葬者或是地位低贱的仆人，而不是已故或还活着的王室成员。换句话说,它们代表的只是普通的祭祀物品的一类,而不是崇拜的偶像。在对已知的商周时代人物造型表现的例子的调查中,学者发现人物肖像在商周艺术中作为装饰元素,其地位微不足道。可以确定在殷墟并没有制造过真人大小的青铜雕像。但这是为什么呢? 以商代青铜彝器为证据,我们了解到商代工匠同时有制模和铸造双重的高超技巧,无疑他们也应该有制作大型雕塑的知识和技巧。因此商代没有真人大小的青铜塑像的原因,看来并不是技术的局限,更可能是和商人的社会和宗教系统有关。

然而,这依然没有解决到底这些少见的人物塑像是以什么特殊的方式所构建,或者是,为什么它们少之又少的问题。我们先换一个角度来提问题:"商人对他们祖先的认识如何? 究竟他们是有血有肉的个体? 还是一群飘浮在空中的没有面孔的游魂?"祖先崇拜在商代宗教中占有很重要的地位。在殷墟发现的甲骨文中,祖先崇拜占了主要的部分,商人祖先大都有名字、世系,相互关联。在甲骨文中有很多记载祭拜祖先的日常仪式,但很少有提到死者的来生。美国汉学家吉德炜(David Keightley)认为,商王死后就丧失了个性,成为一个宽泛的祖先概念。[1] 这也许可以解释为什么我们看不到关于他们的任何塑像。而罗泰(Lothar Falkenhausen)则强调是文字的出现和使用阻碍了祖先形象的视觉呈现。[2] 正如我们所知,后来祖先的形象都是通过写有文字的木头灵牌的方式表现的。正如劳费尔在他关于祖先形象的讨论中已经指出的:"通过书写这一媒介表达对祖先的崇拜已经行之有效,而书写的这一功能最终产生了灵位牌的使用。因此,在书写还未发展的时代,就不会用灵位牌来表达对祖先的崇拜,而一定会是其他特质的物品。"[3]

因此,还有没有其他可能性存在? 是不是在商代就存在有另一类塑像来表达对祖先的崇拜? 也许它们是易腐朽的材料制成的,所以今天就看不到了? 或者,偶像确实是由于有意的毁坏而消失? 从古代记载和现代民族学资料中我们得知,宗教仪式之后用来表示崇拜的偶像经常都会被摧毁。从流传下来的文献中我们了解到,周人打败商王朝后,一个代表文王的木主被放置在战车上游行。这里的木像应该是圆雕

① David N. Keightley, "The Making of the Ancestors: Late Shang Religion and its Legacy", in John Lagerwey, ed., *Chinese Religion and Society: The Transformation of a Field*, vol. 1, Hong Kong, 2004, 3 - 63.

② Lothar von Falkenhausen, "The Concept of *Wen* in the Ancient Chinese Ancestral Cult", *Chinese Literature: Essays, Articles, Reviews*, 18 (December 1996), 1 - 22.

③ Laufer, "The Development of Ancestral Images in China", *Journal of Religious Psychology*, 6, No.2, April 1979, 111 - 123.

的形式，而不是后来写着名字的灵位牌。另外在周代的祭祀中，祖先崇拜指向祖先，也可以是活着的人，多数情况下这个人是死者的孙子。这个人能在祭祀中享用贡品并扮演祖先的角色，其重要性不仅在于他和祖先的相似性，更因为他们之间的血缘关系。我们可以探讨商代的仪式传统是否和周代一样，或者部分接近，但是我们有理由说，在决定使用何种表现方式时，是宗教惯例起决定性的作用，而不是人物表现自身。

为了能够进一步明白商周时期人物造型使用的本质和背景，有必要来比较一下安阳和三星堆出土的造型艺术。二十世纪八十年代中期在四川省广汉三星堆发现了两个埋葬坑，里面出土了大量的青铜头像和雕塑，证实了一个繁盛的青铜文化曾在中国西南地区发展，这大概和商周是同时期的。三星堆文化有着非常先进的造型艺术，并呈现给我们完全不同的图像类型：有一尊真人大小的青铜造像和一系列不同的青铜头像，全部都有着非常高的雕塑水平。头像原本用颜料填色或包裹着金箔，这意味着它们曾经戴着面具；它们可能曾被安置在木质的肢体上。很多学者都认为这些雕像曾被安放在庙宇里，而最突出的那尊立像可能就代表了最高祭司。也就是说，这些雕像很可能代表着真实的个体。然而，即便我们支持"多数雕像和头像真实代表了仪式参加者"这一观点，也不得不说它们的表现形式显得非常程式化，而且面部表情十分统一。

三星堆出土的还有一些非常引人瞩目的大型青铜头像，高 70—134 厘米，有巨大的尖耳朵和突出的眼睛。这些巨大的头像和上面讨论的其他类型完全不同，它们会是祖先或神灵的象征吗？由它们的大小和面部特征判断，它们可能原本被固定在一棵树或木杆上，且被当作崇拜的对象。参照文献资料，有的考古学家认为这类雕像与传说中的宇宙神"烛龙"的形象有关，据传"烛龙"人面蛇身而赤，呼气为夏，吹气为冬，睁眼为昼，闭眼为夜。不过这一说法无从考证。这些青铜面具是在一个专门准备的坑中被发现的，但这个坑既不是墓葬，也不是神庙遗址。

三星堆出土的造型艺术给我们原先对中国早期艺术的理解提出了一个完全不同的印象。通过这些青铜雕像本身，我们可以合理推测，三星堆文化对艺术表现使用了一种跟商人不同的手法，这或许反映了其宗教仪式程序的不同，或是祭祀者的精神面貌的不同。不过，要说三星堆人和商人有着完全不同的宗教信仰，或马上排除其受到远方外来文明影响的可能性，都是不太妥当的。三星堆先民的宗教信仰比起商代的宗教信仰离我们更为遥远。由于没有语言或文字证据来支持一段揣测的解说，图像的含义就必须去它们的社会背景中找寻。

不过，在周代，尤其是东周时期，社会发生了急速的改变，特别是埋葬习俗的改变,从艺术创作的角度带来了很多创新。一个显著的变化是,人形图像包括祖先形象在墓葬中被广泛使用。那一时期的墓中出土了很多小塑像,有陶土、漆木、玉石甚至是青铜等各种材质。它们出现的其中一个直接原因是人们对之前用活人殉葬制度的强烈反对,所以需要一种替代物。因此这些人形塑像就被用不同材质大量地制作出来以满足这个需求。这一类陪葬雕塑通常被归为"冥器",也就是真实物品的替代品。在这些例子中可以看到,更加写实的人物表现方式开始出现了。

真正的突破来自公元前三世纪由秦始皇帝下令制造的兵马俑。就像他的皇宫一样,秦始皇下令建造了一个规模宏大、布局豪华的陵墓。秦兵马俑的制作者无疑是新派雕塑艺术的大师。这些兵马俑揭开了中国雕塑艺术的新篇章。很明显真人大小的兵马俑是力求写实的形象塑造,泥塑士兵手持真正的青铜武器,人体构造逼真,衣物细节丰富,在表现上达到了非常高的精确性。很多学者更是提出了兵马俑在制作时使用了真人作为模型。但进一步观察,发现这些兵马俑的基本特征都是从几种不同的类型发展来的,且是高度统一的。柯思纳认为它们的相似性不能被理解成个人形象,而是一组可以"由事先准备好的大量单位元件加以操作和组装的"[1]形象。换句话说,它们并非是个人的"肖像"。我们还可以再来对比一下古代中国对祖先的人物表现和古希腊罗马艺术中的肖像描绘。过去,很多学者都认为古希腊大量出现的公民雕像代表了个体,并认为它们证实了古希腊社会"个人主义"的出现。但正如杰米·特纳(Jeremy Tanner)所说,即使这一类型的古典"肖像雕塑"高度写实,它们也具有规范的表现模型和表达象征,"在制作公众尊崇的雕像时,对于肖像的选择,很有可能是有公民规范的,而对这些肖像的理解也是基于公民道德文化而不是某种美学价值"[2]。因此无论是在古代中国还是其他早期社会,"表现"已经不再是单一的图释问题,甚至不是艺术的问题,而是和社会历史及文化传统交织在一起不可分割的部分。对于图释的研究旨在理解其背后的含义,或者更准确地说,是在不同社会背景下被赋予的含义。

图像与书写

在之前的讨论中,我已经试图说明这样一种观点:文字和图像之间从来没有直

[1]　Ladislav Kesner, "Likeness of No One: (Re) Presenting the First Emperor's Army", *Art Bulletin*, 1995: 1, 115 – 132.

[2]　Jeremy Tanner, "Portraits, Power, and Patronage in Late Roman Republic", *The Journal of Roman Studies*, 90(2000), 18 – 50.

截了当的关系。从历史角度看,图像的制作远在文字出现之前就已存在,但是在一个书写和文学发展起来的社会里,图像的制作,以及对它的解释无疑会受到书写习惯的影响。

在中国艺术史上常说"书画同源",这已是广大艺术史学家认可的事实。但是,书写和图像之间的关系并不是自相为证的,而是建立在一个感知结构上。这一结构也促使我们用认知的角度来研究图像。一般来说我们都被告知思想是建立在概念之上的,也就是思考是一个由语言扮演重要角色的理性的逻辑分析过程。然而现代心理学却证实了思考是由强烈的视觉因素作向导的感官活动,甚至科学思维很多时候也是建立在可视图像和比喻上的。换言之,人类思考不但基于语言,还立足于隐喻和喻象。这适用于文学及哲学观点的形成,在视觉艺术上也是如此。

从这一点出发,我以下的讨论将集中在中国早期艺术的书写方式的视觉性上。柯律格在他关于明代绘画和视觉性的研究中,试图检验绘画和其他图像制作所使用的术语。[①] 为了解释"象"这个最常用的对应"形象"(image)的术语,他引用了Willard Peterson 关于《易经》这部最重要的早期哲学著作的研究。Peterson 写道:"'象'这个词用在《大传》里,在英文中通常被翻译成'image(形象)',不但意味着相似性,也暗指一个感知活动。'象'通常是作为动作'观'的目标,也证实了它可被翻译成'image'。然而,'象'是独立于人的观察的一个存在,即使我们没有在看,它也'在那里'。因此我认为英语中的'figure'一词更能涵盖《易经》注解里'象'的意思。'figure'一词可以是图像或类似的,也可以是一个形状、一个设计、一种结构或图案,甚至一个书写符号。"[②]重要的是,"象"这个词和书写符号有关,同时也和一些其他通常不被我们称为"形象"的事物有关。这使得我们可以进一步探索书写,特别是中国书写是否可以被运用到艺术表现中。同时,我相信,这也能够帮助我们理解词语和形象之间的关系——这也是视觉艺术研究必须面对的基本课题。

在中国所有的文化特征中,书写系统相比于其他是最有独特性的。我们已经知道,从商代开始有了书写系统,并延续至今从未间断。传统观点将中国书写系统视作一种独特的象形文字系统,不但中国人自己认同这点,欧洲传教士也将这个观点传到了西方社会。这就将中国书写自动视为一种具象的艺术。然而这一观点已经受到了严重挑战。二十世纪四十年代顾立雅(H. G. Creel)和卜弼德(P. A.

---

① 　Graig Clunas, *Pictures and Visuality in Early Modern China*, London, 1997.

② 　Willard Peterson, "Making Connections: 'Commentary on the Attached Verbalizations' of the Book of Changes", *Harvard Journal of Asiatic Studies*, 42(1982), 67 - 116.

Boodberg)之间的争论把学者分成了两派,用陈汉生(Chad Hansen)的话说就是"观念主义者"和"象形主义者"。如今大多数学者则认同中国汉字是表意的文字系统,一个符号代表的是词语而不是一个观念。① 但是陈汉生认为,并不像西方通俗理论所说的那样,文字总是依赖于语言,中国的情况是,语言来自文字。对中国人而言,书写文字直接代表"事物",而且没有一个"精神上的相似性"处于这两者之间。他在为中国传统理论辩护时指出,象形文字本身(如汉字)并不包含词语的语义学解释,而是一个"传统的、历史的现象",是需要诠释的。"象形和读音一样,它的意义是在第一次被认知后,随着历史经验的有意积累才确定下来的。"这个观点对我们的研究十分重要。和字母系统不同,汉字本身就有许多独特的地方。"六书"中除"假借"外,也就是读音相同的词语可以互相借用,其他或多或少显示出汉字的组成运用了象形的特征。大多数汉字都属于"形声",也就是最基本的造字方法,表明它们的构造同时运用了语音和象形的元素。象形的那一部分也被称作是"部首"或分类。古时有超过五百个这样的"部首",到了现代也还剩一半。正是这样的分类方式而不是词语的语义学含义,给我们提供了连接书写和视觉艺术表现之间的桥梁。

纳尔森·古德曼(Nelson Goodman)在他的名著《艺术的语言——符号理论的方法》中指出表现的本质就是一个分类学系统:"如果说表现的问题在于给物体分类而不是模仿,是描绘特征而不是复制,那么它就不是被动汇报的问题。"而针对表现图像和言语之间的关系,古德曼说:"勾勒和描述都参与了世界的构成,它们在感知和认识的作用下相互影响。"因此"表现"是一个概念化的过程,并有文化意味包含在其中。② 当使用了一个部首后,这个词和其他同一类的词不但呈现出语言上的关联,同时在视觉上也有很大联系。汉字书写运用部首的特征使得中国艺术的表现形式呈现出非常不同的面貌。

再让我们回顾一下《易经》中的"八卦"。"八卦"实际上是由完整和断裂的线条组成的,很明显能作为"象"或是图像("八卦成列,象在其中矣")。《易经》的体系中,卦象首先代表了天与地,自然力量如山、水、火、风、雷。与之相关联的还有动物(马、牛、龙、鸡、猪、野鸡、狗、羊)、人的躯体、颜色、材料、温度、植物甚至亲属关系。它们之间虽无明显区分,但都相辅相成。《易经》所述的原则更多的是来源于哲学考虑而不是形象的辨别。但是从上面的论述中我们已经看到,并没有能够区分书写和可视

---

① Chad Hansen, "Chinese Ideographs and Western Ideas", *Journal of Asian Studies*, 52: 2 (May 1993), 373 - 399.

② Nelson Goodman, *Language of Art: An Approach to A Theory of Symbols*, Indianapolis, 1976.

图像的现成定义。这里的关键问题,正如大卫·弗雷伯格(David Freedberg)所提出的,是"区分象形和非象形或装饰形的标准是什么"①。实际上我们能够找到一些汉字用作视觉符号运用在装饰艺术中的例子,例如中国的书法一直被认为是视觉艺术的高超体现。但是为了把讨论话题限定在早期中国,我就举几个商代青铜器的例子,这几个例子中"书写"是作为装饰出现在青铜器上面的。

图 1

第一个例子(图 1)是 Barbier-Mueller 博物馆中一个商晚期的觚(221.50)。它高 30 厘米,底座坚实,至腰则细,至口大开。表面的装饰分别出现在容器的颈、腰、足三个部位。然而,仔细查看后,我们还会发现足部装饰的饕餮纹以浮雕展现了眉眼鼻耳颌和内卷的角,饕餮纹下的背景雷纹图案,则是后来殷墟晚期青铜器(约公元前十二世纪)的装饰风格。饕餮纹上则有一组四只的角龙,都面朝同一方向。器物腰部的第二组饕餮纹,同样有眉眼颌角,但浮雕的设计更加简单,而且角的方向不是内外而是上下。颈部的四条蛇纹上有三角纹装饰,上面同样有饕餮纹图案并有眉眼角颚和鼻孔。尽管器物没有凸缘,作为背景的装饰很明显展现了三角形的线条。线条延伸至三角形尖,张力在心形的闭合处爆发,出现了一组三个独特而有趣的人物跪像。这三人跪像是不是什么族徽呢? 自然主题如羊、牛、象、蝉、虎经常在商朝的青铜器上出现,但人物形象尤其是出现在表面装饰中,则是非常罕见的。商朝的青铜器总是把族徽或祖先名字刻在容器内部或底部。换句话说,它们并不是一眼就能看到的。在少数情况下,它们会出现在容器表面,一般是在把手的下面。而这个例子中,三个跪像位于容器颈部这一特殊的位置,并不像是在表明它们是某一宗族族徽或祖先的名字。

那它们可能是一个书写符号吗? 如果是,又代表了什么含义呢? 在赛克勒的

---

① David Freedberg, *The Power of Images: Studies in the History and Theory of Response*, Chicago, 1991.

青铜器藏品中有一个三足鼎内有铭文(图 2),可能是个族徽("析子孙"),在容器外部的饕餮纹上重复了一段铭文,描绘了一人形正面立像双手高举,念为"子"。回过头来看 Barber-Mueller 博物馆的觚这个例子,我们会马上发现不同之处:这个铭文和周边的装饰融为一体,看起来自然像整个装饰的一部分,并没有把它认作祖先或宗族名字的明显依据。我们知道青铜器的铸造工艺复杂,事先需要一丝不苟的安排,所以这三个跪像不太可能是设计者或模型制作者的一个错误或是"笔误",它只能被认为是把书写和装饰放在一起的一个刻意行为。杨晓能最新的研究成果发现很多青铜器的底部都会有装饰性图案,它们也许起到了铭文的作用,他称之为"图像铭文"。这些人物形象很明显是作为装饰的一部分出现的,那么是不是有可能它们暗示着容器的功能或是其重要性? 在甲骨文中,有一个字就是一个人跪着的形象,和 Barbier-Meuller 觚上的单个形象完全一致。还有其他的一些字也带有跪着的人像的元素,有时这种元素被扩大了。尽管学者对这个字的解读说法不一,但从它的社会背景来看,可能和一种驱魔仪式相关。在殷墟时期,驱魔仪式在祖先祭祀和求雨仪式中经常出现。

图 2

在另一青铜器上的一个有趣的铭文(图 3)或许能帮助我们解答这个问题。铭文为象形,表示跪着的人物持觚将饮,觚中置柄形器,下有表示祭台的图案。这个铭文显示觚是适用于仪式饮用的,而此人的姿势和仪式的执行有一定关系。不难想象这件彝器的功能可能启发了它的设计甚至赋予了其意义。然而,在装饰是抽象或自然图形的情况下,要理清意义和装饰的关系则显得非常困难。书写则提供了一种非常清晰的交流手段。如果在装饰中运用了书写或者书写的元素,我们就能知道设计者想传达一定的讯息。这个罕见又特别的商代青铜器的尝试给我们研究商代彝器的含义提供了新的可能性——一项艰难却值得一试的任务。

图 3

我们还可以考察一下古代艺术中关于龙的造型的演变。龙的形象在新石器时代就出现并一直延续至今。在中国神话中,龙是掌管雨的神灵。在最早的中国文字记载——商朝的甲骨文中就有“龙”字,并有记录在求雨仪式中制作和使用龙的活动。但是,造型艺术中龙的形象却不是依据文字发展的,尽管它们的描述之间非常类似,但从未达到一致。青铜和玉器上龙的纹饰十分多变:它可以是露出长牙和角的卷曲状,可以是熊身虎爪单角,也可以是有修长尾巴的弯曲身体。可是,当文字的功能充分发挥后,图像往往受到制约。例如汉代关于伏羲及女娲的表现就说明了这个观点。汉代艺术中伏羲和女娲自从进入视觉艺术的领域之后,很快就形成了受欢迎的固有形象。有关它们的神话故事或许以语言的方式先于形象而存在,因而成为了形象创造的基础。到了汉代神话故事由文字记载下来,它就成为制造形象的标准,也成了判断的标准。

结　论

对大多数人来说，艺术"表现"也可以简单理解为使用图像，然而，在视觉艺术中，"图像"则不是一个简单的事物。什么叫做"图像"？而什么又不是？我们如何去定义？一个具体的图像是如何被处于不同时间和空间的人们所创造、看到，并且作出不同理解的呢？这些都是研究艺术表现时至关重要的问题。在西方，艺术史的长期传统都是执着于"图像学（iconography）"——图像和它们背后隐藏的含义。关于"图像学"的研究很大程度是构建于西方艺术实例之上，并且由此产生出基本的问题和与之同时发展而得出的一种方法论。然而，当代许多学者已经认识到，仅仅基于西方素材的理论通常是偏颇的，因此在有关其他非西方文化的寻查中会梳理出一套差异很大的问题以及意想不到的解答。

总的来说，从以上各方面看，中国早期艺术的表现有两个主要倾向：

1. 高度程式化的表现方式，从传统的装饰艺术发展而来，以表面装饰为主。它最终在制图术的影响下发展成熟，并形成了优美的线条特征。

2. 写实模式，强调造型的解剖学分析和外在特性。秦始皇兵马俑就是最好的例子。

所以，在思考中国早期艺术中的表现手法上，我们实际上要面对几种不同的模式：几何形式和象征形式（例如混合物）。我们也要考虑是否某些动物也被用来代表某些神灵。在有些情况下，动物明显地和自然力量有关，例如龙与祈雨就有着联系。而龙本身也是一种混合体生物。很有可能在早期，具象化表现模型还不是主流的时候，神灵是由非具象的模型例如雕刻过的玉器、木头或简单的自然实物来表现或象征的。但是如果我们仅仅以考古学证据为资料，就必须承认不同模型之间的直线性划分是无效的。在早期的宗教仪式中，具象和非具象的表现方式都有使用，而且看起来不同的系统是同时运行的。现代民族学研究也支持了这一观点。哈伍德·莫菲（Howard Morphy）在他关于澳大利亚北部原始民族 Yolngu 的研究中指出，Yolngu 祖先的变现方式包括"两个迥异的系统，一个是几何形式，而另一个则是具象的。它们可以分开使用或一起使用以解读特殊的含义"①。一些人类学家对

---

① Howard Morphy, "Too Many Meanings: An Analysis of the Artistic System of the Yolngu of Northeast Arnhem Land", PhD dissertation, Australian National University, 1977.

"意义"一词在视觉艺术中的使用提出了异议,因为识别图像的原始信息并不是他们在此的初衷。如莫菲所指出的,在缺乏直接的语言学证据的时候,意义只是诠释的一个步骤。

那么,我们可能会进一步回答这个问题:是不是中国早期艺术有着"反偶像"的传统?我们发现要区分某一特定神灵的图像或是已故祖先的肖像是十分困难的,但这两个类别却是西方早期写实艺术的主流传统。我们需要用更具体的例子来解决这一问题。我们可以推测,中国早期信仰中的"反偶像论"不可能是决定了整个艺术表现形式的关键原因,更有可能的是,由于使用易腐材料来制作特别的人物表现,导致目前证据的缺失,从而无法让人重新构建早期宗教环境中图像的具体使用方法。

由于宗教冥想和祭拜要求把神灵和传说人物进行人格化,偶像的使用就变得司空见惯了。从前学者们试图将中国佛教艺术的表现系统溯源到印度和希腊—巴克特利亚佛教艺术,但当更全面的中国早期造型艺术展示在我们眼前后,我们可以很有信心地说,晚期人物雕塑艺术中的线条流动的衣纹、正面和静态的姿势,都是从中国早期的风格中演化而来的。而最基本的不同在于它们不同的社会背景,以及图像作用的时过境迁,意义发生了改变。

如果不了解背景,很有可能把包括宇宙神灵、祖先和献祭图案的中国艺术表现总结为线性的自我发展的模式:最开始是动物表现,然后是混合物,最后是神人同形同性。可是,实际情况跟这不符,我们常常看到多种表现方式同时共存。而且,在某一阶段也会出现"反偶像论"的论争,例如先秦的道家就提倡"大象无形"。表现的使用方式反映了社会的复杂程度。

那么,文字和图像的关系又如何解释呢?在多数情况下,考古学材料的阐释常常要依据文字记载或是基于口述的传统。但是文学和视觉形象之间的关系则要复杂得多。有时候视觉艺术来源于文学并从中获得了一些价值,但也有时候文字缺乏实物依据。一个人对文化的认识,同时来源于形象的表现和语言的描述,而且它们总是相辅相成,但它们并不是在同一时期成形的,各自有着不同的语法。

奇特而混合的纹饰力量总是来自一系列与神话、神话缔造相关的含义。至关重要的是,要透彻地分析不同图像的形成、流通和被理解的方式,以及注意某些元素是如何在某一特定时期出现、之后延续或消失。我的研究揭示,在中国早期艺术中,"表现"是一个非常复杂的系统,它是被潜在的归纳和概念化所定义和影响的。我认为解决问题的关键在于用一种新的认知角度,把"肖像"当作"喻像"和"社会语言",

来看待语言和视觉表现之间的概念性和分类关系。表现形式总是离不开表面下的分类体系,而分类则是一个认知的过程。与此同时,表现特征的多样性使得"肖像"在不同的背景中会有不同的解读。

本文的英文初稿最早在伦敦大学亚非学院 1997 年召开的"Art and Religion"研讨会上宣读。后来经过修订,发表在朱渊清、汪涛主编《文本·图像·记忆》,华东师范大学出版社,2015 年。

记忆之宫

——《文本·图像·记忆》序

　　新年伊始,接到渊清兄发来的《读兼爱》文章,一口气读毕,拍案称绝之余,亦有些惭愧。当年和渊清一起搞了这么一个会,一群志同道合的学友聚首富春江上,高谈阔论,发怀古之幽思,甚是惬意。时间一晃几年过去了,现在书就要出版了,全都是渊清辛苦的功劳;而他所嘱的序言,却一直没能写成。原因倒不是完全出于疏懒,而是一拿起笔来,看着一篇篇宏文高论,自己不知道还能再说些什么有用的话。正踌躇间,忽然在手机屏幕上看到一首诗,是一位当今美国走红的网络诗人写的一首新年元旦的作品:

> we are here,
>
> but before we forget
>
> why we came,
>
> let us remember well,
>
> that this is the
>
> way we all tend to
>
> begin; with a
>
> little curiosity for
>
> something that is
>
> meant to make us feel
>
> real.
>
> r. m. drake

试着把它译成中文:

　　我们在这,

但在忘掉为什么

来这之前，

让我们好好记住，

这就是开始的许愿；

对某件事

有那么一点好奇，

是它让人觉得

真实。

诗很简单，把西方新年流行"许愿"的习俗跟记忆等词结合起来。整首诗用老式打印机打在一张微微发黄的信笺上，然后用图片形式发到网上。据说该老兄有超过七十万的粉丝，堪称美国当下拥有读者最多的诗人了。为什么会有这样的成功？除了内容多是一些常人熟悉的情感格言之外，大多跟他用清新短句、容易背诵和记忆有关。受此启发，我生出一个想法：为什么不就"记忆"这个题目谈几句？

古希腊文明中，记忆也是一个哲学命题。亚里士多德的《论记忆》可以说是开山之作，里面对记忆和回忆作了区分：记忆是对事物表现形式的感知，回忆则是针对逝去时间的一种心理状态。所以，某些动物也可能有记忆，但只有人类具有回忆的能力。两者的关系很有意思，回忆既不是记忆的恢复，也不是记忆的获得。当一个人初次学习了某种知识，或接受某种感官印象时，还不存在什么回忆，只有当时间成为过去，回忆才可能发生。因为人记起的是过去所看见过或遭遇过的事情，他不能忆他现在正经历的事情。当一个人记起先前的某一知识或感觉，或我们在前面作为记忆而描述过的持续性的状态，这种过程就是对于上述某种对象的回忆。这样看的话，回忆的过程蕴含了记忆，并且记忆伴随着回忆。对亚里士多德来说，记忆组成灵魂的一部分。当然，还应该指出的一点是，亚里士多德对记忆的讨论，很大程度上是以希腊修辞学中的记忆术为背景的，例如他不断提到了"记忆的辅助品"（mnemonic token）和"回忆的地点"（mnemonic loci），这些都是传统记忆术训练的术语。

在中国古代哲学史中，对记忆的讨论似乎不是太系统。虽然从文字学的角度来说，我们对"记"与"忆"的属性还是有一定认识的。许慎《说文解字》："记，疏也。"徐曰："谓一一分别记之也。"《广雅》："记，识也。"古代文献里，"记"多指用文字来记载。《正字通》干脆说："记，文符也。"而"忆"字的使用多表示对已经过去的事件或人物的思念、怀念、追念，而且"忆"往往跟形象使用相关联。《说苑》有一段佚文，说齐王起九重之台，出钱招募了国中能画者为他画此台。有一位名叫敬君的画师，人很穷，但娶了一位美貌的老婆。他替齐王画画，"去家日久，思忆其妻像，向之而笑"，结果被人打了小报告，齐王看了他画的妻子像，跟他谈条件：你把老婆给我，我给你一百万。行吗？如果不给，砍你的头！敬君当然是唯唯从命。（见《太平御览》。）

最早把"记""忆"合在一起，并从哲学角度对此进行论述的是《关尹子》：

> 是非好丑，成败盈虚，造物者运矣，皆因私识执之而有，于是以无遣之犹存，以非有非无遣之犹存，无曰莫莫尔无曰浑浑尔犹存。譬犹昔游再到，记忆宛然，此不可忘不可遣。善去识者，变识为智。变识为智之说，汝知之乎？曰：想如思鬼，心栗思盗，心怖曰识。如认黍为稷，认玉为石者，浮游不象，无所底止。譬睹奇物，生奇物想，生奇物识。此想此识，根不在我。譬如今日，今日而已，至于来日想识殊未可卜，及至来日，纷纷想识，皆缘有生，曰想曰识。譬如犀牛望月，月形入角，特因识生，始有月形，而彼真月，初不在角，胸中之天地万物亦然。知此说者，外不见物，内不见情。

《关尹子》到底是不是那位逼着老子写下《道德经》五千言的函谷关令尹喜自己写的还有争论，但细细体会这段话的含义，颇有点阅读亚里士多德《论记忆》的味道。其中"识"的概念十分重要，是人对客观事物"表现"（representation）的主观认识；离开了个人的"识"，对事物就无法了解（"皆因私识执之而有"）；只有记忆能把逝去的时间里的状态重新恢复（"譬犹昔游再到，记忆宛然"）；最终，哲学家把对事物的认识上升为一种思想（"善去识者，变识为智"）。

我自己最早对这个题目感兴趣是因为二十世纪八十年代末在伦敦大学亚非学院（SOAS）念博士期间，一次偶然读到了英国女学者弗兰西丝·叶兹（Frances Yates）的名著《记忆术》（*The Art of Memory*，Chicago，1966）一书，有耳目顿开的感觉。弗兰西丝·叶兹早年从伦敦大学学院毕业后，一直在 Warburg Institute 任职，和著名艺术史学家贡布里希（Ernst Gombrich）是长期同事。Warburg Institute 是西方历史学经典学研究的重镇之一，位置紧挨着亚非学院，图书馆极佳，我们常去看书和参加讲座。弗兰西丝·叶兹早于 1981 年去世，享年 81 岁。贡布里希倒是时常碰到。惜此公也于二十一世纪开初作古。哲人永逝！

《记忆术》是弗兰西丝·叶兹的代表作之一，介绍了西方学术史上重要的跟记忆术有关的文献和哲学家。我对雄辩术和如何增强记忆力的训练没什么兴趣,反而被书里描述的如何使用形象(imagery)与空间(place)所吸引,特别是奥古斯丁(Augustine)那充满喻像的语言让人难以释怀:

> 我来到了宽敞无比的记忆之宫和田野,里面是数不清的形象宝藏;这些都是由感官从各种物体带进来的……(《忏悔录》)

中世纪的传教士为了传道,需要记住大量文字书写,于是,各种视觉形象被创造出来,跟文字相辅相成。受道者也可以从这些形象中直接体会到教义,在"记忆之宫"(palaces of memory)里用"心灵的眼睛"(mind's eye)将文字视觉化。西方艺术史中的图像学发展可以说是与此紧密相关的。最有意思的是一种"建筑记忆法":一个牧师进到教堂里,按照同一种次序,来回地走动,向四周张望,不断重复,直到把每一部分空间熟然于心,然后把需要记忆的文字或图像分成不同部分,放入这些已经架构好的空间里,按同样次序来记住。这种用身体来记忆的经验很像我见过的佛教徒的"内省",以及密教喇嘛在地上用五颜六色的沙子建造坛城("曼荼罗")。

传统的记忆术似乎在现代社会里还有用武之地。2011 年,企鹅出版社的纽约分社出版了一本《与爱因斯坦跳月亮舞步:记住所有事的艺术与科学》(*Moonwalking with Einstein: The Art and Science of Remembering Everything*),作者 Joshua Foer 是一位"80 后"的记者,他因为被派去采访"全美记忆力竞赛"而对此发生兴趣,收集了各种新老素材,汇成一书,结果是大受欢迎,一时洛阳纸贵,为当年《纽约时报》最畅销的书之一,连比尔·盖茨等名流都对此书大加赞赏。

在西方学术界,记忆学研究从二十世纪七十年代后渐渐成为一门显学,特别是在历史学和文化学研究里,几乎无人不谈"文化记忆"与"文化认同",但理论往往陷入老生常谈。反而是,有意思的研究多来自考古学和艺术史这两门跟"物"打交道的学问。例如,太平洋中的岛屿国家巴布亚新几内亚,土著民在举行葬礼时要用木头雕像,制作雕像的过程是一个回忆和传递的过程,于是也是社会记忆的标志物。然而,这些雕像不仅是按照原来的模式而复制,而且是为了将来的传递进行再生产,在这个过程中,从视觉和观念上都是某种社会关系的建立和再次巩固。有时,在做一个雕像时,雕刻者会回忆起一个他多年没见到过的老的雕像,但这个新做的雕像绝不会是那个差点被忘掉的雕像的复制,而是充满了生命力的再表现。(Christopher

Tilley，*Metaphor and Material Culture*，Oxford，1999，pp.59 – 62)

　　中国文化中有一种重"记"而轻"忆"的倾向，唯文字记载才可信、方可流传千古。可是文字往往是谎言的编造，而真话常容易变成"文字狱"的对象。渊清兄《读"墨子兼爱"》一文中一针见血地指出，先秦诸子为塑造当时的和谐社会，建立中华大一统的思想可谓是不遗其力。福兮祸兮，千古难评！这也许提醒我们，某种情况下，不会说话的器物是历史真实记忆最可靠的存储，因为器物的回忆和传递过程允许这样的可能性。自古有"书之玉版，藏之金匮"之喻。当考古学家面对断砖残壁，如何唤醒在文字中已经消失的记忆？这确实是一个历史的，也是现实的挑战。

　　原文载朱渊清、汪涛主编《文本·图像·记忆》，华东师范大学出版社，2015 年。

景观的构成

我们差不多总是偶然地与景观相遇。它只是处于我们所做事情的背后。更多的时候我们毫无知觉。在我们城市化的社会里，传统意义中的"自然景观"并不在视野之内。有时候，它冲击着我们的意识思想，但很少有人会停下来提出认真的、最根本的问题。

　　——杰·艾博顿：《景观之感》(Jay Appleton, *The Experience of Landscape*, 1975)

考古学与文献学中的"明堂"

在流传至今的汉代以前的文献与汉代及汉以后的历史文学作品中,有很多关于明堂的记载。对于这些文献的解读,一直都存在争论。如同在古代一样,今天学者们的意见仍有分歧。① 最近几年,明堂遗迹的考古发现,也增加了重新建构与解释这个中国历史上重要的古代制度的复杂性。

在英语中,明堂的名称有多种不同的翻译,比如"明亮的殿堂""光的殿堂""启示的殿堂""发光的殿堂""灵魂之堂""神圣之堂""通天之堂""圣殿"和"仪堂"。这些名称反映了这一独特的象征性建筑形式所传达的多种传统与观念。② 本文的主旨集中在光的隐喻问题上,更明确地说,即在这种建筑的建造中起到重要作用的光明的概念与色彩的象征,以及"明堂"是怎样被解读的。所以,这不仅是一项历史研究,也是一项现象学的研究。

一、文献中的明堂

明堂必然被看成是一种历史的产物。传统意义上,明堂被认为是周公在洛阳创立的五大皇室建筑之一。《逸周书·作雒》:"乃位五官:大庙、宗宫、考宫、路寝、明堂。"③有许多早期文献证据证明,在不同的历史时期,明堂都作为特定的礼制建筑而存在。比这更早的还有正规考古发掘中发现的商周时期的记载。正如若干学者所指出的那样,④明堂的起源——作为一种礼制建筑及其潜在的象征意义——可

---

① 参见 Piero Corradini, "Ancient China's Ming Tang between Reality and Legend", *Rivista degli Studi Orientali*, vol.69, 1 - 2 (1995), 173 - 206.

② 见 H. J. Wechsler, *Offerings of Jade and Silk: Ritual and Symbol in the Legitimation of the T'ang Dynasty*, New Haven and London, 1985, esp.197.

③ 见黄怀信、张懋镕、田旭东《逸周书汇校集注》,上海,1995 年,第 573 页。

④ 见黄彰健《中国远古史研究》,台北,1995 年,第 5 章,第 159—191 页。

以被追溯到商代晚期和西周早期。在商代的甲骨文中，大量例证提到一个被称作"盟宫"或"盟室"的礼仪场所，诸如祈祷、奠酒与献祭动物等仪式都在这里举行：

己巳卜，祝，贞：爵告盟室，其桼。

　　　　　　　　　　　　　　　　　　　　　　　　　　　　　《合集》24942

贞：酓秩于盟室，无尤。

　　　　　　　　　　　　　　　　　　　　　　　　　　　　　《合集》24943

贞：翌辛未，其侑于盟室，三大牢。九月。

　　　　　　　　　　　　　　　　　　　　　　　　　　　　　《合集》13562

贞：……史其酓告于盟室。十月。

　　　　　　　　　　　　　　　　　　　　　　　　　　　　　《合集》24944

……卜，出，贞：大史其酓告于盟室。十月。

　　　　　　　　　　　　　　　　　　　　　　　　　　　　　《合集》25950

丁卯卜，出，贞：今日夕有雨，于盟室，牛不用。九月。

　　　　　　　　　　　　　　　　　　　　　　　　　　　　　《英藏》2083

壬辰卜，祝，贞：翌辛未，其侑于盟室，十大牢。七月。
壬辰卜，祝，贞：翌辛未，其侑于盟室，五大牢。九月。
壬辰卜，祝，贞：其燎于盟室，惠小牢。

　　　　　　　　　　　　　　　　　　　　　　　　　　　　　《英藏》2119

　　以前，汉字"盟"被解释为"血"。但是，一些学者提出争论，认为这个字无论在读音还是语义上，都是另一个字"明"的通假字。[①] 所以，甲骨文中的"盟室"也可以被理解为"明室"，即"明亮的堂室"。这很清楚是指举行仪式的场所，一幢建筑或皇宫里的一间堂室，专门用来举行牺牲献祭和仪式的通告。在甲骨文中，还发现了相似的名称如"南室""东室""西室""中室"和"大室"。从铭文的内容来看，很容易推断在盟室中举行的仪式是献给祖先的祭祀。但是，由于铭文中没有提到接收者，其中有可能包括自然神，比如天上的神灵。此外值得注意的是，甲骨文中"盟"字也被用在天文的语境中，指连续的两天相接的那一刻，即破晓时天空中出现的第一缕光。如果我们把这些证据一同考虑，就可以更进一步推测，盟室在商代有可能是同时作为

────────────

① 关于这个字的各种释读，参见于省吾主编《甲骨文字诂林》，北京，1996 年，第 2636—2638 页。对古汉语中"盟"和"明"读音的重构是相同的，都是 * mjiang，并且这两个字形在早期文本中是通假的。裘锡圭在论文《释殷墟卜辞中的"☒"、"☒"等字》中，讨论了一组相关汉字的复杂问题，载《第二届国际中国古文字学研讨会论文集》，香港，1993 年，第 73—94 页。

天文观测台和礼仪场所来使用的。然而,关于这个建筑本身,甲骨文没有提供细节描述或宏观蓝图。

　　从这个铭文的证据出发,很多学者论证,明堂的结构与商代甲骨文中一个特定的象形文字"亞"有关。艾兰(Sarah Allan)论证说,在商代的宇宙观中,"亞"的形状可能被当作是宇宙的模型。① 学者们注意到,一些大型商墓的布局确实是"亞"字形的。② 那么,如果功能为献祭和崇拜的庙堂也被造成这个形状,是不足为奇的。汉字"亞"在甲骨文和青铜器的铭文中都出现过,在某些案例中可以被理解为一种庙堂。③ 但是,这个意见尚未被证实,因为殷墟的考古发掘没有发现任何这种结构的庙堂遗迹。

　　在较晚的文献中,明堂常常与另两种礼制建筑联系在一起:壁雍和灵台。在《诗经》中,有一首诗将灵台的建造归至周文王(前1099—前1050)名下,而且灵台和壁雍被一同提及,那是一个有湖的地方,瞎眼的乐师为王演奏青铜编钟,还有"鳄鱼皮制成的鼓(即鼍鼓)"。④ 较早的青铜铭文显示出相似的证据。壁雍的名字出现在周康王(前1005—前978)时期的早期西周青铜酒器(麦尊)上。⑤ 这一铭文描述了周王举行"大丰⑥"仪式,然后在壁雍行船并举行射礼,他的公爵们在另一条船上跟随其后,挥舞着红旗。另一件青铜器(伯唐父鼎)铭文描述了王在壁雍举行盛宴,有龙船和白旗,他在湖中射杀野生动物。⑦ 在壁雍击鼓的活动也在其他流传的文献如《周礼》中被提及,"雷鼓"专门为"天神"敲响。⑧ 所有描述都与后来的文献相符:壁雍是一道壕沟或一个湖,灵台是一个人造的高台,有顶或无顶。但是,从商代与西周的记录中,我们无法确切得知这些建筑是什么样子或如何建造的。

　　在战国和秦汉时期(前五世纪——一世纪)的文献中,我们找到了对明堂(及壁雍和灵台)更精确的描述。这一时期产生了众多文字记载,有一些遗失了,后来又被重

①　Sarah Allan, *The Shape of the Turtle : Myth , Art , and the Cosmos in Early China*, Albany, 1991, esp. 74 - 111.

②　高去寻:《殷代大墓的木室及其含义的推测》,载《"中央研究院"历史语言研究所集刊》39,1969年,第175—188页。

③　见 Hwang Ming-chong(黄铭崇), *Ming-Tang : Cosmology , Political Order and Monuments in Early China*, PhD dissertation, Harvard University, 1996, esp.120 - 125.

④　高亨:《诗经今注》,上海,1980年,第393—394页。

⑤　马承源主编:《商周青铜器铭文选》,北京,1986—1990年,第67号。关于周代射礼的讨论,见刘雨《西周金文中的射礼》,《考古》1986年第12期,第1113—1120页。

⑥　在此我遵循裘锡圭将"丰"解读为鼓,见裘锡圭《古文字论集》,北京,1992年,第196—209页。

⑦　见《考古》1989年第6期,第542—529页。

⑧　见 Hwang Ming-chong, *Ming-Tang : Cosmology , Political Order and Monuments in Early China*, 296 - 307.

新发现并编辑而流传于世。由于编纂者理解这些原始记录,因此它们才得以保存。这些文献造成了对明堂的各种解释和混淆,并且启发后人尝试去建造或重构明堂的建筑。

关于明堂的文献可以分为几类。其中一些记录读起来像是建筑工人的手册,给出了设计的细节和建筑的尺寸。在《考工记》(前五世纪—前四世纪左右)的一段文本中,[①]可以读到一段短小而清晰的事实性描述:

> 夏后氏世室,堂修二七,广四修一,五室,三四步,四三尺,九阶,四旁两夹窗,白盛,门堂三之二,室三之一。殷人重屋,堂修七寻,堂崇三尺,四阿重屋。周人明堂,度九尺之筵,东西九筵,南北七筵,堂崇一筵,五室,凡室二筵。室中度以几,堂上度以筵,宫中度以寻,野度以步,涂度以轨,庙门容大扃七个,闱门容小扃三个,路门不容乘车之五个,应门二彻三个。内有九室,九嫔居之。外有九室,九卿朝焉。[②]

《考工记》的作者将明堂介绍为一种从夏代和商代流传下来的建筑传统,并且记录了周代的明堂有五个开间,但是对设计背后的建筑原则没有作出解释,而且对建筑中不同堂室的名称也没有任何提示。

然而,在另一份被称作《逸周书》的文本中,对明堂有更详细的记载,这些不同的堂室被命名为:

> 明堂方百一十二尺,高四尺,阶广六尺三寸。室居中方百尺,室中方六十尺。东应门,南库门,西皋门,北雉门。东方曰青阳,南方曰明堂,西方曰总章,北方曰玄堂,中央曰太庙。以左为左个,右为右个也。[③]

在此,明堂的名称指向建筑中一个特定的部分。从记述来看,我们可以重构具有中心建筑的原始布局,这个中心建筑搭建在高台上,四面各有一个堂室(或区域)(图1)。[④] 四扇门暗示这里曾经也有围墙。五个堂室都有自己的名字:东边是青阳,南边是明堂,西边是总章,北边是玄堂,中央是太庙。此文本也提到,每一边延伸出去都有一个较小的隔间。[⑤]

---

① 近年关于《考工记》年代的研究,见闻人军《考工记成书年代新考》,《文史》第23辑,1984年,第31—39页。
② 孙诒让:《周礼正义》卷八四,北京,1987年,第3449页。
③ 此文本不在《逸周书》的传本中,引自《太平御览》卷五三三,北京,1960年,第2418页。
④ 见王国维《观堂集林》卷三,北京,1959年,第123—124页。
⑤ 这里的设计图与测量数据和二十世纪五十年代西安发掘的明堂非常接近。参见 Hwang Ming-chong, *Ming-Tang: Cosmology, Political Order and Monuments in Early China*, 42-44.

很难断定《逸周书》的文本是西周原著还是后来的杜撰,但是,从建筑名称中反映出来的色彩与《周礼》和《逸周书》中的其他文本相似。这也许来自某些更早的资料。以我在别处的论述来看,色彩与方位关联的历史要久远得多。这一色彩象征体系的起源,或许可以追溯到商代晚期和西周早期。后来,这种色彩象征体系衍生出"五行"理论,颜色成为这个关联系统中的核心部分。①

对五行理论最详尽的解释出自《吕氏春秋》,这部书在公元前三世纪由吕不韦及其门客编纂,其中的《十二纪》指明了一年中每一个月的细节,并在每一节的开头规定了天子必

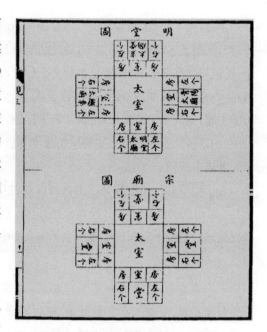

图1 王国维:《观堂集林》,北京,1959年,第143页

须如何严格遵循五行理论来管理他的事务,包括他的服饰、马匹和战车、饮食、所用器物以及最重要的,他的居所。在这个语境中,皇宫与宗庙一样,是一个宇宙论的景观,天子在其中顺时针移动,穿过不同的区域。通过这样的方式,天子便能将人类和自然带入平衡,如此也就巩固了他的政治权威和势力。色彩法典——或更精确地称为色彩象征体系的视觉化——对于创造时间与空间的秩序至关重要。根据不同的季节,天子必须住在不同颜色的不同堂室里:春天住东边的"青阳"(绿色),夏天住南边的"明堂"(红色),秋天住西边的"总章"(白色),冬天住北边的"玄堂"(黑色)。

《吕氏春秋》的记载是独特的,因为它提到理解明堂的象征结构的关键是五行理论。它也为理解汉代以前的早期宇宙论和政治哲学之间的关系提供了线索。从历史上来看,正如葛瑞汉(A. C. Graham)所言,五行理论的起源和发展是一个漫长的过程,而且,在这一历史进程中,五行组合被宫廷观象师、医生、乐工、占卜师和历史学家广泛应用与实践,远远早于哲学家对它的应用。②

---

① Wang Tao, *Colour Symbolism in Late Shang China*, PhD dissertation, University of London, 1993, esp. ch. 6.

② A. C. Graham, *Yin-Yang and the Nature of Correlative Thinking*, Singapore, 1986, esp. 91–92.

不过,到了汉代,明堂与五行理论的关系就成了固定的哲学话语。在《礼记·月令》和《淮南子·时则训》等书中,对此的解释与《吕氏春秋·十二纪》十分相似。关于《礼记》和《淮南子》的作者是否抄袭了后者,或者这三个文本来源于同一份更早的材料,一直存在长期的争论。① 从涉及明堂的专题著述数量来看,它显然是一个流行的主题。《汉书·艺文志》记录了若干标题,如《明堂阴阳》(三十三篇)与《明堂阴阳说》(五篇)。这些书籍完整的原始版本都已不存,但其中一些篇章可以在其他学者的著述中找到。

关于明堂的一份重要文献出自西汉戴胜(活跃于前48—前33)名下的《大戴礼记》。不同于《考工记》和《吕氏春秋》的记载,这是一份包含着理论意义的建筑实际状况描述。它似乎对汉代学者产生了重大影响,并可能被用来帮助建造真实的明堂建筑。文献记述道:

> 明堂者,古有之也。凡九室:一室而有四户、八牖,三十六户、七十二牖。以茅盖屋,上圆下方。明堂者,所以明诸侯尊卑。外水曰辟雍,南蛮、东夷、北狄、西戎。明堂月令,赤缀户也,白缀牖也。二九四七五三六一八。堂高三尺,东西九筵,南北七筵,上圆下方。九室十二堂,室四户,户二牖,其宫方三百步。在近郊,近郊三十里。或以为明堂者,文王之庙也,朱草日生一叶,至十五日生十五叶;十六日一叶落,终而复始也。周时德泽洽和,蒿茂大以为宫柱,名蒿宫也。此天子之路寝也,不齐不居其屋。待朝在南宫,揖朝出其南门。②

解读这个文本面临众多困难。一部分可能来自原始手稿的错位偏差,一部分则可能是后世编辑修订的结果。但是,有几点值得注意的是:a. 明堂被界定为祖先庙堂(文王之庙),同时也是皇室居所(路寝);b. 此处提及壁雍,是围绕着明堂的一道壕沟;c. 中国作为世界中心、四周环绕着蛮夷的政治地缘概念很清晰;d. 明堂与每月的天象观察(月令)和植物的周期,即叶片生长、凋零所体现的自然与重生之韵律联系在一起;e. 共有36道门和72扇窗,装饰它们的色彩分别是红色与白色;f. 整个建筑被描述为"上圆下方",指向传统中国宇宙观中天与地的基本形态。

然而,或许更重要的是,据此文本称,明堂有九个开间,而不是《考工记》《逸周书》和《吕氏春秋》里所描述的五个。学者们试图调解这些矛盾,但多数意见都不能达成一致。在此,我们应当质疑,这些描述考虑的究竟是曾经存在过的原始明堂建

---

① 见王梦欧《月令探源》,《礼记校正》,台北,1976年,第527—584页。
② 王聘珍:《大戴礼记解诂》,北京,1983年,第149—152页。

筑,还是基于哲学家感到要给前人流传的文本添加一些重要东西之后的想象。在法国汉学家马伯乐(H.Maspéro)去世后才出版的一篇文章中,①他指出,尽管汉代以前或汉代早期写到明堂的作者都将其描述得惟妙惟肖,有时甚至极其详尽,然而或许他们没有一位亲眼见过这种建筑。关于这一点,马伯乐是有理的吗?

二、考古中的明堂

考古常常给人们带来意想不到的结果。1956年,在一项建筑工程中,在陕西省的现代都市西安西郊发现了一些不寻常的建筑遗迹。这一区域曾是西汉都城长安的南郊。几位北京的建筑历史学家来到现场调查,很快确认这是西汉末年王莽(前45—23)建造的古明堂/壁雍(图2)。② 1957年进行了全面发掘。③ 从那以后,关于这个建筑的复原方案层出不穷,其中最重要的是王世仁④和杨鸿勋⑤的方案。在一项更近的研究中,巫鸿也展示了他对明堂的复原。⑥

当然,几乎没有什么当代建筑的范例可供学者们引用,尽管他们的复原方案可能在细节上千差万别,不过他们所应用的证据来源却大致相同。简言之,复原基本上依靠的是汉代或汉代以前的文学与历史记录,诸如《考工记》和《大戴礼记》,还有在王莽的明堂建造之后成书的蔡邕(132—192)的《明堂月令论》等。之前我们已经讨论过文本是如何来自不同的传统,以及它们常常互相矛盾的问题。所以,我们绝对明确应当使用何种文献依据以及可以信赖它到什么程度,是至关重要的。相似地,由于考古证据总是受制于阐释,我们必须清楚泥砖和破碎的屋瓦究竟可以提供多少信息。这是我们开始尝试任何理论阐释之前的根本问题吗?

根据班固(32—92)《汉书·王莽传》记载,⑦王莽是在元始四年(公元4年)开始建

① H. Maspéro, *Le Ming-t'ang et la crise religieuse Chinoise avant les Han*, *Mélanges Chinois et Bouddhiques*, Bruxelles, 1951, 1-71.

② 最初发现的报告由刘致平发表,《西安西北郊古代建筑遗址勘查初记》,《文物参考资料》1957年第3期,第5—11页。

③ 这次发掘的考古报告于发掘完成两年后的1959年发表,见唐金裕《西安西郊汉建筑遗址发掘报告》,《考古学报》1959年第2期,第45—55页。

④ 王世仁:《汉长安城南郊礼制建筑(大土门村遗址)原状的推测》,《考古》1963年第9期,第501—515页,主要基于中国学者的研究;Nancy Steinhard(夏南悉)也讨论了与明堂及其复原相关的问题,见 *Chinese Traditional Architecture*, New York, 1984, 70-77.

⑤ 杨鸿勋:《从遗址看西汉长安明堂(壁雍)性质》,《建筑考古学论文集》,北京,1987年,第169—200页。

⑥ Wu Hung, *Monumentality in Early Chinese Art and Architecture*, Stanford, 1995, esp.176-187.

⑦ 《汉书》卷九九,北京,1962年,第4039—4196页。

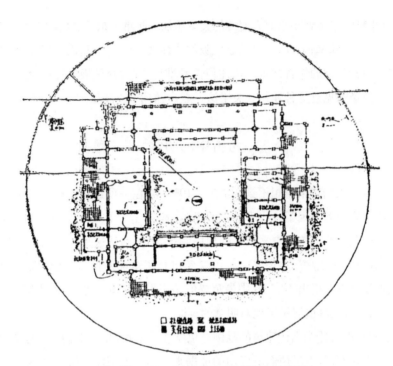

西安西效56·205工地遗址平面实测图(王世任绘)

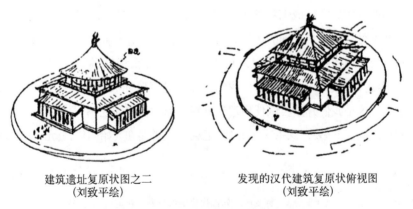

建筑遗址复原状图之二　　　　　　发现的汉代建筑复原状俯视图
　　（刘致平绘）　　　　　　　　　　　　（刘致平绘）

图 2　刘致平：《西安西北郊古代建筑遗址勘查初记》，
《文物参考资料》1957 年第 3 期，图 9、12、13

造明堂的，比他成为汉代皇帝刘婴的摄政王早了两年，比他称帝则早了五年。这座建
筑的启用庆典是一场盛大的仪式，有超过 1 000 位官员出席。王莽借此机会表彰自己
是有德之士。毫无疑问，明堂与其他礼制建筑如壁雍、灵台、太学及成千上万座供学者
居住的房屋的建造，是受到了他企图篡位的政治野心的驱使。但是，还有更深层的历

史与思想观念方面的原因。第一座明堂被认为是摄政王时期的周公所建,王莽则以周公作为自己的榜样。在建筑工程之外,王莽还实施了大范围的改革。为了“恢复”最初由贤德的周王们创建的古代制度,他热衷于从古代文献中寻求指导,比如收藏于皇家图书馆“秘府”的《周礼》。那时,就汉代朝廷中明堂的相关事件,在“古文学派”与“今文学派”间展开了一场激烈的论战。[①] 掌理秘府的刘歆(前53—23),也是朝廷的天文学家,以及为王莽设计明堂和壁雍的建筑师之一。刘歆无疑熟悉所有关于明堂的早期参考资料,但他追随的是“今文学派”还是“古文学派”的阐释,我们不得而知。

　　作为正统与权威的象征,明堂在王莽夺取政治权力的斗争中扮演了一个持续而重要的角色。在摄政的第一年的第一个月,他举行了和古代统治者相同的仪式:南郊的天神献祭、东郊的春天庆典以及明堂的大型射礼。当他登上皇位(始建国元年,公元9年),他为明堂和太庙中所有的祖先举行了祫祭。在他统治的第四年(公元12年),他亲自到明堂授予他的封建贵族“草场和土地”,这是对整个疆域具有最高统治权的象征。当年号从“天凤”改为“地皇”(公元20年),他又为明堂中所有的祖先举行了一次祫祭,并在同一年开始建造他的宗庙建筑群。[②] 后者是一项庞大而耗费巨资的工程,不仅花了三年时间才完成,而且不得不拆除了一些旧宫殿以获得建材。当宗庙建筑群完成后,祖先的形象(神主)被安放其中。不过,仅仅一年之后,王莽政府就被刘玄领导的支持汉王室复辟的军队击败。士兵们掘开了王莽的祖坟,焚烧了他的宗庙,并且毁掉了明堂和壁雍。

　　现在,让我们来看考古证据。二十世纪五十年代的考古发掘标准达不到今天所期待的要求。在考古学家到达遗址前,建筑工人已经把遗迹的顶部铲平了。更糟的是,有一条晚近的小河流经遗址,毁掉了几乎一半的建筑遗迹。剩下的全是非常破碎的证据。我们对西汉王朝末年明堂构造的理解,就建立在这有限的信息之上。

　　遗址由三部分组成:a. 一道环形水沟,约2米宽、1.8米深,最初与北面的一条河相连,水沟的直径是东西368米,南北349米;b. 在环形水沟之中,是一座方形的复合建筑,四边均有一道门,每边长235米,可能在四角有带屋顶的角楼;c. 中间是一处大型夯土台,南北向长205米,东西向长206米,高1.6米,在这个平台上,中心建筑本身被建构在一个直径60—62米的圆形土地基上,建筑的其余部分建在一个

① 见 Hans van Ess(叶瀚), *Politik und glehrseinkeit in der Zeit der Han-Die Alttext/New text-kontroverse*, Wiesbochen, 1993, esp.235-244.
② 见黄展岳《关于王莽九庙的问题》,《考古》1989年第3期,第261—268页。又见 M. Loewe(鲁惟一),"Wang Mang and His Forbears: The Making of the Myth", *T'oung Pao*, vol.80(1994), fasc.4-5, 197-221.

方形的土地基上,大约南北长 42 米,东西长 42.4 米,去原始地平面深约 2.9 米,其中央又有一个升起的方形平台,经测量南北长 16.8 米,东西长 17.4 米,高 1.5 米,在中央平台的每一角,还有两个较小的方形平台(图 3)。

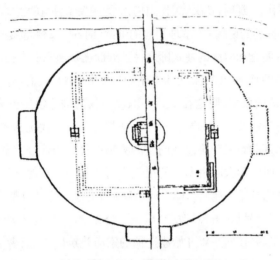

汉长安南郊明堂辟雍遗址总平面图

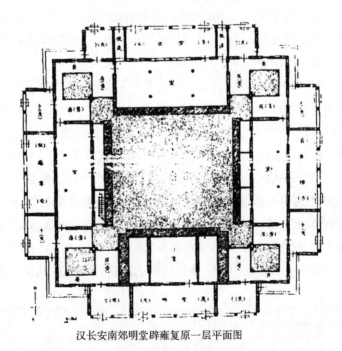

汉长安南郊明堂辟雍复原一层平面图

图 3　杨鸿勋:《建筑考古学论文集》,北京,1987 年,第 172—179 页

从遗留的建筑证据来看,中心建筑的布局的确是"亞"字形、多层,呈南北向和东西向。它最显著的特征,就是面朝四个方向的四道开放式矩形走廊,每一道都有砖铺的地面和木质立柱支撑的顶部。直接连在走廊后面的是四间有墙的堂室,毗邻中央高起的土台。中央高台上可能建有一座大厅,对外部的观者而言,它显得位于高层。角上的四处小土台可能是较远处房间的地基,也可能就是较低楼层上的隔墙的地基。从遗存证据很难确定是否还有第三层楼,以及屋顶是圆形还是方形。相应地,重建方案千差万别(见图4、图5、图6)。

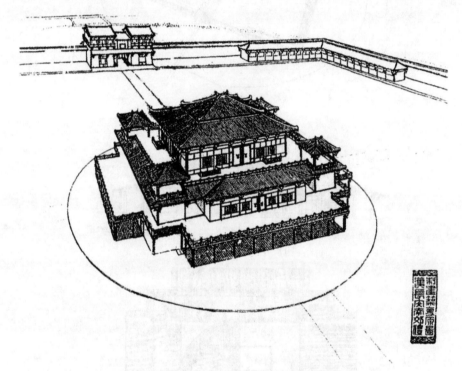

图4　王世仁:《汉长安城南郊礼制建筑(大土门村遗址)原状的推测》,《考古》1963年第9期,图27

从建筑角度而言,一方面,王莽明堂的建造反映了那个时代建筑知识与经验的积累。这座建筑遵循了木架构与夯土台相结合的传统,这个传统建立于商代。二里头、郑州和殷墟的建筑遗迹常常是建在夯土上的中心房屋,周围的走廊或过道都被延伸出去的屋顶覆盖(图7)。这种独特的建筑形式在战国与秦汉时期发展到了一个新高度。在东周时期,祭祀建筑建在坟墓上面,并开始有了围绕在中心建筑周围的带顶的过道或走廊,在战国时期中山国的皇家墓地中可以找到实例(图8)。咸阳

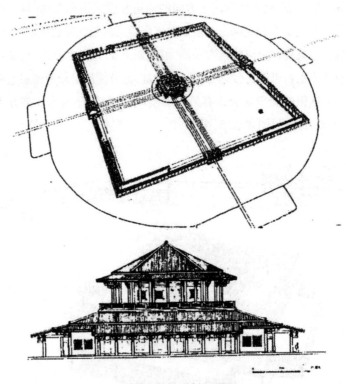

明堂辟雍复原南立面图

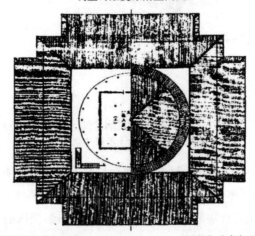

明堂辟雍复原二层平面图　　　　　　　　明堂辟雍复原屋顶平面图

图 5　杨鸿勋:《建筑考古学论文集》,北京,1987 年,图 34、10.3、10.2

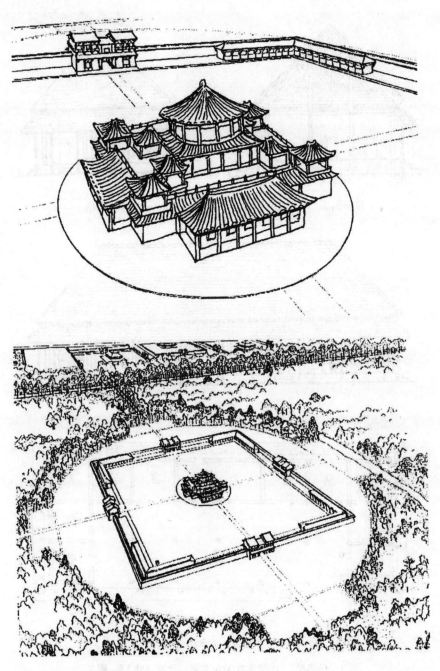

图 6   Wu Hung(巫鸿),*Monumentality in Early Chinese Art and Architecture*, 1995, p.179

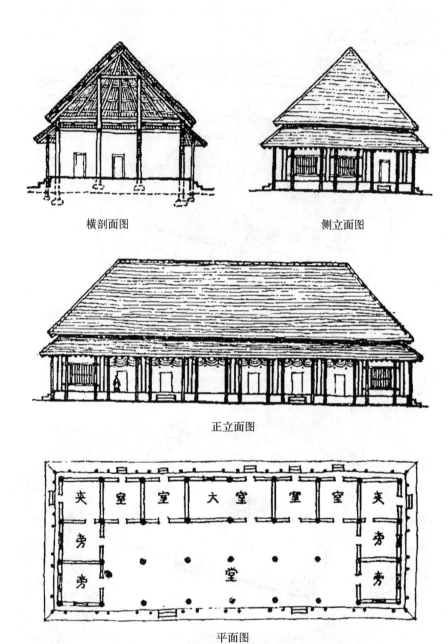

横剖面图　　　　　　　　　　　侧立面图

正立面图

| 夹室 | 室 | 室 | 大室 | 室 | 室 | 夹室 |

旁 旁

旁 旁

堂

平面图

河南偃师二里头遗址主体殿堂复原设想之一

图 7　杨鸿勋:《建筑考古学论文集》,北京,1987 年,图 77

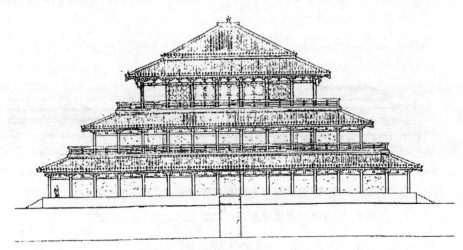

战国中山王響陵上建筑复原立面图
享堂正立面复原图

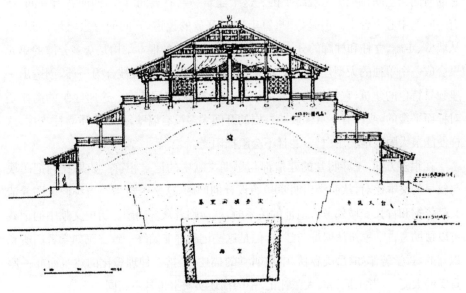

战国中山王響陵上建筑复原剖面图
享堂剖面复原图

图 8　杨鸿勋:《建筑考古学论文集》,北京,1987 年,图 125

秦宫的发掘也表明,多重房屋由多层通道连结着一个巨大的核心高土台被建造起来(图9)。根据杨鸿勋的研究,这些建筑技术与设计可能被应用到了汉代明堂的建造中。①

秦咸阳宫第一号遗址(西部)复原南立面图

图9　杨鸿勋:《建筑考古学论文集》,北京,1987年,图125

另一方面,王莽的明堂又是一个与众不同的新产物,因为它旨在以一种特定的建筑来表明一种思想观念。它可以被看作是象征性建筑的实践,其潜在的概念是在它的时间与空间特征中呈现出宇宙。这个建筑一共有五间堂室,四面各有一间,还有一间在中心土台上。但是,如果算上四条开放的过道,开间的总数将增加到九。从墙壁、走廊、立柱和柱廊的分布可以看出,这个建筑的根本结构是众多分散的单元聚合成一个单独的大型建筑。以这种方式,一系列个体元素被合为一体,创造出一座独具特色的建筑,它每一边都有一道开放的过廊,多层无墙。这座建筑的韵律是对称而平衡的,或许有一点僵硬。二层的开间大多没有墙壁,只由木质立柱支撑,这样便能最大限度地利用白昼,并且不会阻挡阳光。

在很多方面,王莽明堂的建造都与早期文献中的记录相符。如果我们把砖块与较早的文本比对,从而指出明堂初始设计的问题,这是否恰当?当我们试图弄清文献依据和古长安城郊考古遗址的关系时,就面临着众多问题。历史文献中的记载可以帮助考古学家辨认遗址与建筑,但是这些记载并非始终一致。正如学者们所意识到的,哲学著作如《吕氏春秋》中对明堂的描述,是指一种理想化的建筑而非一座真实的大厦。《考工记》和《大戴礼记》中的描述实质上也各不相同。

在重建古代明堂的过程中,许多现代学者似乎都偏爱东汉学者蔡邕的文章《明

① 关于遗迹考古发现的重建和讨论,见杨鸿勋《建筑考古学论文集》,第71—80、81—93、120—142、153—168页;另见 Robert Thorp(杜朴),"The Architrctural Heritage of the Bronze Age", in N. Steinhardt, *Chinese Traditional Architecture*, 60 - 67.

堂月令论》。或许是因为这篇文章为明堂宇宙论的象征体系提供了详尽的解释,同时还给出了精确的建筑测量数据供比对。例如:

> 明堂者,天子太庙,所以宗祀其祖以配上帝者也。夏后氏曰世室,殷人曰重屋,周人曰明堂。东曰青阳,南曰明堂,西曰总章,北曰玄堂,中央曰太室。……其制度之数,各有所依。堂方百四十四尺,坤之策也。屋圜屋径二百一十六尺,乾之策也。太庙明堂方三十六丈,通天屋,径九丈,阴阳九六之变也。圜盖方载,六九之道也。八闼以象八卦,九室以象九州,十二宫以应十二辰。三十六户,七十二牖,以四户八牖乘九室之数也。户皆外设而不闭,示天下不藏也。通天屋高八十一尺,黄钟九九之实也。二十八柱列于四方,亦七宿之象也。堂高三丈,以应三统。四乡五色者,象其行。外广二十四丈,应一岁二十四气也。四周以水,象四海,王者之大礼也。[①]

显然,蔡邕把他所见的不同文献资料综合起来了,其中包括同时代或稍早于他的学者的著作。例如,在桓谭(约前40—32)的《新论》和班固的《白虎通》中,也有一段稍短但非常相似的描述。东汉时期的其他学者,包括郑玄(127—200)、应劭(约168—184)和卢植(? —192),在他们对经典著作的评注中都包含数字命理学的理论。

仔细阅读蔡邕的专著会发现,在写下的文本与考古证据之间确实存在巨大的鸿沟。例如,虽然蔡邕的叙述中含有对建筑每个部分精确的测量数据,却与现场的实际测量不符。如果我们去看考古报告,会读到这个建筑的走廊与堂室被分隔成小间,每一边的数目是不同的,而建筑中开间的总数取决于如何去计数。但是,它们与蔡邕文中的任何描述都不一致。例如,当古代文献说古明堂有茅草屋顶时,考古证据却显示屋顶上用的是陶瓦。

在蔡邕写作《明堂月令论》时,长安南郊的旧明堂早已消失不见。蔡邕及其同时代人不可能见过王莽建造的明堂,但他们可能亲自去过东汉时期在洛阳南郊建造的一座晚近的明堂。光武帝在中元元年(56)修建了他的明堂、灵台和壁雍。在帝国的庆典中,这些礼制建筑曾频繁地被使用。[②]

大量后来的文本提到明堂、壁雍和灵台的位置,导致很多学者相信这些建筑是分开建造的。[③] 我们对光武帝明堂的确切特征尚一无所知,考古调查却揭示了灵台

---

① 《蔡中郎文集》卷十,上海,1938 年,第 57—59 页。
② 见《资治通鉴》,香港,1971 年,第 1427、1433、1483、1537 页。
③ 见姜波《汉唐都城礼制建筑研究》,北京,2003 年,重点参考第 80—84 页。

原本是建在一个高土台上的。二十世纪七十年代,中国社会科学院考古研究所的考古学家在洛阳旧城南郊发现了一个大型建筑地基,从此这被认定为东汉时期灵台的遗迹。[①] 这个遗迹有两层楼,上面一层残留的墙壁原来还绘有不同的色彩。

光武帝是否沿用了王莽对明堂和灵台的设计,这一点是存疑的。在东汉政府眼中,王莽是一个篡位者。东汉的知识背景也与西汉大相径庭。在三到四世纪,被附加了信仰意义的天文观象学十分盛行,无疑对明堂的建造产生了影响,尤其体现在灵台上,因为灵台是观测天象的场所。历史文献都说,在明堂举行仪式之后,皇帝便要"登灵台,望云物"。这可以解释为什么蔡邕与其他东汉学者对明堂的阐释都包含很多观象学的知识。

汉代以后,几乎每一个掌权的政府都试图以各种方式建造明堂。据报告称,武则天(624—705)所建的明堂也在洛阳被发现了。[②] 武则天的明堂明显受到佛教影响,与早期明堂形成了有趣的对比。不过,鉴于其他学者已透彻研究过这一主题,[③]在此我就不展开了。

三、明堂与宇宙崇拜

正如之前提到的,阐释明堂的问题之一在于确定它的功能。在历史文献中,它被描述为崇拜祖先以及献给宇宙神灵如"上帝"的庙堂。它也被描述为国王执政和接见臣民及外国公使的皇家居所,而且还是进行教学活动的帝国学院。面对如此纷繁的阐释,一些作者就简单地表述说明堂的不同功能全都合而为一,因为在古代,这些仪式可能在同一时间、同一地点组合起来举行。[④]

在西汉时期,明堂的功能经历了显著的发展,主要是因为礼仪制度的转变。最重要的变化是简化了为众多神灵举行的极其复杂的献祭,以及根据五行宇宙论重新定义了礼制。[⑤] 许多旧庙堂被弃置,新的则建造起来。

---

① 中国社会科学院考古研究所洛阳工作队:《汉魏洛阳城南郊的灵台遗址》,《考古》1978 年第 1 期,第 54—576 页。

② 中国社会科学院考古研究所洛阳唐城队:《唐东都武则天明堂遗址发掘简报》,《考古》1988 年第 3 期,第 227—230 页。

③ 例如 Antonino Forte(富安敦), *Mingtang and Buddhist Utopias in the History of the Astronomical Clock: The Tower , Statue and Armillary Sphere Constructed by Empress Wu*, Roman, 1988.

④ 见 William Soothill(苏慧廉), *The Hall of Light: A Study of Early Chinese Kingship*, London, 1951, esp. chas. 8 - 11.

⑤ 见 Wang Aihe(王爱和), *Cosmology and Political Culture in Early China*, Cambridge, 2000, esp. cha. 3.

这些变化是如何发生的？还有，这些变化有没有影响到明堂的设计？在《史记·封禅书》中，我们读到一个有趣的故事，当武帝即位（前141）时，若干儒家学者提议根据古代制度修建明堂。然而，武帝的祖母窦太后并不热衷于儒家学说，所以这项工程被放弃了。后来，到了公元前106年，武帝在山东泰山复兴了封禅的献祭仪式。记载如下：

> 初，天子封泰山，泰山东北阯古时有明堂处，处险不敞。上欲治明堂奉高旁，未晓其制度。济南人公玉带上黄帝时明堂图。明堂图中有一殿，四面无壁，以茅盖，通水，圜官垣为复道，上有楼，从西南入，命曰昆仑，天子从之入，以拜祠上帝焉。于是上令奉高作明堂汶上，如带图。及五年修封，则祠太一、五帝于明堂上坐，令高皇帝祠坐对之。祠后土于下房，以二十太牢。天子从昆仑道入，始拜明堂如郊礼。礼毕，燎堂下。而上又上泰山，自有秘祠其巅。而泰山下祠五帝，各如其方，黄帝并赤帝，而有司侍祠焉。山上举火，下悉应之。①

在此，我们读到明堂中的祭祀是献给上帝、太一、五帝、后土和汉王朝的创立者高祖的。尽管上天神灵与祖先的结合可以追溯到古代制度，在明堂献祭五帝则似乎标志着新的开端。可能有学者会争论五帝即是五位祖先，但上下文清楚地提示了它们所指的是掌管基本方位的神（"各如其方"）。方位的五帝分别是东方青神、南方赤神、西方白神、北方玄神和中土黄神。以前，正宗传统通常将宇宙崇拜仪式——如天地与方位神的崇拜——置于自然地点，如高峰、河湖或户外人造祭台，这些仪式往往包含焚烧、淹溺与埋葬所供奉的牺牲。

我们从历史与考古的记录了解到，对方位或方位神的崇拜是一项可以追溯到商代晚期的习俗，而色彩与方位的关联至少可以追溯到西周。自公元前七世纪以来便存在分色方位神的信仰，一直被秦国付诸实践。但是，所有记载都显示，宇宙神的献祭是在建于都城四郊的祭坛或神殿举行，不是在明堂。在《史记》中，司马迁没有解释为什么明堂突然变成了献祭五帝的场所，然而，从字里行间有理由推测，到西汉时，明堂已与空间的色彩体系紧密相连，并被看作是宇宙的再现。

公玉带的明堂中有几点值得特别注意。第一，其设计基本上是一座开放的建筑，木结构支撑，无墙，茅草顶，多层围拢结构，被一道水沟环绕。从记述来看，这种形式与后来王莽所建的明堂并无本质区别。从历史资料可知，武帝在泰山附近修建

---

① 《史记》卷二八，北京，1959年，第1355—1404页。

的明堂到东汉时尚存,那么王莽的明堂从它获得启发就不意外了。第二,明堂过道的名称是昆仑,这一点很重要。在早期神话中,昆仑是大地的中心及通天的道路,一道"宇宙之轴"。[①] 对宇宙神太一(它也是天空中的一颗星)的崇拜,提示了明堂与天文学之间有联系。[②] 还有一点也很重要,明堂的蓝图来自公玉带,他是山东人,地属古代的齐国。那时齐国通行的崇拜仪式非常有特色,含有强烈的宇宙及魔法元素。[③] 齐国也是方士的基地,方士精通魔法、炼丹术和占卜,以及所有的早期"道术"。公玉带本人可能就是一位道家建筑师。

考古证据也为早期明堂的外观提供了线索。二十世纪七十年代,考古学家在山东临淄的一座东周墓(约前 500—前 400)中发现一件漆器的盒盖,在这个盒盖上,四边分别绘制了一座房子,每个角上还绘有四棵树,在中间有一个圆圈,其中绘有三种神话动物,而另一个更大的圈构成了最外围的边缘。发现它的考古学家相信,这些装饰图案表现的是古明堂(图 10)。黄铭崇对这个图给出了进一步的详细阐述。[④]

依右图对称原则之复原图   临淄郎家庄一号墓出土残漆盖
                                图案(M1:54)(山东省博物馆,1977,
                                《考古学报》,1977.1, fig. 14)

图 10   Hwang Ming-Chorng(黄铭崇),*Ming-Tang: Cosmology, Political
Order and Monuments in Early China*,1999,pls.10、11

① 见 A. Birrell(白安妮),*Chinese Mythology: An Introduction*,Baltimore and London,1993,183 - 185.

② 关于太一的研究,参见 Li Ling(李零),"An Archaeological Study of Taiyi (Grand One) Worship",*Early China*,2(1995—1996),trans. D. Harper,1 - 39.

③ 《史记·封禅书》也记载了八神的崇拜,这是齐国盛行的信仰。

④ Hwang Ming-chong, *Ming-Tang: Cosmology, Political Order and Monuments in Early China*,61 - 66.

我赞同他的推论和复原方案,即在一座建筑的四面建有四座房子代表堂室,这在结构上接近汉代明堂。然而,断言这些图案与"月令"中的宇宙论相关,则言过其实。事实上,这个漆盒盖上的图案描绘了某种在这个建筑的不同房间中举行的仪式:两个盛装的人物面对面站立着,仿佛周围有观众。

在战国时期的青铜礼器上可以找到更多的证据。在一篇近年的论文中,傅熹年研究了大量绘有各种早期建筑样式的范例。[1] 对这些图画装饰的仔细检视表明,这些建筑与《史记》中描述的明堂非常接近,都是木结构、多层、无墙。用建筑的术语来说,傅熹年的复原方案显示出这些建筑与后来的明堂之间的密切关联(图 11、图 12)。而且,青铜器上的这些图画场景与射礼、音乐表演、酒宴献祭的联系最为紧密,这些活动则与在明堂和壁雍举行的仪式相关。这些仪式有可能表现的是对宇宙神的崇拜。[2] 如果在这座建筑中举行的祭祀的确是奉献给宇宙神的,那么就有理由假设这座建筑是明堂的原型,即使这里并没有供奉表现上帝形象的偶像。青铜器上出现的这一仪式场景在别处也被发现,这绝不是巧合:在东周时期,举行仪式是周王及众多诸侯的本质职责。他们可能通过明堂的仪式,或者通过馈赠上面描绘有仪式的青铜器,来展示他们的政治与道德权威。

① 傅熹年:《战国铜器上的建筑图像研究》,《傅熹年建筑史论文集》,北京,1998 年,第 82—102 页。
② 在亚非学院会议上宣读的一篇论文中("Homage to Heaven: Concept Tian and Its Representation in Early Chinese Art"),柳杨博士提出这里青铜器上的仪式场景可能表现的是对上帝的崇拜。

（1）左　穿门洞登台剖面图　　　　　　　（2）右　用"纳陛"登台剖面图

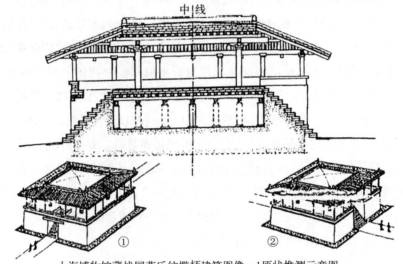

上海博物馆藏战国燕乐纹椭桮建筑图像—1原状推测示意图

图 11　傅熹年：《傅熹年建筑史论文集》，北京，1998 年，第 86、95 页

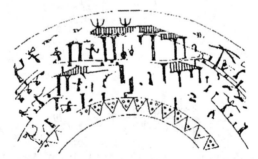

辉县赵固村出土战国宴乐射猎刻纹铜鉴内之建筑形象

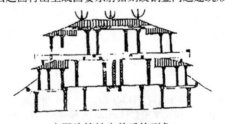

上图建筑补完整后的形象

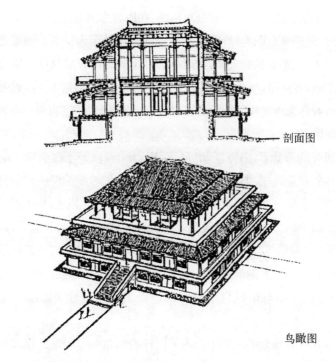

剖面图

鸟瞰图

图 12　傅熹年：《傅熹年建筑史论文集》，北京，1998 年，第 89、101 页

四、作为象征体系的明堂

从对明堂的历史与考古调查来看，可以大体观察到若干问题。作为一个重要的礼制建筑，它与早期中国的帝国祭仪发展密切相关。从商代到汉代，明堂从一个祖先崇拜的场所（或许也是天文观象台）转变成了体现思想观念与宇宙论含义的综合建筑。这个转变反映了礼制体系自身的变化，也反映了社会的一般发展。可以看出，明堂是一个例子，它体现了宇宙仪式（就像祖先崇拜一样）如何成为传统中国社会最基本的方面之一。正如约翰·亨德森（J. Henderson）所言，几何宇宙志不仅是早期哲学思想的卓越成就，在分野和城市规划上也可充分见其运用。[1] 此外，我们还可以把明堂看作一个观念的模型，它的结构和意义深深植根于一个象征的体系，其中光和色扮演着重要的角色。

"明"这个字意味着"光明的""亮光"，并且，作动词时还表示"使明亮"。这座建

---

[1]　J. Henderson, *The Development and Decline of Chinese Cosmology*, New York, 1984, esp.59 - 87.

筑的设计表达了所有这些意思。它是对称的,在所有方向上都是开放的。在这座建筑中,天子履行他的皇家职责,特别是在他的臣民与外国来访者的观看之中。在举行仪式的过程中,王彰显他的美德,同时维护社会等级的正确秩序。明堂也是整个宇宙的微观缩略,在这里,统治者高度象征性的行为和活动,是为了给他带来权力的能量。对于被看作天地之媒的统治者来说,最关键的是维护宇宙韵律和人类社会之间的平衡与和谐。

在考古研究的帮助下,韦克斯勒(H. J. Wechsler)视天子在明堂中的规定活动为身体与精神的双重转变,类似于一场入会仪式,或佛教曼荼罗中的朝拜:"统治者在进入光明之前先穿过一段黑暗或不可见的路……在这一点上,中国君主从入口处的黑暗走向房间中的光明,重现于人前,反映了他全新的、超常状态的存在,这是一次精神的重生。"①我们可以不完全同意韦克斯勒对一般词汇如"通道的仪式"或"直觉真知"的应用,它们引发的问题多于它们所解决的问题,但是,他论述说,在明堂中,光明成为体现永生与道德启蒙概念的形而上及政治性的隐喻。这一点是正确的。

色彩象征在这套观念的法则中扮演了同样的角色吗?明堂的仪式当然要求色彩的空间秩序。若干文本描述了明堂如何被涂上五种颜色:青、赤、白、黑和黄,这与基本方位是一致的。色彩法则是否确实被运用在建筑的设计之中,现在很难得知,不过考古证据显示,汉代明堂确实是彩色装饰的。这么做的原因可能与空间的概念化有关,与此同时,还能为在此举行的仪式创造一种视觉经验。毋庸置疑,上了色的不同方位的神灵是被供奉在这座建筑中的。这并非中国特有,而是出现在整个古代世界和许多现代民族志研究中的现象。例如,埃及神庙的考古显示,很多古代神庙最初都是彩绘的,可能是为了创造色彩缤纷的效果。现代学者迈克尔・里宾斯基-纳克森(M. Ripinsky-Naxon)曾走访过上埃及阿拜多斯和登德伦的神庙,他生动地描述自己的经历:"我发现自己越来越明白视神经刺激了,最终我意识到,这么多振颤的色彩对人的精神状态和意识知觉造成了难以置信的冲击。就人类的眼睛而言,只要头部轻微的运动,尤其是向上抬头,便能使这些颜色晃动起来。我很容易想象信徒们在圣殿中漫步的仪式进程,淹没在火光照耀下的明亮色彩中,就像是在黑暗中行走,最终到达如放大的万花筒般绚烂的虔诚汇聚之地。"②纳克森相信,这种

① H. J. Wechsler, *Offerings of Jade and Silk*, 204.
② M. Ripinsky-Naxon, *The Nature of Shamanism: Substance and Function of a Religious Metaphor*, Albany, 1993, 200.

有意预设的视觉经验来源于更加古老的萨满教信仰。

在对明堂及其空间与色彩的象征性的阐释中,萨满理论显然是有效的。但是,还有其他的因素:经验方法、结构主义,以及神经学决定论都提供了有用的讨论和见解。以前,一些学者曾将明堂的传统追溯到古巴比伦塔庙文化,并提出明堂的建筑可以被看作是文化传播的产物。[①] 这一学说如今显得荒谬可笑。不过从现象学的观点来看,许多早期神圣建筑确实具有共通的特征。似乎有时候观念就是无国界的。但是,人类头脑对宇宙的解释能够令我们自己感到满足吗? 在这个语境中,或许将明堂与南亚传统中曼荼罗(坛城)的象征性作一个比较,也不无道理。

与明堂一样,印度的印度教或佛教神庙的设计与结构,在方位和比例上也与天文测量有关。用 J. 梅尔维尔(J. McKim Malville)的话来说,神圣空间的尺寸,是“对与混沌黑水分离之后的宇宙的原始尺寸的重演”[②]。明堂和佛教曼荼罗的基本概念与组成部分极其相似,两者都有指定的数字、色彩、样式与属性。就像明堂一样,曼荼罗也被理解为宇宙的模型。曼荼罗的象征是印度神庙建筑的精髓:四边象征着四个方位,每一边被自己的神祇掌管。内部的圆圈象征婆罗门,或造物主。有趣的是,曼荼罗也被称为“启蒙(光明)的建筑”。[③]

可以认真考虑中国早期的明堂与印度的佛教曼荼罗坛城之间的关系吗? 中国明堂的观念至少出现在公元前五至四世纪。南亚传统的曼荼罗现存最早的实例是桑奇大塔(一号塔),大约建于公元前三世纪中期至公元一世纪。丁山早年著文推测五色帝可能起源于印度,但是几乎没有有力证据支持这个观点。[④] 明堂与曼荼罗之间的相似性,也许可以用人类思维的原型结构来解释。著名心理学家荣格(C. G. Jung)曾经在他的精神分析治疗中使用曼荼罗,他发现这能帮助病人界定植根于集体无意识中的空间与时间秩序感。[⑤] 但是,在公元三世纪前后佛教传

① 凌纯声:《中国的封禅与两河流域的昆仑文化》,《中央研究院民族所集刊》19,1965 年,第 1—38 页。

② J. McKim Malville, "Cosmognic Motifs in Indian Temple", in Emily Lyle, ed., *Sacred Architecture in the Traditions of India, China, Judaism and Islam*, Edinburgh, 1992, 25 - 39.

③ 关于曼荼罗的讨论,见 Michael Meister, "Symbology and Architectural Practice in India", in Emily Lyle, ed., *Sacred Architecture in the Traditions of India, China, Judaism and Islam*, 5 - 24. 关于曼荼罗的一般研究与视觉资料,见 D. Leidy and R. Thurman, *Mandala: The Architecture of Enlightenment*, London, 1997.

④ 丁山:《中国古代宗教与神话考》,上海,1961 年,第 446—447 页。

⑤ 关于荣格的资料,Mandala Symbolism,见于 D. Leidy and R. Thurman, *Mandala: The Architecture of Enlightenment*, 162 - 163.

入中国之后,[①]可以看出佛教的宇宙观与明堂的传统概念发生了融合。到七世纪末,唐代女皇武则天在洛阳修建了她的明堂,这个建筑的佛教元素十分明显,以至激起了朝廷里中国官员的怨愤和抗议。女皇死后这座建筑就被推倒了。在清代,明堂不再被作为真实的建筑而建造,而是为藏传佛教的寺庙制造了大量明堂的微缩模型。这些例子说明,明堂与曼荼罗之间确实有历史的联系。但是,两者间存在显著的差异,即明堂在中国社会有广阔的社会与政治基础,而曼荼罗主要用于佛教圈中的个人冥想。这个观察或许不是最终的结论。对此问题更进一步的探索以及新的考古发现,无疑会促进我们调整或改变我们的知识与理解。

原文"Mingtang: The Hall of Luminosity", in C. Marechal and Yau Shun-chiu, eds., *Actes des Symposiums Internatioaux le Monde Visuel Chinois*, Paris, Editions Langages Croises, numero special No.2, 2005. 斯然畅畅译。

---

① 虽然在若干历史记载与可疑的佛教文本中,有迹象显示佛教可能在更早的时期就传入了中国,但是不能确知那时对中国的思想和社会产生了什么影响。见 E. Zürcher(许理和), *The Buddhist Conquest of China: The Spread and Adaptation of Buddhism in Early Medieval China*, Leiden, 1972, esp.18 - 43.

城 市 面 面 观

——中国古代城市化发展基本模式

在人类发展历史上，城市化是一个重要现象。比较性研究显示，每座城市都有其孕育于不同历史背景的特点，决定一个城市的建设及功能的基本要素诸如经济、政治、军事和宗教因素，各自扮演着不同的角色。换言之，每一座城市可能都具有相当的独特性。当代学者已经认识到，研究一座城市的最好方法即了解其独有的文化传统。为了理解不同城市的文化、城市化的含义，以及不同背景下城市化的表现方式，除了研究掩埋在土中的残砖破瓦与城垣，我们还必须将城市居民的体验与感受纳入考察的范畴。在这篇论文中，我将主要从考古学的角度，辅以同期的历史性资料，来检验中国古代城市化进程的不同模式，及其发展的关键阶段。如果确实存在有一个适用于从公元前 3000 年至公元 900 年的中国城市化的普遍模式，本文的目的就是揭露它的发展及其基本要素。

"理想的城市"和一些基本术语

有一个行之有效的方法可以用来获知居民们对他们城市的看法，即看他们是如何称呼自己的城市的。在汉语里，称呼"城市(city)"最常用的词是"城"，这个词代表一个周围有墙的居住区。"邑"亦指城，是个更古老的词，最早出现在商代甲骨文里(公元前十二世纪)。"城墙"的观念非常重要，因其提供了一个区分城乡的物理分界。然而，尽管中国考古学家广泛将"城墙"的发现作为确定一座遗址是否为城市的有效标准，但"城墙"本身并非城市的唯一要素。另一个重要的术语即"都"，指帝王之城，即首都。帝都的外形与功能大不同于普通的城镇。就物理布局而言，一座典型的中国城市通常可划分为两部分——城(内城)与郭(外城)，前者是帝王与官员的居所，后者的居民往往从事某些服务型的行业(如军人和手工艺者)。

　　从很早之前,城市的居民区就被划分为居住单元,称为"里"或"坊"。这一传统很可能起源于早期新石器时代村庄内的居住群。由这些居住群演变而成的各自有围墙的封闭区域,成为中国中世纪城市的主要风貌。

　　宗教在中国的城市中也有重要地位。"祖"和"社"是主要的宗教活动中心——前者是祭祖的寺庙,后者是祭祀土地神的寺庙。祖与社,在任何居住区内都至关重要,由王室直接资助,在城市内往往相邻建造。另外,诸如庙会等商业中心也在城市发展的过程中扮演着关键的角色,不过其具体作用因时因地而异。

　　城市的外围,"郊"又可被划分为许多小区域。大部分耕作的农民居住在较远的外围"野"。城郊为城市提供了必要的物资,同时在物质与精神生活有着鲜明对照的乡村与城市之间划出一道界限,故其特征亦为城市发展的要素。

　　"理想城市(ideal city)"的模式深植于中国城市化观念的核心。在一份公元前五世纪的齐国官府文书《考工记》中(见于汉代刘向刘歆父子整理的《周礼》),我们可以读

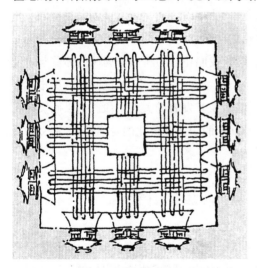

图1 《考工记》王畿图

到最早的关于帝王所居的"理想城市"的描述:这座城市是方形的,被郊区包围,郊区里居住着不同职业和身份地位的居民;城市有 12 座城门,每边 3 座;宫殿位于城市的中央,其左为"祖",右为"社",后为"市";城中纵贯九条南北向的街道,横贯九条东西向的街道(图 1)。这一帝王之都的理想模式并非取自一座实际存在的城市,而很可能源于古代的宇宙观,不过其依然包含了中国城市化的关键因素,并且对其后的城市规划产生了显著的影响。①

从城壕到城墙：早期城市

　　人工沟渠或城壕被视为公元前 6000 至公元前 3500 年中国新石器聚落的一项

---

① 参看 A. Wright, "The Cosmology of the Chinese City", in William Skinner ed., *The City in Late Imperial China*, Stanford University Press, 1977, 33-73;贺业矩《〈周官〉王畿规划初探》,《建筑历史研究》第 1 辑,1982 年,第 96—118 页。

突出特征。1950 年代发掘的著名的仰韶文化半坡聚落遗址首次揭露了黄河中游新
石器时代聚落的基本形式，①有村民的居住区、公共活动的大型房屋、动物圈养栏和
用于储存的窖穴，外面由 6—8 米宽、5—6 米深的壕沟包围，墓地与陶窑位于壕沟之
外。另一处发掘于 1970 年代的姜寨遗址可能是保存得最好的仰韶文化遗址（图 2）：
②可以看到姜寨遗址由 100 多座房屋组成，划分为 5 个居住群，占地约 20 000 平方
米；在村落的北面、南面和东面各挖有防护的沟渠，在村落的西南则有一条天然防御
的河流。经碳十四鉴定，半坡遗址与姜寨遗址的时间均处于公元前 4800 年至公元

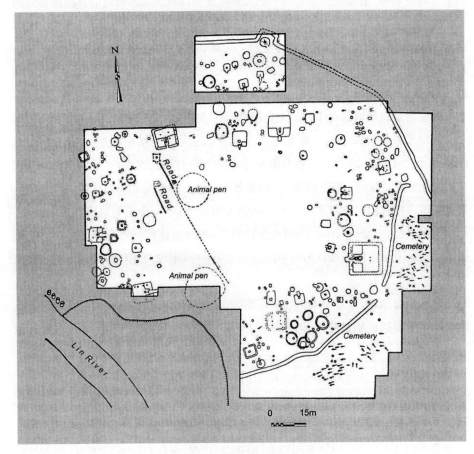

图 2　姜寨遗址复原图

---

① 　中国社会科学院考古研究所：《西安半坡》，文物出版社，1963 年。
② 　半坡博物馆、陕西考古研究所、临潼县博物馆：《姜寨》，文物出版社，1988 年。

前 3600 年间。近年来,年代更早的带沟渠聚落被发现,例如公元前 6200 年至公元前 5400 年的内蒙古兴隆洼遗址。① 兴隆洼遗址发现了超过 160 间的房屋遗存,这些房屋成排布置,占地约 24 000 平方米。绕村人工壕沟宽 1.5—2 米,长 570 米;遗留下来的入口位于西南边。这些大型的带壕沟的新石器时代聚落,尤其是姜寨遗址,展现出一种对于地理空间的复杂组织与利用;以防御目的为主而建设的壕沟本身则导致了后来防御性城墙的产生。②

大约在公元前 3000 年,一些带城墙的聚落或"城市"开始出现在中国广大的地域上。许多北部、南部及东部沿海平原上的城址得以被确认。最近的发现是郑州附近的西山遗址,③占地约 100 000 平方米。残留的城墙大约长 300 米,底部宽 11 米,顶部宽 5—6 米。墙角处较厚,宽约 8 米。余高 3 米。城墙由夯土分区构筑。这一建造技术是它与其后的中原平原建筑所共有的独特建筑方式——这里是中国文明的核心区域。这座城市的平面呈圆形,城墙外有一条宽 5—7.5 米、深 4 米的壕沟。考古学家确定这座城市建于仰韶文化晚期(前 3300—前 2800)。

其他重要的带城墙的中原聚落遗址有平粮台④和王城岗遗址,⑤建于公元前 2500 年至公元前 2000 年。平粮台遗址是一座方形封闭式遗址,边长约 185 米。残留的城墙余高 3 米,底部宽 13 米,顶部宽 8—10 米。南墙与北墙均有城门。发掘也揭露了城内的道路与排水系统。王城岗遗址有所不同,它由两个封闭性区域组成。相比于平粮台,王城岗较小。但引人注目的是,两处遗址都保留了青铜工具的使用痕迹。同时王城岗遗址被认为与中国历史上第一个朝代"夏"有关,在考古学上被认为与二里头文化有关。⑥

东部沿海地区,在龙山文化的核心地带,有一系列城址被报告。在 1930 年首次发掘的城子崖遗址则被进一步发掘。⑦ 中国的东北地区,在辽宁西部和内蒙古东

① 参看中国社会科学院考古研究所《新中国的考古发现和研究》,文物出版社,1984 年;任式楠《兴隆洼文化的发现及其意义》,《考古》1984 年第 8 期,第 710—718 页。

② 参看严文明《中国环壕聚落的演变》,《国学研究》第 2 辑,1994 年,第 483—492 页;曹兵武《中国史前城市略论》,《中原文物》1996 年第 3 期,第 37—46 页。

③ 张玉石、杨肇清:《新石器时代考古获重大发现——郑州西山仰韶时代晚期城址面世》,《中国文物报》1995 年 9 月 10 日。

④ 参看河南省考古与文物研究所、周口区文物局《河南淮阳平粮台龙山文化城址试掘简报》,《文物》1983 年第 3 期,第 8—20 页。

⑤ 参看河南省考古与文物研究所《郑州商城外夯土墙基的调查与试掘》,《中原文物》1991 年第 1 期,第 87—95 页。

⑥ 参看安金槐《试论登封王城岗龙山文化城址与夏代阳城》,《中国考古学会第四次年会论文集》,文物出版社,1985 年。

⑦ 参看曹兵武《中国史前城市略论》,注 3。

部,有许多建于公元前 2300 年至公元前 1600 年的带有石筑城墙的城址。① 考古证据表明,自公元前 3000 年以后,在中国的中部和北部,一场从新石器村落向史前城市的革命性转变如火如荼地展开。②

什么是造成这一系列变化的主要动力? 当时的社会情况如何? 如张光直所观察到的那样,公元前 3000 年至公元前 2000 年是龙山文化范畴内的一个变革时期,这些变革迅速地扩展。③ 除了不断成长与增多的城市外,其他的发展包括制陶业的新工艺、冶金业和公共劳动的产生,特别是操纵城市内的宗教实践并对这些实践拥有阐释权的社会精英阶层也产生了。证据表明了制度化过程中暴力的存在。经济能力的分化、权力的集中和社会阶层的分化为向城市化的社会转变铺平了道路。

不过,最让人惊讶的考古新发现来自南方。在长江中游区域,考古学家发掘了几座建于公元前 2800 年至公元前 2000 年的带围墙的大型聚落,包括彭头山、石家河、鸡鸣城和阴湘城遗址。④ 其中,石家河遗址规模最大,包括周围一系列的聚落,占地约 1 200 000 平方米。对于该遗址的发掘显示出该城市系统性的空间规划。出自一座生产城市生活用品的制造厂的证据表明,石家河可能是一个宗教中心。城内同时发现了一些青铜铸造的证据。

在南方建造如此大量带城墙的城市需要一种与北方常用的夯土法截然不同的技术。考古学家对阴湘城残余城墙的分析表明,此城墙底宽约 40 米,顶宽约 5 米,并非夯筑的,而是采用一种逐层堆砌不同土的方法。城墙外是一条巨大的宽 45 米的壕沟,城墙的土即来自壕沟的挖掘。从壕沟中发现了木船的残骸,暗示了此壕沟当时可能用于防洪甚至是渔业。长江沿岸诸城与众不同的形态与建造技术暗示着此区域众多的城市中心可能源自一个不同于北方城市模式的独立的南方源头,且这些城市在当时可能各自发挥着不同的作用。

王　城

与其他地方一样,中国的城市化发展与国家及政权的形成紧密相关。中国的

---

① 参看徐光冀《赤峰英金河、阴河流域石城遗址》,中国考古学研究编委会编《中国考古学研究》,文物出版社,1986 年,第 82—93 页。

② 参看曲英杰《论龙山文化时期古城址》,田昌五、石兴邦主编《中国原始文化论集》,文物出版社,1989 年,第 267—280 页。

③ K. C. Chang, *The Archaeology of Ancient China* (Fourth Edition), Yale University Press, 1986.

④ 参看 Okamura, Hidenori (冈村秀典), "Excavations at Yingxiangcheng in Hubei province", paper presented at the conference "Mysteries of Ancient China" held at the British Museum, 6 - 8 December 1996;张绪球《屈家岭文化古城的发现和初步研究》,《考古》1994 年第 7 期。

青铜时代大概开始于公元前 2000 年,这与中国历史上王朝的产生相呼应。在河南二里头遗址(约前 1900),考古学家发现了利用青铜制造宗教器皿的最具说服力的证据。在二里头,超过 10 处遗址被确认为宫殿和寺庙。虽然至今没有发现城墙的痕迹,但许多考古学家相信二里头可能是夏代最早的都城,或者又如另一些人所认为的那样是一座早期商城。[①]

在 1983—1984 年间,考古学家在河南偃师发掘了一座城址。这座封闭性遗址呈正方形,南墙已不存,北墙部分毁损,不过东墙和西墙还保留着,分别长 1 710 米和 1 640 米。每边有三座城门,城内的主街大约宽 8 米。学者们认为偃师城市遗址可能是商王汤的都城西亳。[②]

另一座发现于河南郑州的城址无疑是商的都城(前十六世纪)。它比偃师遗址大,有长达 6 960 米的夯筑城墙。在此封闭性遗址内,发现了宫殿的建筑遗迹,城外是墓地、手工业区和一些住宅。[③] 此遗址内最新的发掘工作揭露了中国最早使用带轮交通工具的证据。[④] 正如张光直认为的那样,郑州的商代城市符合一座成熟城市的所有标准,反映出城市与国家机器之间的明显关联。[⑤]

不过,对于每一座王朝的城池而言,城墙也并非绝对不可缺少。安阳的小屯殷墟被确认是商代的最后一座都城。虽是一座商代城址,殷墟却至今没发现城墙的遗迹。时下的观点认为,强大的商朝当时已然不需要城墙的保护,自然屏障诸如河流,以及人工壕沟可当作充足的防御。然而,在商代的占卜记录上我们读到,商王频频出城检查都城周围的不同居住区域。这一记录暗示着,在统治者的直辖领域之外,当时商可能已经建立起了郊(郊区)—野(田地)系统。

大约在公元前 1050 年,来自西北的周人推翻了商朝统治,在此之后进入了西周时期(前 1050—前 771),新的统治者继承了商朝的书写体系、冶金业和一些祭祀方式。政治上,周人建立了一套分封制,即将领土划分为小的封国,分派给诸侯们管理,这些诸侯是王室的成员,或是过去诸多部族的首领。目前只有有限的几个西周城市遗址得到了考古发掘。不过,从同时期的文学作品中可以获悉,当时城市化的

---

① 参看 Yin Weizhang(殷玮璋), "A Re-Examination of Erh-li-t'ou culture", in K. C. Chang, ed., *Studies of Shang Archaeology*, Yale University Press, 1986, 1 - 13.
② 参看赵芝荃、徐殿魁《偃师尸乡沟商代早期城址》,中国考古学会编《中国考古学会第五次年会论文集》,文物出版社,1988 年。
③ 参看 An Jinhuai(安金槐), "The Shang City at Cheng-chou and Related Problems", in K. C. Chang, ed., *Studies of Shang Archaeology*, 15 - 38.
④ 《人民日报》(海外版)1996 年 12 月 31 日。
⑤ 张光直:《关于中国初期"城市"这个概念》,《文物》1985 年第 2 期,第 61—67 页。

发展与周统治者杰出的治国本领关系密切。① 普天之下莫非王土，一套世袭的区域管理制度被建立起来，以辖制诸侯的势力，封地等级所象征的阶层差异在政治和礼仪观念上也有明显的反映。

内 城 / 外 城

西周初期，除了首都宗周，周成王又下令建造了第二都城成周（接近今天的洛阳）。这项工程由周公主持。成周代表着城市规划的一次巨大发展。当时的文献记载，成周由两部分组成：内城，即王城，为帝王的宫殿区；外城，即郭，主要居住着军队和丞服于新王朝的商人贵族。②

近年来，考古学界得以将内城外城结构的起源年代追溯到更早时期。1986 年 7 月，考古学家在郑州商城的围城之外的南部与西部，发现了夯土城墙的地基残余，这可能是外城的城围。③ 建设外城显然是为了管理和防御，不过日益增长的人口和商业活动的加剧也可以作为解释外城出现的原因。后者在一系列针对东周城址（前 771—前 221）的发掘活动中得到了明显的印证。

例如，山东的齐国都城临淄城的发掘，④揭露了临淄是一座二重城（图 3），小城位于大城的西南隅，城的北面和南面有壕沟保护。内城残余的东城墙长 2 195 米，西城墙长 2 274 米，北城墙长 1 404 米，南城墙长 1 402 米。一共有五座城门，有

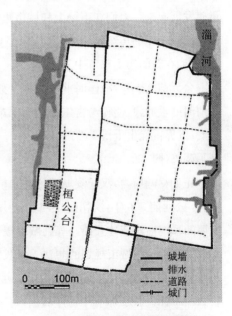

图例：
- —— 城墙
- ━ 排水
- --- 道路
- ┼┼ 城门

0　100m

图 3　东周齐国临淄古城复原图

①　参看卢连成《中国古代都城发展的早期阶段——商代西周都城形态的考察》，中国社会科学院考古研究所编《中国考古学论丛》，科学出版社，1993 年。

②　Hsu Cho-yun and K. M. Linduff, *Western Zhou Civilization*, Yale University Press, 1988.

③　河南省文物考古研究所：《郑州商城外夯土墙基的调查与试掘》，《中原文物》1991 年第 1 期，第 87—95 页。

④　群力：《临淄齐国故城勘探纪要》，《文物》1972 年第 5 期，第 45—54 页。

两座通向外城。外城呈矩形,北城墙长 3 316 米,东城墙长 5 209 米。考古学家确认了外城每一边的城门和城内的街道。经对城墙检查发现,内城的建造时间要晚于外部城围的建设。内城大概建于战国时期,其时城市间贸易加强,国家间战争频繁。

除南方楚国的纪南城外,大部分西周的城市,包括郑国与韩国的新郑城、晋国的新田城、赵国的邯郸城,都有相似的格局,即内城位于外城的西部,主城门向东。这一传统延续至公元一世纪,有几百年之久。后来东汉在洛阳建造都城,设定都城以南门为正门。

内/外城模式标志着中国城市化历程的第二次变革。① 从公元前八世纪到公元前三世纪,农业技术的发展(如铁制农具的使用)导致了农产品的富余,由此,城市背景下的贸易发展成为可能。重商主义鼓励政客、手工业者、艺人和哲学家更加紧密交融于社会中,青铜与陶器制造中心,乃至学者汇集的讲学之地在各地大量出现且迅速发展起来。人们在市场上和城市里交换货物,亦交流思想。与此同时,集权的衰退使周王朝的传统城市难以为继,经典里的"理想城市"的观念不得不被暂时搁置,以待在新的历史篇章中复活。

公元前 221 年,战国时期的诸国由秦国的统治者即秦始皇所统一。秦朝的古都被渭河严重冲毁,使得考古工作尤为困难。不过,渭河南岸亦默立着西汉都城——长安,世界古代史上最重要的城市之一。自 1950 年代开始,考古学家就对长安城展开了调查(图 4)。

正如巫鸿所言,汉长安城遗址并非单一的建筑遗址,其下有许多不同的文化地层。② 公元前 206 年,汉朝建立,重新使用秦帝国的旧宫。直到公元前 194 年,该城城墙的系统性建造才开始。等到城墙竣工、新的宫殿建成以后,汉朝的统治者才似乎开始有了一些城市规划的想法。汉长安是一座令人印象深刻的城市:残余的东城墙长 6 000 米,南城墙长 7 600 米,西城墙长 4 900 米,北城墙长 7 200 米,残余周长 25 700 米。长安城有十二座城门,每边三座。道路网络由八条南北、东西交错的大道构成,最长的安门大道长 5 400 米,宽 45—56 米。围城之内有五座皇家宫殿,中央有一座军械库,宫殿后面有两个市场。由王莽在公元 4 年建立的宗教仪式综合建筑亦在城市的南郊被发现。③

---

① 参看杜正胜《古代社会与国家》,允晨文化公司,1992 年,第 609—727 页。

② Wu Hung, *Monumentality in Early Chinese Art and Archaeology*, Stanford University Press, 1995, esp. 148–149.

③ 参看中国社会科学院考古研究所《新中国的考古发现和研究》,文物出版社,1985 年,第 393—397 页。

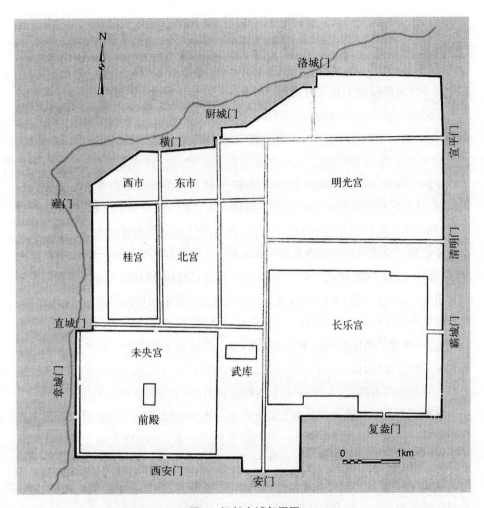

图4　汉长安城复原图

　　汉长安城的规模巨大(36平方公里),但是即便规模至此也只是刚好能容纳当时文献所记载的一百万人口的四分之一,因此我们怀疑也许这座城市的主要居住者是王室成员和为他们服务的人员。若果如此,杨宽认为现在的长安城遗址只是西汉都城的内城,应该还存在另一个更加庞大的外城。[①] 不过,一些考古学家并不同意他的观点,因为迄今为止,考古工作没有发现所谓外城的遗迹。[②]

　　公元25年,东汉建都洛阳。这座城市也经过考古发掘。城市呈矩形,由两座宫

① 杨宽:《中国古代都城制度史研究》,上海古籍出版社,1993年,第114—133、573—613页。
② 刘庆柱:《汉长安城的考古及相关问题研究——纪念汉长安城考古工作四十年》,《考古》1996年第10期,第1—14页。

殿组成：北宫与南宫。与长安城相比，洛阳城要小得多(9.5平方公里)，似乎是一座内城。我们估计其应由一座大得多的外城所包围。洛阳城与长安城最主要的区别在于，洛阳城以南门为正门，而长安城以及之前的城市都是以东门为正门。这一方向上的变化可能反映了东汉时期意识形态与宗教礼仪观念上的改变。①

棋 盘 式 城

中国中世纪城市规划最显著的特点之一，就是城市被划分为许多形状规则的子区域，这种网格式规划往往被比喻成棋盘。从文献资料中我们了解到，早至西周时期，城市居民就被划分为不同的小群体，各自居住在分隔的封闭式小区里。第一个关于使用网格式城市规划方案的明确证据出于北魏洛阳城(386—535)。公元190年，东汉都城洛阳城被付之一炬，一百年后，洛阳以曹魏政权和魏晋王朝的首都身份又被重建。312年，洛阳城因受到马上民族匈奴人的袭击而再次陷落。494年，北魏将都城从山西平城迁至洛阳，并决定合理地设计和建设新都城。与早先的中国城市相比，这次新建的洛阳城有以下突出特点：(1) 皇宫位于城市的中轴线上；(2) 城市规划采用网格系统，由320个居住小区、皇室宫殿和园林组成。这些居住小区呈正方形。每个小区有四个门，每边一门，有两个官员、四个管理者和八个看门人。②

网格式规划的观念是中国本土就有还是外来文化输入？一些中国的考古学家认为这种城市规划模式可能源于一种西方传统的传播。③ 网格式城市规划被认为是由公元前五世纪的希腊城邦规划者 Hippodamus 首创，公元前四世纪因亚历山大的征服活动，其影响力波及西亚。公元四世纪，北魏王朝由拓跋氏(鲜卑族的一支)而非汉族人建立。虽然希腊化城邦与北魏洛阳城之间相隔有几百年之久，但起源于游牧民族的鲜卑族可能与西亚的其他民族之间存在联系，并因此学习到了关于城市规划的知识。

七世纪至十世纪，唐王朝(618—906)的皇都以网格式设计。唐朝实行两都制：西都，即长安城，建于汉长安城的东南面(图5)；东都也建在东汉洛阳城附近。考古学家对唐长安城的调查，表明了内外城的存在。④ 内城近似正方形，居于正中，南北

① 杨宽：《中国古代都城制度史研究》，上海古籍出版社，1993年，第186—187、191—200页。
② 参看宿白《北魏洛阳城和北邙陵墓》，《文物》1978年第7期，第42—52页。
③ 孟凡人：《试论北魏洛阳城的形制与中亚古城形制的关系——简谈丝路沿线城市的重要性》，《汉唐与边疆考古研究》第1辑，1994年，第97—110页。
④ 参看中国社会科学院考古研究所《新中国的考古发现和研究》，文物出版社，1985年，第572—581页。

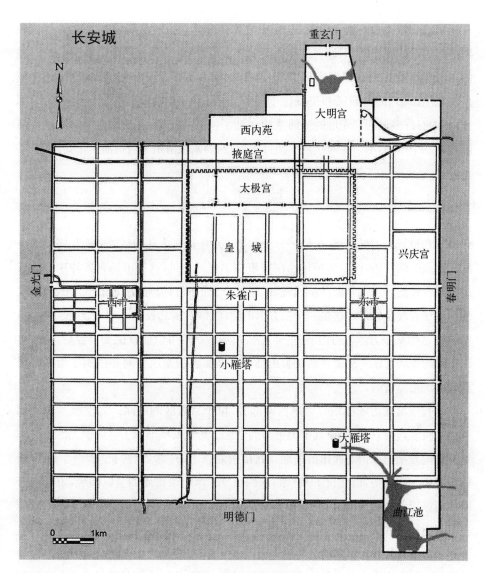

图 5 唐长安城复原图

长 3 335 米,东西长 2 820 米。内城的后部是宫殿区。外城呈长方形,南北长 8 651 米,东西长 9 721 米,占地约 85 平方千米。外城被划分为超过 100 个小区,即"坊",有三种规格,另有两个市场,即西市和东市。

唐长安城的基本格局明显继承了北魏洛阳城的模式,布局很规矩,宫殿区和矩形小区的位置都和北魏洛阳一致,不过更复杂,地幅更广。"理想城市"的经典模式和风水观念也对唐长安城的规划有所影响。

　　唐洛阳城比长安城小得多,占地约 47 平方千米。虽然洛阳城也是按内/外城和网格式的设计展开的,不过它没有长安城那么复杂,且受到自然地理影响。长安城的布局是由当时的意识形态因素决定的,比如宫殿区位于中心就是源于经典模型。[①] 洛阳城内的宫殿区和王城位于城市的西北角,外城被洛水划分为南北两部分,城内有许多运河。先进的运河系统保证了便利的交通,对于商业非常有利。洛阳城有三个市场,都与运河接近。换言之,商业因素在洛阳城内扮演了重要角色。

城　与　市

　　"市"指贸易的场所,它是经济分工和手工业生产扩大化的结果。商品需要被分配。西周时期开始,许多市场开始在城市中出现。不过,这些市场有多种功能并被政府严密控制。考古学家在秦国雍城(靠近今天的陕西凤翔)接近北城墙的地方发现了市场的残余构建。这是一个长方形的封闭区域(南北长 160 米,东西长 180 米,占地约 30 000 平方米),每边各有一门。[②] 市场带围墙可以使收税变得容易,同时可以像封闭型居住区一样防止居民自由活动。新出土的秦汉竹简亦证明了市场是受到政府严格监管的。

　　汉长安城的市场被划分为东西两部分,位于宫殿区的后面。为了服务于不同类型的贸易,它们有可能被划分为更多的子区。唐长安城继承了这一模式。考古学家在城内发掘出东市和西市的遗址。西市南北长 1 031 米,东西长 927 米。东市规格与西市大体相仿,南北长 1 000 米,东西长 924 米。市场周围竖以围墙,市场内有两横两纵四条交错的街道。沿街是商铺与货摊,街道的末端坐落着两座仓库。政府在每个市场派驻了专门的官员以管理日常业务和仲裁贸易纠纷。东西市有着明显不同的分工:东市主要为裁缝和屠夫而设;西市则主要是药店、金银铺和珠宝店,酒肆内的外国歌女和音乐常使中国诗人李白流连忘返,来自中亚的贸易者亦全部聚居在西市。

　　到了十世纪,僵化严苛的市场体系已经不再适应现实的需求。唐洛阳城内发生了许多可观的变化。洛阳的外城拥有三个而非两个市场,全都接近运河,利于货品运输。城市规划中对商业日益增加的重视在另一座唐朝城市——扬州有更好的

---

① 　参看宿白《隋唐长安城和洛阳城》,《考古》1978 年第 6 期,第 406—425 页。
② 　杨育彬:《郑州商城的考古发现和研究》,《中原文物》1993 年第 3 期,第 81 页。

体现(图6)。

扬州城位于大运河沿岸,大运河由隋朝皇帝杨广下令开凿(605—610),建设的初衷是为了把南方的物资运输到北方以支持与高句丽之间的战争。公元七世纪,传统的连通中国与欧洲的陆上丝绸之路由于吐蕃的兴起而阻塞,海上贸易因此更加安全与经济。外国货物在波斯湾被装载,运输到沿海港口如广州、胶州和泉州,然后通过水运运至扬州,再从扬州被分配至全国各地。从中国输出的货物亦采用相同的路线。扬州城于是成为东西方商贸的重要经济中心,[1]同时它也是国家的造船基地。

对扬州城的考古发掘显示,这座古城由两部分组成:老城子城的时代可以追溯至汉代;新城罗城则完全在唐代建立的,大致建于783年。[2] 新城面积几乎是老城的三倍。罗城的东面流淌着大运河,另有两条河流纵贯城市南北。这两条河是城内的交通干道,城内的市场应该沿岸而设。当时有诗人描述河上的二十四座桥,其中绝大多数已被考古学家的调查所证实。[3] 很难想象建设这么多桥的目的不是为了贸易而是为了其他。考古发掘出土有许多外国物品,诸如玻璃、金子、波斯陶器和书有阿拉伯文字的细颈瓶。

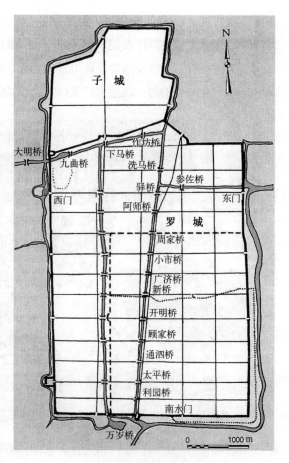

图 6　唐扬州城复原图

商业改变了中国城市的景观。到了宋代(960—1279),大都市的主要特征就是拥挤的街道和兴盛的商铺。关于此最生动的绘景不是来自考古学而是一位当时的

---

① 俞永炳:《试谈丝绸之路上的扬州唐城》,《汉唐与边疆考古研究》第1辑,1994年,第169—172页。
② 扬州考古队:《扬州城考古工作简报》,《考古》1990年第1期,第36—44页。
③ 蒋忠义:《唐代扬州河道与二十四桥考》,《汉唐与边疆考古研究》第1辑,1994年,第162—168页。

艺术家张择端的《清明上河图》,^①此图作于十一世纪,描绘了北宋都城开封城中清明节的繁荣景象(图7)。人们不再受梏于封闭的小区,而是走上街道进行各种活动,比如种树和挖井;市场内也发展出新的特征,客栈、饭馆和剧院出现了。这标志着中国城市化进程的另一次重大转变,即传统的封闭小区转变为开放的市场。

图7 《清明上河图》局部

结　语

中国的城市化进程似乎与全球的社会发展周期基本吻合。第一次城市化发生在公元前3000年至公元前2000年左右,处于新石器时代迈向青铜时代的转折点。考古学家为中国早期城市的产生提供了不同的解释。^② 是什么驱使人们从自然开阔的田野走进带围墙的聚落?值得注意的是,新石器时代晚期,也许是因为人口增多、资源减少,中部平原上的激烈战事逐渐频繁。我们也应注意到社会内部的深刻

---

① 关于《清明上河图》的研究很多,英文读者可参看 R. Whitfield, *Chang Tse-tuan's 'Ch'ing-ming Shang-ho T'u'*, PhD dissertation, Princeton University, 1965.
② 参看俞伟超《中国古代都城规划的发展阶段性》,《文物》1985年第2期,第52—60页。

分化和制度化宗教的出现。遗址内出土的大量宗教器物似乎证明了土地神崇拜和祭祀祖先是建立至高权力的关键。统治者经常宣称,除了军事实力外,他们优越的精神力量亦高于普通百姓。据此,城市化与国家宗教的形成密切相关。

公元前 1000 年的中国第二次城市革命则与新技术的使用、集权的衰落,以及国与国之间的连绵战火有关。中国一旦变成帝国,其王都便开始履行政治、军事、宗教中心的职能,这些职能或多或少决定了古代中国城市规划的基本特征。在公元十世纪以前,一座典型的中国城市是一个封闭的、各方面的社会行为都被严格规定的地方,在其中不同的社会阶层或行使他们的权力,或为生存挣扎。

自十世纪以后,逐渐增长的商业活动和社会流动使传统的封闭型城市模式产生了动摇。然而,许多资本主义元素的发端并没有引领中国发展成为一个真正的资本主义社会,在传统的中国没有发展出完善独立的城市经济,[①]城市规划逐渐倒退到封闭型模式的时代。这个经典模式的过程是中国社会发展的结果,反映出起源于儒教思想的社会关系和意识形态。许多邻国,如日本,[②]采纳了这个模式,并使之在自己的文化传统中继续发展。

原文"City of Many Faces: Urban Development in Pre-Modern China", in Roderick Whitfield and Wang Tao, eds., *Exploration into China's Past: New Discoveries and Studies in Chinese Art and Archaeology*, London, Saffron Books, 1999. 单月英译。

---

① 参看傅筑夫《中国经济史论丛》,生活・读书・新知三联书店,1980 年,第 321—386 页。
② 参看 Ueda Masaaki, *Tojo*, 1976, Shakai Shisosha; N. S. Steinhardt, *Chinese Imperial City Planning*, University of Hawaii Press, 1990, 108 - 118.

借　景

——中国古代的景观与城市化之关系

景观、城市与宇宙论

关于中国城市的发展，与中国园林以及其他形式的景观艺术的研究，均已多有专论，然而却鲜有论及园林与城市化之关系者。或许，这是由于这一奇特的立足点要跨越众多分枝学科的缘故。这个问题可以从不同的角度来考察：地理学、历史学、考古学、建筑学、社会学，甚至是本体论的视角。本文无意整合所有这些学科，亦无意对这些材料作全面的观察，而旨在立足于考古学与历史学的资源，探讨来自不同历史时期与不同地理环境的若干模式，以便我们能够理解上古与中古中国——亦即公元前三世纪末至公元十世纪期间——的景观与城市发展之间的互动。

艺术史家发明"景观"（landscape）一词时，意在特指一种题材，它涉及一场特定的表现自然的艺术运动。① 尽管如此，在其最常见的现代用法中，它指的是陆地的空间布局，尤指自然景色。它也用以描述地上特定的人工痕迹，例如农田与乡村，例如"农业景观"（the agricultural landscape）。其他领域也在以各自的方式使用该词，以致我们越来越难以找到一个可以被普遍接受的关于"景观"的定义。

尽管"景观"一词所指不一，但本文关注的是"系统演变"的景观，比如城市景观，而且是"意义明确"的景观，比如园林（garden）、苑囿（parkland）与有规划的景观建筑

---

① 见 Kenneth Clark, *Landscape into Art*, Harpercollins, 1979; Ernst Gombrich, "The Renaissance Theory of Art and the Rise of Landscape", in *Norm and Form: Studies in the Art of the Renaissance*, vol.1, Phaidon, 1966, 107 - 121.

(planned landscape architecture)。① 汉语通常将"landscape"译作"山水",然而两者显然并不完全对等。借由暗示山与水乃自然中最重要的两个元素,"山水"一词既指自然地势之美,又指对两者的艺术再现之美。假山与水景亦是中国景观设计中的重要组成部分。笔者在此试图考察景观规划(landscape-making)的各种层面之间的相互关系,以及特定历史时期中从"自然的"景观到"再现的"景观的转变过程。正如众多当代学者所言,景观并不仅限于地貌的物理变迁,或者只是一个纯自然的环境(untouched natural enviroment)。景观是一个窗口,我们通过它可以看到外部的世界,它提供了一个背景,人与自然在这个背景中以一种特殊的方式互相联系。其中的意涵就比我们最初预期的要广得多了。卡格罗夫(Cosgrove)指出,正是在作为观看世界的方式的景观的起源中,我们发现了它同更广阔的历史结构与历史进程的各种联系,并能够在关于社会与文化的持续讨论中确定景观研究的地位。②

景观旋即成为考古学界的热门话题,③我们可以将其视作人类在特定文化环境下的产物。它开创了一条解释不同文化和行为模式的道路:"这是一个场域,记忆、身份与社会秩序和转型在这个场域中并且通过这个场域而被建构、消解、改造与转变。"④景观研究提供了关于古代社会与认知发展两方面的信息。

在欧洲,景观概念的发展是与从封建主义到资本主义的转变同步的。在文艺复兴时的意大利,景观成为文学和视觉艺术中一个意义明确的主题,景观建筑的首要原则也是在此时建立的。这种转变的首要因素是城市化的发展。在城市资产阶级眼中,景观是一种对抗乡村封建豪强的武器,同时也是他们想象中可变为现实的梦中天堂。卡格罗夫非常明确地指出:"城市是资本主义和景观的诞生地。"⑤

虽然景观的观念与城市的发展有必然的联系,但吊诡的是,我们首先注意到的常常是它们之间的矛盾:景观抵制城市。以至于写景的文学作品关于两者冲突的描写到了泛滥的地步,比如"乡村/城市"或者"自然/文明"。重要的是我们必须看

① 见 H. Cleere, "Cultural Landscape as World Heritage", *Conservation and Management of Archaeological Sites*, No.1, 1995, 63 - 68. Cleere 将文化景观(cultural landscape)分为三类:(a)"意义明确的"景观("clearly defined" landscape);(b)"系统演变的"景观("organically evolved" landscape);(c)"有文化意味的"景观("associative cultural" landscape)。

② Denis E. Cosgrove, *Social Formation and Symbolic Landscape*, Croom Helm, 1984, 15.

③ 新近关于景观研究的著述,见 Peter Ucko, Robert Layton, eds., *The Archaeology and Anthropology of Landscape: Shaping Your Landscape*, Routledge, 1999; Wendy Ashmore and A. Bernard Knapp, eds., *Archaeologies of Landscape: Contemporary Perspectives*, Blackwell, 1999.

④ Knapp and Ashmore, "Archaeological Landscape: Constructed, Conceptualized, Ideational", in Wendy Ashmore and A. Bernard Knapp, eds., *Archaeologies of Landscape*, 10.

⑤ Cosgrove, *Social formation and Symbolic Landscape*, esp.chas.3, 4.

到,这些概念有时候是因为某些分析性目的被人为地加以区别和对立起来的。并且当一种更宽泛的话语被完全引入欧洲中心主义的框架中时,这就显得更加危险了。

奥古斯丁·伯克(Augustin Berque)最近认为,中国景观的传统重在景观与环境的融合与接近。更重要的是,中国传统就是在一种非二元论的宇宙观中发展起来的,即其中的主体与客体并非截然分明的,这是与欧洲传统最根本的区别。[1] 本文将通过一个众所周知的中国模式,即"五服"理论,来展开讨论。

"五服"模式是一个空间系统,将土地分为"甸服""侯服""绥服""要服"和"荒服"。这是一种可根据不同目的来阐释的等级模式。例如,余英时将其视为一种汉代"世界秩序"的表征。[2] 霍尔(Hall)与艾姆斯(Ames)在他们近来关于中国宇宙论和园林的讨论中更进一步断言,这个系统在本体论上是关于一种"中心或对土地区隔的,它界定相应的'内外'圈的中心"。并且在这个系统中,"其边界并不严密,是有弹性而不明确的"。[3]

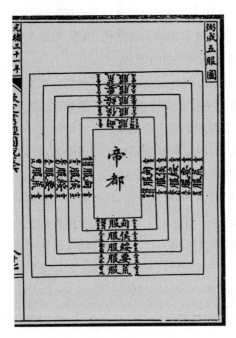

霍尔与艾姆斯的观察中的一个重点是,在中国式的思维模式当中,"自然"和"人为"之间没有截然的区分,而且中国园林的原则不是一种生物学式的"有机组织",而是一种官僚"组织",时间与空间在其中是可以"安排"的。

霍尔与艾姆斯的观点和伯克一样,对于理解中国观念中的景观都是至关重要的。传统中国的宇宙观基于一种关联性思维模式,强调不同部分之间的交互联系。在这个系统中,各元素都彼此相关,并且其类目也在不断地转变,一切皆处于流变之中,毫无静止可言。这种概念性的模式提供了一种框架,在这种框架中不同

① Augustin Berque, Beyond Modern Landscape, AA Files, No.25(1993, summer), 33 - 37.

② Yu Ying-shih(余英时), "Han Foreign Relations", in Denis Twitchett and Michael Loewe, eds., *The Cambridge History of China*, *Vol. 1: The Ch'in and Han Empire 221 BC - AD 220*, Cambridge University Press, 1986, 379 - 380.

③ David L. Hall and Roger Ames, "The Cosmological Setting of Chinese Gardens", *Studies in the History of Gardens & Designed Landscapes*, Vol.18 - 3 (July-September 1998), 175 - 186.

语境下的景观可有不同的感知方式。在关于中国景观传统性质的争论中，最核心的问题是"自然"的概念。[①] 中国景观艺术通常被看作一个微缩的小宇宙，或是一种对自然的模仿。但正如柯律格(Craig Clunas)所言，在这个语境中，"自然"不是一个超验的或毫无疑义的字眼，我们必须在文化上对它进行解构和质疑。[②] 中国的园林家在建造一处景观或园林时，会面临一种两难境地：景观设计的最终诉求是要达到一种"自然"的境界，毫无人为的痕迹；而景观建筑的原则即是以这种方式来运用自然的母题，以展现出一种人工的"自然"。段义孚发现，无论是自然的还是规整式的园林，都显示出人类的统治欲望，"一个树木蓊郁而有流觞曲水的'自然'园林看上去比石阶林立且饰以精致喷泉的规整式园林更险要一些，但前者所呈现出的'自然之感'是一种'计算好的幻象'(calculated illusion)"[③]。

约翰·亨特(John Hunt)"三重自然"[④]的模式在此也许是有效的，在亨特的理论中，第一自然指荒无人烟的真正的"荒野"；第二自然指受到更多控制的中间地带，其中包括农村和城市两方面的发展；第三自然主要指景观建筑。这三重自然不是孤立的，而是相互作用的。建造一座园林时，无论在荒野还是城市，第三自然都超越和改变了第一与第二自然。

我们再回头看"五服"模式，便会发现它既是一个地理模式又是一个观念模式，反映出特定的文化传统下，景观、城镇和乡村之间的特殊联系。在这种传统中，不能把诸如"人/自然""乡村/城市"和"文化/野蛮"这样的概念视为一种简单的二元对立。牟复礼(F. W. Mote)很久以前便指出："那种认为城市代表着一种独特的风格，或是一种比乡村更重要和高等的文明的观点是我们西方文化里的糟粕。传统的中国便无此论。"[⑤]

历史学家发现中国历史上有一个令人——尤其是令精英阶层——在地理和心

① 不少学者如今都认为"自然"这一概念本身就具有文化上的多样性，在中西文化传统中对人与自然的关系的构想是相去甚远的。关于一般性的讨论，见 Baird and Ames, *Nature in Asian Traditions of Thought: Essays in Environmental Philosophy*, State University of New York Press, 1989; Ornas and Svedin, "Earth-Man-Heaven: Cultural Variations in Concepts of Nature", in Bruun and Kalland, eds., *Asian Perceptions of Nature*, Nordic Proceedings in Asian Studies, Vol.3, Copenhagen, 1992, 159-175.

② Craig Clunas, *Fruitful Sites: Garden Culture in Ming Dynasty China*, Reaktion, esp. "Introduction", 9-15.

③ Tuan Yi-Fu(段义孚), *The Making of Pets*, Yale University Press, 22.

④ John D. Hunt, *Great Perfections: The Practice of Garden Theory*, University of Pennsylvania Press, 2000, cha.3, 32-75.

⑤ F. W. Mote, "The Transformation of Nanking, 1350-1400", in William Skinner, ed., *The City in Later Imperial China*, Stanford University Press, 1977, 101-153, esp.116-118.

理上极端欣赏流动性的社会条件。依据设计景观的实际要求,这种流动性在诸如景观的选址和选料,及景观的功能与其背后的不同理念上,会对造景产生重要的暗示。例如,远离城市的山峦和乡村是造景的绝佳环境。当景观建于城市当中时,就很可能出于一种想要营造接近自然环境气氛的目的。不难看出,景观是如此频繁地从其他世界中"借入"。

这同样有着重要的历史含义。"景观"可以从不同时代借入。尽管如此,我们对景观的理解与欣赏是很受文化局限的。如果认为城市居民、农民和马背上的游牧者对景观有同样的观念与体验,将是非常幼稚的。吉德炜(David Keightley)写道,对于上古中国初次塑造了兼有政治性和自然性景观的中国人而言,美丽的土地本应是有秩序的土地——齐整的树丛被围于栏中,有教养的权贵娱游于此,他们的庙宇就在近旁,没有比丰收的蜀地更能让商王动容的自然景观了。商王对自然景观的态度不仅只是泛神论的,只是对在自然景观中所感受到的神力的敬畏,它也是一种人类中心论的与实用主义的态度。① 那么,别的历史人物是否也曾将这类景象视为最完美的景观呢?

类型学、园林和景观建筑

喜龙仁(Osvald Siren)在其多有创见的中国园林研究中,认为中国景观建筑,尤其是园林,简直就是"艺术品",它"展现的是出于亲近自然而非出自布局与形式安排的艺术理念"。他还写道,就此而论,中国景观建筑是"逃避形式分析的"。② 但柯律格持不同立场,他争辩说"作为一种物质文化的展现,园林是一种特殊的人工制品"③。以上是来自重要学者的对立的看法。很明显,我们需要共同立足于一种事实性的基础之上,以便得出我们自己有根据的判断。无论我们把园林作为一种"艺术品"还是"人工制品",对园林和景观的特征、集合与类型作一种形式分析是可能的,并且还有一种研究方法,就是考虑景观建筑的分类或类型学。我们很少有物证能用来重构上古和中古中国的景观建筑。同时尽管近年来有些皇家和私人的早期园林被发掘出来,但基本上学者们还是依赖于历史文献或文学资料的文字描写,当

---

① David N. Keightley, *The Ancestral Landscape: Time, Space and Community in Late Shang China ca. 1200 - 1045 B.C.*, Institute of East Asian Studies, University of California, 118 - 119.
② Osvald Siren, *Gardens of China*, Ronald Press, 1949, 3.
③ Clunas, *Fruitful Sites*, 13.

然也依赖于图绘。然而,正如众多学者所清醒地意识到的那样,口传的和视觉的再现通常与"实物"相去甚远。"实物的"园林遗存于北京和苏州这样的城市,而它们是另一种可资大量利用的资源。尽管很多这样的园林可以上溯到十六或十七世纪,并且包含着一些更早期的特征,但毋庸置疑的是,这些园林的建造原则与先前时期是大相径庭的。这些"实物的"园林应该被视为十八、十九世纪,甚至是二十世纪的重建物。因而问题在于,在关于景观建筑的形式主义的讨论中,要决定如何有效而可靠地运用这些各种形式的证据便是个问题。

理解景观和园林背后最基本的观念的关键可能在于不同中文词语的语源;不同词语的来源可能有不同的历史和文化意涵。园林最初的词语是从"围场"的意思来的,这是个同样存在于其他语系中的概念。在古代汉语中,有几个词类似于"园林"的概念:"园"意味着"为果树建造的围场";"圃"意味着"为蔬菜建造的围场";当说到"为动物建造的围场"时,另一个词——"苑"就接近"自然公园"的意思了,这个词指一个更大的围场,通常位于城外,是打猎和经贸活动的场所。这类细致的语言研究和对这种历代沿用的术语的详细考察,也许在将来会得出很有意义的结果。同时,倘若看一下思考中国园林问题的现代学者的著述,我们便会发现非常不同的见解都言之有理。

依照惯例,古代的中国园林被分作以下几类:(a) 皇家园林;(b) 私人园林,包括文人庭院;(c) 与宗教建筑结合的园林,比如佛寺和道观。皇家建筑和私人府邸有时候也有园林。这种方便的分类是基于社会学的,它凸显了私人园林的所有权问题,并且考虑到了作为社会表达的建筑元素。关于中国园林的主流研究就是在这种框架中进行的。

第二种分类法是将园林分为(a) 天堂园林与(b) 休闲园林。这种方法依据其用于敬拜还是休闲,强调私人园林的功能。这种分类法在西方很常见,但是施用于中国园林时就很成问题。正如雷德侯(Lothar Ledderose)所指出的,很多早期园林兼具两种功能,而且有时候很难把审美反应从宗教体验中分离出来。[1]

如果不考虑语境的话,我们很难分辨出园林或景观建筑的典型特征。其设计、功能、所有权和确切位置的意义都需要细致考察。只有在其与特定环境的关系中分析景观建筑的基本性质,我们才能考虑第三种分类系统,区分出(a) 城市

---

[1]　Lothar Ledderose, "Earthly Paradise: Religious Elements in Chinese Landscape Art", in Susan Bush and Christian Murck, eds., *Theories of Chinese Arts*, Princeton University Press, 1983, 165 – 183. 雷德侯采用了这种分类法,但他的主要观点是要证明这两种类目在早期是相互联系的。

花园、(b) 郊区别墅,或者(c) 自然环境中的景观建筑。当然,在不同的选址上,其相应的典型特征会截然有别。此外,每个种类都有其历史和功能,并且它们并不必然是同步发展的。因此,为了更易于理解各式造"景"的活动,并区分出那些能够理解景观与古代中国城市发展的关系的活动,可行的方法是将三种分类方式结合起来。

汉长安:作为景观的城市

古代长安城的废墟仍然是现代景观的一部分。长安位于渭河谷地。就是在这有着重要内陆地势的地方,早期城市化的中国发展成了强大的帝国。直至公元前三世纪末,初建立的汉王朝开始在地处渭南的前朝秦(前 211—前 207)的离宫旧址上建都,命其都城为长安(意为"长治久安")。长安成为西汉王朝的中心,并且直到公元 25 年还是王莽政权的中心。直到光武帝建立东汉王朝,才迁都洛阳。

自 1950 年代以来,中国考古学家一直在今天的陕西西安发掘汉长安城址。现在考古学证据足以重构包括其城郊在内的汉长安(图1)。[①] 有一道长约 25 700 米的城墙,墙内围合了超过 35 平方千米的面积。此城基本呈正方形,北墙不规则地延河而建,其他三面墙各有三个城门,共九门。城内矗立着五座皇宫:长乐宫(意为"长久快乐")、未央宫(意为"汉祚不尽")、北宫、桂宫和明光宫(意为"日月同光")。这五座宫殿占据了整座城的大部分面积,只留下很少的地方给街道、集市和一座武库,此外就几乎再无余地了。多年来,长安城的空间问题困扰着历史学家和考古学家:汉长安城的人口超过了二百五十万,那么长安城是如何,又是在哪里安置了这么多人口?长安城是否可能还有个外城?

如果考察一下这些证据和历史记载,我们就可以发现汉长安城并没有设计合理的城市规划,相反它是分不同时期建成的。[②] 其城墙结构晚至公元前 194 年才建成,晚于长乐宫和未央宫的建成年代,并且是费时五年建成的。其余三座宫殿是汉武帝统治时期(前 140—前 87)建成的。武帝统治时期在很多方面功业卓著,而且正

---

① 考古学方面关于早期中国城市化的一般性讨论,见 Wang Tao, "A City with Many Faces: Urban Development in Pre-Modern China", in Roderick Whitfield and Wang Tao, eds., *Exploring China's Past: New Discoveries and Studies in Archaeology and Art*, Saffron Books, 1999, 111 – 121.

② 见 Wu Hung, *Monumentality in Early Chinese Art and Architecture*, Stanford University Press, 1995, esp. cha. 3.

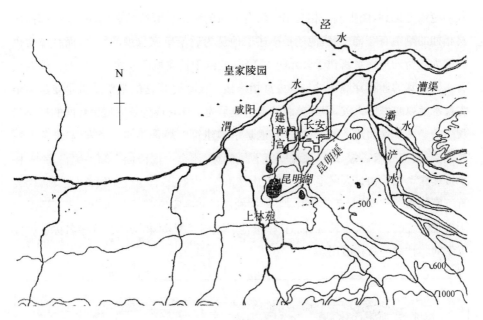

图1　西汉长安及其市郊,引自周维权《中国古典园林史》(1990)

是这个时期长安城有了重大发展。他不止批准在城内建造新的工程,还开始野心勃勃地在长安城外构造新的建筑:建章宫(意为"建立典章")位于长安城西侧的章城门附近,甘泉宫(意为"甘甜的泉水")位于长安城北 300 里的山麓,最大的皇家猎场上林苑(意为"至大之林")建于长安南部。通过这些例子,结合考古证据还有历史文献,我们可以开始关于中国早期景观基本特征的分析了。

　　上林苑是在秦朝苑囿的旧址上建成的,在公元前 138 年,武帝命令皇家畋猎不能离都城太远,而且必须设法防止畋猎者及其队伍对农田的破坏。都城南部的土地就是用来建造皇家苑囿的。据一些历史记载的说法,上林苑周长约 130—160 千米,成为中国历史上最大的皇家苑囿。

　　我们没有直接的证据表明上林苑是如何规划的、里面都包括些什么,甚至其真实的面积有多大也不得而知。我们找到了一些考古遗迹,包括汉武帝训练其第一支水军的昆明湖。这是一个人工湖,面积大约有 10 平方千米,在其北部有个岛,岛上有石人。汉代大文学家司马相如(前 179—前 117)以此为题作赋,为上林苑的景观描绘了一幅生动的画面,上有山川河流、参天巨树,还有各种各样的动植物,以及各种皇家畋猎的场面。最重要的是,司马相如作为一个儒生,不忘醒君王,"造景"从来就是道德准则的一部分(礼)。我们不能确定司马相如的描述有多准确或多夸张,但我们应该考虑到,儒生们竞相写出长而有文采的赋来引起统治者的注意。[1] 即便司马相如的赋中有夸饰之处,他还是描述了他认为适于皇家景观的特征,而且皇帝也的确为其所动! 建章宫建于公元前 104 年,就位于长安城西墙之外(图 2)。据载它有一条特殊的通道穿墙而过与未央宫相连接。设立建章宫的主要动机是要建一个大蓄水池以防城中火灾,但其美丽的水景也是为了让它成为长安城里壮丽的皇家景观中的一大奇观而建造的。在南门(也是中国建筑中最重要的一个方位)坐落着三座重楼,楼上有朱雀像,朱雀顶端安置着风向标,还有一铜铸仙人擎一铜盘,一玉杯承接晨露。在北边是太液池(意为"太虚津液"),内有三个(或是四个)人工岛,代表着三座仙山——瀛洲、蓬莱和方丈。[2] 这种水景和皇家府邸的合而为一成了后世中国景观传统的一个基本特征,而且"太液池""瀛洲""蓬莱"和"方丈"这些名称于后世王朝的园林中一直在沿用。

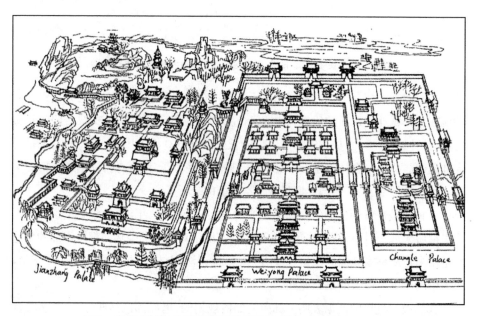

图 2　汉长安城与建章宫复原图,引自王崇人《古都长安》(1981)

　　甘泉宫建于公元前 120 年,代表着景观设计的另一个重要的方面。这座宫殿建于远离城市的优美的自然景点甘泉山,它更像是一座汉代版的颐和园。但是建造甘

---

① Wu Hung, *Monumentality in Early Chinese Art and Architecture*, 170 - 176.

② 司马迁的《史记》(中华书局,1959 年)中记有四座仙山:瀛洲、蓬莱、方丈和壶梁(卷十二,第 482 页),但在后世的文献中,壶梁被忽略了。《史记》中尚有东海三座仙山的传说(卷二八,第 1369—1370 页)。

泉宫的首要目的不是为了欣赏美景,而是为了供奉神明,特别是宇宙中最高的主神"太一"。宫殿中央是一座祭坛,祭坛上有众神的画像。甘泉宫里各种建筑和筑坛的名称暗示着,神秘的仪式以及自然元素和景观本身已成为这种崇拜的重要部分。[1]

　　上林苑、建章宫和甘泉宫分别代表着大相径庭的景观建筑类型,这三者都显示出中国景观传统的早期特征和当时的景观理念。尽管如此,对这些早期的建筑和后世的景观建筑作一个明确的区分还是很有必要的。尽管我们能够在不同时期的不同景观建筑中发现类似的特征,但由此推断其背后的观念便是相同而且是不变的,这样的想法显然过于天真了。

　　上林苑的修建是有着明确的功能的,而且一眼就能看出其实用的、经济的意义来。苑中种有药用的草木,有各种供给御膳房的水果和动物,苑中驯养和训练马匹,而且来自世界各地的物产也被送到上林苑中。上林苑也是汉朝最重要的铸币基地,考古学家已在苑中发现了铸币作坊的遗址。

　　汉代君王自然极热衷于他们的苑囿和园林,但他们对这些景观的激赏并非纯粹出于审美。更有可能的是,这类景观能激起他们强烈的权力欲望,以及他们正在建立一个强盛帝国的想象,或是从宗教仪式中得到的宗教体验的满足。在这个阶段,景观的观念还没有从其政治和宗教语境中剥离出来。这些富丽的宫殿和长安城里的其他建筑可以被视作一种景观规划,这种景观规划可以证明和加强皇帝的权威,并使之深信自己有扭转乾坤的力量。正如丞相萧何(前193)向汉朝的建立者汉高祖(刘邦,前256—前195)进言:"且夫天子四海为家,非壮丽无以重威,且无令后世有以加也。"[2]

　　对景观的合理运用不能越出儒家的伦理教化。例如,成功劝谏汉高祖住进未央宫的丞相萧何,还劝说皇帝允许平民百姓使用上林苑的土地。但此谏令他招致重罪极刑,直到高祖最终宽恕了他。在《后汉书》中,我们能够看到一则小故事,说汉灵帝(168—189在位)想要建造毕圭灵琨苑(意为正直的圭和有灵性的玉),但司徒杨赐上疏谏曰:"昔先王造囿,裁足以修三驱之礼,薪莱刍牧,皆悉往焉。先帝之制,左开鸿池,右作上林,不奢不约,以合礼中,今猥规郊城之地,以为苑囿,坏沃衍,废田园,驱居人,畜禽兽,殆非所谓'若保赤子'之义。"杨赐的上疏就是基于儒家的话语。但是这项工程已经在进行之中了,这皆拜弄臣所赐,他们引用了孟子的话,以彼之道

---

[1]　在众多的馆名中,有"迎风馆""峰峦馆""通神台""通天台"。
[2]　《史记》卷八,第385—386页,Watson英译,Columbia University Press,1985,137.

还施彼身:"昔文王之囿百里,人以为小;齐宣五里,人以为大。今与百姓共之,无害于政也。"①

　　这类故事揭示出,帝国景观与王权和法度一样,必须合于《礼记》的道德准则。汉长安作为上古时期末叶中国最重要的城市中心,代表了一种"系统演变"的景观。尽管如此,它也体现出一种复杂的意识形态,并且其中有很多在"意义明确"的景观建设中一目了然的基本特征。

景 观 的 诞 生

　　在三到六世纪之间,中国出现了一次景观表现方式的革命。景观不仅作为一种形式要素,而且其本身就作为重要的主题而被引入视觉艺术和文学的领域。在这段时期,景观规划变成一项职业、一种表现、一种审美对象,而且还是一种哲学。我相信既是一种理念也是建筑实践的景观规划在中国的出现,是城市发展背景下社会变革的结果,也与这一时期的特殊事件有关。

　　在魏(220—265)晋(265—420)南北朝(420—589)时期,曾经的汉代版图被分为南北两部分,在南方,最重要的城市中心是建康(亦即现在的南京)。此地于 211 年曾是孙吴政权(228—280)的首都,317 年时又成为东晋的都城,随后南朝的宋(420—479)、齐(479—502)、梁(502—557)、陈(557—589)四朝亦建都于此。建康是战略要地,踞长江下游,坐拥便利的水运网络和江南肥沃的农田。城中商贸繁盛,人口空前剧增,六世纪时曾高达 1 400 万。

　　而有关建康城的空间布局我们能够知道些什么? 建康城的考古调查至今仍然非常有限。② 根据文献记载,此城计划建于中轴线上,并有内外城。在东北角上,皇宫和外城墙之间有一个巨大的皇家园林,被称作华林园(意为"森林峻秀")。这个园林可能在四世纪就已存在,因为我们在刘宋时期刘义庆(403—444)的《世说新语》中可以看到一个有趣的片段:东晋时简文帝(371—372 在位)入华林园,顾谓左右曰:"会心处不必在远,翳然林水,便自有濠、濮间想也,觉鸟兽禽鱼自来亲人。"③这个皇帝似乎深谙哲学与景观的理念。

① 范晔:《后汉书》卷五四,香港中华书局,1971 年,第 1782—1783 页,孟子故事见《孟子》(Jame Legge 英译,Dover Edition, 1970, 127 - 129, 153 - 154)。
② 关于简要的考古报告,见罗宗真《六朝考古》,南京大学出版社,1996 年,尤见第 2 章,第 10—33 页。
③ 见英译本《世说新语》,Richard B. Mather 英译,University of Minnesota Press, 1976, 60.

华林园的大规模改建始于446年,乃宋文帝在位期间。但华林园不是建康城唯一一座园林。宋文帝在城外建了另一座园林——乐游园(意为"逍遥漫步")。北齐(479—502)也建造了一处皇家园林——芳林苑(意为"芳香的树林")。梁武帝(502—550年在位)曾想在建康再建两座皇家苑囿,但由于548年的侯景叛乱,建康城遭到破坏,这项工程因而中止。建康城的城墙和宫殿以及林木皆被毁于一旦。建康城的皇家苑囿和园林大多集中在建康城东北部的城内和城郊,靠近广阔的玄武湖与东部的自然山脉。尽管我们今天只能想象建康城皇家园林的美丽壮观,但文献记载中有其详细的描述。例如,《南齐书》中有如下记载:

> 于阅武堂起芳乐苑。山石皆涂以五采。跨池水立紫阁诸楼观,壁上画男女私亵之像。种好树美竹,天时盛暑,未及经日,便就萎枯,于是征求民家,望树便取,毁撤墙屋以移致之,朝栽暮拔,道路相继,花药杂草,亦复皆然。①

皇家园林的铺张浪费可见一斑。然而,正是在私家园林中我们才能发现景观设计最重要的发展。私家园林早在汉代就已出现,因为土地的私人所有权已成为可能,并且富豪争相仿效建造园林,或许即是受了宫廷园林的启发。② 汉朝亡后,土地日渐私有,至魏晋南北朝时,有世家大族富可敌国,③私家园林蔚成风气,且是炫耀社会地位的方式。

我们不难想见,都城建康富豪甚众,且多将园林建于秦淮河的北岸。④ 有理由认为,建康的大部分富豪都拥有私家园林。暴富者则既于城中建有城市园林,又于郊区坐拥占地甚广的大型庭院。富豪建造景观并非仅为娱乐,它们还是生产与经济活动的重要场所。那么私家园林到底是怎样的? 我们由文献资料可知,园中有层峦叠嶂、鱼戏池塘、亭台楼阁,当然也少不了茂林修竹、果木药草。同样意味深长的是,反映建筑特色的命名多取自自然元素,是以我们可以看到"风亭""月阁""竹厅"等等。尽管此时没有有关园林的论述,但同时代的文献资料中明确显示,这一时期景观建筑的首要目的就是要仿效自然景观。

我们在著名学士与艺术家戴颙(378—441)的传记中读到:"乃出居吴下,吴下士

---

① 《南齐书》卷七,中华书局,1972年,第103页。
② 见周维权《中国古典园林史》,清华大学出版社,1990年,第36—37页。
③ 六朝时土地理论上仍归政府所有,但据当时的土地管理显示,土地私有已成为事实。见唐长孺《三至六世纪江南大土地所有制的发展》,上海人民出版社,1957年;以及高敏《魏晋南北朝社会经济史探讨》,人民出版社,1987年,第104—125页。
④ 见刘淑芬《六朝的城市与社会》,学生书局,1992年,尤见第111—134页。

人共为筑室,聚石引水,植林开涧,少时繁密,有若自然。"①文末的"有若自然"是这一时期风景设计的关键所在。

但在这篇文章中,"有若自然"不是一个抽象概念,它特指江南地区的真山水。②今天浙江省的会稽地区尤以其自然之美而闻名于世。《会稽郡记》如此说:"会稽境特多名山水,峰嶂隆峻,吐纳云雾,松栝枫柏,擢干疏条,潭壑镜彻,清流泻注。"③当著名画家顾恺之(345—406)游览会稽归来时,有人问其所见山水之美,他答道:"千岩竞秀,万壑争流。草木蒙笼其上,若云兴霞蔚。"④这一景观的自然之美与此地的文人雅集在著名书法家王羲之(303—361,一作379)的《兰亭集序》中有生动描写。⑤山水诗人谢灵运(385—433)生于河南太康,但隐退于会稽。其诗文反映了他对自然环境的叹服。⑥谢灵运在其《山居赋》中,描述了他在会稽的广大私人庭院的确切位置和规划布局。非常有趣的是,肥沃整齐的农田和山川瀑布的野趣在其景观中同等重要。五十年后,另一位谢家的著名诗人谢朓(464—499),开始描绘一种不同的景观,这次是有关建康城内的人工景观。⑦

许多学者认为,在六朝时期景观观念的出现与"隐居"的理想有很大的关系。⑧魏晋时期社会的剧变与混乱的城市生活令很多知识分子退出他们传统以政治家或治理朝政为任的社会角色。很多南朝的精英放弃他们的文化责任,纷纷做起了隐士、山客甚至铁匠,这种行为其时被称为"纵情山水"。其中最著名的例子是陶渊明(365—427),他辞官回到江西老家,在那儿的自然环境中过着一种很前卫的追寻个人自由和快乐的生活。他写了很多诗,描述他退居乡间和他在风景中找到的乐趣。⑨山林对于失势的政治家可谓灵丹妙药与吟诗作赋的灵感源泉。陶渊明为很多政治失意的士大夫树立了榜样。但是有少数幸运者不在乡间也能做到这一点。

---

① 《宋书》卷九三,中华书局,1974年,第2277页。
② 对自然景观的发现事实上已经远远超出了江南地区,众多当时的文献亦描绘了安徽、湖北与江西的景观。
③ 见Mather英译的《世说新语》,第72页。
④ 同上,第70页。
⑤ 关于王羲之作品的简论,见Eugene Wang(汪悦进),"The Taming of the Threw: Wang His-chih(303 - 361) and Calligraphic Gentrification in the Seventh Century", in Cary Y. Liu(刘一苇)、Dora C. Y. Ching(经崇仪) and Judith G Smith, eds., *Characters and Context in Chinese Calligraphy*, The Art Museum, Princeton University, 1999, 132 - 173.
⑥ 见Chang, Kang-i Su, *Six Dynasties Poetry*, Princeton University Press, 1986, 47 - 48.
⑦ 同上,第112—134页。
⑧ 见王毅《园林与中国文化》,上海人民出版社,1990年,第81—108页。
⑨ 有关陶渊明及其作品的专论,见A. R. Davis, *T'ao Yuan-ming AD 365 - 427*, *His Works and Their Meaning*, Cambridge University Press, 1983.

这些人变成了"市隐",他们也是私人城市园林的新兴改革者。

　　随着设计、哲学和品鉴的发展,景观与诸如道释一类当时流行的宗教观念产生了错综复杂的联系。道家思想常常将景观与仙境联系在一起,而且道家的要义就是要"返自然",[①]这种道家信条与此时的隐居行为是一致的。但佛教教义在景观观念上起了更重要的影响。[②] 在佛家的宇宙观中,景观是一个核心元素,而且众多僧人亦热衷于园林。僧人慧远因建造"禅林"而闻名:384 年他造访江西庐山,在那里设计建造了东林寺,认为那里的景观有助于佛学教授。慧远的追随者包括写过重要的山水画论的宗炳(375—443)。[③]

　　南方美丽的自然风光、隐居的生活方式、新的宗教经验,还有或许是最重要的,对于恶化和混乱的城市生活的心理反应,导致了南北朝时期的文人对"景观"的发现。学者们注意到山水画的出现与诸如自然园林乃至盆景这样的三维景观建筑有很大的关系。[④] 自三世纪之后,景观建筑的发展,以及文学和视觉艺术中与之类似的趋向显示出一种不同于前代的对于景观的理解和态度。新的观念由此而生,而景观设计便反映了,更确切地说,甚至是促进了这一变革。

洛阳：园林城市

　　1095 年,宋代学者李格非写了《洛阳名园记》,描述了他在洛阳城私访过的十九个最好的私家园林,他写道:

　　　　方唐贞观、开元之间,公卿贵戚开馆列第于东都者,号千有余邸。及其乱离,继以五季之酷,其池塘竹树,兵车蹂躏,废而为丘墟;高亭大榭,烟火焚燎,化而为灰烬,与唐共灭而俱亡者,无于处矣。予故尝曰:"园圃之兴废,洛阳盛衰之候也。"[⑤]

---

① 关于道教与园林的一般性讨论,见 Cooper, *The Symbolism and the Taoist Garden*, *Studies in Comparative Religion*, 1977, 224–234.
② 雷德侯认为,"从图像学的意义上说,寺庙中的山总是要画成佛陀的禅座的样子"。Ledderose, "The Earthly Paradise", 171.
③ 见 Susan Bush, "Tsung Ping's Essay on Painting Landscape and the 'Landscape Buddhism' of Mount Lu", in Susan Bush and C. Murck, eds., *Theories of Chinese Arts*, 132–164.
④ 见 Ledderose, "The Earthly Paradise", esp. 178–180. 关于中国山水画的一般性研究,参见 Michael Sullivan(苏立文), *The Birth of Landscape Painting in China*, University of California Press, 1962.
⑤ 引文据《中国历代名园记选注》(陈植、张公驰选注,陈从周校阅),安徽大学出版社,1983 年,第 38—55 页。

　　洛阳的园林文化究竟在多大程度上反映了洛阳的政治气候？虽然我们不能把李格非的文辞都当真，但洛阳园林在一定程度上确乎是这座城市历史不可或缺的一部分。这篇文章使洛阳成为理解上古和中古中国景观和城市发展之间关系的绝佳例子。

　　洛阳自公元前十世纪周成王第一次在此建都时，就是重要的城市中心。后来它成为东周（前770—前256）的都城。从汉到魏，它一直作为中原地区主要的政治和经济中心之一，东汉（25—220）、曹魏（220—265）、西晋（265—316）和北魏（386—534）都曾在此建都。

　　洛阳地势得天独厚，超越了西边的长安。其北据邙山，可抵御寇边的游牧民族和风沙的侵袭，气候温和，土地肥沃。更重要的是，其有洛水与谷水，一条从城中穿过，一条紧靠城市，水源充足。

　　与西汉长安一样，东汉都城洛阳也建成了一个方形内外城（图3），周长约13 000米，使城市的面积达到了9.5平方千米。洛阳比西汉长安小很多，但它的布局更有秩序。两座主要的皇家宫殿——南殿和北殿各位于中心轴两侧，比长安的比例更匀称。城内有四座皇家园林：直里园（意为"守卫正直"）、西园、濯龙园、永安宫，这些宫殿分别位于南部、东部、北部和西部，并且都靠近居民区。城墙外有很多天然园林，主要分布在西边，这些园林都有传统的功能，作为猎场、练兵场，以及为朝廷提供肉类和蔬菜的场所。如圜丘、明堂、灵台一类的宗教建筑位于南郊，仿效公元9年王莽在长安建造的形制。

　　东汉时期，洛阳作为都城时，城市园林成了城市规划中一个主要特征。[1] 不只是皇帝和皇后建造苑囿和园林，富豪与贵族也仿效皇家形制建造其私家园林。我们再看看早期，私家园林的形式须在激烈的私人土地所有权的斗争背景中来理解。[2]

　　公元190年，将军董卓挟汉献帝迁都长安，他的军队焚烧了洛阳城。是否有大型宫殿或园林幸存尚不得而知。公元220年，东汉灭亡，洛阳被曹丕（187—226）选作曹魏的都城，兴建了新的宫殿和园林，包括芳林园（后来改名为华林园）。

　　洛阳新建的芳林园位于皇宫之后，这与东汉的设计一样。但是还有些重要的新增部分，比如湖（建于235年）和假山（建于237年）。数千人被派去修建假山，诸

---

① 关于东汉洛阳的基础性研究，见 Hans Bielenstein（毕汉思），"Lo-yang in Later Han Times"，*Bulletin of the Museum of Far Eastern Antiquities*，48(1976)，1 - 142.

② 见赵俪生《中国土地制度史》第3章，齐鲁书社，1984年，第54—79页。

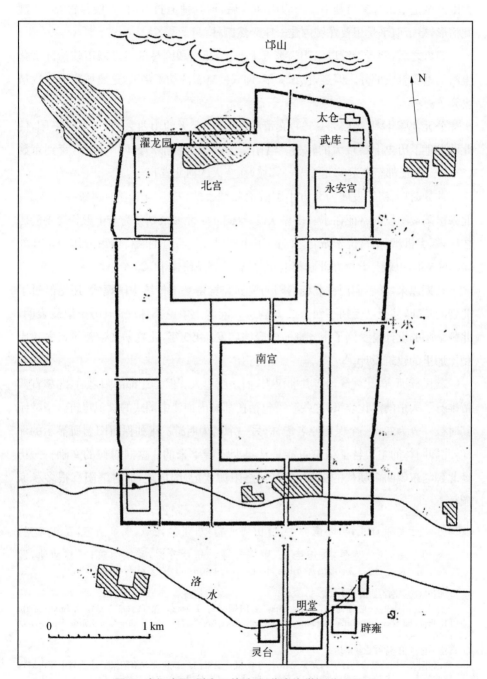

图3　东汉洛阳,引自王仲殊《汉代考古学概说》(1984)

大臣甚至是皇帝都参与其中。当假山建成后，顶峰种上竹木，其间放养兽类。① 观此情形，皇帝似乎是想要在城内建一座天然园林。

曹魏之后，西晋继续以洛阳为都五十七年，苑囿和园林依然是城市政治和文化生活的重要组成部分。但是，在 321 年，匈奴侵略者洗劫了洛阳，这座城市又一次被废弃了。

公元 494 年，北魏（386—534）文帝从平城（即今天的山西大同）迁都到洛阳，使此城发生了历史上最重大的转变。洛阳作为北魏的首都历经四十四年，直到东魏（534—550）迁都至更远的北方——邺城（在今天的河北省）。

北魏时期，洛阳发展为北方中国政治和城市的中心，与南方的建康并驾齐驱。北魏洛阳最明显的特征在于其棋盘状设计（图 4）：北城被划分为若干形状规则的居住区，极类棋盘，皇宫位于城北，并处于中轴线上。② 两道围墙将城市分作内城和外城。501 年，也就是北魏在此建都七年之后，其外城修建了 320 个里坊。③

长期以来，学者们便在北魏洛阳的规划究竟是基于传统中国模式，还是经过了北魏的革新，甚至是受到了西方的影响这一问题上争论不休。④ 但历史记载表明，北魏洛阳的设计是受到了南齐都城建康的启发。493 年，北魏孝文帝曾派人去建康刺探那里的建筑设计。⑤

就民族而言，北魏统治者并非汉人，而是鲜卑人。但是迁都洛阳之后，北魏宣武帝推行了大量的汉化政策，这些政策包括在都城内加建中国式的景观建筑。华林园其时被一分为二：一个保留原名华林，另一个名为西游。正如保留旧名所显示的那样，北魏园林的主要特征极有可能是从早期流传下来的。据同时代的文献——历经北魏与东魏两个朝代的杨衒之所著《洛阳伽蓝记》的描述，那时洛阳有很多私家园林：

> 于是帝族王侯，外戚公主，擅山海之富，居川林之饶，争修园宅，互相夸竞，崇门丰室，洞户连房，飞馆生风，重楼起雾。高台芳树，家家而筑；花林曲池，园

---

① 见周维权《中国古典园林史》，第 50—52 页。

② 关于北魏洛阳的一般性讨论，见 Ho Ping-Ti（何炳棣）："Loyang, A. D. 495 - 534: A Study of the Physical and Socio-Economic Planning of a Metropolitan Area", *Harvard Journal of Asiatic Studies*, 26 (1966), 52 - 101.

③ 《洛阳伽兰记》称有 200 个坊。

④ 刘淑芬：《六朝的城市与社会》，尤见第 167—191 页。孟繁仁：《试论北魏洛阳城的性质与中亚古城性质的关系——兼谈丝路沿线城市的重要性》，收录于《汉唐与边疆考古研究》第 1 辑（1994 年），第 97—110 页。

⑤ 《南齐书》卷五七。

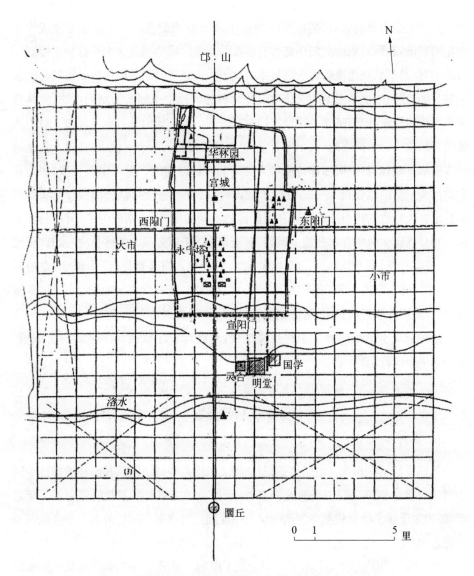

图4　北魏洛阳,引自贺业锯《考工记营国制度研究》(1986)

园而有。莫不桃李夏绿,竹柏冬青。[1]

北魏洛阳私家园林的兴盛可能是源于模仿南朝生活方式的风尚,同时私人土地所有权得到承认也是重要的实际因素。洛阳的人口不算多,空间问题也不是很突

① 英译文引自 W. J. F. Jenner, *Memories of old Loyang: Yang Hsuan-chih and the Lost Capital 493 – 534*, Clarendon Press, 1981, 241 – 242.

出。当洛阳成为都城后,它拥有五百万人口,不及建康的三分之一。但是要成为一座花园城市,北魏时期的洛阳还是很有难度的。各区域的棋盘式布局有利于控制人口活动,但对于景观建筑和建造园林来说就不太理想了。而且居住区是按社会阶层来划分的,我们知道孝文帝的汉化政策在北魏的朝廷中遭到了激烈的抵制,尤其是鲜卑贵族的反对,他们坚守游牧民族的生活方式。但是他们是否也发展出了对中国式园林的趣味? 杨衒之的《洛阳伽蓝记》也记述了洛阳的六十座佛寺,并提及几乎每个寺庙都有园林,其中很多都是由私人住宅和园林改建的。随着佛教日盛,和尚和尼姑都成了新的意识形态——包括景观设计和理论——的拥趸。但是,与那些只向特定客人开放的排他性的皇家和贵族园林不同的是,佛寺则成为了一种"公共空间",并且其园林向所有人开放。例如,宝光寺是洛阳西郊最大的禅林之一,其"园地平衍,果菜葱青,莫不叹息焉。园中有一海,号咸池。葭菼被岸,菱荷覆水,青松翠竹,罗生其旁。京邑士子,至于良辰美日,休沐告归,征友命朋,来游此寺。雷车接轸,羽盖成阴。或置酒林泉,题诗花圃,折藕浮瓜,以为兴适"[1]。

　　这种景观不止是一种享乐和视觉愉悦,其设计者还欲激起一种怀古之幽情。例如,《洛阳伽蓝记》写道:

> 四月初八日,京师士女多至河间寺,观其廊庑绮丽,无不叹息,以为蓬莱仙室亦不是过。入其后园,见沟渎蹇产,石磴嶕峣,朱荷出池,绿萍浮水,飞梁跨阁,高树出云,咸皆啯啯,虽梁王兔苑想之不如也。[2]

　　然而我们不应忘记,《洛阳伽蓝记》这类文献记载中对洛阳及其园林的描述不同于当代的建筑考察,不过是一种充满乡愁的记忆。在538年侯景焚烧洛阳城多年之后,杨衒之记述了他对故都洛阳的回忆。一度绚烂的洛阳在随后的七十年都掩埋于灰烬之中。[3]

　　581年,北周将军杨坚(541—604)建立了隋朝。至公元587年中国又一次实现大一统。605年,新登基的皇帝杨广(569—618)派大臣宇文恺(555—612)在洛阳建次都,选址位于东汉和北魏的城址之间。[4] 隋朝首都则位于长安。两京建制遵照古

---

[1]　英译文引自 W. J. F. Jenner, *Memories of old Loyang: Yang Hsuan-chih and the Lost Capital 493 - 534*, Clarendon Press, 1981, 233 - 234.

[2]　同上,第234页。

[3]　同上,尤见第1与第6章,第3—15、103—108页。

[4]　见 Victor Xiong(熊存瑞), "Sui Yangdi and the Building of Sui-Tang Luoyang", *The Journal of Asian Studies*, Vol.52 - 1(Feb. 1993), 66 - 89.

代传统,并且隋唐都继承了这个建制。由于政治历史的原因及其绝佳的地理位置,将洛阳作为次都是显而易见的选择。洛阳靠近能够稳定供应粮食的重要农田,并且有四条河流(洛水、伊水、涧水与谷水)与运河穿过都城,为人流和货物提供了便利的交通。

　　考古学家一直在发掘隋唐洛阳的遗址,而且考古发现与历史文献的记载极其吻合(图 5)。洛阳城的东墙和南墙共长 7.3 千米,西墙长 6.8 千米,北墙长 6.1 千米,周长约 27.5 千米,城市面积约 47 平方千米。唐代洛阳城里居民人口的确切数字难有定论,但一定少于唐代长安。唐代长安人口据说曾逾千万,其城墙周长约 36.7 千米,面积 84 平方千米。洛阳的规模差不多是长安的一半,所以人口自然也要少。但是洛阳的人口达到其顶峰时,可能也有近千万。女皇武则天在位期间,在洛阳的时间比在长安要多。691 年,她命一万多户居民迁入洛阳城,充实洛阳人口。洛阳城必定拥挤不堪,这很可能影响到了周围的自然环境。① 有史料显示,郊区的森林开始减少,甚至消失。755 年,洛阳在"安史之乱"中横遭破坏,从此开始衰落。

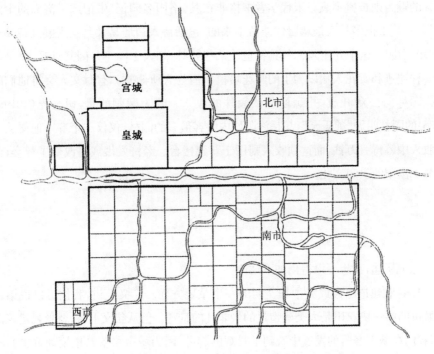

图 5　隋唐洛阳,引自徐松《唐两京城坊考》(1810)

---

① 北魏与隋唐时期,洛阳周边地区的森林尽失,不得不在浑源与嵩县等地寻求木材供应,见史念海《中国古都和文化》,中华书局,1998 年,第 281—282 页。

　　唐代的长安城和洛阳城的规划受到了北魏洛阳城棋盘式格局的影响。两座城都设有皇城、粮仓、市场和居民区。在长安可以看到皇宫位于城市中心的古典的城市设计。但在洛阳,洛水穿过城市,自然将城市分为南北两部分,皇宫位于城市的西北角。长安有东市和西市两个市场,洛阳则沿运河设有三个市——北市、南市和西市。

　　据文献与史料所记,唐洛阳城是个皇家和私家园林遍地的美丽城市。上阳宫位于城市的西北角,西苑建于城外西北。洛阳的士大夫争相在城郊建造园林,兴起了一种"园林文化"。例如,著名诗人白居易(772—846)在城市东南角的履道坊建造了自己的园林,为自己和朋友的园林写诗,这反映出洛阳城内私家园林之美及其星罗棋布。今天考古学家已能复原上阳宫和白居易的私家园林,[①]而他们的发现将为理解中国景观设计的传统提供一手资料。

　　唐朝之后,洛阳未再成为中国的都城。它失去了往日的政治和文化影响,但其园林的魅力则长盛不衰。宋代学者李格非在其《洛阳名园记》中记述了洛阳的十九座园林,其中很多其实是从唐代遗留下来的,包括诗人白居易及其友人裴度(765—839)的旧园。这十九座园林各具特色。某些园林,如天王园不是因其景观,而是作为一种遗迹和卖花人赖以为生的鲜花培植所而为人所激赏。有时文人会将他们的私人园林向公众开放,并赚取些微额外的收入。颇为讽刺的是,司马光(1019—1086)的园林叫做"独乐园",却是洛阳城内游客最多的园林,仅仅一个春季他便从门票收入中筹得一万钱,而这项收入则用于新建楼台。经济发展或许改变了社会,也改变了洛阳的景观文化。

结　论

　　综上所述,我想可以得出如下结论:

　　1. 景观建造已经成为中华文明的一个重要方面。广义上讲,我们可以说第一座城市的第一块农田是人类建造过的最非凡的景观。但从狭义上讲,就景观建筑而言,我们在城市聚落的发展中看到了景观的起源,因为城市聚落希望增加狩猎和园艺的场地,这便是园林的起源。经济的根源与功能在中国景观传统的后期发展中仍

---

① 中国社会科学院考古研究所洛阳唐城队:《洛阳唐东都履道坊白居易故居发掘简报》,《考古》1994年第8期,第692—701页;《洛阳唐东都上阳宫园林遗址发掘简报》,《考古》1998年第2期,第38—44页。

然十分重要。

2. 皇家景观在早期占主导地位。园林和苑囿是随着城市的兴起而兴起的,并且伴随着明确的帝国意识形态。景观的观念在这一时期无法从政治动机和宗教经验中分离出来。在这个意义上,景观的理念在公元三至四世纪既是社会的产物,又是艺术发展的产物。这一时期比如建康和洛阳这样的城市的迅速扩张,给社会和自然环境带来了直接的变化,它促进了城市景观建造中新的观念与实践的诞生。南北朝时期的文人是建造新型景观的主要革新者,同时也革新了关于景观的美学理论。宗教,例如道教和佛教,还有各种旧的和新的信仰也在这一进程中起了重要作用。

3. 中国景观建筑的传统是基于一种对自然的理解,或可视之为一种微观宇宙。但是这里的"宇宙"是一种精心安排的格局,而"自然"也不能被视为形而上的和静止的概念,而是一种历史的产物。山川、河流、瀑布,还有人造湖和假山,在营造"自然"景观中都扮演了各自的角色。但是,这些"如画"的景观园林,比如苏州那些遗存至今的园林,便与上古和中古的园林相去甚远。就景观和城市发展之间的关系而言,景观显然总是"借用的"。

"借景"还有另外一层含义。正如我试图论证的那样,景观与经济和城市发展关系密切。正是城市化的进程破坏了自然景观,并且中国的现代化正如其他地方一样,对传统景观形成了最大的威胁。"借",意味着临时性的借贷,是需要偿还的,在二十和二十一世纪大规模的城市化进程下,在我们"借"之前,应该评估一下传统体系中的哪一种价值观是重要的。

原文"Borrowed Landscape: The Relationship between Landscape and Urbanization in Early and Medieval China", in *The Global City and Territory*, Eindhoven, 2001. 石雅如、李震译。

后　记

2010—2011 年是格外忙碌又无比快乐的一段时间。我在国内待了好几个月，是自 1986 年去英国之后回国时间最长的一次，在北京大学汉学中心做访问学人，无教学琐事缠身，还有机会跟朋友们聊天，互相在手机上吟诗唱和。记得跟几位朋友曾在苏荣誉兄天通苑的家里彻夜长谈，荣誉兄还请人做了笔录。春天，跟朱渊清兄组织了一场"文本·图像·记忆"学术研讨会，在风景宜人的富春江畔高谈阔论，流连忘返，除了诸位学者的集思广益，还分享了诗人朋友杨炼写下的关于商代饕餮纹的诗句："盯着谁就把谁凿穿成隘口　磨啊　什么美不是血淋淋的？"读来有点惊心动魄，但我觉得揭开了古人与青铜祭祀礼器上这个神秘双目之间隐藏了千年的秘密！

夏天到了，我、渊清兄、李军兄、荣誉兄夫妇，还有一位年轻朋友刘昊，结伴出游，驱车河南安阳，考察了殷墟，还正赶上考古队在发掘几座唐墓，进去亲眼观摩了墓中生动的壁画，画中仕女手持钓鱼竿逗猫的场景让人忍俊不禁；逛了袁世凯的陵园，建筑和雕塑有点不伦不类，给我印象最深的是墓陵旁的古树，荫荫枝叶盖不住一股沧桑落魄之气。之后，我们又一同南下到昆明，庆祝老父亲的生日，曹玮兄也从西安过来，我们一起走访了博物馆和考古遗址，观摩古滇青铜器，跟考古学家一起豪饮。好像就是在某次微醺的状况下，我们列下宏伟目标，摩拳擦掌计划大干一场，其中就包括"六零学人文集"。1960 年代出生的我们都有着类似的学习历程与追求，更重要的是三观一致，渴望学术能达到自主性、严肃性、多样性。这几点就成为发起这套丛书的初衷。来国龙兄还建议丛书标识可使用甲骨文金文里出现过的一个字 ✳，形似六个交织岔开的枝条，又像是一朵盛开的花。可谓切题！

"六零学人文集"得到当时任职于上海人民出版社的李伟国先生的支持，很快就出版了第一辑，其中包括了苏荣誉、李军、朱渊清，还有张昌平、陈致、郑岩、赖德霖诸兄的自选集。我本人也选出了一些发表过的论文，准备汇编成集，可是因为其中大部分文章是用英文写作的，需要翻译，所以就不得不往后推迟了。当时几位年轻学友，包括单月英、郅晓娜、牛海茹、裘珊珊、谭圆圆、斯然畅畅、石雅如、李震等热心地参与了初期的义务翻译工作，让我十分感动，其中几位译者我直到今天还没见过面。由于还有近一半的篇幅没有翻译好，初步译出的文章也需要校改，而我本人又于2012年离开英国，渡洋赴美，开始了新的工作和生活，不停地奔波，自选集的事就被搁置一边了。没想到这一耽误就近十年过去了，"六零学人文集"的出版单位也从上海人民出版社换到了中西书局。两年多前，渊清兄又催问起此事，恰值新冠疫情横厉全球，困居斗室，无法出门，于是才静下心重拾旧文，决心把自选集的工作做完，给自己和出版社有个交代。最终促成我完成这项工作的人是刘含，她不仅把没有翻译完的文章用最快速度译出来，还把原来其他人的译文对照原文校改了一遍，其间的辛苦和工作量之大，我亲眼目睹，铭记于心，不知何以相报！

　　自选集定名为《书写·图像·景观》基本反映了我近三十年来的学术倾向。文集里所收的时间最早的一篇论文是《饕餮纹的文本学解读》，初稿在1990年6月伦敦大学亚非学院（SOAS）召开的中国早期青铜器研讨会上宣读，我当时还是在读博士生，与会的有著名西方学者艾兰（Sarah Allan）、贝格利（Robert Bagley）、罗森（Jessica Rawson）、马麟（Colin Mackenzie）、杜德兰（Alain Thote），从国内请来的学者包括了李学勤、高至喜、熊传新、彭适凡等先生。艾兰、贝格利、罗森都是研究古代青铜器的专家，他们对商代青铜器纹饰（特别是饕餮纹）有不同的见解，会上争锋相对，辩论相当激烈。我自己则是从阐述学的角度讨论了从商代甲骨文、先秦文献到宋代的《考古图》和《路史》各类文献中关于饕餮的记载，研究目的不是想证明饕餮纹到底有何具体含义，而是通过考察各种不同理论的语境和对象来看"饕餮"不断改变的意义，同时也试图提出一些考察图像与文字之间关系的思考。论文写作过程中除了得到艾兰老师的大力帮助之外，还得到亚非学院大卫德基金会主任韦陀（Roderick Whitfield）和牛津大学杜德桥（Glen Dudbridge）两位教授就方法论和写作方面的指教。文章发表后反映颇好，哈佛大学杜维明教授还专门来信索要该文。另外一篇写作较早的论文是《甲骨文中的颜色词及其分类》，它原是我博士论文中的一部分，抽出来在1993年香港中文大学三十年校庆时举办的"第二届国际中国古文字学术研讨会"上宣读。那也是一次盛会，会议的组织者是香港中文大学的常宗豪、张光裕和曾志雄先生，与会的有李孝定、胡厚宣、饶宗颐、巴纳（Neol Barnard）等前辈学者，有古文字学界的领军人物如李学勤、裘锡圭、黄盛璋、马承源、高明、姚孝遂、陈炜湛等学者，还有不少中青年后起之秀；外国学者有芝加哥大学夏含夷（Edward Shaughnessy）教授和他的两位博士生郭锦（Laura Shosey）、普鸣（Michael Puett），还有里海大学的柯鹤立(Constance Cook)教授。夏含夷在大会闭幕式的发言中借用铜器铭文嘏辞"子子孙孙永宝用"向前辈学者致意,发誓要把古文字学、训诂之学和经学永远流传给下一代。那次会上我结识了后来成为好朋友的刘雨和李朝远先生,他们后来多次到伦敦访问,我们共同合作研究,一同旅行,一起在伦敦街头的酒馆喝爱尔兰黑啤;我每次到北京或上海也必定约上他们去吃一顿喜爱的饺子宴或本帮菜。可惜朝远兄英年早逝,刘雨先生也于两年前作古,思之令人泣然!

　　文集中的其他文章许多都是为参加各种学术会议而准备的论文,例如《关于商代雨祭的几个问题》提交于1995年中国社会科学院在风景宜人的海南岛举办的"中国国际汉学研讨会",那次会议除了中国文史与考古学界的许多重量级专家之外,还有日本的著名学者伊藤道治、小南一郎、斯波义信、小野和子,欧美学者有谢和耐(Jacques Gernet)、艾兰、杜德桥、晁时杰(Robert Chard)、叶山(Robin Yates)、方秀洁、韩禄伯(Robert Henricks)、田笠(Stephen Field)。《甲骨文与西方汉学》是为1999年参加"中研院"史语所和台师大合办的"甲骨文发现100周年学术研讨会"准备的论文。《马王堆帛书〈式法〉中的"二十八宿"与"式图"》发表于2000年由北大、达慕思大学、社科院在北京达园共同举办的"新出简帛国际学术研讨会"。《借景——中国古代的景观与城市化之关系》是参加2001年荷兰恩荷芬科技大学组织的关于全球城市化研究会议的论文。还有2003年至2005年期间,由法国国家科学研究中心的游顺钊先生和麦里筱(Chrystelle Marechal)女士牵头,我们一起申请了法国政府研究部资助的"中国的视觉世界"项目,在巴黎召开了两次研讨会,《考古学与文献学中的"明堂"》是我提交的两篇论文之一,另一篇《"青幽高祖"新解:古代祖先崇拜里的空间与颜色之关系》已经收入《颜色与祭祀——中国古代文化中颜色涵义探幽》(上海古籍出版社,2013年)一书中。《大象无形——图像、词语和喻象》的初稿最早是在1996年我和韦陀教授在亚非学院组织召开的关于中国古代宗教与艺术研讨会上的发言,那次与会的中国学者有李零和赵超先生;后来2011年跟朱渊清兄一起组织"文本·图像·记忆"研讨会时我把旧文又作了补充修改,收入会议论文集(华东师范大学出版社,2015年)。最新写的一篇论文《窑神崇拜——宋代耀州〈德应侯碑〉》是2019年我在芝加哥艺术博物馆组织召开关于耀州窑瓷器的研讨会时提交的论文。必须说明的是,这次收入自选集的文章中有几篇是与其他学者合著的。《礼仪还是实用?——早期文字的证据》是我跟亚述学家N. Postgate和埃及学家T. Wilkinson合作的结果,那时我刚取得博士学位,开始在亚非学院任教,他们两位都在剑桥大学,为此我们多次在伦敦和剑桥聚会切磋,合作非常愉快,文章1995年

在 *Antiquity* 杂志刊出后被评为年度最佳论文,还领到了一笔不菲的奖金。1997 年在亚非学院召开了一次关于中国古玉的国际研讨会,参会的学者都提交了高质量的论文,台北故宫博物院邓淑苹女士发表了她对中国古代玉文化起源的看法;辽宁考古所郭大顺先生介绍讨论了红山文化及玉器;浙江考古所的王明达先生和纽约大都会艺术博物馆的孙志新博士讨论的主题是良渚考古与良渚玉器分期;同是浙江考古所的牟永抗先生也对良渚文化的玉琮和玉璧提出了自己的看法;台北故宫博物院的杨美莉女士专门讨论了二里头玉器;李学勤先生则介绍了商周时期带文字的玉器;我跟刘雨先生一起联名发表了《另一个世界的面孔——古代墓葬出土的玉面罩》,主要是讨论晋侯墓出土的玉面罩与汉代玉衣的关系;大英博物馆罗森夫人则讨论了古玉再利用的现象;芝加哥大学的巫鸿教授通过满城汉墓出土的玉衣来讨论物质的象征性;大都会艺术博物馆的屈志仁先生对公元 10 至 14 世纪的晚期玉器作了仔细研究;柯律格(Craig Clunas)则从全新角度讨论了明清时关于“古玉”的观念变化。会议的另一个特殊议题是玉器的矿物学特性和工艺特征,地质学家闻广、荆志淳、谭立平、钱宪和都从矿物学的角度对古代玉器作了深入探讨。另外,布里斯托城市博物馆的哈迪(Peter Hardie)和芝加哥艺术博物馆的潘思婷(Elinor Pearlstein)对他们各自馆藏中国玉器的收藏史进行了钩沉,揭开了许多鲜为人知的人物和故事。我后来专程到芝加哥,由潘思婷带领进入库房,仔细观摩了该馆的中国艺术品收藏。没想到的是,二十年之后,我自己会到芝加哥艺术博物馆任职,负责该馆的亚洲艺术部门。人一生的轨迹实在难以预料!

因为是自选集,我有意地略去了多篇关于古代青铜器与考古学的论文,打算今后再另结集出版。最后我需要感谢的是中西书局的诸位编辑,这不仅仅是出于礼貌,而是发自内心的感激。没有他们的督促和细心编辑,也许这部自选集的出版还是遥遥无期。特别是在这几年的疫情影响下,他们排除了大量的不便,为我这部小书操心劳累,实在过意不去!常听人说:学术为公器。确实,我们做研究是依靠纳税人的贡献(无论是在中国还是外国),就是印刷出版也要耗费纸张油墨,对我们周围的同事、朋友甚至家人也是一种时间和情感的消耗。值得吗?真的有意义吗?我扪心自问。也许,除了充当“公器”的愿望和可能性之外,我们的研究和写作还有另外一层作为“私器”的意义,它是我们亲情和友情的源泉和寄托,同时也是自我修炼和完善的一种过程和方式。兴来所往,兴尽即止。如果还有人能从中找到一丝丝可用之物,也算是“功成事遂,百姓皆谓我自然”(老子《道德经》第十七章)。

2022 年 8 月 17 日写于芝加哥

图书在版编目(CIP)数据

书写·图像·景观：汪涛自选集 / 汪涛著.—上
海：中西书局，2022
（六零学人文集）
ISBN 978-7-5475-1680-5

Ⅰ.①书… Ⅱ.①汪… Ⅲ.①美术考古-中国-文集
Ⅳ.①K879.04-53

中国版本图书馆 CIP 数据核字（2022）第 152713 号

书写·图像·景观
——汪涛自选集

汪 涛 著

责任编辑	邓益明
装帧设计	梁业礼
责任印制	朱人杰
出版发行	上海世纪出版集团
	中西書局（www.zxpress.com.cn）
地　址	上海市闵行区号景路 159 弄 B 座（邮政编码：201101）
印　刷	上海商务联西印刷有限公司
开　本	700 毫米×1000 毫米　1/16
印　张	24.75
字　数	428 000
版　次	2022 年 11 月第 1 版　2022 年 11 月第 1 次印刷
书　号	ISBN 978-7-5475-1680-5/ K·397
定　价	108.00 元

本书如有质量问题，请与承印厂联系。电话：021-56044193